合规指南系列

反垄断合规

法律实务与指南

周建伟 | 著

法律出版社 LAW PRESS · CHINA | 北京

图书在版编目(CIP)数据

反垄断合规法律实务与指南 / 周建伟著. -- 北京 :
法律出版社, 2024
ISBN 978-7-5197-8943-5

Ⅰ. ①反… Ⅱ. ①周… Ⅲ. ①反垄断法—中国—指南
Ⅳ. ①D922.294-62

中国国家版本馆 CIP 数据核字(2024)第 054397 号

反垄断合规法律实务与指南
FANLONGDUAN HEGUI FALÜ SHIWU YU ZHINAN

周建伟 著

策划编辑 朱海波
责任编辑 朱海波
装帧设计 汪奇峰 臧晓飞

出版发行 法律出版社
编辑统筹 法律应用出版分社
责任校对 邢艳萍
责任印制 刘晓伟
经　　销 新华书店

开本 710 毫米×1000 毫米 1/16
印张 32　　字数 500 千
版本 2024 年 4 月第 1 版
印次 2024 年 4 月第 1 次印刷
印刷 三河市兴达印务有限公司

地址:北京市丰台区莲花池西里 7 号(100073)
网址:www.lawpress.com.cn
投稿邮箱:info@lawpress.com.cn
举报盗版邮箱:jbwq@lawpress.com.cn

销售电话:010-83938349
客服电话:010-83938350
咨询电话:010-63939796

书号:ISBN 978-7-5197-8943-5　　定价:128.00 元
凡购买本社图书,如有印装错误,我社负责退换。电话:010-83938349

前言

2023 年 7 月 14 日,《中共中央、国务院关于促进民营经济发展壮大的意见》发布,要求加快营造市场化、法治化、国际化一流营商环境,全面落实公平竞争政策制度。

反垄断法以促进公平竞争、鼓励创新为宗旨。我国《反垄断法》于 2007 年颁布,于 2008 年 8 月 1 日生效,施行已逾 16 年。2022 年 6 月《反垄断法》进行了第一次修正,积极回应了数字经济背景下垄断协议、滥用市场支配地位、经营者集中领域面临的新问题,也完善了法律责任制度,加大违法惩罚力度,提高了反垄断法的威慑力,引发了社会广泛关注。

近年来,竞争政策基础地位逐步确立,中央要求强化反垄断,防止资本无序扩张,反垄断监管大大增强。大型平台企业、医药企业滥用市场支配地位,行业协会组织垄断、违法实施经营者集中等行政处罚案件不断进入我们的视野。反垄断合规也因此受到企业界和政府部门的高度关注,市场经营主体普遍提高了反垄断合规意识。

本书面向关注反垄断合规的企业、行业协会、行政机关,比较系统地介绍反垄断法的基本原理、反垄断合规实务、案例,为反垄断合规实务提供指南。全书共五编。第一编是反垄断基础理论,分为市场经济与反垄断法、数字经济与反垄断监管、垄断协议规制、滥用市场支配地位规制、经营者集中规制、行政垄断规制、相关市场界定。第二编是反垄断合规实务,分为概论、禁止垄断协议、禁止滥用市场支配地位、经营者集中合规、知识产权领域反垄断合规、公平竞争审查、相关市场界定在具体行业的应用。第三编是反垄断合规管理,分为反垄断合规管理体系、配合反垄断调查、反垄断诉讼应对。第四编是典型案例评析,涉及公用企业、平台企业、医药、汽车、知识产权、培训机构、行业协会等领域的横向垄断、纵向垄断、滥用市场支配地位行为、违法实施经营者集中、行政垄断等行政执法案件和司法案例。

第五编是反垄断法律法规汇编。最后是附录,为实务操作性参考指引。

公平竞争对于优化营商环境十分必要,竞争指标已经列入世界银行营商环境指标体系。反垄断法为市场经济高质量发展提供了重要的竞争法治保障。本书可以作为企业、政府部门的反垄断合规实务书籍,也可以作为法学教育、法律实务书籍供法学研究生、律师参考。希望本书的出版有助于全社会提高反垄断合规意识,帮助企业避免反垄断合规风险。

反垄断是法学和经济学交叉学科,需要有经济学基础,由于笔者水平有限,加之时间仓促,本书的不足和遗憾在所难免,敬请斧正。本书在撰写过程中参考了不少公开披露的文献以及案例材料,均有注释和说明,若有疏忽和遗漏,敬致歉意。

在此,要特别感谢恩师陆介雄教授,陆老师对本书提出了许多建设性的意见。也要感谢安理律师事务所的大力支持。最后要感谢我妻子的支持和鼓励。

周建伟

2024 年 2 月 1 日于浙江杭州

目 录
CONTENTS

第一编 反垄断基础理论

第二编 反垄断合规实务

第四编　典型案例评析

第五编　反垄断法律法规汇编

附录 实务指引

第一编　反垄断基础理论

第一章

市场经济与反垄断法

一、反垄断规制

(一) 自由竞争与契约自由

1776 年,亚当·斯密的《国富论》出版,提出市场经济是由“看不见”的手自行调节的理论,主张通过市场实现资源配置和价值衡量,反对政府干预,并首次提出“自由竞争”的概念。[①]

什么是竞争?竞争是自然界和人类社会存在的普遍现象。市场竞争是指两个以上经营主体在市场通过价格、质量、数量、服务或其他条件,争取交易机会获得经济利益的行为。[②] 竞争(competition)是经济学关键术语之一,“competition”源于拉丁语词根“com-”与“peto-”的组合。前者有共同的意思,后者有对抗的含义。从文义看,竞争是为了同一目标共同努力,或为了同一目标而相互对抗。竞争是合作与对抗的综合,竞争者之间受到某种程度的约束。作为定义对象,竞争既是不同市场主体争夺交易机会的对抗过程,而就整个经济运行体系来说,竞争又是所有市场主体的合作机制,[③]是市场经济的基本构成要素,市场经济活力之源。[④] 市场经济就是通过竞争、价格、供求等三大机制实现对社会资源的配置和

---

① “在不违背公正的法律的前提下,每一个人都应该完全自由,可以用自己的方法追逐利益,并通过自己的辛勤劳动和资本与任何其他人或其他阶级进行竞争。”这是古典自由经济学思想,是自由资本主义时代的主流思想。参见[英]亚当·斯密:《国富论》,高格译,中国华侨出版社 2018 年版,第 568 页。

② 参见王先林主编:《最新反垄断法条文对照与重点解读》,法律出版社 2022 年版,第 2 页。

③ 参见董笃笃:《竞争法总论:历史与规范融合的视角》,法律出版社 2022 年版,第 77 页。

④ 参见孙晋、李胜利:《竞争法原论》,法律出版社 2020 年版,第 4 页。

引导市场经济运行。[①] 正如亚当·斯密认为通过自由竞争,各种生产要素充分参与,各种资源得以有效利用,通过"市场"这只无形之手对社会资源实现有效配置,是市场经济的理想状态。竞争能够使市场价格不断接近于边际成本,淘汰生产率较低的企业。竞争对于配资效率的影响程度取决于特定产业的发展阶段,起步阶段影响比较显著,发展成熟阶段,则影响较小。竞争对于创新的影响程度,取决于现有技术水平和特定产业的市场竞争结构。[②] 关于竞争与创新的关系,经济发展理论的提出者熊彼特认为,真正有价值的竞争并非价格竞争,而是由各种创新引起的在成本或质量方面占有优势的竞争,创新引致的竞争才是超越利润和边际产出的竞争。他还认为创新是经济发展的动力,并指出大企业和市场集中有助于创新,垄断的市场结构有助于新技术和新产品的开发。经济发展理论的发展者阿吉翁则提出"倒 U 形模型",认为创新率会伴随市场中企业数量的变化而变化,即在适度集中的市场中创新率最高,当市场趋向垄断或更激烈的竞争,创新率则会逐渐下降。竞争的趋势是集中,竞争有利于创新,垄断不利于创新。毫无疑问,竞争对于资源配置和鼓励创新均具有积极影响。市场经济越发达,竞争对于经济增长的作用越大。[③]

与自由竞争相适应,在制度上强调契约自由,能让意思自治得到彻底地贯彻,竞争得到最大限度地发挥,资源得到最大限度地利用。自由竞争时期主要处于18 世纪末到 19 世纪中后期。此时,西方资本主义市场经济处于自由竞争阶段。这一时期,自然法思想、理性主义和人权哲学为主流思想,人生而平等自由、意思自治、财产权被视为神圣不可侵犯,个人可按照自己的意愿去创设权利义务规则。经济自由主义哲学认为,人们按照自己的意志自由追逐个人利益最大化的同时,会通过"市场"这只无形之手增进社会福利。这一时期,遵循契约自由、意思自治成为法治原则。

(二)保护竞争与反垄断规制

但是,事实上自由竞争的任意发展,并非完全朝着理想状态发展。在市场经济的自由发展中,理论上存在四种不同类型的竞争形态即完全竞争、垄断竞争、寡头竞争和完全垄断。我们以竞争程度为标准,画一个数轴,一端为完全竞争,另一

---

① 参见孙晋、李胜利:《竞争法原论》,法律出版社 2020 年版,第 3 页。
② 参见董笃笃:《竞争法总论:历史与规范融合的视角》,法律出版社 2022 年版,第 122 页。
③ 参见董笃笃:《竞争法总论:历史与规范融合的视角》,法律出版社 2022 年版,第 123 页。

端为垄断。那么,完全竞争就是市场上有无数买者和无数卖者,各个卖者所出售的产品基本一样,企业可以自由进入或退出市场,此时竞争最为充分,资源也得以完全配置。垄断则是数轴的另一端,是指市场上仅剩一个卖者,产品没有替代品,企业能获得垄断利润,垄断者可以长期保持利润,并通过扩大规模获得更多的利润。介于两者之间的有垄断竞争和寡头竞争。接近完全竞争一端的是垄断竞争,垄断竞争具有三个特点:市场上买卖双方均很多,许多卖者争夺相同的客户群体;产品存在差别;潜在竞争者可以进入市场或退出市场。接近垄断一端的是寡头竞争,寡头竞争是指市场中仅剩数个经营者。由于经营者数量少,寡头之间自然形成既竞争又合作的关系。但是,寡头之间容易形成默契,一旦协同,则趋向垄断,导致扭曲市场价格,从而影响经济资源的有效配置。① 在市场经济的发展过程中,自由竞争一方面通过竞争优胜劣汰,有利于资源的有效配置,促进经济发展。另一方面,作为市场主体,经营者是"有限理性"的经济人,也是一定程度的机会主义者。具有优势的竞争者可能利用市场支配地位,损害其他竞争者的利益,而且带有一定程度的普遍性。因此,一般竞争可以分为两类:一类是公平自由的竞争,是良性的健康竞争、合理竞争;另一类是垄断性竞争,是具有破坏竞争、限制竞争性质的反竞争。反竞争也是基于市场发生,但又是对市场公平价值和效率价值的破坏。而这种反竞争通过市场是无法解决的。这种反竞争可持续损害市场竞争主体的权益,造成对市场秩序、社会秩序的破坏,甚至对国家经济基础造成根本性动摇。② 自由资本主义发展到后期进入垄断资本主义,已经面临严重的垄断问题。

由于市场自身的不完美性,竞争中产生的过度集中、价格垄断等,通过市场调节已经没有可能,或者说周期太长,社会成本太高,构成对竞争的严重威胁,动摇了自由竞争存在的市场基础。在这种背景下,由政府出手,加强对垄断的规制,保护竞争,促进竞争成为一个必然选择。

(三)美国反垄断规制的形成

现代反垄断法最早发源于美国。1890 年,美国通过《谢尔曼法》,即《保护贸易及商业免受非法限制及垄断法》,宣布一切以托拉斯及其他形式组成的企业合

---

① 参见童笃笃:《竞争法总论:历史与规范融合的视角》,法律出版社 2022 年版,第 105 ~ 109 页。

② 参见单飞跃、刘思萱:《竞争诉讼机制研究——经济法的程序价值视角》,载《现代法学》2001 年第 5 期。

并或营业行为违法,以消除和禁止因自由竞争引发的限制竞争行为、垄断行为等。《谢尔曼法》宣告了规制垄断,维护公平自由竞争的竞争法开端,是世界上第一部现代意义的反垄断法案。

美国自独立以来,全国统一市场逐渐形成,此后基本按照市场自身规律发展演变。19 世纪后期产业革命的完成推动生产社会化快速发展,其市场由自由竞争阶段进入社会化市场阶段。社会化发挥了一定积极作用,使得企业迅速集中,规模扩大,市场内部联系更加紧密。但垄断组织作为资本集中的必然结果,也在这一过程中产生。① 尤其南北战争结束后,美国工业迅速发展,超过英国,跃居首位,垄断组织正是在这一阶段(19 世纪末)逐渐形成。最为典型的是创立于 1870 年的美国标准石油公司。以横纵联合的方式成为美国托拉斯的典型。它控制了全美 90% 的炼油业,美国卖出的八盏油灯中有七盏来自标准石油公司。标准石油公司的垄断发展也带动其他工业托拉斯组织的形成。19 世纪 80 年代末至 90 年代初,垄断的经济规模结构在许多工业部门形成,并成为经济发展的趋势。垄断组织具有发展迅速、适应力强、扩张无度等特征。标准石油公司在 19 世纪末,通过兼并其他公司、新设子公司以及发展新业务等途径,让原本处于分散竞争的石油业联合成为了一个整体,囊括了生产、储存、运输、销售等各个原本独立的环节。垄断带来经济效率提高的同时,垄断发展至极致,其弊端也受到社会关注,特别是对中小型企业的发展构成了严重威胁,自由竞争受到破坏,价格扭曲,社会经济资源配置失衡。美国标准石油公司托拉斯组织的垄断特性驱使其不断扩张吞并中小企业,引发了社会强烈不满,成为舆论的焦点,②直接推动了 1890 年《谢尔曼法》的出台。③

《谢尔曼法》是美国参议员谢尔曼提出,全称为《保护贸易及商业免受非法限制及垄断法》。《谢尔曼法》不仅是全世界第一部反垄断法,也是现代经济法最早的法律。《谢尔曼法》出台后,美国政府的有关部门和法院采取了解散大托拉斯

① 参见漆多俊主编:《经济法学》(第 4 版),高等教育出版社 2019 年版,第 15 ~ 16 页。

② 1906 年,罗斯福政府在路易斯联邦巡回法院对标准石油公司提起托拉斯指控。1909 年,法院认定标准石油公司已经严重超过了托拉斯巨头的标准,判决解散。1911 年,美国最高法院裁定标准石油公司是一个垄断组织,违反《谢尔曼法》,影响市场内的自由竞争,应予解散。标准石油公司拆分为 34 个独立的石油公司。参见江雨洋:《试论 19 世纪末美国标准石油公司的垄断特点及影响》,载《淮北职业技术学院学报》2020 年第 6 期。

③ 参见江雨洋:《试论 19 世纪末美国标准石油公司的垄断特点及影响》,载《淮北职业技术学院学报》2020 年第 6 期。

的措施,但却未能有效地遏制托拉斯组织迅速发展的趋势。1897 年,美国司法部才首次在一个价格卡特尔案件中胜诉。究其原因,其中一个原因是《谢尔曼法》本身的规定不够具体而影响执法,但是,更深刻的经济原因还在于资本的集中是资本主义商品经济和社会化大生产发展的必然趋势。[①] 为强化对反竞争行为的规制,在总结《谢尔曼法》实施经验的基础上,美国国会又于 1914 年制定了《克莱顿法》和《联邦贸易委员会法》。这两部法律细化了《谢尔曼法》的规定,增加了不少程序性条款和实体性规定,同时还设立专门机构联邦贸易委员会,由联邦贸易委员会与联邦司法部共同执行反托拉斯法。[②] 这三部法律的颁布标志着美国反垄断法律制度的基本形成。

上述三部反托拉斯的基本法律在施行中不断得到补充修改和完善。例如 1936 年的《鲁宾逊－帕特曼法》对《克莱顿法》进行了修改;1938 年的《惠勒－李法》对《联邦贸易委员会法》进行了修改。此外,美国还进行了几项分散的反托拉斯立法,如 1962 年《反托拉斯诉讼程序和惩罚法》、1974 年《反托拉斯诉讼程序和惩罚法》、1980 年《反托拉斯诉讼程序改进法》等,一并组成了美国反垄断法体系。

由于垄断问题在世界各个经济体是一个普遍存在的问题。垄断排挤和消灭竞争者,扭曲商品供求关系与价格信息,损害消费者权益,破坏竞争秩序,[③]自美国反垄断立法后,其他各国相继出台了面向市场经济的竞争政策和竞争立法,以规制垄断,保护公平竞争和鼓励创新。

二、经济学与反垄断法发展

反垄断法是经济法,体现政府对市场经济的干预,经济学对反垄断政策和立法影响很大。从经济学反垄断理论看,美国反垄断经历了布兰代斯主义、哈佛学派、芝加哥学派、后芝加哥学派、新布兰迪斯主义的演变历程。

反垄断思想产生的背景是 19 世纪末 20 世纪初,美国经济步入垄断经济阶段。当时标准石油公司控制了美国约 91% 的石油生产和 85% 的石油销售。美国

---

① 参见吴振国、张晨阳:《美国反托拉斯法律制度综述》,载尚明主编:《主要国家(地区)反垄断法律汇编》,法律出版社 2004 年版,第 843 页。

② 参见漆多俊主编:《经济法学》(第 4 版),高等教育出版社 2019 年版,第 85 页。

③ 参见吴宏伟:《论竞争法的基本原则》,载《法学家》2001 年第 2 期。

2%最富家庭拥有全社会1/3财富,10%最富家庭占据3/4的财富。由于垄断组织广泛存在,严重损害市场公平竞争,成为经济发展的重大障碍。布兰代斯主义就是产生于这样的背景,代表人物是布兰代斯律师、大法官。布兰代斯主义注重市场结构以及经济对民主的影响,强调市场结构的过度集中会对民主政治、贫富差距产生负面的影响。在这样的经济政治背景下,美国1890年通过《谢尔曼法》,1914年通过《克莱顿法》《联邦贸易委员会法》,以规制垄断行为。《谢尔曼法》是世界上第一部反垄断法,旨在禁止垄断、独占等不合理竞争的行为。《克莱顿法》对收购、合并等行为进行限制。《联邦贸易委员会法》保护消费者权益,并设立联邦贸易委员会,和司法部一起作为美国反垄断执法机构。

哈佛学派产生于20世纪30年代至60年代,以哈佛大学为中心,其代表人物为贝恩、特纳、凯森。1959年,贝恩出版产业组织理论代表作《产业组织》,特纳、凯森合著出版反托拉斯经济学著作《反托拉斯政策》。基于产业组织理论体系的反垄断经济学被称为"哈佛学派"。哈佛学派的贡献在于建立了"结构—行为—绩效"分析框架,结构、行为、绩效存在因果关系,即市场结构决定市场行为,市场行为决定市场绩效。特定的市场结构不可避免地导致某种反竞争行为并影响市场绩效。消费者利益是由竞争带来的,反垄断法的目标是维护竞争,"维护竞争"就是维护"竞争性的市场结构",其核心要素是使每个经营者都处于竞争压力之下,由此可以保护竞争性的价格形成机制。为获得理想的市场绩效,需要通过公共政策直接改善不合理的市场结构。哈佛学派以结构作为分析重点,又被称为"结构主义学派"。[①] 1976年,美国通过哈特—斯科特—罗迪诺反托拉斯改进法,要求大公司在完成合并、收购前向政府提交报告,强化了事前监管。

芝加哥学派产生于20世纪七八十年代,以芝加哥大学为中心,其代表人物为博克、斯蒂格勒、波斯纳等。1968年斯蒂格勒出版的《产业组织》和1971年波斯纳出版的《反托拉斯法》为学派代表作。[②] 芝加哥学派认为经济效果应成为反托拉斯法的唯一目标,主张效率至上和支持企业并购。反垄断是一个经济问题,解决经济问题的唯一标准是让资源的配置效率得到提升。反垄断的目的是提高经济效率,而不是片面地维护竞争性的市场结构。反垄断应以对经济效率的影响作为评判行为合法性与否的标准。同时期,演化经济学家也认同企业的积极作用。

---

① 参见万江:《中国反垄断法:理论、实践与国际比较》(第3版),法律出版社2021年版,第3页。

② 参见万江:《中国反垄断法:理论、实践与国际比较》(第3版),法律出版社2021年版,第4页。

竞争优势理论的代表学者迈克尔·波特也主张从企业竞争力和生产率提升角度来评估企业并购。波特认为:“关于企业并购是否应该被反对,不应该只是讨论企业的规模、市场的范围以及准确的赫芬达尔—赫希曼指数(Herfindahl - Hirschman Index,HHI);而应该讨论并购或者合资对生产率提高和竞争健康程度的影响,运用工具测量竞争的程度,以满足企业面临的现实需要”①。芝加哥学派主张政府减少经济干预,市场能够自我修复,并提出反垄断调查步骤应当包括:(1)界定企业参与竞争的相关市场;(2)计算市场集中度 HHI;(3)评估新企业进入的难度;(4)评估合并后的企业的可能影响;(5)衡量企业合并后的效率改变。芝加哥学派的经济学理论鼓励在增进经济效率与消费者福利的前提下进行兼并。这一时期,美国的反垄断政策发生变化。里根经济时代重提经济自由主义以解决滞涨问题。② 里根担任总统期间,美国政府主张积极看待企业的并购行为。同时,美国最高法院对大企业并购实施更加宽松的判决。从 20 世纪 80 年代末到 21 世纪初,除美国电话电报公司被拆分外,美国司法部和联邦贸易委员会反垄断执法纪录始终处于相当低的水平。③

20 世纪末,博弈论、公共选择理论、交易费用理论等新经济学分析方法应用于竞争研究,产生新的反垄断经济理论,被称为“后芝加哥学派”。④ 后芝加哥学派认为垄断不仅仅是经济效率问题,还会带来不平等,强调应该更加关注消费者福利的变化,反垄断体系既要关注经济效率,也要充分结合结构性因素。美国司法经常徘徊于芝加哥学派的社会总福利(包含生产者福利和消费者福利)最大化和后芝加哥学派的消费者福利最大化这两个判断标准之间。⑤

进入 21 世纪,在数字经济背景下,科技巨头对市场经济的复杂影响,导致结构主义、经济民主思想的回归,再次强调市场结构的重要性。新布兰代斯学派代表人物是莉娜·汗和吴修铭,认为反垄断并不像哈佛学派和芝加哥学派所争论的那样,只是一个经济问题,更应该是“在民主基础之上建构社会的主要工具”。反垄断法应当更加重视竞争过程与竞争结构,消费者福利标准作为芝加哥学派一直以来所倡导的反垄断策略,需要进行变革。近年来,美国政府再度关注大企业产

---

① 参见周建军:《美国反垄断政策的百年变迁:基于并购重组的考察》,载《美国研究》2022 年第 3 期。

② 参见李虹:《相关市场理论与实践——反垄断中相关市场界定的经济学分析》,商务印书馆 2011 年版,第 35 页。

③ 参见周建军:《美国反垄断政策的百年变迁:基于并购重组的考察》,载《美国研究》2022 年第 3 期。

④ 参见万江:《中国反垄断法:理论、实践与国际比较》(第 3 版),法律出版社 2021 年版,第 5 页。

⑤ 参见万江:《中国反垄断法:理论、实践与国际比较》(第 3 版),法律出版社 2021 年版,第 5 页。

业集中问题。以《美国总统经济报告》(Economic Report of the President)为代表对平台企业的反垄断呼声兴起。2021 年 7 月,拜登签署《关于促进美国经济竞争的行政令》(Executive Order on Promoting Competition in the American Economy),企图阻止产业的过度集中、市场力量的滥用。针对企业并购重组的审查将会转向严格。①

近年来,由于数字经济具有明显的垄断趋势,欧美国家进一步加强了数字经济反垄断。2021 年 6 月,美国国会众议院公布了《平台反垄断法》《终止平台垄断法案》《平台竞争和机会法案》《合并申报费现代化法案》《促进服务切换以增强兼容性和竞争性法案》。2022 年 1 月,美国参议院司法委员会审议通过《美国在线创新与选择法案》和《开放应用市场法案》。欧盟先后颁布《数字服务法》和《数字市场法》,均已经生效。《数字服务法》旨在明确数字服务提供商的责任,加强对社交媒体、电子商务平台和其他网络平台的监管。《数字市场法》的核心内容是规定了"守门人"制度,规定符合"守门人"地位的平台企业在数字市场竞争中负有特殊义务。

当今,世界范围内已经有 100 多个国家颁布了反垄断法,而且法律主要内容基本相同,是全球化背景下国际同质化程度最高的法律之一。从法系的角度看,反垄断法可分为美国反托拉斯法系和欧盟竞争法系。两者有各自的发展历史、法律渊源、实体法和程序法制度。美国实行司法主导体制,而欧盟实行行政主导体制。美国司法部和联邦贸易委员会负责执行反托拉斯法,但采取强制措施须由法院签署,调查完成后须以政府名义向法院起诉,最终由法院作出裁判。欧盟则由欧盟委员会竞争总司负责执行欧盟竞争法,拥有直接调查权、行政处罚权。中国反垄断法借鉴欧盟竞争法更多。②

三、中国反垄断规制

中国市场经济由计划经济发展而来。改革开放之初,1980 年《国务院关于开展和保护社会主义竞争的暂行规定》提出开展竞争必须打破地区封锁和部门分

① 参见周建军:《美国反垄断政策的百年变迁:基于并购重组的考察》,载《美国研究》2022 年第 3 期。
② 参见万江:《中国反垄断法:理论、实践与国际比较》(第 3 版),法律出版社 2021 年版,第 8 ~ 9 页。

割。1993年颁布《反不正当竞争法》,部分条款涉及公用部门垄断、行政垄断。我国1994年开始起草《反垄断法》。经过13年的历程,2007年8月《反垄断法》正式颁布,自2008年8月1日正式施行。针对垄断协议、滥用市场支配地位、经营者集中、行政垄断等四种垄断行为开始进行全面规制。改革开放40多年,中国经济高速发展。党的十九大以来,中国经济发展进入高质量发展阶段。经济高质量发展阶段,必然要求有一个公平竞争和促进创新的市场环境。国家竞争政策的目标就是要促进市场主体之间的公平竞争和持续鼓励创新。

(一)中国竞争政策

垄断是市场经济的大敌,通过竞争政策、反垄断法实现对垄断行为的规制,是市场经济国家的普遍做法。[①] 改革开放之初的1980年我国就制定了"竞争十条"。[②] 这是我国在法律政策上首次承认"竞争"的合法地位。竞争机制是市场配置资源发挥基础性作用的重要机制。发挥竞争机制,保护公平自由竞争,政府必须加强反垄断立法,规制限制竞争行为。[③] 2007年《反垄断法》颁布。

2013年,党的十八届三中全会提出"使市场在资源配置中起决定作用""确立竞争政策基础性地位"等重要论断。

2015年10月12日,《中共中央、国务院关于推进价格机制改革的若干意见》明确"逐步确立竞争政策的基础性地位"。

2016年6月1日,《国务院关于在市场体系建设中建立公平竞争审查制度的意见》出台。2018年年底召开的中央经济工作会议重申"强化竞争政策的基础性地位"。

2019年10月31日,党的十九届四中全会"提出强化竞争政策基础地位,落实公平竞争审查制度"。

2020年5月11日,《中共中央、国务院关于新时代加快完善社会主义市场经济体制的意见》提出"完善竞争政策框架,建立健全竞争政策实施机制,强化竞争政策基础地位。"

---

① 参见《专家解读丨时隔13年,为何要修改反垄断法?》,载搜狐网2021年10月31日,https://www.sohu.com/a/498316655_121123752。

② 参见1980年《国务院关于开展和保护社会主义竞争的暂行规定》,明确规定"允许和提倡各种经济成分之间、各个企业之间,发挥所长,开展竞争"和"保护竞争的开展"。

③ 参见陆介雄:《论市场管理法》,载《法学家》1999年第3期。

2021 年 8 月,中央全面深化改革委员会第二十一次会议通过《关于强化反垄断深入推进公平竞争政策实施的意见》,提出引导社会公平竞争意识,加强平台经济、科技创新、信息安全、民生保障等重点领域反垄断执法,加快修订反垄断法。

2021 年 11 月,国家市场监督管理总局(以下简称市场监管总局)下设副部级国家反垄断局。反垄断立法、执法与司法齐头并进,全面推动企业竞争合规工作。

2021 年 12 月,中央经济工作会议要求持续激发市场主体活力,深入推进公平竞争政策实施,加强反垄断和反不正当竞争,营造公平竞争的市场环境。

2022 年 3 月 25 日,《中共中央、国务院关于加快建设全国统一大市场的意见》发布。该意见提出健全公平竞争制度框架和政策实施机制,健全反垄断法律规则体系,加快推动修改反垄断法、反不正当竞争法,完善公平竞争审查制度。

2022 年 6 月 24 日,《反垄断法》通过修正,并于同年 8 月 1 日正式施行。

2023 年 7 月 14 日,《中共中央、国务院关于促进民营经济发展壮大的意见》发布,要求持续优化民营经济发展环境,全面落实公平竞争政策制度。

(二)《反垄断法》主要内容

《反垄断法》于 2007 年制定,于 2008 年施行。2022 年 6 月进行了自其实施以来的第一次修正。修正涉及内容广泛,共有 36 处修改。2022 年《反垄断法》由原来的 57 条增加至 70 条,回应了数字经济发展的新挑战,完善了垄断协议、滥用市场支配地位、经营者集中、行政垄断等各项反垄断规制制度,完善了反垄断调查制度,加强了法律责任,大大提高了违法成本。

1. 本次修订的主要内容

(1)将鼓励创新作为反垄断目标之一写入《反垄断法》

竞争是一个争胜的过程,争胜过程中技术创新是必然选择。反垄断法将鼓励创新作为反垄断目标之一,原因在于技术创新对于社会进步的意义,科技是第一生产力。反垄断关注创新目标,体现在通过限制垄断协议等防止对创新的抑制,以及通过积极效果的评价取得反垄断豁免。[①]

(2)增加规制对象

将技术平台垄断和组织帮助垄断等纳入规制对象。技术平台垄断规制,即对滥用数据和算法、技术、资本、平台规则等反垄断实施规制。组织帮助垄断规制,

① 参见刘继峰等:《中华人民共和国反垄断法理解与适用》,中国法制出版社 2023 年版,第 3 页。

即对组织、帮助他人达成垄断协议的行为进行规制。

(3)完善纵向垄断协议规制

对纵向垄断经营者能证明无排除、限制竞争效果的,不禁止。增加纵向垄断协议的"安全港"制度。规定经营者相关市场的市场份额低于国务院反垄断执法机构规定的标准并具备规定的其他条件的,不适用纵向垄断协议。

(4)完善经营者集中审查,加强主动执法

规定了对未达申报标准的经营者集中,可能排除、限制竞争的,可以要求其申报。增加了经营者集中审查期限中止制度,规定在发生经营者未按规定提交文件、资料以及出现对经营者集中审查具有重大影响的新情况、新事实等情形,不经核实将导致审查工作无法进行时,反垄断执法机构可以决定中止计算经营者集中的审查期限。增加了经营者集中的分类分级审查制度。

(5)增加行政垄断规制对象

行政主体不得滥用行政权力,通过与经营者签订合作协议、备忘录等方式,排除、限制竞争。

(6)强化反垄断调查配合义务

新增规定反垄断调查时有关单位或者个人的配合义务。反垄断执法机构可以约谈、可以提出要求整改。

(7)加强了反垄断法律责任

大幅提高罚款数额,增加法定代表人、主要负责人和直接责任人员处罚规定,增加信用惩戒。

(8)新增检察院反垄断公益诉讼

当垄断行为损害社会公共利益时,设区的市级以上检察院可以提起民事公益诉讼。

2. 中国反垄断法规制的垄断行为

竞争规制法益在于保护公平竞争和鼓励创新,即通过规制垄断协议、滥用市场支配地位、违法实施经营者集中、行政垄断、数据垄断等垄断行为,保障市场竞争参与者能自由进入市场,平等参与竞争,防止排除竞争、限制竞争,以维护公平自由竞争。

(1)垄断协议

禁止具有竞争关系的经营者达成排除、限制竞争的协议、决定或者其他协同行为的垄断协议。垄断协议分为纵向垄断协议和横向垄断协议。

纵向垄断协议是指经营者与交易相对人达成诸如固定向第三人转售商品的价格或限定向第三人转售商品的最低价格等情形的协议。

横向垄断协议是指具有竞争关系的经营者之间达成诸如固定或者变更商品价格,限制商品的生产数量或者销售数量,分割销售市场或者原材料采购市场,限制购买新技术、新设备或者限制开发新技术、新产品、联合抵制交易等情形的协议。

禁止组织帮助达成垄断协议,即禁止组织经营者达成垄断协议或者为此提供实质性帮助。

《反垄断法》提供了豁免规则,即如果经营者能够证明其所达成的协议属于为改进技术、研发新产品等法定情形的,且不会严重限制相关市场的竞争并能够使消费者分享利益的,则不适用横向垄断协议、纵向垄断协议的禁止性规定。

对纵向垄断协议提供了抗辩制度,经营者能够证明不具有排除、限制竞争效果的,不予禁止。也提供了"安全港"制度,即当经营者相关市场的市场份额低于国务院反垄断执法机构规定的标准并且符合其他条件的,不予以禁止。

(2)滥用市场支配地位

市场支配地位,是指经营者在相关市场内具有能够控制商品价格、数量或者其他交易条件,或者能够阻碍、影响其他经营者进入相关市场能力的市场地位。

禁止具有市场支配地位的经营者从事诸如以不公平的高价销售商品或者以不公平的低价购买商品,无正当理由以低于成本的价格销售商品、拒绝与交易相对人进行交易、限定交易相对人只能与其进行交易或只能与其指定的经营者进行交易、搭售商品或者附加其他不合理交易条件、实行差别待遇等滥用市场支配地位的行为。

针对数字经济作出专门规定,具有市场支配地位的经营者不得利用数据和算法、技术以及平台规则等从事前款规定的滥用市场支配地位的行为。

(3)经营者集中

经营者集中是指经营者合并、经营者通过取得股权或者资产的方式取得对其他经营者的控制权、经营者通过合同等方式取得对其他经营者的控制权或者能够对其他经营者施加决定性影响。在市场经济条件下,企业之间并购、重组是常见现象。并购、重组使得相关企业的资本、技术、人才、数据等生产要素,以及市场份额、销售网络、客户资源聚集于并购或重组后的企业。对于企业而言,并购、重组有利于扩大企业规模,提高效率,增强企业竞争力;对于产业而言,并购、重组有利于优化调整产业结构,提升经济效率和促进技术推广;对于整个经济社会而言,有利于优化市场资源配置、提高效率,增进社会福利。但是,由于并购重组必然导致竞争者数量减少,市场份额迅速集中于并购重组后的企业,当市场集中度过高时,也会减少市场竞争,导致市场竞争不充分,扭曲市场对经济资源的配置作用,损害经济效率和技术创新。因此,经营者集中有利于形成规模经济,提高经营者竞争力。但是经营者过度集中会形成市场支配地位,会阻碍竞争、限制竞争。经营者集中对竞争秩序产生影响,受反垄断法规制。经营者集中达到国务院规定的申报标准的,经营者应当事先向国务院反垄断执法机构申报,未申报的不得实施集中。

《反垄断法》规定未达到申报标准经营者被要求申报的情形,即经营者集中未达到国务院规定的申报标准,但有证据证明该经营者集中具有或者可能具有排除、限制竞争效果的,国务院反垄断执法机构可以要求经营者申报。

(4)行政垄断

《反垄断法》规定了行政垄断,禁止滥用行政权力排除、限制竞争,列举了限定、变相限定交易,妨碍商品自由流通,在招投标中设歧视性资质要求、评审标准、不依法发布信息,排斥、限制、强制或变相强制外地经营者投资或设分支机构等滥用行政权力排除、限制竞争行为。

规定行政垄断协议规制,即规定行政主体不得通过与经营者签订备忘录、合作协议等形式妨碍其他经营者进入相关市场或者对其他经营者实施不平等待遇等排除、限制竞争行为。

(5)数字经济反垄断

数字经济时代,竞争已经不再局限于传统市场,互联网已经成为新竞争领域。数字市场不同于传统市场,数字经济以数据为核心要素,数字市场在相关市场、市场生态、竞争结构、跨界传导等方面具有独特性。数字市场的垄断有自身特征,以形成技术平台垄断为特征。垄断行为主要表现为数据滥用(Misuse of Data)、自我优待(Self - Preferencing)、扼杀式收购(Killer Acquisition)等新型垄断行为。因技术因素,网络市场中的市场壁垒得以强化,垄断行为的竞争损害更广泛、更持续,并具有不可逆性,救济难度更大。① 欧盟和美国反垄断机构均将数字经济、数字市场作为专门的规制对象。由于数字市场相关市场界定、市场支配地位认定缺

① 参见江山:《美国数字市场反垄断监管的方法与观念反思》,载《国际经济评论》2021 年第 6 期。

乏科学认定标准和依据,[1]网络市场经营主体构成滥用市场支配地位、经营者集中通常难以认定。《国务院反垄断委员会关于平台经济领域的反垄断指南》(2021 年)中已经规定针对网络平台进行反垄断规制,规定数字经济反垄断条款。《反垄断法》第 9 条规定,经营者不得利用数据和算法、技术、资本优势以及平台规则等从事本法禁止的垄断行为。

① 参见张钦昱:《数字经济反垄断规制的嬗变——"守门人"制度的突破》,载《社会科学》2021 年第 10 期。

第二章

数字经济与反垄断监管

数字经济已经渗透社会生活的方方面面,在经济中的比重越来越高。从全球范围看,主要国家数字经济发展持续提速。2022 年,美国、中国、德国、日本和韩国五国的数字经济总量为 31 万亿美元,数字经济占 GDP 总量比重为 58%。[①] 中国数字经济规模占 GDP 总量比重为 41.5%。[②] 由于平台具有网络性、双边性、跨界竞争、生态竞争的特征,而且数据作为新的生产要素,数据集聚性带来的规模效应巨大,呈现出数据垄断、生态垄断的趋势,引发了广泛的竞争关注。面对数字经济竞争监管挑战,加强数字经济反垄断规制是必然选择。

一、数字经济市场竞争特点

数字经济作为一种新型经济模式,具有与传统经济不同的市场竞争特征。

(一)市场特征

1. 平台经济是一种典型的双边市场

双边市场是由两类不同但相互提供市场的用户组成的经济市场。平台是连接消费者与经营者的中间者,可以为交易双方提供高效快速的交易匹配服务,是一种典型的双边交易模式。平台的两端连接经营者和消费者或者上下游经营者,参与者经过平台交易,区别于传统的单边市场,平台参与者在交易中各自形成不

① 参见《2023 全球数字经济白皮书》。

② 来源于《中国数字经济产业发展研究报告(2023)》。

同的相关市场，两者与平台紧密结合又相互独立。

2. 平台经济的规模效应

在平台经济中，用户对早期进入市场的产品既会有基于熟悉操作方式、产品特点、产品文化等而先入为主的心理优势，又会有基于前期为使用该产品所付出的努力产生的沉没成本。这些都会成为新产品进入市场时消费者转向新产品时的转移成本，高额的转移成本造成路径依赖增加了用户黏性，产生了用户锁定效应。由于用户锁定效应，在平台经济的交易模式下，交易双方高度依赖平台，平台的用户规模越大，交易双方的交易机会就越多，交易成本也会越低。在这种情况下，越大的平台越容易吸引新的用户，小平台的用户会流失到更大的平台，平台企业会比传统经济下的企业更加快速的形成规模效应。

3. 平台经济市场由数据作为生产要素

平台经济是在数字经济背景下产生的，是在信息技术、互联网发展的基础上，将数据信息作为生产要素的一种新型经济模式。网络平台向用户提供服务，用户的使用数据直接汇集至平台，通过平台的运行，企业可以掌握庞大的用户信息、数据流量，这些数据作为平台经济的生产要素，具有很强的流动能力，几乎没有成本的复制、增长。平台可以利用这些获得的数据对用户进行更加精准的推送、操控价格等，以此保持自身的竞争优势地位。

（二）竞争特征

数字平台作为流量入口，汇集了海量数据，借助各类算法，创造市场价值，"平台—数据—算法"的三维竞争结构对竞争格局发生巨大影响。平台作为这种结构的核心，一方面提高经济效率，增加消费者福利；另一方面又因数据垄断产生反竞争效果。[①]

1. 平台免费模式呈现非价格竞争特征

在实践中，互联网平台区分为交易型平台（如阿里巴巴旗下的淘宝等）与非交易型平台（如百度搜索引擎等），然而无论是交易型平台还是非交易型平台都存在免费面向用户提供服务的商业竞争模式。该类模式是通过免费为用户提供服务，向另一端的经营者收取费用来实现盈利的。

从经济学角度看，零价平台有其经济逻辑。零价商品或零价服务仍然存在供

① 参见汪林茜：《数字经济时代平台力量的反垄断法规制研究》，载《产业创新研究》2023年第5期。

求关系,仍然需要通过市场完成交易。零价平台的竞争分析需要更加细致深入的经济学分析,确定其竞争约束因素,对零价边与非零价边的相互关系进行研判,对市场竞争和社会福利进行全面分析。

2. 网络外部开放性呈现多边市场竞争特征

互联网平台并非只面向消费者或者是平台内的经营者,而是面向双方的,因此具有显著的双边市场的特征。双边市场的概念由比较法引入,指"两组参与者需要通过平台来进行交易,而且一组参与者加入平台的收益取决于加入该平台另一组参与者数量的市场"①。

3. 平台生态系统呈现多层次性竞争特征

数字经济背景下网络平台的外部性,最大限度扩大各边用户的互动,并充分利用技术、资本、数据、规则等优势,通过并购、捆绑搭售、开放源代码等竞争策略,不断扩大平台的市场边界,形成以核心平台为中心的数字生态系统。平台生态系统形成的市场支配力对相关市场界定也产生影响。平台企业可能通过平台生态系统所具有的市场优势,不断巩固自身市场地位,限制市场竞争,甚至滥用市场支配地位,导致社会福利受损。生态系统竞争范式下,需要单独分析生态系统。②

平台生态系统具有数字集群市场、多层次竞争的特征。平台生态系统下,一组非竞争性的产品或服务组成一个市场共同满足平台用户的特定需求,构成一个数字集群市场。所谓竞争的多层次性,即平台生态系统的竞争分为生态系统内部的竞争和平台生态系统之间的竞争呈现出多层次的特性。平台生态系统之间的竞争则一定程度地呈现出平台竞争的特征。平台经营者通过特定的切入点进入互联网领域,在不同类型和需求的消费者之间发挥中介作用,以此创造价值。

4. 数字平台易形成数据垄断、生态垄断,趋于形成垄断市场

2020 年 10 月,美国众议院公布关于 Facebook(脸书)、谷歌、亚马逊、苹果四大互联网平台企业涉嫌垄断的《数字市场竞争调查报告》。该报告指出在市场结构方面,数字经济体现出了鲜明的赢者全得和高集中度特征。在进入壁垒方面,网络效应、转移成本、数据优势、规模效应等成了阻碍潜在竞争者进入的最重要工具。数字平台收集和分析大量用户数据,掌握和处理数据,控制数据接口,通过差

---

① 丁庭威:《互联网平台滥用市场支配地位规制路径新探——以双边市场下相关市场界定为分析视角》,载《科技与法律(中英文)》2021 年第 2 期。

② 参见黄坤、王磊:《相关市场界定:方法与应用》,社会科学文献出版社 2022 年版,第 185 页。

别定价、合谋定价和个性化广告等方式,实施垄断行为,损害消费者利益。① 数据垄断具有自我强化效应,通过利用数据改善用户体验和开发新产品,吸引更多用户,生成更多数据,形成一个自我强化的反馈循环。一个平台一旦获得市场主导地位,就很难被竞争者取代。大型数字平台还通过混合并购在多边市场取得市场竞争优势地位。② 同时,平台在数字广告、应用程序市场的主导地位导致集中度提高,容易引发用户端价格上涨,损害数字市场的竞争和创新。平台网络效应产生的大数据、规模经济、平台生态,构成一个巨大的市场进入壁垒。平台企业基于数据的收集、整合和分析提供服务,大数据成为后来者进入市场的巨大障碍,其结果就是平台经济明显存在垄断或寡头垄断趋势。③

二、数字经济对反垄断规制挑战

在数字经济中,基于算法歧视的平台自我优待、大数据杀熟、强制"二选一"、最惠国待遇、算法共谋以及平台生态化等数据垄断行为,已经严重影响了自由竞争和创新发展。

(一)算法共谋引发的垄断协议规制挑战

在数字经济下,平台通过海量的大数据供给、不断提升算力和优化算法,循环实现对产品的需求变化和价格条件趋势的预判。平台经营者对算法的深度使用,使数字经济场景下算法共谋成为可能。算法共谋可能构成新型垄断协议。④

算法成为垄断协议的代理者,或者企业共同选择一种定价算法为"中间方",在协议成员之间未有关于价格进一步协商的情形下,由算法根据市场数据对价格进行调整,这种情况下要证明协议成员间存在共谋的难度增加。竞争者使用同一

① 参见陈永伟:《美国众议院〈数字市场竞争状况调查报告〉介评》,载《竞争政策研究》2020 年第 5 期。

② 参见肖海军、罗迎:《数字经济时代平台企业混合合并的反垄断规制》,载《甘肃社会科学》2023 年第 2 期。

③ 参见王晓晔:《数字经济监管是否应当引入欧盟模式》,载《上海法治报》2023 年 11 月 17 日,B07 版。

④ 参见林子樱、韩立新:《数字经济下平台竞争对反垄断规制的挑战》,载《中国流通经济》2021 年第 2 期。

种算法或者数据库来确定价格或者算法使竞争者的定价活动变得更具有可预测性,客观上形成共谋。① 更为严重的情况是,在人工智能技术的支撑下,算法通过“深度学习”后“在不需要人类干涉的情况下就可能形成合谋”。②

(二)算法歧视带来的滥用市场支配地位规制挑战

数字经济的发展使平台的滥用行为既有传统反垄断法所规制的滥用行为的新表现,也有不同于以往的新型滥用行为。表现形式更复杂,规制难度加大。

掠夺性定价。由于平台的多边性与零价格定价策略,在具有网络效应的数字市场中,区分掠夺性定价与合理低价较为困难。对掠夺性定价的认定需要分析平台是否具有限制竞争的目的,并根据各边市场的运营成本及收入综合判断相关行为是否可能有限制或排除竞争的后果。

拒绝交易。在平台经济下拒绝交易的情形有:关闭消费者进入平台或者进行价格比较的通道;关闭对由现有零售商用户产生的能有效针对特定用户偏好定制零售产品的消费者数据的访问等。

搭售。在平台经济中,销售产品并指定快递、软件捆绑等行为均涉嫌搭售。平台经济下搭售产品的零价格带来的复杂性,产品与服务的模糊界限、搭售行为对消费者的约束程度等,对界定非法搭售增加了难度。其中,零价格是否可以作为搭售的抗辩理由?一般认为,虽然不需要支付金钱对价,但可能对消费者造成额外的注意力成本或降低产品(服务)质量。

差别待遇。一些大型平台兼具平台经营者与平台内经营者的双重属性,可能出现自我优待,即在数字经济背景下,指当平台经营者与平台内其他经营者存在竞争时,对平台经营者自己的产品或服务给予优惠待遇,通过提高自身产品或服务的排名歧视第三方供应商。

2016 年 11 月,美国联邦贸易委员会发布的《共享经济——平台、参与者及监管者面临的问题》指出,双边网络效应以及潜在封锁效应使平台型企业拥有很强的市场力量,其中平台型企业在与其他利益相关者的交易中拥有着绝对的主导力和影响力,加之在平台经济下涉及群体多、平台所提供的商品与服务类型多、竞争

---

① 参见林子樱、韩立新:《数字经济下平台竞争对反垄断规制的挑战》,载《中国流通经济》2021 年第 2 期。

② 参见金善明:《中国平台经济反垄断监管的挑战及其应对》,载《国际经济评论》2022 年第 3 期。

状态变化快等因素导致滥用行为的认定更加困难。①

（三）平台混合并购、生态垄断带来的挑战

《2020年全球风险投资报告》数据显示，2020年有1500多家具有成长潜力的初创型公司被1300多家收购方以1490亿美元的价格收购。数字巨头对各类初创企业的收购可能同时产生效率和严重的协同效应。收购导致目标公司被整合到收购方的生态系统中，初创公司的基础用于后期产品研发，也可能是初创公司的退出战略，这是效率所在。但是，平台在相关市场或相邻市场的收购必然会损害下游竞争对手或提高市场壁垒，阻碍潜在竞争进入市场，②这是并购的协同效应。"扼杀式并购"反垄断审查就是要防止平台企业利用资本、技术等方面的优势来收购或兼并市场地位不足的竞争对手。③

数字科技巨头混合并购使其在多边市场取得市场竞争优势地位，导致竞争者的市场进入壁垒增强、未来创新能力遭到削弱以及消费者可替代选择福利减损等，具有明显的反竞争效果；同时，数字科技公司的并购扩张实际形成"生态垄断"，大大增强其政治和社会影响力，给消费者、潜在的竞争者、市场创新能力以及国家反垄断执法机构带来现实压力。④ 数字市场的并购审查要求执法机构预测目标公司的发展潜力，但作为初创公司的目标公司，预测其发展潜力其实很难。

（四）数字经济对传统反垄断竞争分析框架的挑战

由于数字平台对市场经济的影响日益增强，反垄断法传统的三步骤推理（相关市场界定—支配地位认定—行为效果判定）已经显现不适应性。欧盟委员会对苹果、谷歌、亚马逊、Facebook等数字巨头均进行过反垄断调查，并于2014年以谷歌对竞争对手的搜索服务采取歧视态度为理由开出高达24.2亿欧元的天价罚单，而后2018年和2019年连续两年以系统内预装搜索引擎和独家交易为理由对谷歌合计处罚超过58亿欧元。即便如此，欧洲的反垄断体系仍然因调查时间过

---

① 参见林子樱、韩立新：《数字经济下平台竞争对反垄断规制的挑战》，载《中国流通经济》2021年第2期。

② 参见林子樱、韩立新：《数字经济下平台竞争对反垄断规制的挑战》，载《中国流通经济》2021年第2期。

③ 参见金善明：《中国平台经济反垄断监管的挑战及其应对》，载《国际经济评论》2022年第3期。

④ 参见肖海军、罗迎：《数字经济时代平台企业混合合并的反垄断规制》，载《甘肃社会科学》2023年第2期。

长和无法干预结构性反竞争问题而饱受诟病。①

三、欧美数字经济竞争监管趋势

美国反垄断经历了布兰代斯平民主义、哈佛学派结构主义、芝加哥学派行为主义、后芝加哥学派消费者福利主义等阶段。在数字经济背景下,尤其是进入21世纪以来,数字经济垄断特征趋于明显,各国均面临数字经济带来的垄断挑战。在对美国的经济问题进行反思的过程中,学者将其归咎于高度集中的市场结构和科技企业不断壮大的市场力量,出现了新布兰代斯主义,代表着结构主义的回归。新布兰代斯主义认为经济民主和政治民主并不相互独立。反垄断不只是一个经济问题,更是一个“在民主基础之上建构社会的主要工具”。反垄断又回归重点关注市场结构问题。在新布兰代斯主义影响下,欧美国家加强了数字经济反垄断,强调数字企业并购控制、平台自律、平台“守门人”职责等。从欧美国家应对大型平台反垄断规制实践经验看,对大型数字平台赋予特殊的义务和责任应该是大势所趋。

(一)平台必要设施理论

在网络效应和锁定效应的共同作用下,先进入市场或通过颠覆性创新占据有利的竞争位置,形成较高的进入壁垒,阻碍新的竞争者进入市场,造成“强者恒强、弱者恒弱”的“马太效应”和“赢者通吃”的竞争格局,②数字经济容易出现平台数据垄断和平台生态垄断问题,且问题的根源在于数字平台的数据垄断。如何破解数据垄断问题,有学者提出必要设施原则。必要设施原则源于美国《谢尔曼法》第2条,其目的是防止因拥有特定设施而享有市场支配地位的企业,拒绝其他竞争者使用该设施,最终限制和排除竞争,要求设施拥有者以公平、合理且不歧视的交易条件,开放其设施供竞争者使用。必要设施原则是典型的基于工业经济竞争的规则,在长期的实践中适用范围逐渐扩大到知识产权、资讯等无形设施。③ 当

① 参见申乐诚、马辉:《大型数字平台企业事前监管措施与反垄断的交互研究——以欧盟〈数字市场法〉为例》,载《北京经济管理职业学院学报》2022年第4期。

② 参见王旭烨、刘冰冰、刘戒骄:《我国数字经济规范发展研究》,载《区域经济评论》2023年第3期。

③ 参见杨东:《论反垄断法的重构:应对数字经济的挑战》,载《中国法学》2020年第3期。

前,全球数字经济发展占全球 GDP 总量近一半,数字平台已经成为对经济系统重要的新型基础设施,数据则是这种新型基础设施的重要生产要素和核心竞争资源。必要设施原则扩大适用至数字经济领域具有相当的合理性。作为数字经济的大平台,是企业和用户共同参与而形成,具有公共属性,已经构成社会必需设施,应当共享,平台数据应当开放。必要设施理论为应对数字经济时代反垄断监管挑战带来新的理论支撑。《国务院反垄断委员会关于平台经济领域的反垄断指南》已就平台构成必需设施的考量因素作出明确规定。[①]

(二)美国数字经济监管发展

美国对于数字经济治理曾持放任态度。然而,在各类超大平台快速发展的情况下,加强平台反垄断监管也成了政府和社会的基本共识。美国数字反垄断实践开始将竞争损害、创新损害纳入监管标准之中。[②] 2021 年 6 月,美国国会众议院司法委员会通过五项与平台反垄断相关的法案。

《平台反垄断法》。该法案提出拥有 50 万以上美国用户、市值超过 6000 亿美元且被视为“关键贸易伙伴”的覆盖平台应承担保护依赖其平台开展业务的用户公平发展的特殊义务,且义务的核心是不能对其自身业务进行自我优待,且不能对依赖于该平台开展业务的用户进行特别限制,在消费者权益方面,平台不能限制平台用户卸载平台预装的软件。

《终止平台垄断法》。该法案要求平台将竞争对手的产品及服务与平台自己的产品及服务平等对待,不得歧视对其现有产品、服务或业务构成竞争的各类新业务,也不得增加会使这些竞争对手处于不利地位的各种额外附加条件。

《平台竞争与机会法案》则禁止市值超过 600 亿美元的覆盖平台收购与其业务相关联的初创企业。如果平台要收购初创企业,则必须提供“明确且令人信服的证据”,证明被收购企业的业务不与平台竞争任何产品或服务,不对平台构成潜在的竞争威胁,收购完成后不会以任何方式增强或帮助维持收购平台的市场地位。

① 认定相关平台是否构成必要设施,一般需要综合考虑该平台占有数据情况、其他平台的可替代性、是否存在潜在可用平台、发展竞争性平台的可行性、交易相对人对该平台的依赖程度、开放平台对该平台经营者可能造成的影响等因素。

② 参见黄爱科:《数字经济反垄断的国际经验与启示》,载《价格理论与实践》2023 年第 2 期。

ACCESS 法案[①]要求平台允许第三方将数据传输给他们的用户，或者在用户同意的情况下传输给竞争企业。同时，该法案还要求联邦贸易委员会建立技术委员会，以颁布可移植性和互操作性标准。

《合并申报费现代化法案》要求提高合并审查收费上限，尤其是大型企业的合并审查费用，该法案已获得国会通过。

2022 年 1 月 20 日，美国参议院司法委员会审议通过《美国在线创新与选择法案》和《开放应用市场法案》。

（三）欧盟数字经济监管发展

欧盟在数字经济平台反垄断方面经验丰富，立法步伐较快。2022 年 7 月，欧盟通过《数字市场法》，于 2022 年 11 月生效。《数字市场法》是规制数字市场并提供数字治理的重要立法，是欧盟"塑造欧洲数字未来"数字战略中的重要一环，而数字战略的最终目的是"发展公平且有竞争力的数字经济"。[②]《数字市场法》以欧盟数字市场的可竞争性和公平性为目标，是一个分级分类事先监管的法律体系。新法的实施给欧盟数字经济反垄断及监管模式带来了深刻的变化。

所谓分级分类监管，就是对不同体量或业务类型的数字平台设定不同的法律义务，强化特殊业务平台的监管。欧盟将数字平台划分为社交媒体、搜索引擎、云计算、中间服务、视频分享等八大类型。这些平台均具有边际成本低、网络效应强、横向扩散能力强等特点，容易形成锁定效应和规模效应，并且能利用自身的数据优势来强化纵向市场上的整合能力，进而提升用户的依赖性。在分级方面，按照市场力量的差异，欧盟将数字平台分为超大型平台和中小型平台，分别设定不同的法律义务及限制性条件，以构建更加开放和公平的竞争环境。[③]

所谓事先监管就是为大型数字平台规定相应的法律义务。《数字市场法》界定了具有"守门人"地位的企业。根据《数字市场法》，该法适用于提供一种或几种核心平台服务（CPSs）的"守门人"地位的企业，如线上的中介服务、搜索引擎、社交网络服务等。认定"守门人"有三个定性指标和一个定量指标，定性指标包括在欧洲内部大市场有重大影响、其提供的 CPSs 是商户进入销售渠道的重要途

---

① 全称为 Augmenting Compatibility and Competition by Enabling Service Switching Act。

② 参见申乐诚、马辉：《大型数字平台企业事前监管措施与反垄断的交互研究——以欧盟〈数字市场法〉为例》，载《北京经济管理职业学院学报》2022 年第 4 期。

③ 参见黄爱科：《数字经济反垄断的国际经验与启示》，载《价格理论与实践》2023 年第 2 期。

径、其经营活动在市场上有根深蒂固且持久的主导地位;定量标准是它们的 CPSs 年营业额达到 75 亿欧元,市值达到 750 亿欧元,至少为三个欧盟成员国提供 CPSs,且上一财政年度在欧盟至少拥有 4500 万个月活跃最终用户以及至少 1 万个年活跃业务用户。关于"守门人"的法律义务,包括禁止其处理和使用其商户和终端用户的数据、禁止最惠国待遇、禁止自我优待等;"守门人"可以不同方式遵守的各种义务,包括禁止使用其商户非公开的数据,允许终端用户卸载其操作系统应用程序,允许用户在其操作系统安装第三方应用程序和应用商店,禁止自我优待等。关于"守门人"的法律责任。欧盟委员会作为"数字守门人"的唯一监管者,当"守门人"故意或过失未遵守其法律义务的,欧盟委员会对其可处不超过上一财政年度全球总营业额 10% 的罚款;如果"守门人"8 年期间重复违规,最高可处全球营业额 20% 的罚款;"守门人"存在系统性违法的情况下,欧盟委员会可施以必要的行为或结构救济。[①]

四、中国数字经济竞争监管的选择

作为数字经济大国,我国针对数字经济领域出现的各类新型垄断行为,通过修改《反垄断法》和出台《国务院反垄断委员会关于平台经济领域的反垄断指南》,加强执法和督促平台加强合规建设,数字经济反垄断工作成效显著。

(一)中国数字经济反垄断规制

修正后的《反垄断法》在两个方面加强了数字经济监管。一是总则明确规定了经营者不得利用数据和算法、技术、资本优势以及平台规则等从事本法禁止的垄断行为。二是第三章滥用市场支配地位规定,具有市场支配地位的经营者不得利用数据和算法、技术以及平台规则等从事前款规定的滥用市场支配地位的行为。另外,《国务院反垄断委员会关于平台经济领域的反垄断指南》为预防和制止平台经济领域垄断行为,保护市场公平竞争,促进平台经济规范有序创新健康发展,维护消费者利益和社会公共利益,作出了规范性文件指引。

---

① 参见王晓晔:《数字经济监管是否应当引入欧盟模式》,载《上海法治报》2023 年 11 月 17 日,B07 版。

执法方面，自2020年下半年中央提出“防止资本无序扩张，加强反垄断”以来，我国持续加大对数字经济的反垄断执法力度。2021年1月《国务院反垄断委员会关于平台经济领域的反垄断指南》出台后，市场监管总局先后对阿里巴巴、美团等数字科技巨头滥用市场支配地位，对81起平台企业未依法申报违法实施经营者集中案作出顶格处罚，审查并禁止虎牙斗鱼合并案，有效遏制了平台经济领域的违法垄断行为。[①]

（二）中国数字经济竞争监管需要引入事先监管

《反垄断法》的监管机制主要以事后规制为主。然而，数字经济相较于传统经济更具动态性，数字经济也容易形成数据垄断和市场势力。特别是，基于生态化特性的数字平台借助收购合并一旦形成“生态垄断”地位，将会对其他经营者、消费者以及潜在的竞争对手产生极强的“闭锁效应”，其他现实和潜在的竞争对手均很难打破此种“生态壁垒”，必定产生严重的排除或限制竞争后果。[②] 事后规制的方式已经无法适应监管需求。加强数字经济反垄断监管，不仅需要事后反垄断，也要事先加强监管。

1.“守门人”制度是结构主义的回归

21世纪以来，数字经济背景下，反垄断重新回归经济民主和结构主义规制路径，欧盟和美国均对数字科技巨头企业加强反垄断监管。尤其是提出了“事先监管”的模式，例如欧盟颁布实施《数字市场法》，旨在加强平台“守门人”职责，保护数字经济的公平竞争和创新发展。

“守门人”制度是结构主义的回归，体现反垄断规制理论风向的转变。一旦企业满足“守门人”的量化标准，除非企业举证证明其不具有市场优势，不存在垄断行为，否则，《数字市场法》将自动适用，要求“守门人”在6个月内不得实施相关限制竞争或不公平的行为。《数字市场法》并非对所有数字企业一视同仁，仅精心挑选出数字巨头，在一般数字企业普遍遵守义务的基础上，对数字巨头作出额外要求。“守门人”是因其市场地位无法实施相关行为，而非因其实施特定行为而负担特定的义务。

---

① 参见金善明：《中国平台经济反垄断监管的挑战及其应对》，载《国际经济评论》2022年第3期。

② 参见肖海军、罗迎：《数字经济时代平台企业混合合并的反垄断规制》，载《甘肃社会科学》2023年第2期。

2. 数字经济发展趋势要求对其实施强监管

我国即时通信、移动支付、搜索引擎、网络音乐、网上外卖等细分市场的市场上前四家企业的市场份额占全部市场份额的比重(CR4)均超过了 90%;网约车、网络零售、娱乐直播等市场的 CR4 均在 80% 以上。[①] 数字巨头以“猎杀式并购”等方式兼并市场中的竞争者或者潜在竞争者,强化“一家独大”或“寡头垄断”的竞争格局。

数字经济发展到现在,其“赢者通吃”的特征表露无遗,资源向少数企业集聚,任其发展,数字巨头扩张本性难移,垄断或寡头垄断在所难免。如果迷信市场的力量,坚持“包容审慎”,数字巨头反将扼杀创新与竞争。“包容审慎”的监管是鼓励、包容市场新兴事物突破性发展,最大限度地给予创新发展空间。但是,对于数字经济而言,“包容审慎”已经不能适应数字经济发展的规制要求,对其实施强监管是必然要求。“守门人”制度蕴含的结构主义底层逻辑是对数字经济反垄断现实困境的回应,要求反垄断法回到数字经济垄断问题的本源——市场结构,从而对造成市场结构失衡的数字巨头予以规制。[②]

3. “守门人”制度符合反垄断强监管的要求

党的十九届四中全会确立了竞争政策的基础性地位。2021 年 8 月,中央全面深化改革委员会第二十一次会议通过《关于强化反垄断深入推进公平竞争政策实施的意见》,提出要引导社会公平竞争意识,加强平台经济、科技创新、信息安全、民生保障等重点领域反垄断执法。自 2020 年下半年以来,数字经济领域的公平竞争受到高度关注,“防止资本无序扩张和强化反垄断”成为高层和社会的共识。加强反垄断监管,既要持续事后监管,也需要针对特定大平台事先规制其行为以防垄断损害的实际发生。

4. 事先监管引入科技监管

在借鉴引入“守门人”制度时,建议吸取金融科技的监管经验,在事先监管机制的设置上大胆引入监管科技的理念。以科技应对科技,用数据对抗数据,用算法制裁算法。监管执法者应能及时掌握平台的交易数据,建立数据驱动型监管执法模式。在保护数据安全和个人信息安全的前提下,为监管者提供数据访问路径,并基于这些数据,利用自动化算法,构建能够准确决策、管理风险以及处理紧

---

① 参见 2021 年中国信息通信研究院发布的《平台经济与竞争政策观察》。

② 参见张钦昱:《数字经济反垄断规制的嬗变——“守门人”制度的突破》,载《社会科学》2021 年第 10 期。

急事件的机制，加强对数据的管理监督。①

中国反垄断法颁布实施至今仅 16 年，相比欧美反垄断历史很短。但是，中国数字经济高速发展，面对全球和国内数字经济竞争格局的挑战，我们应当积极应对，在数字经济竞争新的起跑点上，借鉴“守门人”制度，在发展数字经济的同时，对数字经济市场行为事先予以引导和规制。

① 参见汪林茜：《数字经济时代平台力量的反垄断法规制研究》，载《产业创新研究》2023 年第 5 期。

第三章

垄断协议规制

一、垄断协议的概念

垄断协议，是指两个或两个以上的经营者达成排除、限制竞争的协议、决定或其他协同行为。垄断协议分为横向垄断协议和纵向垄断协议。横向垄断协议，又称为“卡特尔”，是具有直接竞争关系的处于同一供应链环节的竞争者之间达成的排除、限制竞争的协议、决定或其他协同行为。纵向垄断协议，是指同一产业上下游的经营者之间达成的排除、限制竞争的协议、决定或协同行为。垄断协议的形成和维持受一定的市场结构影响。通常，少量卖主的市场结构、有限需求弹性的市场结构、生产过剩的市场结构、相近产品成本结构和产品差异性小的市场结构，相对容易形成和维持垄断协议。① 横向垄断协议通常在价格、产量、市场等达成协议，会对市场竞争产生严重的危害后果，破坏市场对资源配置的作用，降低社会整体效率和社会福利。纵向垄断协议最为典型的就是纵向价格协议，即转售价格维持协议，生产商或供应商在将产品出售给经销商（分销商或零售商）时，要求按照指定的价格或者限定最低价格销售给第三人，其消极作用在于剥夺了下游经营者的自由定价权，削弱品牌内竞争，排除、限制竞争。

垄断协议的形成与经营者谋求超额利润的天性密切关联，若不对垄断协议的达成与实施进行规制，将给市场的竞争秩序带来极大损害，危及经济效率与社会福祉。与滥用市场支配地位和经营者集中相比，垄断协议行为的反竞争性质更明

① 参见刘继峰等：《中华人民共和国反垄断法理解与适用》，中国法制出版社 2023 年版，第 75 ~ 76 页。

显,对经济效率和消费者福利的危害更大。因此,垄断协议历来是各个国家和地区反垄断法严厉打击的对象,各经济体往往对经营者处以高额的罚款,以美国为代表的部分经济体还将达成和实施垄断协议作为严重的犯罪,对其规定了刑事责任。①

二、域外垄断协议规制

垄断协议禁止制度是各国反垄断法的基础支柱之一。《欧盟运行条约》、美国《谢尔曼法》、英国《竞争法》、瑞典《竞争法》、巴西《反垄断法》、俄罗斯《有关保护竞争的联邦法》等国家和地区的反垄断法均对垄断协议予以规制。② 以美国《谢尔曼法》为例,阐述垄断协议规制基本内容。

(一)《谢尔曼法》中的卡特尔规制

《谢尔曼法》的反托拉斯规范主要体现在第 1 条和第 2 条。其中第 1 条将卡特尔作为违法犯罪行为进行规制,并明确了企业和相关自然人的法律责任,其内容为:“任何契约、以托拉斯形式或其他形式的联合、共谋,用来限制州际间或外国之间的贸易或商业,是非法的。任何人签订上述契约或从事上述联合或共谋,是严重犯罪。如果参与人是公司,将处以不超过 100 万美元的罚款。如果参与人是个人,将处以 10 万美元以下的罚款,或三年以下的监禁。或由法院酌情并用两种处罚”③。2004 年,美国颁布了《提高和改革反托拉斯刑事制裁法》,将针对公司的罚金上限提高至 1 亿美元,将针对自然人的罚金上限提高至 100 万美元,并将针对自然人的刑事监禁最高期限从 3 年提高至 10 年。

根据《谢尔曼法》的规定,缔结、实施垄断协议的行为可能导致个人承担刑事责任。长达 10 年的刑期上限也说明,垄断协议相关违法行为在美国被视为严重的刑事犯罪。与欧共体法和德国法只是对违法企业进行行政罚款不同,美国反垄断法刑事制裁的最大特点是对企业主管人员或者直接责任人员进行刑事监禁。

① 参见王先林:《论我国垄断协议规制制度的实施与完善——以〈反垄断法〉修订为视角》,载《安徽大学学报(哲学社会科学版)》2020 年第 1 期。

② 参见郝俊淇:《论我国垄断协议类型序列的立法完善》,载《中国政法大学学报》2022 年第 1 期。

③ 《美国谢尔曼法》,载尚明主编:《主要国家(地区)反垄断法律汇编》,法律出版社 2004 年版。

据20世纪90年代的统计,美国司法部因反托拉斯指控平均每年将35个人送进监狱。2001年至2004年,共计有30名违反反托拉斯法的被告被判处1年或1年以上的监禁。[①] 对违法企业的相关自然人判处刑事监禁,比仅仅对企业征收罚款更具有威慑力。

(二)美国卡特尔规制的两个重要原则

因为各种垄断协议对竞争影响的不同,反垄断法一般把垄断协议分为两类。一类是适用本身违法原则的卡特尔,另一类是适用合理分析原则的卡特尔。该分类源于美国,本身违法原则和合理分析原则是法院在适用《谢尔曼法》进行的审判实践中,通过判例的形式逐渐确定的,未出现在反垄断法律的明文规定中。

所谓本身违法原则,即某些类型的卡特尔已被司法判例确定本身就是违法行为,不论其产生的具体情况,也不论其影响的范围有多大,均应被视为非法。适用本身违法原则的垄断协议也称为"核心卡特尔",核心卡特尔对市场竞争秩序具有严重损害性。根据美国100多年的司法实践,"核心卡特尔"主要包含以下几种类型:(1)价格卡特尔,通过价格协议的达成,直接确定产品或服务的价格;(2)数量卡特尔,彼此控制进入市场的产品数量间接地控制价格;(3)分割市场,竞争者之间达成划定销售地区、销售对象及产品的协议;(4)联合抵制,竞争者通过达成协议共同拒绝与竞争对手或客户进行交易。

适用本身违法原则,对案件的处理具有至少两方面的作用:一是对原告而言,其只需证明存在卡特尔的事实,而无须证明卡特尔的反竞争效果。二是对审理案件的行政执法机关或者司法机关,其无须调查订立卡特尔的目的及其效果,就可认定该卡特尔的违法性,从而提高办案效率。[②]

所谓合理分析原则,即某些垄断协议对竞争的影响比较模糊,其是否违法,必须在慎重考虑行为人的目的、具体反竞争效果等因素后作出判断。这一原则最早在美国最高法院1911年"美孚石油公司案"中提出。在该案中,美国最高法院提出《谢尔曼法》只是禁止那些"不合理"的限制竞争行为。"核心卡特尔"之外的限制竞争行为虽然限制竞争,但也具有促进竞争的效果,在此情况下应当对其具体竞争影响的增益和损益进行衡量,如果增益大于损益,行政执法机关或法院应认

① 参见王晓晔:《王晓晔论反垄断法》,社会科学文献出版社2010年版,第118~119页。
② 参见王晓晔:《王晓晔论反垄断法》,社会科学文献出版社2010年版,第114页。

定该限制竞争合法。

合理分析原则的确定,目的在于使反托拉斯法的适用能更好地适应复杂的经济情况,避免机械的执法对正常经济活动造成消极影响。①

(三)美国卡特尔的适用除外

从维护国家利益的需要出发,同时考虑到某些经济领域的特殊性,美国的反托拉斯法对某些行业给予了豁免。美国法上的适用除外主要是通过单行立法进行规定。

工会在适用除外的范围。在实行完全自由市场经济的美国,劳动力曾经被当作商品。因此,法院一直认为工会就是劳动力销售联盟,是一种标准的卡特尔,也一度受到《谢尔曼法》的严厉打击。② 但随着社会对劳动力的认知发生改变,工会也完全变成一个政治性组织,作为一种适用除外的情形存在。

农业合作组织在适用除外范围。农产品作为一种特殊商品,存在需求弹性小、可替代性低等特点,其供求关系的波动对整个社会都会造成巨大的影响。如果让农产品像工业品那样自由竞争,必然导致农户之间的恶性低价竞争。因而农产品的购销不宜采用无限制的自由竞争。③ 经过农民的政治抗争之后,农业合作组织也通过 1922 年《凯普 - 伏尔斯蒂特法》的出台,列入适用除外的范围。

保险业在美国也在适用除外范围。虽然保险业适用反垄断适用除外缺乏法理上的依据,但保险业也在 1945 年《麦克卡兰 - 费古森法》被纳入适用除外的范围。保险利益集团认为保险业是特殊行业,不仅具有高风险性,而且其经营状况涉及每一个公民的利益。在他们看来,如果对其竞争不进行限制,保险业就可能因为过度竞争而产生动荡甚至引发保险公司的破产倒闭,严重影响投保人与被保险人的利益,也为经济秩序和社会安定带来诸多不稳定因素。④

对外贸易在适用除外范围。美国通过 1918 年《韦伯 - 波密伦法》和 1982 年

---

① 参见吴振国、张晨阳:《美国反托拉斯法律制度综述》,载尚明主编:《主要国家(地区)反垄断法律汇编》,法律出版社 2004 年版。

② 参见吴玉岭、赵耀:《论美国反垄断法的豁免制度及其适用限制》,载《南京社会科学》2005 年第 1 期。

③ 参见吴玉岭、赵耀:《论美国反垄断法的豁免制度及其适用限制》,载《南京社会科学》2005 年第 1 期。

④ 参见吴玉岭、赵耀:《论美国反垄断法的豁免制度及其适用限制》,载《南京社会科学》2005 年第 1 期。

《出口贸易公司法》赋予对外贸易联盟合法地位，容忍、支持对外贸易联盟到国外从事垄断经营。

美国法上还有部分反垄断适用除外是通过判例确立的，例如1922年"联邦棒球案"等司法判例确定了对职业体育运动的适用除外。

（四）美国卡特尔的宽恕政策

垄断协议一旦被揭露，其成员企业就得为此付出沉重的代价。特别是在美国，违法者不仅面临3倍民事损害赔偿和巨大的刑事罚金，且企业主管人员或直接责任人员还面临刑事监禁。这一方面提高了对潜在卡特尔形成的震慑，另一方面也致使卡特尔成员想方设法掩盖共谋的存在，使得卡特尔更具隐蔽性，这导致卡特尔很难被执法机构发现。为了更有效地发现卡特尔的存在，美国司法部反托拉斯局在1978年首先采用宽恕政策，即鼓励参与卡特尔的企业揭发卡特尔，从内部瓦解卡特尔。司法部还一度设立了揭发卡特尔的电话热线，在电视节目中广为宣传。① 不过，美国早期的宽恕政策并不完善，实施效果也不理想。

1993年，美国司法部反托拉斯局修改并公布了《公司宽恕政策》。卡特尔成员如果向政府坦白交代，且符合一定条件，就可以得到宽恕，即减轻甚至免除其应承担的罚金。这些条件具体包括：(1)企业向政府报告违法行为时，政府还没有从其他任何方面得到这一违法活动的任何信息；(2)该企业一旦发现其参与了违法行为，就采取迅速和有效的行动终止了这一活动；(3)该企业坦率和全面地向政府报告了违法行为，且整个调查阶段向反托拉斯局提供完整、连续和全面的合作；(4)这一坦白行为是企业行为，而不是企业领导的个人行为；(5)可能的情况下，企业可以向受害者赔偿损失；(6)企业没有胁迫其他当事人参与这一违法活动，且明显不是违法活动的领导者或者倡议者。②

1994年，美国司法部反托拉斯局又公布了《个人宽恕政策》。20世纪90年代中期以后，美国司法部破获了大量的卡特尔案件，特别是国际卡特尔案件，这在很大程度上归功于新的宽恕政策的实施。③ 也正是在这一时期，宽恕政策受到了各经济体反垄断执法机构的关注和借鉴。包括欧共体（后改为欧盟）、英国在内的

① 参见王晓晔：《王晓晔论反垄断法》，社会科学文献出版社2010年版，第120页。

② 参见王晓晔：《王晓晔论反垄断法》，社会科学文献出版社2010年版，第120页。

③ 参见游钰：《反垄断宽恕政策的理论分析与实证考察》，载《法律科学（西北政法大学学报）》2008年第4期。

很多发达市场经济体都效仿美国的做法，制定了一定条件下宽恕卡特尔成员的政策。

三、中国垄断协议规制

我国《反垄断法》于 2007 年 8 月 30 日制定，自 2008 年 8 月 1 日施行。2022 年 6 月 24 日，进行了第一次修正。2022 年《反垄断法》针对横向垄断协议和纵向垄断协议均予以规制，规定了垄断协议的定义、横向垄断协议的类型、纵向垄断协议的类型、垄断协议的豁免、行业协会对该法的适用，并规定了达成、实施垄断协议的法律责任。本次修正，适应数字经济发展，以及垄断协议规制实践需要，对垄断协议规制予以了修改完善。

（一）数字经济对垄断协议规制的新挑战

《反垄断法》自 2008 年实施以来，信息通信技术快速发展，由此引发大数据的广泛应用与平台经济的蓬勃发展，深刻影响了许多行业的业态，在重塑生活方式和社会关系的同时，也对包括垄断协议规制在内的反垄断规制提出新的挑战。

对于垄断协议的规制而言，大数据时代垄断协议呈现出智能化和隐蔽化的特征，前者是指算法成为垄断协议的参与者并有主导其达成和实施的趋势，后者意味着在大数据技术使市场透明度增加的情况下，垄断协议的形式将以默示合谋为主。这两大特点带来了垄断协议规制在主体要件认定、主观要件认定和基本价值等三方面的新问题。

为回应大数据时代对垄断协议规制提出的挑战，协议主体要件转向关注算法或者其他计算机技术的背后设计者、改进者或使用者，对主观要件的证明从单一的沟通证据转变为以行为证据、经济证据为主，最后在基本价值方面从经济效率到消费者利益保护的变革。[①]《国务院反垄断委员会关于平台经济领域的反垄断指南》将数字平台的特征纳入反垄断分析框架进行了必要调整，对传统分析工具作出修正以提高在平台经济适用的精准度，并引导平台企业竞争合规。对于垄断

---

① 参见钟原：《大数据时代垄断协议规制的法律困境及其类型化解决思路》，载《天府新论》2018 年第 2 期。

协议，阐述了其他协同行为及认定标准；关注以数据、算法、平台规则达成和实施的垄断协议；明确要求平台内经营者提供等于或优于其他竞争性平台交易条件的，可能构成垄断协议。

（二）纵向价格限制适用合理分析原则

纵向垄断协议的行政执法与司法之间存在一定的冲突。尤其是纵向价格限制的理解和适用方面体现得尤为突出。[①] 纵向垄断协议是否以排除、限制竞争为条件，以及举证责任的分配上，有不同的理解。

一种意见认为，由于垄断协议定义规定明确了排除、限制竞争的性质，所以反垄断执法机构规制纵向垄断协议时，除证明协议存在外，还需要证明具体协议的确排除、限制了竞争。另一种意见认为，垄断协议概念的一般性说明，并非是对举证责任的配置，纵向垄断协议行为导致反竞争效果的可能性非常高，因此反垄断执法机构只需证明行为客观存在便可推定其具有反竞争效果，不需要进一步分析协议的具体反竞争效果，而是转由涉案企业进行抗辩。[②] 对纵向价格限制的规制应采用合理分析原则。现代反垄断分析已突破了本身违法原则和合理分析原则的二分法，形成了一个合理原则分析的谱系，包含各种形式的结构型合理原则。根据经济学的研究成果对纵向价格限制的分析方法进行简化和结构化的构建，以最小的资源尽可能准确地识别和规制反竞争的此类行为。[③]

2022 年《反垄断法》第 18 条在原第 14 条的基础上增加第 2 款，明确了对于转售价格维持的处理思路。根据该款规定，对纵向价格限制协议，经营者能够证明其不具有排除、限制竞争效果的，不予禁止。这意味着《反垄断法》明确纵向价格限制适用合理分析原则，反垄断执法机关和司法机关在对其进行认定时必须对客观要件进行考虑，并要求经营者负担不符合客观要件的举证责任。

（三）轴辐协议规制

轴幅协议的构成要件包括三个组成部分，一是存在轴心经营者和辐条经营者签署的一组排除、限制竞争的纵向协议；二是辐条经营者之间存在一个潜在的横

---

① 参见王先林：《论我国垄断协议规制制度的实施与完善——以〈反垄断法〉修订为视角》，载《安徽大学学报（哲学社会科学版）》2020 年第 1 期。

② 参见韩伟：《论纵向垄断协议规制的完善路径》，载《价格理论与实践》2013 年第 4 期。

③ 参见兰磊：《转售价格维持违法推定之批判》，载《清华法学》2016 年第 2 期。

向共谋;三是轴心经营者对潜在横向共谋的达成和实施发挥了组织、帮助的作用。我国反垄断法对轴辐协议的违法性判断和规制立场一直存在很大争议。轴幅协议规制应当处理好其与横向垄断协议、纵向垄断协议、行业协会组织实施垄断协议以及滥用市场支配地位规制的关系,明确其分析框架和违法认定标准。2022年《反垄断法》已经对轴辐协议予以规制。轴辐协议规制是回应数字经济领域平台企业充当轴心角色的轴辐协议,也是对医药、保险、汽车销售等传统领域中出现的独家销售、分销模式的积极回应。对轴幅协议的违法性判断,需要结合其在上下游市场产生的排除、限制竞争效果,进行经济分析和综合评估。轴幅协议规制的适用,并不必然要求轴心经营者具有市场支配地位,关键在于其是否组织或帮助促成了横向合谋协议,产生了排除、限制竞争效果和造成消费者福利损失。如果轴幅协议促成核心限制行为,应当适用本身违法原则。如果轴幅协议促成了核心限制行为之外的行为,或者轴心经营者所在领域存在有效竞争,则应适用合理分析原则进行判断。①

(四)垄断协议"安全港"规则

《反垄断法》第18条第3款规定,"经营者能够证明其在相关市场的市场份额低于国务院反垄断执法机构规定的标准,并符合国务院反垄断执法机构规定的其他条件的,不予禁止"。这是垄断协议的"安全港"规则。设立"安全港"规则的根本原因在于反垄断法的普遍适用性和其规制对象的复杂性之间存在的张力,立法者和执法者需要引入合适工具来予以平衡。该规则在美国和欧盟等已经过较长时间实践。② 将"安全港"规则引入《反垄断法》有助于降低执法机关的执法成本,有利于市场主体进行自我审查,也有效降低了市场主体合规成本,为经营者之间能够进行增进效率和社会福祉的正常合作留足空间。

(五)垄断协议法律责任

《反垄断法》施行于2008年,至本次修正已长达14年,其中对于法律责任的规定已经难以震慑潜在垄断协议的达成与实施,已经无法满足打击垄断行为、保

---

① 参见戴龙:《论组织帮助型垄断协议的规制——兼议我国〈反垄断法〉的修订》,载《法学评论》2021年第1期。

② 参见李国海、王伊宁:《我国反垄断法安全港规则的构建》,载《吉首大学学报(社会科学版)》2022年第2期。

护公平竞争的目标。2022 年《反垄断法》对垄断协议法律责任的全面完善，加大了惩罚力度，丰富了责任形式，有利于加强垄断协议的打击和惩罚，也更能对潜在垄断协议的达成、实施形成有效震慑。（见表 1－3－1）

1. 提高罚款数额，丰富责任形式。2022 年《反垄断法》通过提高罚款数额等方式加重了惩罚力度。（1）针对尚未实施所达成垄断协议的情况，2007 年《反垄断法》规定可以处 50 万元以下的罚款，而修正后将罚款数额的上限提高至 300 万元。（2）针对上一年度没有销售额的情况，2007 年《反垄断法》没有作出规定，修正后明确在这种情况下处 500 万元以下的罚款。（3）组织帮助垄断协议纳入规制范围，2022 年《反垄断法》规定"经营者组织其他经营者达成垄断协议或者为其他经营者达成垄断协议提供实质性帮助的"，适用经营者垄断协议责任的一般规定。（4）针对经营者拒绝、阻止反垄断调查责任的行为，2022 年《反垄断法》规定了更重的法律责任。（5）针对垄断协议侵害社会公共利益的，设区的市级以上人民检察院可依法提起公益诉讼。（6）规定加重责任。当事人达成、实施垄断协议，情节特别严重、影响特别恶劣、造成特别严重后果的，反垄断执法机构可以按照一般规定的罚款数额的 2 倍以上 5 倍以下处以罚款。（7）丰富经营者的责任形式，将信用责任纳入责任体系，明确经营者因达成、实施垄断协议受到行政处罚的，"按照国家有关规定记入信用记录，并向社会公示。"

2. 增加个人责任。2022 年《反垄断法》增加了针对垄断协议相关个人的法律责任。其第 56 条增加了经营者的法定代表人、主要负责人和直接责任人员的行政责任，规定上述自然人对达成垄断协议负有个人责任的，可以处 100 万元以下的罚款。

3. 加重行业协会法律责任。针对行业协会的罚款上限由 50 万元提高至 300 万元。明确规定反垄断执法机构可以责令行业协会改正违法行为。

表 1－3－1 《反垄断法》修正前后对于经营者达成垄断协议的法律责任对比

不同情形	修正前	修正后
尚未实施所达成垄断协议的罚款	处 50 万元以下罚款	处 300 万元以下罚款
达成并实施垄断协议的	处上一年度销售额 1% ~ 10% 罚款	无变化，即处上一年度销售额 1% ~ 10% 罚款

续表

不同情形	修正前	修正后
上一年度没有销售额情况的罚款	—	处500万元以下罚款
垄断协议“组织者”和“帮助者	—	适用垄断协议一般规定
拒不配合调查	对单位处20万元以下罚款、个人处2万元以下罚款	对单位处上一年度销售额的1%以下罚款,没有销售额或难以计算的,处500万元以下罚款;个人处50万元以下罚款
情节特别严重、影响特别恶劣、造成特别严重后果	—	处一般罚款的2倍以上5倍以下罚款
信用惩戒	—	记入信用记录,并向社会公示
行业协会	处50万元以下罚款	处300万元以下罚款,同时责令改正
损害社会公共利益	—	设区的市级以上检察院提起民事公益诉讼

第四章

滥用市场支配地位规制

一、滥用市场支配地位基本概念

（一）滥用市场支配地位概念

滥用市场支配地位是垄断行为之一，是指具有市场支配地位的大型企业利用其市场优势地位，单方面实施的限制竞争行为，包括剥削性行为、排斥性行为，如限定交易或附加不合理条件、搭售、差别待遇、过高价格销售、过低价格购买、掠夺性低价竞争等行为。滥用市场支配地位的目的在于排挤竞争对手、挤压上下游企业，维持、加强其垄断地位，谋求或维持其垄断利润。

滥用市场支配地位，又称滥用市场优势地位，本质上是指在相关市场中具有优势地位或支配地位的经营者，利用其市场优势排斥或限制竞争的行为。滥用市场支配地位侵害的对象广泛，包括竞争对手、交易相对人和消费者。由于滥用市场支配地位会给经济秩序造成严重的不良影响，各国反垄断法均予以严厉制裁。

（二）滥用市场支配地位行为的分类

1. 从行为所涉及的相关市场的角度，分为单个相关市场行为和两个以上相关市场行为。滥用市场支配地位涉及两个以上相关市场，其实是一种市场影响力传导，从一个优势地位的相关市场传导到另一个相关市场。搭售、指定交易均具有这样的市场传导效应。

2. 从竞争对手的角度，分为针对现实竞争对手行为和针对潜在竞争对手行为。例如掠夺性定价针对现实竞争对手，通过拒绝交易或指定交易、限定交易提高潜在市场竞争者进入市场的壁垒。

3. 从产业链角度，分为针对横向关系的行为和针对纵向关系的行为。前者如掠夺性定价、搭售行为。后者如过高定价、过低定价、差别待遇。①

（三）法律责任

根据我国《反垄断法》规定，经营者滥用市场支配地位的，由反垄断执法机构责令停止违法行为，没收违法所得，并处上一年度销售额1%以上10%以下的罚款。2021年以来多个大型平台企业因滥用市场支配地位而受到处罚。如阿里巴巴集团就因其实施“二选一”行为排除、限制了中国境内网络零售平台服务市场的竞争，妨碍了商品服务和资源要素自由流通，影响了平台经济创新发展，侵害平台内商家的合法权益，损害消费者利益，构成滥用市场支配地位，被市场监管总局责令停止违法行为，并处以其2019年中国境内销售额4557.12亿元4%的罚款，计182.28亿元。美团因其以实施差别费率、拖延商家上线等方式，促使平台内商家与其签订独家合作协议，并采取多种惩罚措施保障“二选一”实施，构成滥用市场支配地位，被市场监管总局责令停止违法行为，全额退还独家合作保证金12.89亿元，并处以其2020年中国境内销售额1147.48亿元3%的罚款，计34.42亿元。

二、滥用市场支配地位行为的具体情形

滥用市场支配地位行为是指具有市场支配地位的经营者，通过垄断定价、掠夺性定价、拒绝交易、限定交易、捆绑交易、差别待遇等手段，从事排除、限制竞争的行为。②

《反垄断法》第22条列举了滥用市场支配地位的具体行为。

1. 垄断定价行为

垄断定价行为是指“以不公平的高价销售商品或者以不公平的低价购买商品”。垄断定价行为又分为垄断高价行为和垄断低价行为。垄断高价行为是指以

---

① 参见万江：《中国反垄断法：理论、实践与国际比较》（第3版），法律出版社2021年版，第97页。

② 参见曹建明主编、最高人民法院民事案件案由规定课题组编著：《最高人民法院民事案件案由规定理解与适用》，人民法院出版社2011年版，第287页。

不公平的高价销售商品。垄断低价行为是指以不公平的低价购买商品。两者均是具有市场支配地位的经营者为获取垄断利润,违背公平原则,滥用市场支配地位对交易相对人进行剥削、损害交易相对方利益的行为。

2. 掠夺性定价行为

掠夺性定价行为是指“没有正当理由,以低于成本的价格销售商品”。掠夺性定价行为是指为排挤竞争对手,具有市场支配地位的经营者没有正当理由,在相关市场内以低于成本的价格销售商品,扩大市场份额,消除、限制竞争的行为。这种行为从短期看未对消费者造成直接不利,但从长期看,消除竞争或限制竞争的表面目的是排挤竞争对手,最终目的是获得独占市场的垄断利润,消费者最终也会受到损害。

3. 拒绝交易行为

拒绝交易行为是指“没有正当理由,拒绝与交易相对人进行交易”。拒绝交易行为是指具有市场支配地位的经营者,无正当理由,拒绝与交易相对人进行交易的行为。正常情况下,市场交易遵循合同自由原则,有权选择交易相对方。但是,具有市场支配地位的经营者如果不加以限制这种自由选择权,将会限制市场竞争。认定拒绝交易行为以没有正当理由且损害市场竞争为要件。

4. 限定交易行为

限定交易行为是指“没有正当理由,限定交易相对人只能与其进行交易或者只能与其指定的经营者进行交易”。限定交易行为是指具有市场支配地位的经营者要求交易相对方与其指定的经营者进行交易。这种行为限制了交易相对方的交易自由权。

5. 搭售或附加不合理交易条件的行为

搭售或附加不合理交易条件的行为是指“没有正当理由搭售商品,或者在交易时附加其他不合理的交易条件”。具有市场支配地位的经营者强迫交易相对方接受或购买其提供的服务或出售的产品,或者要求交易相对方接受其他不合理的交易条件。搭售行为的实质是借助其所在具有市场支配地位的相关市场将这种市场优势传导到搭售产品市场。附加不合理条件一般是指违背客户意愿,附加不合理交易条件,如合同期限、支付方式、交付方式、售后服务等。

6. 差别待遇行为

差别待遇行为是指“没有正当理由,对条件相同的交易相对人在交易价格等交易条件上实行差别待遇”。差别待遇行为是指具有市场支配地位的经营者在无正当理由的情况下,对条件相同的交易对象,在出售产品或提供服务时有明显的区别待遇。通过实施差别待遇,具有市场支配地位的经营者可排挤潜在竞争对手进入市场。

7. 新型滥用市场支配地位行为[①]

新型滥用市场支配地位行为,是特别针对数字经济领域的滥用市场支配地位而言,是指具有市场支配地位的经营者利用数据和算法、技术以及平台规则等从事的滥用市场支配地位的行为。利用数据和算法、技术以及平台规则对潜在竞争者或其他经营者实施限制竞争行为,构成滥用市场支配地位行为。该行为是《反垄断法》修正后增加的一款,针对的是日益增长的数字经济场景。

8. 其他滥用行为

鉴于市场竞争的复杂性,除了列举上述滥用市场支配地位的具体行为,《反垄断法》还规定了兜底条款,以不断适应滥用市场支配地位反垄断执法的实际需要。其他滥用行为是指反垄断实践中出现的经国务院反垄断执法机构认定的其他滥用市场支配地位的行为。

三、数字经济背景下滥用市场支配地位的新发展

全球数字经济快速增长,中国也是如此。中国数字经济的 GDP 占比已经占到 40% 以上。数字经济所依托的平台具有双边市场性、多层次竞争等特点,其滥用市场支配地位有特殊的表现,对相关市场界定、滥用市场支配地位的认定有其自身特征,已经成为反垄断难点问题。

(一)相关市场界定

相关市场界定是处理反垄断案件中的逻辑起点。相关市场就是产品或服务所受到的竞争约束的范围。企业经营者的竞争行为一般是在一定的范围内进行,即应在特定范围内评价经营者的行为。但在双边市场的环境下,互联网企业所具有的跨市场竞争模糊了市场的边界,使得相关市场的界定存在困难。在此条件下,界定相关市场是否必要以及如何界定是首要解决的问题。根据《国务院反垄

① 参见刘继峰等:《中华人民共和国反垄断法理解与适用》,中国法制出版社 2023 年版,第 124 页。

断委员会关于平台经济领域的反垄断指南》第 4 条规定，调查平台经济领域滥用市场支配地位案件，仍然需要界定相关市场。相关市场的界定适用需求替代和供给替代法。例如，A 公司作为一家大型数据综合性公司，其产品和服务横跨物流、购物、支付等众多市场，经营范围没有明显边界。依据需求替代和供给替代法，从平台整体进行界定，得出结论是一个相关市场，即网络零售平台服务市场。①

（二）市场支配地位认定困境

1. 价格因素的弱化使得相关市场界定定量分析难以发挥作用

平台边界的模糊性限制了替代性分析法。同样互联网平台提供产品或服务的产出和换新频繁，执法机构往往来不及做出反应，而这样的网络动态竞争性和交叉网络外部性也给需求替代分析法和供给替代法带来了不小的困难。传统的假定垄断者测试，也称为 SSNIP（Small Significant and Nontrasitory Increase in Price）测试，是通过改变价格适量涨幅所产生的市场回应来界定相关市场。这种方法比前两种方法更具客观性，但互联网平台的双边市场和价格的非对称性直接使得这种方法几乎是徒劳无益。

2. 市场份额在市场支配地位的分析作用下降

在传统经济领域，市场份额在市场支配地位的认定中是具有决定性意义的关键因素。在平台经济领域，市场份额作为衡量经营者市场地位的作用已经弱化。平台经济是高度动态性的市场组织形式、技术革新快、产品生命周期短、市场竞争激烈，经营者的竞争优势集中体现在技术创新、商业模式创新、资金、技术，市场份额优势容易被技术创新优势取代。②

（三）平台企业市场支配地位认定的新探索

传统理论认为，认定经营者具有市场支配地位最主要的因素是市场份额，通过计算互联网企业在相关产品市场的市场份额，进而确定其是否具有支配地位。然而，由于平台经济的网络效应，价格的非对称性、用户锁定效应等特点，需要在市场支配地位认定时予以细化，综合考量经营者的市场控制力、经营者财力和技术条件、其他经营者进入相关市场的难度等因素。结合平台经济的特点，在传统

---

① 参见司越洋：《数字经济的反垄断趋势分析——基于〈平台经济领域反垄断指南〉的解读》，载《法制博览》2022 年第 26 期。

② 参见宁立志主编：《〈中华人民共和国反垄断法〉释评》，法律出版社 2023 年版，第 139 ~ 140 页。

认定市场支配地位所考量因素的基础上,具体考虑以下因素。

1. 确定平台经济领域经营者市场份额

由于平台企业市场动态竞争性的特点,以销售额等货币数据计算市场份额可能无法真实反映平台企业的市场支配地位。《国务院反垄断委员会关于平台经济领域的反垄断指南》第 11 条第 1 款规定,在计算市场份额时,可以考虑交易金额、交易数量、销售额、活跃用户数、点击量、使用时长或者其他指标在相关市场所占比重,同时考虑该市场份额持续的时间。

在深圳市腾讯计算机系统有限公司滥用市场支配地位纠纷案(以下简称 3Q 案)中,最高人民法院认为在即时通讯市场,将用户的有效使用时间、使用频率和活跃用户数作为考察平台企业市场份额的指标更为恰当。这些评估指标实际上是将"市场份额"替换为"平台拥有的实际交易机会"。一般而言,在网络效应的作用下,用户数量越多意味着平台的价值就越大,因为足够多的用户数量是平台获取流量,吸引广告商入驻,并进一步向用户推出增值服务以赚取收益的基础。但是,用户基于平台免费而无损的消费心态。可能流连于多个平台,可能并非"活跃的用户"。如果仅以平台拥有的用户数量作为市场份额的测算指标,会高估平台企业的市场支配地位。

2. 经营者控制市场的能力

可以考虑该经营者控制上下游市场或者其他关联市场的能力,阻碍、影响其他经营者进入相关市场的能力,相关平台经营模式、网络效应以及影响或者决定价格、流量或者其他交易条件的能力等。

3. 经营者的财力和技术条件

可以考虑该经营者的投资者情况、资产规模、资本来源、盈利能力、融资能力、技术创新和应用能力、拥有的知识产权、掌握和处理相关数据的能力以及该财力和技术条件能够以何种程度促进该经营者业务扩张或者巩固、维持市场地位等。

数据作为互联网经济生产过程中的基本要素,已经成为平台竞争的关键因素。2021 年以来,"数据抓取"成为多个反垄断案例纠纷的核心,如微博针对蚁坊的数据抓取行为提起了不正当竞争诉讼,蚁坊转而针对微博拒绝数据许可的行为提起反垄断诉讼。单一平台所拥有的海量数据和强大的数据处理能力容易造成市场进入壁垒,增加其他经营者进入相关市场的难度。

4. 其他经营者对该经营者在交易上的依赖程度

可以考虑其他经营者与该经营者的交易关系、交易量、交易持续时间,锁定效应、用户黏性,以及其他经营者转向其他平台的可能性及转换成本等。

5. 其他经营者进入相关市场的难易程度

可以考虑市场准入、平台规模效应、资金投入规模、技术壁垒、用户多栖性、用户转换成本、数据获取的难易程度、用户习惯等。

6. 其他因素

可以考虑基于平台经济特点认定经营者具有市场支配地位的其他因素。确定平台经济领域经营者市场份额,可以考虑交易金额、交易数量、销售额、活跃用户数、点击量、使用时长或者其他指标在相关市场所占比重,同时考虑该市场份额持续的时间。[①]

(四)数字经济领域滥用市场支配地位行为新样态

数字经济领域中滥用市场支配地位的形态大多可以归于前述传统滥用市场支配地位表现。但是,结合数字经济场景,需要对其考量因素作出进一步细化。

1. 不公平价格行为

具有市场支配地位的平台经济领域经营者,可能滥用市场支配地位,以不公平的高价销售商品或者以不公平的低价购买商品。分析是否构成不公平价格行为,可以考虑以下因素:

(1)该价格是否明显高于或者明显低于其他同类业务经营者在相同或者相似市场条件下同种商品或者可比较商品的价格;

(2)该价格是否明显高于或者明显低于该平台经济领域经营者在其他相同或者相似市场条件下同种商品或者可比较商品的价格;

(3)在成本基本稳定的情况下,该平台经济领域经营者是否超过正常幅度提高销售价格或者降低购买价格;

(4)该平台经济领域经营者销售商品提价幅度是否明显高于成本增长幅度,或者采购商品降价幅度是否明显低于成本降低幅度。

认定市场条件相同或者相似,一般可以考虑平台类型、经营模式、交易环节、成本结构、交易具体情况等因素。

2. 低于成本销售

具有市场支配地位的平台经济领域经营者,可能滥用市场支配地位,没有正

---

① 参见《国家反垄断委员会关于平台经济领域的反垄断指南》第11条。

当理由，以低于成本的价格销售商品，排除、限制市场竞争。

分析是否构成低于成本销售，一般重点考虑平台经济领域经营者是否以低于成本的价格排挤具有竞争关系的其他经营者，以及是否可能在将其他经营者排挤出市场后，提高价格获取不当利益、损害市场公平竞争和消费者合法权益等情况。在计算成本时，一般需要综合考虑平台涉及多边市场中各相关市场之间的成本关联情况。

实践中典型的滥用市场支配地位的行为就是，区分自己的顾客和竞争对手的实际或潜在顾客，通过定向"烧钱"和精准补贴，向后者提供更优惠的价格乃至掠夺性的价格，意图抢占竞争对手的顾客并侵蚀其用户规模和网络效应，使其经营变得不经济甚至被迫退出市场。

3. 拒绝交易

有市场支配地位的平台经济领域经营者，可能滥用其市场支配地位，无正当理由拒绝与交易相对人进行交易，排除、限制市场竞争。分析是否构成拒绝交易，可以考虑以下因素：

(1)停止、拖延、中断与交易相对人的现有交易；

(2)拒绝与交易相对人开展新的交易；

(3)实质性削减与交易相对人的现有交易数量；

(4)在平台规则、算法、技术、流量分配等方面设置不合理的限制和障碍，使交易相对人难以开展交易；

(5)控制平台经济领域必需设施的经营者拒绝与交易相对人以合理条件进行交易。认定相关平台是否构成必需设施，一般需要综合考虑该平台占有数据情况、其他平台的可替代性、是否存在潜在可用平台、发展竞争性平台的可行性、交易相对人对该平台的依赖程度、开放平台对该平台经营者可能造成的影响等因素。

4. 搭售或附加不合理交易条件

具有市场支配地位的平台经济领域经营者，可能滥用市场支配地位，无正当理由实施搭售或者附加不合理交易条件，排除、限制市场竞争。分析是否构成搭售或者附加不合理交易条件，可以考虑以下因素：

(1)利用格式条款、弹窗、操作必经步骤等交易相对人无法选择、更改、拒绝的方式，将不同商品进行捆绑销售；

(2)以搜索降权、流量限制、技术障碍等惩罚性措施，强制交易相对人接受其他商品；

(3)对交易条件和方式、服务提供方式、付款方式和手段、售后保障等附加不合理限制；

(4)在交易价格之外额外收取不合理费用；

(5)强制收集非必要用户信息或者附加与交易标的无关的交易条件、交易流程、服务项目。

5. 差别待遇

具有市场支配地位的平台经济领域经营者，可能滥用市场支配地位，无正当理由对交易条件相同的交易相对人实施差别待遇，排除、限制市场竞争。分析是否构成差别待遇，可以考虑以下因素：

(1)基于大数据和算法，根据交易相对人的支付能力、消费偏好、使用习惯等，实行差异性交易价格或者其他交易条件；

(2)实行差异性标准、规则、算法；

(3)实行差异性付款条件和交易方式。

条件相同是指交易相对人之间在交易安全、交易成本、信用状况、所处交易环节、交易持续时间等方面不存在实质性影响交易的差别。平台在交易中获取的交易相对人的隐私信息、交易历史、个体偏好、消费习惯等方面存在的差异不影响认定交易相对人条件相同。

6. 自我优待

自我优待行为典型的是对自家产品、服务、应用、内容、外链等予以自我优待，而对竞争对手的产品、服务、应用、内容、外链等施加歧视性待遇，即采取屏蔽内容、不予直链、关闭接口、阻塞通道、产品不兼容等封禁或阻碍措施。从行为外观和事实构成上看，自我优待行为似乎难以放到《反垄断法》第 17 条所列举的表现中进行处理。最有可能符合的是差别待遇行为，但传统差别待遇的认定需要满足"条件相同的交易相对人"，事实上并无法满足。因为平台面对的两个交易相对人是完全不同的，一个是平台的企业关联方，本身就嵌入在平台一体化整合的生态中，很大程度上实现了外部效应内部化；而另一个是平台的非关联方，不可避免地涉及更多的交易成本。[①] 因此强行要求满足"条件相同的交易相对人"的要件，

① 参见郝俊淇：《从传统经济到数字经济：差别待遇反垄断规则的改进》，载《中国市场监管研究》2022 年第 3 期。

就会使得无法处理自我优待等排他性滥用行为。《国家反垄断委员会关于平台经济领域的反垄断指南》中强调,"平台在交易中获取的交易相对人的隐私信息、交易历史、个体偏好、消费习惯等方面存在的差异不影响认定交易相对人条件相同"。

7. 强制"搭便车"行为

强制"搭便车"行为,典型的就是擅自挪用平台上第三方卖家的经营数据,复制及跟卖热销品类,推出类似自营产品,并操纵搜索结果以偏袒自家产品。这种行为实际上既可能属于限定交易,又可能属于差别待遇。但由于无论是《反垄断法》还是《国家反垄断委员会关于平台经济领域的反垄断指南》都未对该情形作出规定,因此其认定仍可能存在困难。

(五)数字经济滥用市场支配地位域外考察与借鉴

1. 平台市场支配地位的认定

在美国《数字市场竞争调查报告》中,对 Facebook 市场力量评估时,采用了两个"反馈循环"对数据作为市场壁垒形成的基础做了阐述:一是"用户反馈循环",即 Facebook 通过海量数据分析创造更有针对性的用户体验,从而吸引更多的用户,并引导这些用户在平台上花费更多的时间,进一步生产更多的数据。二是"货币化反馈循环",即 Facebook 通过海量的数据优化广告投放,个性化广告获得更高利润,再投入更多资金提升服务质量从而吸引更多用户。久而久之,Facebook 与竞争者之间的差距就会被拉大,进而形成无可比拟的竞争优势,由于造成较高的市场进入壁垒,Facebook 的市场力量得以增强和巩固。该报告认为在进入壁垒方面,网络效应、转移成本、数据优势、规模效应等成了阻碍潜在竞争者进入的最重要工具。应该把持续收集和滥用消费者数据作为认定企业在互联网相关市场具有市场力量的重要指标。①

欧盟 2022 年 10 月通过《数字市场法》为平台经济监管提供了新的方向和规则。由于数字经济的多边性、动态竞争的复杂性、多方的联动性,欧盟传统反垄断法框架无法解决大型网络平台带来的"结构性问题"。数字领域相关市场具有市场支配地位,需要"结构性改革"和干预,创制了"守门人"的概念,按营业额和用

---

① 参见陈永伟:《美国众议院〈数字市场竞争状况调查报告〉介评》,载《竞争政策研究》2020 年第 5 期。

户数规定了达到"守门人"标准的三个条件。只要符合三个条件,就意味着其获得了"稳固而持久的地位",便可推定相关平台具有"守门人"的地位。[①]《数字市场法》规定了具有"守门人"地位的平台企业特殊的法律义务和法律责任。

平台"守门人"制度具有正当性。在当前数字经济环境下,具有"守门人"地位的平台通过获取和控制大量的个人信息和数据,借网络效应形成巨大的市场力量,成为数字经济的"枢纽"与"核心",大量的商业用户依赖于具有"守门人"地位的平台向最终用户提供商品或服务,具有"守门人"地位的平台可凭借其市场力量单方面控制市场进入机会和交易条件,通常会造成对商业用户的不公平;同时,具有"守门人"地位的平台还可以将在核心平台的优势传导到其他市场,以操控更大的"数字生态",从而进一步实施搭售、自我优待等排除竞争和歧视性行为。[②]此外,具有"守门人"地位的平台可能利用其市场力量扼杀其他平台或者利用其平台的经营者创新。[③] 欧盟《数字市场法》"守门人"地位的认定可以为相关市场界定和市场支配地位的认定标准提供新的思路。

2. 中国的借鉴

(1)借鉴"守门人"地位评估市场力量

基于平台企业自身存在的特点及其在相关市场界定存在的难题,可在传统企业滥用市场支配地位的基础上依据平台企业的特点作出认定框架优化。传统企业滥用市场支配地位的认定分为四步:①界定相关市场;②认定市场支配地位;③是否存在滥用市场支配地位的行为;④是否具有排除、限制竞争的效果。而界定相关市场、认定市场支配地位的本质是在进行市场力量评估;具体行为类型下的构成要件和是否具有排除、限制竞争的效果则是为了进行滥用行为的认定。对于平台企业,界定相关市场和认定市场支配地位是为了评估市场力量。因此,分析重点应放在市场支配地位。欧盟"守门人"规则作为市场力量评估的方法,值得我们借鉴。

(2)借鉴"黑名单"条款和"灰名单"条款

根据确定性程度不同,欧盟《数字市场法》规定了"黑名单"条款和"灰名单"

---

① 参见林秀芹:《论数字经济反垄断的范式转变——以欧盟〈数字市场法〉为镜鉴》,载《知识产权》2022年第7期。

② 参见杨东:《论反垄断法的重构:应对数字经济的挑战》,载《中国法学》2020年第3期。

③ See European Commission, Digital Markets Act – Impact Assessment Support Study, Dec. 2020, p. 8; Communication from the Commission of 19 February 2020, Shaping Europe's Digital Future, COM (2020) 67, p. 10.

条款。“黑名单”条款确定性程度高，规定了具有“守门人”地位的平台滥用市场支配地位的典型样态，如“避免数据合并”“禁止搭售 CPS”等。单独规定滥用市场支配地位的典型样态，有助于明确平台滥用市场支配地位行为的典型表现。“灰名单”条款规定得更加具体和有针对性，但义务内容却具有一定的弹性，如“允许卸载守门平台软件”“不得自我优待”。[①]

“黑名单”条款和“灰名单”条款分别从具有“守门人”地位的平台的消极义务和积极义务两个方面对平台行为进行规范。中国反垄断法框架下，借鉴欧盟“黑名单”条款和“灰名单”条款，有助于分析判断平台是否构成滥用市场支配地位。

① 参见林秀芹：《论数字经济反垄断的范式转变——以欧盟〈数字市场法〉镜鉴》，载《知识产权》2022年第7期。

第五章

经营者集中规制

经营者集中，是指对具有或者可能具有排除或限制竞争效果的经营者集中行为进行规制，是一种事先预防垄断的制度。经营者集中是市场结构的长期改变，对市场竞争的影响深刻而广泛，对经营者集中的规制不在于禁止，而在于控制。各国均对经营者集中高度关注，通过制度安排予以控制。经营者集中的控制模式有事前申报审查制和事后监督审查制。事前申报审查制是指在经营者集中实施前须向监管部门主动申报，经审查许可后方可实施集中。事后监督审查制是指允许经营者集中在先，反垄断执法机构对经营者集中的监督在后。我国反垄断法采取事前申报审查制。经营者集中控制制度包括经营者集中申报制度和经营者集中审查制度。

一、经营者集中申报制度

我国反垄断法实施经营者集中强制申报制度，以严格控制经营者集中。在实施企业兼并、收购、新设合营企业等经营者集中时，凡是达到国务院规定的申报标准的，必须事先向国家反垄断机构申报。

（一）经营者集中的界定及分类

经营者集中是市场经济资源的集中。在企业合并、收购、新设合资公司等情形下，从经济学意义上看，市场资源得到了重新分配组合，效率提升的同时对市场竞争可能产生影响。不同的经营者，尤其是具有竞争关系的经营者，实施上述市场行为时，将导致不同经营者之间形成相互控制或者共同控制关系，属于经营者集中。由于经营者集中对竞争产生的影响难以避免,而竞争是市场经济的活力之源,将经营者集中纳入各国反垄断法规制对象,对经营者集中实施控制是反垄断事先防范的重要制度之一。

反垄断法规制的经营者集中主要有三种情况:一企业合并;二是收购控制;三是协议控制。经营者集中关注的是经济力量向少数头部企业流动形成的集中,以及对市场竞争的影响。[①] 易言之,反垄断法中的经营者集中是市场的不同经营者之间形成控制关系或者共同控制关系,本质是控制权变化[②]、控制权集中。

反垄断法意义上的经营者集中区别于民商法上的企业并购,前者关注控制权变化或控制权集中,后者关注参与并购的企业作为民事主体在此过程中相关主体的发生、变更及消灭,以及彼此之间权利义务关系的发生、变更及消灭。

经营者集中,根据参与者在相关市场的关系,分为横向集中、纵向集中、混合集中。

横向集中,是指同一相关市场内的经营者,基于生产销售同类产品或提供同类服务,为提高经济效率,进行的经营者之间的集中。由于经营者之间具有直接竞争关系,横向集中的单边效应和协调效应很强,直接减少了竞争对手。其对竞争的影响是直接的、强烈的,有明显的减少竞争的效果,是反垄断法重点关注和规制的对象。

纵向集中,是指属于同一产业链上的上下游企业等市场主体之间的发生联营、收购、合并等集中。纵向集中的经营者之间在相关市场本身无竞争关系,本质上是一种交易关系。纵向集中对竞争是间接的影响、潜在的影响。但是纵向集中也有单边效应和协调效应,它具有提高市场进入壁垒、影响潜在经营者进入市场参与竞争的效果,也对没有参与集中的其他经营者产生不利竞争效果,具有市场封锁和价格歧视的效果,反垄断法也同样予以关注和规制。

混合集中,是指无直接竞争关系,也无上下游产业链关系,是不同产品或服务的经营者之间的集中。混合集中具有明显的综合效应,能让产品线得以延伸,并促成新的产品组合,产生一系列组合效应。混合集中有规模效应,具有很大的竞争优势。混合集中虽然不改变相关市场的市场结构,不直接影响相关市场的市场集中度和市场支配能力,但其通过增加经济实力,增强市场支配能力,形成竞争性

---

① 参见孙晋、李胜利:《竞争法原论》,法律出版社 2020 年版,第 109 页。

② 中国的经营者集中的概念体系主要参考了欧盟竞争法,核心是"企业控制权"的长期变更。参见万江:《中国反垄断法:理论、实践与国际比较》(第 3 版),法律出版社 2021 年版,第 148 页。

关联。如果组合产品拥有共同的客户群,竞争性关联明显,对市场竞争秩序有潜在的消极影响。①

根据《反垄断法》的规定,结合《国家市场监督管理总局反垄断局关于规范经营者集中案件申报名称的指导意见》,经营者集中具体有以下 6 种情形:

(1)企业合并。

(2)收购股权。一个经营者收购另外一个经营者的股权。

(3)收购资产或业务。一个经营者收购另一个经营者的资产或业务。

(4)合同(或其他方式)取得控制权。一个经营者通过合同或其他方式取得另一个经营者的控制权。

(5)合同(或其他方式)施加决定性影响。一个经营者通过合同或其他方式具有对另一个经营者的控制权。

(6)新设合营企业。两个经营者新设企业,实现对新设企业的共同控制权。

(二)经营者集中申报的必要性

我国实行经营者集中强制申报制度。对达到申报标准的经营者集中,参与集中的经营者必须主动申报。国家反垄断机构作出批准前,不得实施集中。这是一项程序性规定,有严格的法律责任,违反该程序性规定,将面临严重的罚款。存在实质性市场竞争反作用的经营者集中则会面临更严重的法律责任。

2022 年 7 月 10 日,市场监管总局根据 2007 年《反垄断法》对 Vibrant Creek Limited 收购沣邦融资租赁(上海)有限公司股权案等 28 起未依法申报违法实施经营者集中案件作出行政处罚决定。② 这些案件中无一例具有排除、限制竞争效果,但均因达到了国务院规定的申报标准未申报而被处 50 万元以下的罚款。根据 2007 年《反垄断法》第 48 条的规定,"经营者违反本法规定实施集中的,由国务院反垄断执法机构责令停止实施集中、限期处分股份或者资产、限期转让营业以及采取其他必要措施恢复到集中前的状态,可以处五十万元以下的罚款"。在企业并购、新设合营企业的过程中,如果项目达到国务院规定的经营者集中申报标准而未依法申报的,经审查无论是否具有反竞争效果,罚款均为 50 万元以下。

---

① 参见董红霞:《混合经营者集中反垄断审查竞争评估框架——"反垄断"大讲堂之三》,载《中国市场监管研究》2019 年第 7 期。

② 参见《市场监管总局发布未依法申报违法实施经营者集中案行政处罚决定书》,载市场监管总局官网 2022 年 7 月 10 日,https://www.samr.gov.cn/fldes/tzgg/xzcf/202207/t20220710_348523.html。

2022年《反垄断法》进一步加强了对经营者集中的监管，大幅提高违法成本。同时，《经营者集中审查规定》第68条第2款规定，当事人主动报告市场监管总局尚未掌握的违法行为，主动消除或者减轻违法行为危害后果的，市场监管总局应当依据《行政处罚法》第32条从轻或者减轻处罚。因此，实施经营者集中，应当主动申报避免反垄断合规风险，或主动补报减轻法律责任。

1. 依法应申报未申报面临的风险

(1)交易虽已实施，但其效力处于不确定状态甚至无效状态，存在被市场监管总局责令停止实施集中、限期处分股份或者资产、限期转让营业以及采取其他必要措施恢复到集中前的状态，处上一年度销售额10%以下的罚款；不具有排除、限制竞争效果的，处500万元以下罚款的风险。以阿里创投与浙江创新投资设立合营企业违法实施经营者集中案为例，该交易系设立合营企业。2016年7月，阿里创投、浙江创新与杭州乐采云合伙共同设立政采云，分别持股46.75%、38.25%和15.00%，构成阿里创投与浙江创新对政采云的共同控制。由于未及时申报，根据2007年《反垄断法》的相关规定，阿里创投和浙江创新分别被处以50万元罚款的行政处罚。

(2)交易方新的经营者集中提交反垄断审查申报时，市场监管总局可能要求交易方说明前一集中的情况并对前一集中开展调查，此时新的集中增加了不确定性。

2. 上市前后企业未申报的合规问题审查风险

就反垄断合规而言，企业应申报未申报的经营者集中、曾面临的反垄断审查等都在中国证券监督管理委员会(以下简称证监会)所关注的范围之内。

(1)拟上市企业未依法申报的风险

根据2022年1月证监会联合司法部、全国律协发布的《监管规则适用指引——法律类第2号：律师事务所从事首次公开发行股票并上市法律业务执业细则》第26条的规定，律师应查验发行人的资产交易是否需取得反垄断主管部门的批准。拟上市企业在上市审核中，对于企业是否按规定依法进行经营者集中申报是无法回避的问题。

根据《首次公开发行股票注册管理办法》第12条的规定，要求发行人最近3年内主营业务和董事、高级管理人员没有发生重大变化，实际控制人没有发生变更。上市前，拟上市企业在实践中往往曾经发生过多次股权变更，并且多是少数股权的变更，拟上市企业容易忽略经营者集中申报义务。

在既往的交易中，拟上市企业可能存在未能准确识别出属于“经营者集中”，以为不存在需要申报的情形，从而在上市审核中陷入被动。

(2)上市企业未依法申报的风险

上市企业对于自身的投资经营、股权变动等信息具有披露义务，如果交易涉及经营者集中申报义务而上市企业未进行申报，那么证监会就有可能对上市企业进行问询，要求上市企业对相关问题进行说明。对于存在未依法申报情形的上市公司而言，难以通过审核，从而存在因此遭受重大损失的风险。

二、经营者集中审查制度

(一)经营者集中控制标准

经营者集中是原有市场竞争关系的改变或重新形成。由于经营者集中对市场竞争带来的可能消极影响，世界各国反垄断法均对经营者集中予以高度关注，既要控制经营者集中，使得滥用市场力量得到有效监管，促进竞争，也要通过并购重组来实现规模经济与技术创新。经营者集中控制制度通过规定经营者集中的控制标准来实现经营者集中和保护竞争之间的平衡。

从实践看，经营者集中控制标准有基于两种分析路径的标准：一是以市场支配地位的角度确立市场支配地位标准；二是以直接竞争减损的角度确立实质减少竞争标准。市场支配地位标准，是指当经营者集中发生后形成的市场支配地位可能发生严重排除、限制竞争时，法律予以禁止。而实质减少竞争标准，是指不考虑集中后是否取得或加强市场支配地位，仅考虑经营者集中是否发生实质减少竞争的效果，如果集中后产生了实质减少竞争的效果，那么，法律予以禁止。

从世界范围看，各个国家反垄断法的经营者集中控制标准逐渐趋同。美国以实质减少竞争标准作为经营者集中控制标准。根据美国《克莱顿法》的相关规定，如果从事商业或者影响商业活动的任何主体对另一主体的全部或者部分股票或者资产的占有可能实质性减少竞争或者旨在形成垄断的，那么，不能实施这种直接或间接占有。而欧盟对企业合并的反垄断规制以市场支配地位作为控制标准。1989 年欧盟《控制企业集中条例》将经营者集中规制重点放在市场集中度的变化上，关注的是集中后是否出现新的或加强原有的市场支配地位的变化，是否妨碍市场的有效竞争。至2004年,《企业合并控制条例》对控制标准进行了改革,在市场支配地位控制标准的基础上,引入了"严重损害有效竞争"标准。澳大利亚则在借鉴美国反垄断法的基础上,1974年出台《贸易惯例法》禁止澳大利亚省(或)地区具有或者可能具有实质性减少市场竞争的企业合并。澳大利亚企业合并控制以禁止实质损害竞争的企业合并为基本原则,以效率抗辩和适当的公共利益豁免为辅助。英国2002年颁布《企业法》,改变了此前以公共利益标准作为经营者集中控制标准的规定。该法以"实质减少竞争"作为是否限制企业合并的控制标准。[①] 综上,从各国反垄断实践看,各国对经营者集中的控制标准大致趋同,大多从实质减少竞争的角度来制定经营者集中控制标准。

中国反垄断法经营者集中控制标准也是"实质减少竞争标准"。[②]《反垄断法》规定,禁止具有或者具有可能排除、限制竞争效果的经营者集中。反垄断法以实质减少竞争标准对经营者集中进行反垄断审查。

(二)竞争评估的具体方法

经营者集中是否达到控制标准,需要对其进行竞争评估。竞争评估的基本分析因素包括市场份额及其控制力、市场集中度、市场进入、技术进步、消费者和其他经营者、国民经济。[③]

1. 相关市场界定

经营者集中竞争分析是比较相关市场在集中前后的竞争状况,评估集中前后的竞争条件,防止集中产生反竞争效果。[④] 相关市场界定是经营者集中竞争评估的基础,是确定市场份额、市场集中度的前提。相关市场是参与集中的经营者的商品或服务,与其有竞争关系的经营者的竞争产品所在的相关产品市场和相关地域市场。[⑤] 相关产品市场,是具有替代关系的一类商品所构成的商品或服务市

---

① 参见孙晋、李胜利:《竞争法原论》,法律出版社2020年版,第121~124页。

② 参见《反垄断法》第34条规定,经营者集中具有或者可能具有排除、限制竞争效果的,国务院反垄断执法机构应当作出禁止经营者集中的决定。但是,经营者能够证明该集中对竞争产生的有利影响明显大于不利影响,或者符合社会公共利益的,国务院反垄断执法机构可以作出对经营者集中不予禁止的决定。

③ 根据《经营者集中审查规定》,审查一起经营者集中对竞争的影响,应当分析以下具体因素:参与集中的经营者在相关市场的市场份额及其对市场的控制力、相关市场的市场集中度、对市场进入、对技术进步的影响;对消费者和其他有关经营者的影响;对国民经济发展的影响等。

④ 参见王晓晔主编:《反垄断法的相关市场界定及其技术方法》,法律出版社2019年版,第61页。

⑤ 根据《国务院反垄断委员会关于相关市场界定的指南》,相关市场是指经营者在一定时期内就特定商品或者服务进行竞争的商品范围和地域范围。

场,在经营者之间表现出明显的竞争关系。相关地域市场,是指具有替代关系的商品或服务的地理区域,在经营者之间表现出明显的竞争关系。相关市场的界定极其重要。如果相关市场界定得过于狭窄,那么商品或服务的每一个经营者都会成为垄断者。如果相关市场界定过宽,那么经营者集中的竞争评估就会落空。相关市场界定就是要找出具有密切替代关系的产品,从而确定竞争发生的范围。①

2. 市场集中度

市场集中度是指相关市场内经营者的数量及其份额。企业数量多,市场份额平均,表明市场集中度低。与之相反,则市场集中度高。分析市场集中度的有效标准有两个,一个是赫芬达尔—赫希曼指数(Herfindahl – Hirschman Index,HHI),另一个是行业集中率(CRn),HHI 是测量市场集中度的综合指数,具体是指一个相关市场中各市场竞争主体市场份额的平方和,反映相关市场中经营者规模的离散度。可以用集中前后的指数变化值来判断经营者集中对市场竞争的影响。其计算公式如下:

$$\mathrm{HHI} = \sum_{i=1}^{N} X_i^2$$

(X_i 是指相关市场内经营者市场份额,N 为相关市场内所有经营者人数)

当相关市场内经营者人数为 1 人时,HHI = 1;当相关市场内所有经营者的市场份额都相同时,HHI = 1/N,此种情况,N 值越大,HHI 值则越小,甚至趋于 0。因此,HHI 值的范围为 0 ~ 1。以 HHI 值为基准,其值乘以 10,000 予以放大。HHI 值的范围为 0 ~ 10,000。HHI 值越大,表示相关市场越集中;反之,相关市场越分散。

在任何市场,经营者集中后的 HHI 值高于 2500,通常被视为是一个高度集中的市场。HHI 值在 1500 ~ 2500 范围内,视为一个中度集中的市场(见表 1 – 5 – 1)。在一个高度集中的市场,如果集中后,HHI 增量在 100 ~ 200 范围内,可能导致需要严重的竞争关注;大于 200,很可能产生或强化企业的市场支配力,推动行使市场支配力。在中度集中市场,如果集中后,HHI 增量高于 100,则可能导致严重的竞争关注。②

---

① 参见李剑:《多产品下的相关市场界定——基于中国经营者集中典型案例的反思》,载《法学》2019 年第 10 期。

② 参见韩伟:《美国〈横向合并指南〉的最新修订及启示》,载《现代法学》2011 年第 3 期。

表 1-5-1　HHI 评判市场结构标准

HHI	市场结构	市场垄断程度	市场集中程度
HHI > 2500	高寡占型	较高	高度集中
1500 ≤ HHI ≤ 2500	低寡占型	中等	中度集中
HHI < 1500	竞争型	较低	低度集中

资料来源:美国司法部《横向合并指南》(2010)。

以腾讯收购中国音乐集团违法实施经营者集中案(以下简称腾讯收购中国音乐集团案)为例,国家市场监管总局运用 HHI 对腾讯收购中国音乐集团后的相关市场进行了分析。经计算,交易后 HHI 为 6950,为高度集中市场。集中产生的增量为 3350。一旦收购,对中国境内网络音乐播放平台市场具有或者可能具有排除、限制竞争效果,因此,市场监管总局责令恢复相关市场竞争状态。[①] 该案为国内经营者集中反垄断审查恢复市场竞争第一案。

分析市场集中度的另一个参数是 CRn 指数。它是指一个相关市场中最大的 n 家企业合计的市场份额占整个相关市场的比例来表示。指数越高,市场集中度越高。其计算公式如下:

$$\mathrm{CRn} = \sum_{i=1}^{n} \frac{X_i}{X} = \sum_{i=1}^{n} S_i$$

(X 是相关市场总营业额。第 i 个企业的营业额为 X_i,第 i 个企业的市场份额为 S_i)

3. 对市场进入的影响

如果市场进入容易,则经营者集中不会带来明显的限制竞争效果。因此,市场进入分析是竞争评估的重要环节。对市场进入的影响,主要是考察相关市场中潜在的市场进入,即潜在的经营者进入相关市场的及时性、可能性和充分性,待评估的经营者集中是否提高相关市场壁垒,潜在市场进入在规模上和实力上是否能够替代集中带来的竞争减损。对市场进入的影响,需要考虑时间因素,通常在两年内能够实现对市场既有力量的抗衡,可以认为市场进入是有效的。[②]

---

① 参见《市场监管总局发布腾讯控股有限公司收购中国音乐集团股权违法实施经营者集中案行政处罚决定书》,载市场监管总局官网 2021 年 7 月 24 日,https://www.samr.gov.cn/fldj/tzgg/xzcf/202107/t20210724_333020.html。

② 参见万江:《中国反垄断法:理论、实践与国际比较》(第 3 版),法律出版社 2021 年版,第 173 页。

4. 对技术改进的影响

经营者集中是否影响技术改进。经营者集中,可以更好地整合技术研发的资源和力量,对技术进步产生积极影响,这是积极因素。但是,经营者集中也可能导致创新动力减少,科研投入减少、对技术进步产生消极影响。

5. 对消费者和其他相关经营者的影响

经营者集中后有可能导致产销量下降、价格提高、损害消费者利益。但是,竞争的压力不仅来自竞争对手,也来自消费者。一起经营者集中发生后,在占有非常高的市场份额时,如果下游市场客户具有制衡性力量,买方拥有足够的独立性,那么该集中也不会产生反竞争效果。①

就相关市场的其他经营者而言,取得或市场控制力增强后,参与集中的经营者可能通过实施某些经营策略或手段,减少相关市场的竞争,可能对其上下游市场或关联市场的竞争产生排除、限制竞争效果。

但是,集中也可能带来规模效应,提高经济效率,从而有利于消费者和社会公共利益。②

6. 经营者集中对国民经济发展的影响

经营者集中对国民经济的影响,有两种可能。一种可能是资源得到更有效地分配,提高资源利用效率,有利于国民经济的发展。另一种可能是减少相关市场竞争,对国民经济造成不利影响。

集中后的单边效应、集中后的协调效应、参与集中的企业是否面临破产等也是经营者集中竞争评估需要考虑分析的因素。③

竞争评估是反垄断执法重要环节。2021 年虎牙与斗鱼合并禁止案极具代表性,腾讯拟通过其子公司虎牙收购其与陈某团队共同持股的斗鱼国际全部股权,合并后腾讯单独控制斗鱼国际。2020 年 11 月 16 日,腾讯申报。2021 年 7 月 10 日,市场监管总局经审查认为合并对境内游戏直播和网络游戏运营服务市场具有排除、限制竞争效果,禁止合并。④ 见表 1 - 5 - 2。

---

① 参见万江:《中国反垄断法:理论、实践与国际比较》(第 3 版),法律出版社 2021 年版,第 173 页。

② 《反垄断法》第 6 条规定,经营者可以通过公平竞争、自愿联合,依法实施集中,扩大经营规模,提高市场竞争能力。

③ 参见孙晋、李胜利:《竞争法原论》,法律出版社 2020 年版,第 121 ~ 124 页。

④ 参见《市场监管总局关于禁止虎牙公司与斗鱼国际控股有限公司合并案反垄断审查决定的公告》,载市场监管总局官网 2021 年 7 月 8 日,https://www.samr.gov.cn/fldj/tzgg/ftjpz/202107/t20210708_332421.html。

表1-5-2 虎牙与斗鱼合并案竞争评估

	虎牙	斗鱼	合并后
相关商品市场	游戏直播、娱乐直播和电商直播; 短视频	游戏直播、娱乐直播和电商直播; 短视频	
相关地域市场	中国境内	中国境内	
营业额	超过40%	超过30%	超过70%
活跃用户数	超过45%	超过35%	超过80%
主播资源	超过30%	超过30%	超过60%
市场进入	游戏直播市场进入门槛高		
消费者	可能降低产品质量,提高服务价格或者降低用户体验感受,损害消费者权益		
其他经营者	消除现有竞争,减少平台选择权,损害从业者权利		
横向效果	市场支配地位增强		
纵向效果	在上游网游运营(腾讯)和下游游戏直播拥有双向封锁能力		
竞争评估结论	此项合并导致上下游形成闭环,排挤现有竞争对手、扼杀潜在竞争对手,具有排除、限制竞争效果		
审查决定	禁止此项合并		

三、《反垄断法》对经营者集中的规制

(一)经营者集中违法成本巨大

2022年《反垄断法》加强经营者集中规制力度,经营者集中违法成本巨大。2007年《反垄断法》规定违法实施经营者集中,行政处罚的罚款金额是50万元以下。2022年《反垄断法》,违法实施经营者集中,罚款金额与上一年度销售额关联。对经营者违反本法规定实施集中,分两种情况罚款:一是实体违法,即具有排除、限制竞争效果,处上一年度销售额10%以下的罚款;二是程序违法,未依法申报,但无排除、限制竞争效果,处500万元以下的罚款。①

① 《反垄断法》第58条规定,经营者违反本法规定实施集中,且具有或者可能具有排除、限制竞争效果的,由国务院反垄断执法机构责令停止实施集中、限期处分股份或者资产、限期转让营业以及采取其他必要措施恢复到集中前的状态,处上一年度销售额10%以下的罚款;不具有排除、限制竞争效果的,处500万元以下的罚款。

（二）经营者集中被动申报

2007年《反垄断法》没有对未达到申报标准但具有排除、限制竞争的经营者集中应当如何处理作出规定。但当时市场监管总局发布的《经营者集中审查暂行规定》规定："经营者集中未达到申报标准，但按照规定程序收集的事实和证据表明该经营者集中具有或者可能具有排除、限制竞争效果的，市场监管总局应当依法进行调查。"例如，部分原料药市场相对体量不大，营业额小，未达到国务院规定的申报标准，但由于原料药经营者数量少，一旦发生经营者集中，容易在相关市场产生排除、限制竞争的效果，反垄断执法机构应当进行反垄断调查。对此，2022年《反垄断法》第26条第2款明确作出了可以要求经营者申报的规定，即经营者集中未达到国务院规定的申报标准，但有证据证明该经营者集中具有或者可能具有排除、限制竞争效果的，国务院反垄断执法机构可以要求经营者申报。因此，将原来的反垄断调查转变为反垄断申报，对参与集中的经营者来说更为友善。

（三）审查期限"停表"制度，保证审查时间

2007年《反垄断法》规定经营者集中审查受"累计不得超过180个自然日"的刚性约束。虽已经实施简繁分类，区分简易案件和非简易案件，但仍无法改变案多人少的矛盾。2022年《反垄断法》借鉴欧盟反垄断经验，引入了"停表"制度（stop the clock）。[①] 2022年《反垄断法》第32条规定，有下列情形之一的，国务院反垄断执法机构可以决定中止计算经营者集中的审查期限，并书面通知经营者：（1）经营者未按照规定提交文件、资料，导致审查工作无法进行；（2）出现对经营者集中审查具有重大影响的新情况、新事实，不经核实将导致审查工作无法进行；（3）需要对经营者集中附加的限制性条件进一步评估，且经营者提出中止请求。自中止计算审查期限的情形消除之日起，审查期限继续计算，国务院反垄断执法机构应当书面通知经营者。"停表"制度的目的在于在特定情形下暂停经营者集中审查期限，为执法机构保证足够的审查期限。

（四）配合反垄断审查和调查的法律责任

2022年《反垄断法》第62条规定，对反垄断执法机构依法实施的审查和调

① 参见时建中：《新〈反垄断法〉全面解读》，载微信公众号"中国法律评论"，2022年6月28日。

查,拒绝提供有关材料、信息,或者提供虚假材料、信息,或者隐匿、销毁、转移证据,或者有其他拒绝、阻碍调查行为的,由反垄断执法机构责令改正,对单位处上一年度销售额1%以下的罚款,上一年度没有销售额或者销售额难以计算的,处500万元以下的罚款;对个人处50万元以下的罚款。与2007年《反垄断法》相比,2022年《反垄断法》将对被调查单位的罚款由20万~100万元以下,修改为与上一年度销售额关联,可处上一年度销售额的1%以下罚款,没有销售额的,处以500万元以下罚款。对个人的罚款也大大提高,由2万元以下提高到50万元以下。

增加"三特别"情形下的加重责任。根据2022年《反垄断法》第63条规定,经营者集中违法或者拒绝反垄断审查和调查的法律责任,如果情节特别严重、影响特别恶劣、造成特别严重后果的,将在一般罚款数额的2倍以上5倍以下确定具体罚款数额。

增加违法信用惩戒。2022年《反垄断法》第64条规定,经营者因违反《反垄断法》受到行政处罚的,将受信用惩戒,按照国家有关规定记入信用记录,并向社会公示。

(五)提高经营者集中申报标准

自《反垄断法》施行以来,国务院经营者集中的申报标准一直未有变化。10多年来,中国经济总量、市场主体数量和规模均发生了根本性变化,原申报标准的营业额设定明显偏低。因产业结构升级,资本、技术、数据等要素集中度提高,垄断、竞争减少风险增加,需要提高经营者集中审查的识别能力。[①] 为此,2024年1月22日,国务院发布了《国务院关于经营者集中申报标准的规定》。

根据该规定,将参与集中的所有经营者的全球合计营业额、中国境内合计营业额和单方中国境内营业额由原来的人民币100亿元、20亿元和4亿元分别提高到120亿元、40亿元和8亿元,即全球指标:全球营业额指标由100亿元提高到120亿元,参与经营者上一年度营业额由4亿元提高到8亿元;境内指标:境内营业额由20亿元提高到40亿元,参与经营者由4亿元提高到8亿元。

---

① 参见《市场监管总局关于公开征求〈国务院关于经营者集中申报标准的规定(修订草案征求意见稿)〉意见的公告》,载市场监管总局官网2022年6月25日,https://www.samr.gov.cn/jzxts/tzgg/zqyj/202206/t20220625_348150.html。

第六章

行政垄断规制

行政垄断是具有中国特色的垄断行为，主要原因有两个方面：一是我国市场经济由计划经济转变而来，经济性政策措施时有计划的思维痕迹，从而对市场产生不当干预；二是我国市场经济强调市场有效和政府有为，在政府有为的过程中，难免有为过度而造成对公平竞争的破坏。《反垄断法》明确禁止行政垄断，其与市场垄断并列，都是反垄断规制对象。明确规定禁止滥用行政权力排除、限制竞争行为。2022 年《反垄断法》又增加公平竞争审查制度以事先防范行政性垄断的出现。

一、行政垄断的概念

垄断行为是指排除、限制竞争以及可能排除、限制竞争的行为。"行政"则是政府部门的职能，属于政府治理领域的概念。从两者的渊源来看，行政与垄断之间存在一定的联系，企业注册登记、行业标准制定等离不开政府行政行为。而一旦行政行为对市场经济过度干预，出现限制与排斥竞争的垄断现象时，即形成"行政垄断"。概言之，行政垄断是法定授权的具有公共事务管理职能的组织，以及行政机关擅自行使公权力，运用自己的优势地位和资源，对市场经营主体的经济活动进行干预、限制，从而剥夺其平等参与市场竞争，阻碍商品自由流通，扰乱市场正常竞争秩序的不正当行为。

行政垄断是中国反垄断法的特点之一。在中国特色社会主义市场经济发展过程中，地方保护、地区封锁等行政垄断问题一直是个难点问题。中国经济发展需要"政府有为、市场有效"。如何发挥政府在市场经济宏观调控中的作用？政府有为是纠正市场失灵的必要手段,政府必须有为。但是,如果政府有为过度也会影响市场的效率,甚至,在行政干预下出现行政垄断。

党的十九大报告明确指出要“打破行政性垄断”,党的十九届四中全会强调“加强和改进反垄断执法”,党的十九届五中全会提出“打破地方保护,加强反垄断执法”。2020 年,国家市场监管总局印发《关于制止滥用行政权力排除、限制竞争行为进一步优化营商环境的通知》,制止滥用行政权力排除、限制竞争行为已被作为优化营商环境的重要突破口。

2022 年 4 月发布《中共中央、国务院关于加快建设全国统一大市场的意见》再次强调“强化竞争政策基础地位,加快转变政府职能”“建设高效规范、公平竞争、充分开放的全国统一大市场”。2022 年 6 月《反垄断法》修正,坚持市场化、法治化原则,强化竞争政策基础地位,规范政府行为,保障市场在资源配置中起决定性作用。

二、行政垄断对市场经济的破坏作用

(一)资源配置的失衡

市场主要是基于市场的资源配置作用,顺应市场发展的一般规律而实现稳定正常运行。而行政垄断行为则打破了市场自然发展规律,使市场竞争脱离了正常的轨道。在经济建设过程中,国家宏观调控与市场自我调节始终处于一种微妙的平衡关系,双方共同营造着相对和谐的营商环境,然而行政垄断的出现打破了两者之间的微妙平衡,造成市场资源配置失灵,剥夺部分市场主体获利的权利,由此引发市场竞争的不公平、不均衡。换言之,行政垄断通过滥用公权力,破坏了市场竞争的公平性,使得市场主体不再是平等地参与到市场竞争之中。对于一个统一大市场建设的国家,实现商品、服务的流通自由对于增进社会福利和经济发展十分重要。

(二)竞争秩序的破坏

行政垄断的实施主体主要包括两类:一是行政机关;二是有法定授权、承担公共管理职能的其他组织。两大实施主体存在一个共性特征,即具有公共管理权力。公权力源自于法,必须依法行使。行政垄断的实施主体在具体实施执行管理的过程中,往往会以强制性命令等多种形式,利用自己的权力,限制与排除区域内的市场竞争,且又有“政府管制”的色彩,不易判断,由此造成对市场公平竞争的破坏,损失更为现实、更为严重。一旦实施,危害往往已经发生。行政垄断本质上是行政机关和法定授权的公共管理组织滥用公权力,干预市场经济活动。行政垄断可能以权谋私,为少数市场主体获得垄断利益创造不公平竞争环境。

三、行政垄断的类型及具体行为表现

(一)地方保护

行政垄断主体滥用行政权力,限制各地市场商品之间的互相流通,是行政垄断最为严重的一种形态。首先,限制外来商品在本地市场之中的流通,主要包括和本地区的同类商品或者可能对本地商品构成竞争威胁的外地商品,比如限定他人只能购买、经营本地商品、设置关卡限制外来商品入内、在招投标过程中对外地企业设立不同的资质要求等;其次,在限制本地商品的流出环节中,主要是对向外地运出本地原材料这一行为进行限制。总之,地区封锁的主要目的是通过降低外地经营者带来的压力来保护本地经营者的利益。

《反垄断法》第 40 条规定,行政机关和法律、法规授权的具有管理公共事务职能的组织不得滥用行政权力,通过与经营者签订合作协议、备忘录等方式,妨碍其他经营者进入相关市场或者对其他经营者实行不平等待遇,排除、限制竞争。第 41 条规定,行政机关和法律、法规授权的具有管理公共事务职能的组织不得滥用行政权力,妨碍商品在地区之间的自由流通。

(二)强制交易

强制交易是指行政主体强迫企业以特定条件出售产品或服务,限制他人自由选择商品的权利或者剥夺经营者选择经营模式的权利。[①]

强制交易的类型主要有强制购买、限制交易等。在具体实践中,行政机关在

---

① 参见邓志松:《论行政垄断:成因、特点及法律规制》(第 2 版),法律出版社 2017 年版,第 30 页。

一定条件下给某些市场主体的优惠政策也会变成强制交易。例如,福建某镇因为盛产桃子需要大量的纸箱,而该镇有减收特产税权力的行政机关规定,凡是购买该行政机关指定的纸箱店制造的纸箱即可以享受一吨桃子减税 44 元的优惠政策,该案例体现的是间接的强制交易行为。行政机关对于市场主体有着强大的影响力,对市场竞争产生了直接的干预。强制交易的行为与行政机关腐败行为联系密切,是严重的行政垄断表现形式。

《反垄断法》第 39 条明确规定,行政机关和法律、法规授权的具有管理公共事务职能的组织不得滥用行政权力,限定或者变相限定单位或者个人经营、购买、使用其指定的经营者提供的商品。具体行为表现:

(1)滥用行政权力妨碍商品服务和要素自由流通的行为。滥用行政权力对外地商品设置歧视性价格、收费、补贴等标准或政策,采取重复检验认证等措施,设置标准技术等壁垒、许可备案等障碍、关卡或信息化手段等阻碍,妨碍商品、服务和要素自由流通的行为。

(2)滥用行政权力排斥或者限制外地经营者的行为。违法违规将在本地注册的企业或建设的生产线、采购本地供货商产品、进入本地扶持名录等与政府采购中标绑定的行为;排斥、限制或者强制外地经营者在本地投资或者设立分支机构的行为;在政府采购和招投标中实施地方保护等不合理限制和差别化待遇的行为。

(3)滥用行政权力限定或者变相限定交易的行为。通过与经营者签订“政企合作”协议、备忘录等方式,妨碍其他经营者进入相关市场或者对其他经营者实行不平等待遇排除、限制竞争行为;没有法律法规依据设置不合理的项目库、名录库等限定或者变相限定使用特定商品、服务的行为;滥用行政权力授予特许经营权行为等。

(4)滥用行政权力制定含有排除、限制竞争内容规定的行为。滥用行政权力以规定、办法、决定、公告、通知、意见、会议纪要等形式,制定发布含有选择性补贴、设置不合理的市场准入门槛、划分市场、限定交易主体等排除、限制竞争内容的规章、规范性文件和其他政策措施的行为;制定城市管理、环境保护、节能减排、安全生产等涉企政策时,以地方保护为目的提高标准、层层加码,排除、限制竞争的行为等。[①]

地方保护和强制交易建立在行政权力滥用的基础上，是对公平竞争秩序的破坏，也是对全国统一大市场建设的破坏，导致市场资源配置错位，不利于国家市场经济的健康发展，必须予以规制。

四、行政垄断案例

《反垄断法》明确规定，任何法定授权的公共管理组织、行政机关均不得滥用公权力，排斥与限制竞争。凡是行政部门或法定授权的其他组织滥用公权力，对市场自由竞争造成限制的，构成行政垄断，需要承担法律责任。2022 年《反垄断法》施行以来，全国各地加强反垄断执法，围绕“激发市场主体活力，畅通国内大循环”，依法调查处理滥用行政权力排除、限制竞争行为案件。2022 年 11 月 18 日、11 月 25 日、2023 年 1 月 11 日，市场监管总局竞争政策协调司已经先后发布三批 2022 年制止滥用行政权力排除、限制竞争执法专项行动案件，一共 40 件，涉及地方政府及发展和改革、应急管理、民政、教育、卫生健康、城市管理、交通运输、住房和城乡建设、自然资源、行政审批等部门(见表 1 -6 -1)。[②]

表 1 -6 -1　2022 年制止滥用行政权力排除、限制竞争执法专项行动部分案例概要

处理机关	涉案主体	违法行为	处理结果
浙江省市场监管局	金华市武义县交通运输局	当事人牵头印发《武义县建筑垃圾运输服务企业准入报名公告》，规定“个人或未纳入运输企业准入名录的企业及车辆，不得在县域范围内从事建筑垃圾运输”	调查期间，当事人主动积极整改，废止有关文件，在政府网站进行公布，恢复了相关市场竞争，向浙江省市场监管局提交了整改报告，完善公平竞争审查机制

① 参见浙江省公平竞争审查和反垄断委员会办公室：《浙江省公平竞争审查和反垄断委员会办公室关于开展破除地方保护和行政性垄断专项行动的通知》，载微信公众号“竞数中心”，2023 年 3 月 7 日。

② 案例来源：市场监管总局竞争政策协调司 2022 年制止滥用行政权力排除、限制竞争执法专项行动案件(第三、第四、第五批)。

续表

处理机关	涉案主体	违法行为	处理结果
陕西省市场监管局	安康市汉阴县人民政府	当事人印发《汉阴县2022年工业稳增长十条措施》(汉政办发〔2022〕44号),规定"在同质同价条件下,政府性投资项目优先使用本地产品"	当事人积极整改,消除不良影响,印发废止有关文件的通知,在汉阴县人民政府网站进行公布,并表示将严格落实《公平竞争审查制度实施细则》相关规定,从体制机制上保证公平竞争审查工作的有效开展
江西省市场监管局	吉安市城市管理局	当事人召开会议确定由其直属事业单位吉安市园林绿化中心作为吉安市中心城区引进有桩人力和助力共享单车系统建设及运营项目的招标主体进行公开招标。招标确定吉安市某科技有限公司为吉安市中心城区有桩人力和助力共享单车系统建设及运营项目的经营企业	当事人主动积极整改,向江西省市场监管局提交了整改报告,废止原项目合同,通过官方网站予以公告,全面放开吉安市中心城区有桩人力和助力共享单车市场,保障相关企业市场准入和消费者的自主选择权
福建省市场监管局	厦门市翔安区建设与交通局	当事人会同区财政局印发《关于印发翔安区必须招标限额以下工程项目招投标管理办法的通知》(厦翔建〔2019〕45号),其中,第3条要求限额以下工程"单位建立预选承包商名录库的,同等条件下应当优先选择本区企业";第5条要求投标人应同时具备资格条件"企业法人工商注册地在翔安区的企业且为区建筑业协会会员单位"	当事人主动积极整改,向福建省市场监管局提交整改报告,对招标限额以下工程发包方式进行进一步调整规范,取消相关限制条件,废止原文件,重新印发新文件,并在区政府信息公开栏进行公告
四川省市场监管局	凉山彝族自治州金阳县自然资源局	当事人在加强对外地砂石的治理工作中,要求有关外地砂石公司要向矿产品运入地即当地相关部门申请办理准运证,否则不予通行	一是责令当事人立即停止错误适用《凉山彝族自治州矿产资源管理条例》第四章第21条、限制外地企业运输矿产品资源的行为。二是主动消除"问政四川"平台上公开回复的不良影响。三是全面落实公平竞争审查制度。四是责令改正情况书面报告四川省市场监管局

续表

处理机关	涉案主体	违法行为	处理结果
江苏省市场监管局	常州市住房和城乡建设局	当事人通过公开招标方式,确定以某公司为首席承保人、4 家保险机构为共保人,组成常州市建筑施工行业安全生产责任保险统保示范项目共保体	当事人积极整改,主动采取措施停止相关行为,消除相关后果,出台《关于我市办理建筑施工安全生产责任险有关事项的通知》,规定凡具有安全生产责任保险业务资格且具备相应风控服务能力的保险机构均可承接建筑施工安全生产责任保险业务,明确是否办理建筑施工安全生产责任保险不得作为申领施工许可证的前置条件,建筑施工安全生产责任保险保费率由双方协商决定

三批案例中,行政垄断行为主要表现为指定或限定供应商,如指定医疗机构、限定本县文化旅游企业、限定本县施工企业、指定生活垃圾清运企业、限定本地建筑垃圾运输企业、限定本地工程运输企业、优先使用本地企业、限定共享单车系统建设及运营项目的经营企业等。政府部门利用行政权力指定或限定本地供应商或本地产品的行为属于典型的行政垄断行为。这些案例的查处和发布,对于营造优化营商环境,创造公平竞争的市场环境具有重要意义。

五、《反垄断法》对行政垄断的规制

(一)细化行政垄断规定

《反垄断法》明确规定行政垄断,是四大垄断行为[①]之一,体现出了中国反垄断法的特色。《反垄断法》总则第 10 条、分则第五章、分则第七章"法律责任"中的第 61 条对行政垄断进行了具体规定。

2022 年《反垄断法》总则第 10 条[②]扩大了行政垄断的主体,由行政机关扩展到了法律、法规授权的具有管理公共事务职能的组织。《反垄断法》第五章则规

① 四大垄断行为包括垄断协议、滥用市场支配地位、违法实施经营者集中、行政垄断。

② 参见《反垄断法》第 10 条规定:"行政机关以及法律、法规授权的具有管理公共事务职能的组织不得滥用行政权力,排除、限制竞争。"

定了各类行政垄断行为,这些垄断行为包括了具体的行政垄断行为和抽象的行政垄断行为,并且这些条文将具体的行政垄断行为进行了一一的列举。《反垄断法》第五章对地区封锁表现形式进行了详细的规定,这样的规定对我国建立完善的国内市场以及经济体制都起到了推动作用。[①]《反垄断法》第 61 条规定了行政垄断法律责任,[②]该条规定对于维持有序的市场经济环境具有较大的作用,实施行政垄断行为主体的上级机关有权责令改正、纠正违法行为,在维护市场的正常秩序方面该条的意义重大。同时,该条[③]规定有助于行政人员对于自己掌握的行政权力有清晰的认识,对于违反以及滥用权力的后果有明确的认识。

(二)强化行政垄断反垄断调查

2022 年《反垄断法》增加了行政垄断约谈调查程序,强化威慑性。第六章"对涉嫌垄断行为的调查"第 54 条明确规定了反垄断执法机构作为调查主体,并在第 55 条规定了反垄断执法机构可以对行政机关和法律、法规授权的具有管理公共事务职能的组织的法定代表人或者负责人进行约谈,要求其提出改进措施,增强了对涉嫌行政性垄断行为调查程序的权威性和约束力。

第 61 条第 1 款规定,行政机关和法律、法规授权的具有管理公共事务职能的组织除了承担改正、直接负责人的主管人员和其他直接责任人员依法处分的责任外,还应当将有关改正情况书面报告上级机关和反垄断执法机构。该条规定表明为避免反垄断执法流于形式,违法主体应当将有关改正情况书面报告上级机关外,还要书面报告反垄断执法机构,确保改正措施真正落实。[④]

(三)优化公平竞争审查制度

2016 年以来国家建立并施行公平竞争审查制度。[⑤] 公平竞争审查制度的目

---

① 参见王永强:《电信行业垄断的法律规制》,武汉大学出版社 2017 年版,第 23 页。

② 参见《反垄断法》第 61 条规定:"行政机关和法律、法规授权的具有管理公共事务职能的组织滥用行政权力,实施排除、限制竞争行为的,由上级机关责令改正……"

③ 参见《反垄断法》第 61 条规定:"对直接负责的主管人员和其他直接责任人员依法给予处分。"

④ 参见陈栋:《破除行政权力垄断　摆正政府市场角色——谈新反垄断法关于反行政垄断的修订内容》,载《法庭内外》2022 年第 8 期。

⑤ 2016 年《国务院关于在市场体系建设中建立公平竞争审查制度的意见》(国发〔2016〕34 号)作出明确要求,凡是涉及市场主体经济活动的规章、规范性文件和其他政策措施,都应当进行公平竞争审查。随后,有关部门还制定了《公平竞争审查制度实施细则》(国市监反垄规〔2021〕2 号)、《公平竞争审查工作部际联席会议制度》、《公平竞争审查第三方评估实施指南》(市场监管总局公告 2023 年第 17 号)等配套规定,为开展审查工作提供体系化制度保障。

的是从源头上对政府及其职能部门制定的政策措施实施事前审查，防止滥用行政权力排除或限制竞争，以建成统一开放、竞争有序的市场体系。[①] 2022 年《反垄断法》明确规定建立公平竞争审查制度。该法第 5 条规定，“行政机关和法律、法规授权的具有管理公共事务职能的组织在制定涉及市场主体经济活动的规定时，应当进行公平竞争审查”。第 45 条规定，“行政机关和法律、法规授权的具有管理公共事务职能的组织不得滥用行政权力，制定含有排除、限制竞争内容的规定”，将抽象行政行为全面纳入竞争约束和审查范围。

公平竞争审查是预防行政垄断的重要制度，以实现对政府干预经济权的限制和优化。[②] 我国公共政策文件数量庞大、内容繁多、增量可观。[③] 为强化监督保障，需要完善举报处理和责任追究机制，建立定期抽查机制，强化公平竞争审查考核机制，引入第三方专业评估。

（四）配套规章进一步完善行政垄断规制

落实《反垄断法》关于行政垄断的上述修正，2023 年 3 月，市场监管总局出台配套性部门规章《制止滥用行政权力排除、限制竞争行为规定》，以加强和改进制止滥用行政权力排除、限制竞争反垄断执法，保护市场公平竞争。

2023 年 4 月，市场监管总局又颁布《公平竞争审查第三方评估实施指南》，鼓励支持各级公平竞争审查工作机构和各政策制定机关在公平竞争审查工作中引入第三方评估，提高审查质量和效果，推动公平竞争审查制度深入实施。

市场经济只有公平竞争，才能从根本上消除阻碍资源自由流动的体制机制障碍，才能保证不同市场主体平等地获得资源，推动资源依据市场价格和市场竞争实现效益最大化和效率最优化的配置。

---

① 参见孙晋：《新时代确立竞争政策基础性地位的现实意义及其法律实现——兼议〈反垄断法〉的修改》，载《政法论坛》2019 年第 2 期。

② 参见王贵：《论我国公平竞争审查制度构建的基准与进路》，载《政治与法律》2017 年第 11 期。

③ 参见汪改丽：《对公平竞争审查“内部审查制”的思考》，载《广西政法管理干部学院学报》2016 年第 5 期。

第七章

相关市场界定

反垄断离不开相关市场界定,竞争分析需要先界定相关市场。原因在于任何竞争行为均发生在一定的市场范围内。界定相关市场就是要明确经营者竞争的市场范围。在禁止垄断协议、禁止滥用市场支配地位、控制经营者集中等反垄断监管时均涉及相关市场的界定问题。

一、相关市场界定基本概念

完全竞争、垄断竞争、寡头垄断或垄断是市场结构的类型,是指市场中卖方数量形成的市场形态,存在无数卖方、众多卖方、少数卖方或唯一卖方等市场结构形态。但是,此处的市场是指相关市场。反垄断的语境是相关市场内的考察判断。

(一)相关市场概念

反垄断相关市场是一个内涵丰富而复杂的概念。通常来讲,相关市场是指相互施加竞争约束的同类产品或密切替代产品存在的一定时间范围和空间范围。核心是竞争约束,企业间制约彼此的市场势力。相关市场有三个维度:产品维度、空间维度、时间维度。前两个维度比较容易理解,通常称为相关产品市场和相关地域市场。时间维度则是指产品间施加竞争约束的时间范围,称为相关时间市场。相关市场的三个维度具有内在联系,在考察相关地域市场和相关时间市场时,最终还是考察产品之间是否具有替代性,是否影响市场势力和市场优势地位。① 从反垄断实践看,相关市场界定主要考察相关产品市场和相关地域市场。

相关市场界定既是一个经济学问题,也是一个法律问题,美国判例法上有过许多经典案例(见表1-7-1)。

表1-7-1　美国相关市场界定经典案例

案例	案情	争议问题	市场界定	理论阐述	历史地位
1946年哥伦比亚钢铁公司案	美国钢铁公司子公司哥伦比亚钢铁公司拟收购联合钢铁公司	联合钢铁公司产品的销售范围和产品的功能存在激烈争议。联合钢铁公司在11个州销售,且仅销售钢构件和钢加工品	钢材的销售具有全国性,对大型钢材公司而言,美国应被视为一个市场	对相关市场未作解释	首次提出相关市场概念
1953年时代花絮案	时代花絮出版社要求广告主同时在日报和晨报作广告,不能单独受理在日报或晨报的广告业务	广告营销方案是否构成搭售行为,时代花絮的市场地位成为本案的关键。报纸广告市场和读者市场是两个相互依赖却独立的市场	搭售安排的违法性是垄断杠杆的行使,即卖方将其在一个市场的市场势力扩展至另一市场	每种产品都有替代品。相关市场不必刻意涵盖不确定的范围。相关市场的范围应当严格限定,应当排除需求交叉弹性不大的产品	法学领域第一次使用"需求交叉弹性"的技术术语。 需求交叉弹性,成为反垄断实践中界定相关市场最重要和最常使用的方法

① 参见李虹:《相关市场理论与实践——反垄断中相关市场界定的经济学分析》,商务印书馆2011年版,第8页。

续表

案例	案情	争议问题	市场界定	理论阐述	历史地位
1962年布朗鞋案	美国第4大制鞋公司与第12大制鞋公司并购	鞋子相关市场如何界定，是整个鞋子行业还是男鞋、女鞋、童鞋。是否要考虑原料档次、制作工艺、价格、顾客购鞋用途	相关产品界定为男鞋、女鞋、童鞋是合理的，得到公众的认可，每类产品由不同的工厂制造，每类产品具有其他两类产品不具有的特征	产品市场的外部边界是由该产品与替代品之间的合理可替代性或需求交叉弹性来确定	《克莱顿法》1950年修订后的第一个合并控制案
1961年费城国民银行案	费城第一大商业银行和第二大商业银行合并	地域市场争议、商业银行产品与服务市场争议	银行业与其他大多数服务业一样，地域的便利性对有效竞争至关重要。商业银行产品与服务构成一个集群市场	商业银行可以提供其他而且范围较广的服务，如存款、经常账户、信托管理等	首次提出产品与服务的集群市场概念

(二)相关市场界定的意义

相关市场是反垄断的重要概念，既是法律概念，也是经济学概念。根据《国务院反垄断委员会关于相关市场界定的指南》第3条，相关市场是指“经营者在一定时期内就特定商品或者服务进行竞争的商品范围和地域范围”①。在反垄断执法实践中通常需要界定相关商品市场与相关地域市场。相关商品市场是指“根据商品的特性、用途及价格等因素，由需求者认为具有较为紧密替代关系的一组或一类商品所构成的市场。这些商品表现出较强的竞争关系，在反垄断执法中可以作为经营者进行竞争的商品范围”②。相关地域市场是指“需求者获取具有较为紧

① 《国务院反垄断委员会关于相关市场界定的指南》第3条第1款。
② 《国务院反垄断委员会关于相关市场界定的指南》第3条第2款。

密替代关系的商品的地理区域。这些地域表现出较强的竞争关系，在反垄断执法中可以作为经营者进行竞争的地域范围”①。相关时间市场在反垄断实践中的应用不多，《国务院反垄断委员会关于相关市场界定的指南》也未规定相关时间市场。

科学合理适用反垄断法最为关键的是准确界定相关市场。反垄断调查、经营者集中审查、滥用市场支配地位等案件的处理，都需要界定相关市场。相关市场的界定是竞争分析的基础，是认定竞争行为是否构成排除、限制竞争实质效果的前提条件，是反垄断调查、经营者集中控制等反垄断执法工作的重要步骤。以滥用市场支配地位案件为例，如果相关市场界定得过宽，可能会忽视经营者已经达到市场支配地位的情形；反之，如果相关市场界定得过窄，则经营者容易被认定在相关市场具有市场支配地位，导致执法过严。因此，相关市场的准确界定对于有效保护竞争、促进公平竞争和鼓励创新，实现反垄断目标具有重要意义。

（三）相关市场界定的经济学原理

相关市场界定是一个在反垄断执法中产生的问题，它的法律属性明显。同时，相关市场界定又是一个经济学问题。经济学认为垄断是会降低社会资源的配置效率，导致社会福利的下降。分析垄断与相关市场密切相关，相关市场界定直接影响经营者是否构成垄断的判断。垄断的本质是市场支配地位，分析判断市场支配地位则需要分析市场势力。市场势力，是指经营者通过有利可图的方式，把价格提高到完全竞争水平以上的能力。由于经营者能够盈利的最低价格等于其边际成本，市场势力也被定义为经营者定价与其边际成本存在差别的能力。测试市场势力的一个通用理论指标是勒纳指数。勒纳指数将市场势力定义为经营者的毛利与价格的比值。经营者的毛利是经营者的定价与边际成本的差。

需求价格弹性是与相关市场界定有关的另一个指标。由于消费者对特定产品的需求取决于该产品与其他同类产品的相对价格及消费者预算的约束，通常而言，价格越高，需求量越小。需求价格弹性就是指产品需求量对价格变动的敏感程度。经济学认为市场势力与需求价格弹性存在负相关。需求价格弹性越大，该产品的市场势力越小；需求价格弹性越小，该产品越具有市场势力。②

---

① 《国务院反垄断委员会关于相关市场界定的指南》第3条第3款。

② 参见李虹：《相关市场理论与实践——反垄断中相关市场界定的经济学分析》，商务印书馆2011年版，第72页。

需求替代分析就是在上述需求价格弹性理论和市场势力理论基础上的相关市场界定方法。美国 1968 年《企业合并指南》正式提出需求替代法,通过测试产品在功能、用途、价格等方面是否具有合理替代性或者是否能满足消费者的需求,从而确定这些产品是否应纳入同一相关市场。需求替代法通常考虑产品的功能和价格,如果产品可以相互替代,那么就可以认为这些产品同属于一个相关市场。

在需求价格弹性的基础上,经济学又进一步提出供给价格弹性理论,并发展出供给替代分析方法。美国 1982 年《企业合并指南》正式提出供给替代法,即假定垄断者实施微幅但显著且非暂时性的提价时,那些处于竞争或潜在竞争状态并且能在一年内无须承担重大沉没成本就可以进入市场的其他企业,因与这个假定垄断者具有供给替代效应,则它们的产品应当属于同一个相关市场。①

在需求价格弹性和供给价格弹性的基础上,经济学又提出需求的交叉价格弹性理论,在相关市场界定和测度市场势力上具有重要意义。交叉价格弹性反映某产品的需求对于其他产品价格变化的反映程度,交叉弹性越大,两种产品的可替代性越强,一种产品价格的提升对另一种产品的需求越大,两种产品可被认定为同一相关市场。由于需求交叉价格弹性的假设条件限制,实践中不足以单独运用来界定相关市场,通常与其他方法一起综合运用。②

在不完全竞争市场的场合,还有一种方法即剩余需求分析方法被广泛应用,常用来估计产品差异化行业中的经营者市场支配地位、合并收益以及相关市场界定。剩余需求是指市场中单个经营者面临的需求等于市场中总的需求与其竞争对手的供给的差。而剩余需求曲线是指剩余需求与其价格之间的关系。剩余需求曲线是假定垄断者测试分析中剩余需求弹性理论的基础。在实践中,使用剩余需求弹性来测试市场势力,即市场上一个企业的提价行为是否引发其他企业的价格或者产量发生变化。剩余需求弹性较低,说明企业拥有市场势力,剩余需求弹性较高,说明企业不具有市场势力。美国司法部 1982 年《企业并购指南》提出假定垄断者测试法就是一种以剩余需求弹性理论为基础的界定相关市场的方法。③

通过供给弹性、需求弹性等各种弹性测度市场势力时,有必要考虑相关市场的维度,即相关产品市场和相关地域市场。界定相关市场,一般要考虑经营者在

---

① 参见李虹:《相关市场理论与实践——反垄断中相关市场界定的经济学分析》,商务印书馆 2011 年版,第 77 ~ 28 页。

② 参见王晓晔主编:《反垄断法的相关市场界定及其技术方法》,法律出版社 2019 年版,第 161 页。

③ 参见王晓晔主编:《反垄断法的相关市场界定及其技术方法》,法律出版社 2019 年版,第 161 页。

市场上感受到三种竞争压力，即需求替代、供给替代和潜在的竞争。其中需求替代对经营者的压力最为明显，影响最大，又相对容易取证，实践中界定相关市场主要考虑需求替代。①

上述需求替代分析、供给替代分析、交叉弹性分析、假定垄断者测试法均是以价格为基础的市场势力测试方法，已经成为相关市场界定的重要方法，在反垄断实践中广泛运用。

▶【典型案例】

湖南尔康医药、河南九势制药扑尔敏原料药滥用市场支配地位案

相关市场界定为中国扑尔敏原料药市场。

扑尔敏学名为马来酸氯苯那敏，是一种抗组胺类药物，主要用于治疗鼻炎、皮肤黏膜过敏及缓解流泪、打喷嚏、流涕等感冒症状，既可单独制成扑尔敏制剂（片剂和注射剂），又可作为原料药用于生产多种感冒药等常用药物。扑尔敏原料药不能直接被患者服用，其主要下游用户为药品生产厂商，与扑尔敏制剂具有明显区别。本案仅涉及扑尔敏原料药。

从需求角度分析，扑尔敏作为原料药被广泛用于生产2000多种感冒和过敏类药物制剂，包括鼻炎片、维C银翘片等销量较大的常用药品。根据我国药品管理相关法律法规，每一类成品药配方（包括使用原料药的种类和用量）均需严格依据《中华人民共和国药典》和相关标准执行，配方中含有扑尔敏原料的成品药，其扑尔敏成分不能被其他任何原料药或其他成分替代。

从供给角度分析，在国内生产扑尔敏原料药需要获得国家相关管理部门颁发的原料药批文、生产证书（GMP）、药品生产许可证等资质，且扑尔敏原料药生产设备与其他原料药不能通用。同时，国外生产企业向国内出口扑尔敏原料药必须具备原料药进口批文等资质。因此，其他原料药生产企业无法在短期内进入扑尔敏原料药市场，不存在有效的供给替代。

扑尔敏原料药构成单独的相关商品市场。

扑尔敏原料药的相关地域市场界定为中国，主要理由：中国原料药市场存在

① 参见王晓晔主编：《反垄断法的相关市场界定及其技术方法》，法律出版社2019年版，第3页。

严格的管制措施,在中国生产供应扑尔敏原料药必须获得有关部门颁发的原料药批文、GMP、药品生产许可证等资质,需满足注册检验、专家评审、临床测试、定期检查等监管要求;国外企业向国内出口扑尔敏原料药必须具备进口批文等资质,只有少数国外原料药生产企业和药物品种满足相关要求,扑尔敏原料药仅印度SupriyaLifescience Ltd.(塞博利亚)获得相关资质并有产品出口到中国。

二、传统相关市场界定的基本方法

界定相关市场主要从需求者角度进行需求替代分析或从供给角度进行供给替代分析。市场竞争中构成直接和有效竞争约束的,是市场里存在需求者认为具有较强替代关系的商品。当供给替代具有竞争约束时,供给替代也成为相关市场界定的重要依据。

需求替代是根据需求者对商品功能用途的需求、质量的认可、价格的接受以及获取的难易程度等因素,从需求者的角度确定不同商品之间的替代程度。商品之间的替代程度越高,竞争关系就越强,就越可能属于同一相关市场。

供给替代是经营者改造生产设施生产、进入目标市场,从经营者角度确定不同商品之间的替代程度。经营者生产设施改造的投入越少,提供替代商品越迅速,则供给替代程度就越高,相关不同商品属于同一相关市场的可能性就越大。

在反垄断执法实践中,根据实际情况,界定相关市场可能使用不同的方法。界定相关市场时,有采用基于商品的特征、用途、价格等因素的需求替代分析方法的,也有采用供给替代分析方法的。在竞争市场不易确定时,还有采用"假定垄断者测试"的分析方法。

所谓假定垄断者测试(Hypothetical Monopolist Test, HMT),也称为SSNIP(Small Significant andNontrasitory Increase in price)测试,是假设两个或多个企业通过并购成为一个垄断者,在其他条件不变的情况下,考察该垄断者是否可以小幅度、显著的、非暂时的方式提高产品价格。如果可以,假定垄断者所处的市场构成相关市场。如果不可以,扩大假定垄断者控制的产品或地域范围,直到可以为止,从而确定所处市场构成相关市场。该界定方法来自1982年美国《横向兼并指南》提出的一种抽象的、界定相关市场的分析范式。

在相关市场界定理论上具有里程碑意义的是1992年美国《横向兼并指南》。

该指南通过两个步骤来界定相关市场:从需求角度确定相关市场;分析市场参与者及相关产业的集中度。如果市场具有很大的供给弹性,那么供给因素也会被纳入考虑。根据该指南,市场集中度不再是唯一衡量标准。同时,该指南的出台使得经济学中越来越多的定量分析方法广泛用于相关市场界定,如临界损失分析、需求弹性评估模型、竞价模型分析等。①

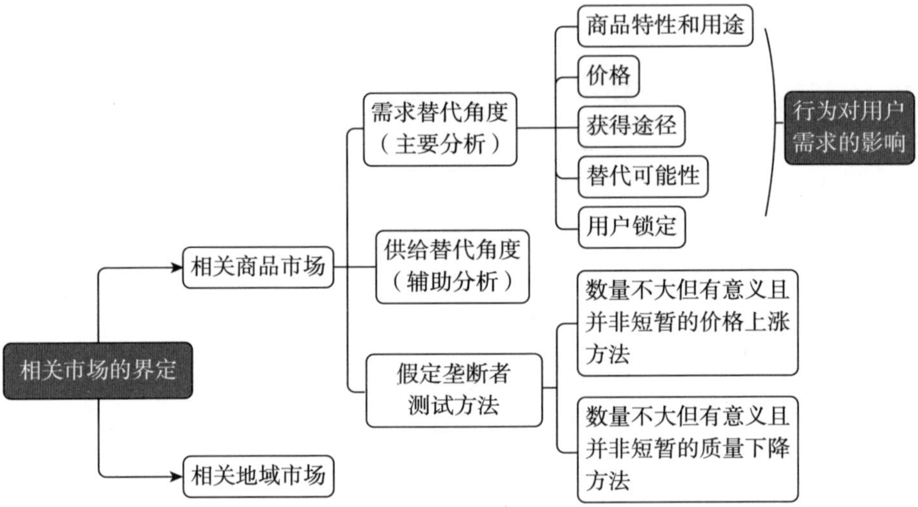

图 1-7-1　相关市场界定

▶【典型案例】

伊士曼(中国)投资管理有限公司滥用市场支配地位案

相关市场界定为中国醇酯十二成膜助剂市场。

该案中,当事人在相关市场内实施的排他性协议促使交易相对方向当事人及其关联公司购买大部分甚至全部醇酯十二成膜助剂,限制了交易相对方与其他竞争对手的交易,进而损害了相关市场的竞争。

在界定相关市场的过程中,在需求替代和供给替代的分析基础上,成功运用

① 参见李虹:《相关市场理论与实践——反垄断中相关市场界定的经济学分析》,商务印书馆 2011 年版,第 38 ~ 39 页。

假定垄断者测试方法。

根据假定垄断者测试基本思路,借助经济学工具进行假定垄断者测试,运用临界损失分析法对市场交易数据进行分析。

临界损失分析法的基本思路是以目标商品为待测试商品集合,假定垄断者控制着市场上所有的目标商品,且在一段时期内小幅提高目标商品价格(一般为5%～10%),通过比较目标商品涨价时的临界损失率和实际损失率来判断假定垄断者的涨价行为是否有利可图。如果实际损失率超过临界损失率,则表明假定垄断者的涨价行为无利可图,目标商品无法单独构成相关市场。相反,如果实际损失率小于临界损失率,则表明该涨价有利可图,目标商品可以构成相关市场。

在合理的经济学假设下,临界损失率可通过如下经济学模型表示:

$$CL = \frac{X}{X + m}$$

其中,m 为目标商品的毛利率,X 为目标商品的涨价幅度。根据不同组合条件下的 X 与 m,可计算出对应的临界损失率区间。同时,通过市场实际交易数据估算出醇酯十二成膜助剂市场需求函数与需求价格弹性,并在此基础上计算出不同涨价幅度下醇酯十二成膜助剂的实际损失率。计算结果显示,在不同涨价幅度及合理毛利率条件下,醇酯十二成膜助剂的临界损失率均大于相应的实际损失率。该结果表明在2013～2016年如果所有醇酯十二成膜助剂由假定垄断者销售,相对于样本内的价格平均值涨价5%或10%都是有利可图的,且该涨价行为可维持。因此可以判定,醇酯十二成膜助剂构成独立的相关商品市场。

三、数字经济背景下相关市场界定的发展

(一)数字经济相关市场的特点

随着数字经济的发展,互联网平台出现在越来越多的行业中,在经济发展中扮演了越来越重要的角色。根据《数字中国发展报告(2022年)》,2022年,中国数字经济规模达50.2万亿元人民币,占GDP比重提升至41.5%。同时,由于平台经济网络集聚效应,出现了“赢者通吃”竞争损害现象,也出现了扼杀性收购、封锁屏蔽、“二选一”等限制竞争现象,对公平竞争构成威胁。加强对平台经济的反垄断规制已经成为经济高质量发展的重要关注。通过反垄断规制,保护竞争,

是促进经济高质量发展必要措施。然而,反垄断的目的是保护竞争,但根本宗旨是在公平竞争的基础上提高经济效率,增进社会福利。

平台经济的健康良性发展,是市场经济高质量发展的必然要求。促进平台经济公平竞争,加强反垄断、防止资本无序扩张,是平台经济反垄断的主要任务。平台经济有其自身的特殊性。首先,平台数量多,并且在持续增长。随着数字经济的发展,互联网在越来越多的行业和领域得以运用,互联网平台的数量呈现持续增长的态势。其次,平台规模超大。平台企业的规模也在逐渐发展壮大,包括百度、阿里巴巴、腾讯以及京东等多家领域内知名企业,腾讯与阿里巴巴的市值均已超过万亿元。[①] 再次,平台基于技术易形成垄断优势。在现代网络数字技术加速度发展的前提条件下,平台经济作为一种资源配置的方式,是通过数据网络技术加以协调的,[②]不少平台凭借自身技术优势实施数据封锁,具有天然的垄断趋势。最后,平台跨界竞争,平台垄断易跨界传导。基于平台的跨界竞争日益普遍、平台扼杀式并购与寡头竞争并存等特性,在受到颠覆性创新效应的影响下,平台运用数据、用户流量和算法等杠杆撬动各个市场上的市场份额,导致其商业平台无限伸展。[③] 由于互联网平台经济发展对既有经济运行机制的影响,相关市场的界定出现了传统理论难以解决的特殊性,传统相关市场界定方法面临新的挑战。以"免费端+收费端"市场结构为例,多边市场平台和灵活定价结构成为典型平台商业模式,采取前端让利加后端收费的方式整合多边市场上的商品和服务,充分利用平台网络效应,使商品定价有了更多的弹性空间,价格不再是用户替代选择的重要要素,诸多非价格要素成为用户需求替代选择的重要要素,传统的基于价格需求弹性的替代分析受到巨大挑战。

(二)数字经济平台竞争特征

相关市场界定是审查的起点,界定的市场范围的准确度会影响对市场占比的计算、市场支配地位的认定。传统相关市场界定主要有定性分析法(供给替代分析法、需求替代分析法等)、定量分析法(假定垄断者测试分析法等)。定性分析

---

① 参见《最新中国公司市值500强:13家破万亿!宁德时代、招行挺进前十,还有哪些入围?(名单)》,载百度2021年7月5日,https://baijiahao.baidu.com/s?id=1704408450680551848。

② 参见易宪容、陈颖颖、于伟:《平台经济的实质及运作机制研究》,载《江苏社会科学》2020年第6期。

③ 参见孙晋:《数字平台的反垄断监管》,载《中国社会科学》2021年第5期。

法依赖分析者的经验判断,需要分析者进行逻辑分析确定相关市场。主要考虑产品供给侧的结构变化、商品的种类、性能、价格、消费者对于替代商品的选择范围、生产者进入市场的成本等影响因素来界定相关市场。定量分析法在传统相关市场界定中常用的是假定垄断者测试分析法,是通过假设当目标市场中的商品价格提升后,其他市场的商品进入该市场是否可以让该商品的价格恢复到原来的水平来判断相关市场的一种方法。平台经济有别于传统市场,其所具有的竞争特征导致了相关市场界定传统方法的不适应性。

1. 平台免费模式呈现非价格竞争特征

传统界定相关市场的理论主要包括以替代性分析为主的定性分析方法,注重产品或服务本身在消费者中的功能用途需求、价格接受度与质量认可度。然而由于不少互联网具有交叉补贴的特点,即对消费者免费而对经营者收费的经营模式,这大大弱化了价格对相关市场界定的指导作用,导致传统界定相关市场的方法出现失灵。而对于假定垄断者测试分析法等在比较法与我国反垄断实践中采用的定量分析方法,由于出现了免费为用户提供服务的情形,使假定垄断者测试分析法所依据的价格变量失去了意义,[①]无法对相关市场情况进行分析。

从经济学角度看,零价平台本身有其经济逻辑。零价商品或零价服务仍然存在供求关系,仍然需要通过市场完成交易。零价平台的竞争分析需要更加细致深入的经济学分析,仍然需要对平台相关市场进行界定,需要确定其竞争约束因素,对零价边与非零价边的相互关系进行研判,对市场竞争和社会福利进行全面分析。

2. 网络外部开放性呈现多边市场竞争特征

互联网平台并非只面向消费者或者是平台内的经营者,而是面向双方的,因此具有显著的双边市场的特征。双边市场的概念由比较法引入,是指"两组参与者需要通过平台来进行交易,而且一组参与者加入平台的收益取决于加入该平台另一组参与者数量的市场"[②]。双边市场对于传统相关市场界定理论无疑产生影响。其中影响之一是,如果仅以一边市场来界定相关市场,则反映的市场竞争状况可能失真,而如果结合多边市场来界定相关市场,则分析各边市场之间的影响

---

① 参见陈兵:《数字经济下相关市场界定面临的挑战及方法改进》,载《中国流通经济》2021 年第 2 期。

② 丁庭威:《互联网平台滥用市场支配地位规制路径新探——以双边市场下相关市场界定为分析视角》,载《科技与法律(中英文)》2021 年第 2 期。

难度较大。而目前理论上针对平台经济领域的双边以及多边市场中的相关市场界定时，主要存在两种做法，“第一种做法是为平台的每一边定义单独的市场，并且对这些市场展开单独分析，同时考虑其跨群体效应，这种方法被称为多市场方法；第二种做法作为替代方案，是为提供中介服务的平台定义一个单一市场”①。然而，目前理论上并未就相关的问题形成主流意见或通说。

3. 平台生态系统呈现多层次性竞争特征

数字经济背景下网络平台的外部性，最大限度地扩大各边用户的互动，并充分利用技术、资本、数据、规则等优势，通过并购、捆绑搭售、开放源代码等竞争策略，不断扩大平台的市场边界，形成以核心平台为中心的数字生态系统。平台生态系统形成的市场支配力对相关市场界定也产生影响。平台企业可能通过平台生态系统所具有的市场优势，不断巩固自身市场地位，限制市场竞争，甚至滥用市场支配地位，导致社会福利受损。生态系统竞争范式下，需要单独分析生态系统。②

平台生态系统具有数字集群市场、多层次竞争的特征。平台生态系统下，一组非竞争性的产品或服务组成一个市场共同满足平台用户的特定需求，构成一个数字集群市场。竞争的多层次性，是指平台生态系统的竞争分为生态系统内部的竞争和平台生态系统之间的竞争，呈现出多层次的特性。平台生态系统之间的竞争则一定程度上呈现出平台竞争的特征。平台经营者通过特定的切入点进入互联网领域，在不同类型和需求的消费者之间发挥中介作用，以此创造价值。

（三）数字经济背景下相关市场界定方法的调整

1. 平台相关市场界定案例分析

近年来，涉及平台企业的行政处罚案例和司法案例时有发生。其中，以上海食派士商贸发展有限公司滥用市场支配地位案（以下简称上海食派士案）、腾讯收购中国音乐集团案、北京奇虎科技有限公司诉腾讯科技（深圳）有限公司、3Q案最为典型。在涉及平台相关市场界定方面具有典型意义，体现了目前平台经济相关市场界定的实践趋势，具体分析如下。

① 仲春：《数字经济平台相关市场界定研究》，载《法治研究》2023 年第 2 期。

② 参见黄坤、王磊：《相关市场界定：方法与应用》，社会科学文献出版社 2022 年版，第 185 页。

在上海食派士案①中，该案的相关商品市场被界定为“提供英文服务的在线餐饮外送平台服务市场”。该案中采用了供给替代、需求替代的定性分析和假定垄断者测试分析的定量分析相结合的方法来界定相关市场。在替代性分析方面，首先从用户需求、服务内容、选择情景、消费成本、餐厅商户需求分析出在线餐饮外送服务与堂食服务不具有相互替代关系的结论；其次通过服务、客单价、烹饪技术等因素分析在线餐饮外送平台服务和餐饮企业的自营在线餐饮外送服务之间具有不可替代性；最后从需求端的服务语言、用户消费特征以及供给端的服务内容、餐厅占比、服务费用、互相转型成本、技术、用户黏性等方面来分析，提供英文与中文服务的在线餐饮外送平台服务之间不具有相互替代性。根据《国务院反垄断委员会关于相关市场界定的指南》第10条的规定，假定垄断者测试运用临界损失分析法对市场交易数据进行分析。待测试商品集合为目标商品，市场上所有的目标商品都被假定垄断者控制，并且在一段时期内将目标商品价格小幅提高（提高幅度一般为5%～10%），通过比较该目标商品在涨价时的临界损失率和实际损失率进而判断该假定垄断者是否可以通过涨价行为获得利益。如果实际损失率大于临界损失率，就表明该假定垄断者无法通过涨价行为获得利益，该目标商品无法单独构成相关市场。如果实际损失率小于临界损失率，就表明该假定垄断者可以通过涨价行为获得利益，则该目标商品可以单独构成相关市场。上海食派士案具体考察了以下两种稳健的临界损失分析情形：(1)仅配送费发生变动；(2)配送费与佣金均发生变动。在第1种情形下，该假定垄断者有意愿也有能力调高配送费水平。给定餐费水平与其他影响需求的因素，小幅增加当前市场的配送费水平是可以获得利益的。在第2种情形下，用户对于餐费的调整比配送费更加敏感，调高餐费会使得订单量下降更多，有更大可能性使假定垄断者的利润受损。但是假定垄断者可以通过小幅调高佣金率的方式调高毛利，并不需要损失订单量。基于上述替代定性分析和按照假定垄断者测试要求进行的定量分析，“提供英文服务的在线餐饮外送平台服务市场”构成一个独立的相关商品市场。

在腾讯收购中国音乐集团案②中，该案的相关商品市场被则界定为“网络音乐播放平台市场”。网络音乐播放平台市场是指通过手机端、电脑端和其他智能

---

① 参见上海市市场监督管理局关于上海食派士案行政处罚决定书，沪市监反垄处〔2020〕06201901001号。

② 参见国家市场监督管理总局关于腾讯收购中国音乐集团案行政处罚决定书，国市监处〔2021〕67号。

终端的程序或网站，以在线播放或下载方式向消费者提供完整版权的音乐录音制品播放服务的平台。短视频平台、网络直播、网络 K 歌等虽也提供与网络音乐相关的服务，但其核心功能、市场进入、商业模式、应用场景等与网络音乐播放平台市场不具有紧密的替代关系，不属于同一相关商品市场。

在上述两个案件中，均用了传统的需求替代性、供给替代性分析法界定相关市场，并且对于不同领域的相关市场界定亦考虑到了不同的因素。在上海食派士案中，从与其他多个不同的相关市场的替代性分析中，主要考虑了服务内容、服务费用等。首先，区分在线与非在线餐饮服务的不同相关市场；其次，在在线餐饮服务的范围内又区分了餐饮外送平台服务与餐饮企业自营在线餐饮服务；最后，以使用语言为标准区分了中文与英文的在线餐饮外送服务平台。在腾讯收购中国音乐集团案中，相关市场界定主要是从其产品的用途进行界定，相关市场较为明晰。如《国务院反垄断委员会关于相关市场界定的指南》中提到的那样，“任何因素在界定相关商品市场时的作用都不是绝对的，可以根据案件的不同情况有所侧重”①。在反垄断执法中常运用与案件性质特点有关的相关因素进行界定。对于互联网平台相关商品市场的界定，其思路着眼于互联网平台的整体性，对其所包含的多边市场进行多因素的统一考察。

在上海食派士案中，还采取了假定垄断者测试的方法对相关市场进行界定。根据《国务院反垄断委员会关于相关市场界定的指南》，假定垄断者测试是界定相关市场的一种分析思路，可以帮助解决相关市场界定中可能出现的不确定性，目前被各国和地区制定反垄断指南时普遍采用。在假定垄断者测试中，反垄断执法者可以借助经济学工具分析所获取的相关数据，确定假定垄断者可以将价格维持在高于竞争价格水平的最小商品集合和地域范围，从而界定相关市场。在上海食派士案中，该平台属于收费的交易型平台，因此假定垄断者测试得以在本案适用，价格对于消费者的选择仍然具有相当的影响、属于有意义的考虑指标。具体反垄断执法采取了特定的经济模型，进行了两种情形的临界损失分析，依照案件的特殊性对经济模型进行选择。对于假定垄断者测试对双边甚至多边市场的适用性仍然有待理论讨论，但该案通过定量分析进行相关市场界定的方法具有积极意义。目前在我国的反垄断案件中，仅有相当有限的一部分案件在界定相关市场时使用到了假定垄断者测试的方法。但在近期平台领域相关市场界定案件中则

① 《国务院反垄断委员会关于相关市场界定的指南》第 8 条第 3 款。

是越来越多采用了假定垄断者测试的方法。在需求供给替代分析仍然是界定平台领域相关商品市场的基本方法的前提下,假定垄断者测试方法对于弥补单纯以需求、供给替代性分析进行相关市场界定的缺点具有积极意义。

在3Q案中,其中一个争议是如何界定相关市场。奇虎公司认为相关市场为即时通信软件及服务市场,而腾讯公司认为以免费软件平台推广产品和服务、获取盈利是平台企业商业模式,即时通信、搜索都可以成为平台,平台之间存在竞争关系。互联网竞争实际上是平台的竞争,本案的相关市场范围远远超出了即时通信服务。奇虎公司上诉提出一审判决该案直接适用假定垄断者测试界定相关市场错误。假定垄断者测试是针对一般定价产品适用的测试方法,而涉案产品是免费的,无法进行有效的"相对"价格比较,不适用假定垄断者测试。围绕相关市场界定争议,其中一个重要法律问题是"假定垄断者测试"的相关市场界定方法可否适用于免费商品领域。对此,无论是《国务院反垄断委员会关于相关市场界定的指南》还是《国务院反垄断委员会关于平台经济领域的反垄断指南》都并未指出关于非价格竞争的相关市场应当如何界定。该案在最高人民法院二审中提出该案采取基于相对价格上涨的假定垄断者测试,很可能将不具有替代关系的商品纳入相关市场中,导致相关市场界定过宽。对一审法院直接运用基于价格上涨的假定垄断者测试方法,予以了纠正。实践中,假定垄断者测试的分析方法有多种,既可以通过数量不大但有意义且并非短暂的价格上涨的方法进行,又可以通过数量不大但有意义且并非短暂的质量下降的方法进行。最高人民法院变通运用假定垄断者测试法采取"小幅度但是重要的非临时性质量下降"的方法进行了测试,为界定非同质化且主要竞争形式为非价格竞争的产品市场提供了不同的分析路径。[①] 在实践中,选择何种方法进行假定垄断者测试取决于案件所涉市场竞争领域以及可获得的相关数据的具体情况。如果特定市场领域的商品同质化特征比较明显,价格竞争是较为重要的竞争形式,则采用数量不大但有意义且并非短暂的价格上涨的方法较为可行。但平台在竞争中更加注重质量、服务、创新等方面的竞争而不是价格竞争。在免费的互联网基础即时通信服务已经长期存在并成为通行商业模式的情况下,用户具有极高的价格敏感度,改变免费策略转而收取哪怕是较小数额的费用都可能导致用户的大量流失。在这种情况下,如果采取

① 参见陈兵:《平台经济领域相关市场界定方法审视——以〈国务院反垄断委员会关于平台经济领域的反垄断指南〉第4条为中心的解读》,载《法治研究》2021年第2期。

基于相对价格上涨的假定垄断者测试,很可能将不具有替代关系的商品纳入相关市场中,导致相关市场界定过宽。本案中假定垄断者测试方法改变了测试条件,从提高价格转为小幅度的质量下降,首创了基于质量下降的假定垄断者测试。但是,由于质量下降程度较难评估以及相关数据难以获得,因此采用质量下降的假定垄断者测试只能是一种定性分析而非定量分析。[①] 本案中也探讨了平台竞争问题,即相关商品市场是否应确定为互联网应用平台。判决认为相关市场界定是否确定为平台,关键问题在于,平台之间为争夺用户注意力和广告主的相互竞争是否完全跨越了由产品或者服务特点所决定的界限,并给经营者施加了足够强大的竞争约束。该案中由于缺乏实证数据,仅作了定性分析,认为双方平台提供的关键核心产品或者服务在属性、特征、功能、用途上的差异,决定了其所争夺的主要用户群体和广告主可能存在的差异,认定双方获取经济利益的模式、目标用户群、所提供的后续市场产品等方面存在较大区别。最后相关市场界定为即时通信服务市场,而未以平台作为相关市场界定。

2. 平台相关市场界定的方向

由于平台经济业务类型复杂,平台多边市场对价格的复杂影响机制以及非价格竞争对相关市场界定方法的影响,界定平台相关市场除了需要考虑平台经济特点以外,还要考虑平台的功能、应用场景、商业模式、用户群体、线下交易、多边市场等因素来进行需求替代的分析并且基于平台的市场进入、网络效应、技术壁垒、转移成本、锁定效应和跨界竞争等因素来考虑进行供给替代分析。此外,也需要运用假定垄断者测试方法,可以通过价格上涨或质量下降等方法进行。一般可以根据平台销售的商品界定相关商品市场,也可以根据平台所涉及的多边商品,来分别界定出多个相关商品市场。如果是具有跨平台效应的网络平台,能够施加足够竞争约束的,也可以根据平台整体来界定相关商品市场。

---

① 参见北京奇虎科技有限公司诉腾讯科技(深圳)有限公司、深圳市腾讯计算机系统有限公司滥用市场支配地位纠纷案(指导案例 78 号),载《最高人民法院公报》2017 年第 10 期。

第二编　反垄断合规实务

第一章

概　论

反垄断合规是反垄断法实施的重要组成部分，是反垄断实施效果的重要载体，是反垄断法治的重要一环。政府部门、市场经营者、行业协会等市场经济相关部门应当遵守反垄断法，提高竞争关注，加强反垄断合规管理。

（一）企业反垄断合规

企业垄断行为是反垄断法的主要规制对象。据统计，2018 年 8 月至 2019 年 8 月 10 年间，市场监管部门查处各类垄断案件 332 件、审结经营者集中案件 1788 件。[①] 企业既要避免市场垄断行为，又要避免被动参与行政垄断行为。

1. 避免参与市场垄断。通过竞争，企业获得商品和服务的交易机会，获得利润；通过收购兼并，扩大市场份额，获得市场优势地位是企业竞争目的。但是，公司并购、横向合作、纵向合作、转售价格维持、最优待遇等企业竞争行为，受到禁止垄断协议、禁止滥用市场支配地位、依法实施经营者集中等反垄断规制。在企业竞争过程中，人才竞争和技术竞争格外值得关注。

人才竞争是企业竞争的关键之一。人才垄断可能日渐成为一个新问题。2018 年前拼多多和腾讯签署了一份互不挖角协议成为新闻。根据该协议，拼多多要挖腾讯的人，只有腾讯同意才可以。这是一份争夺人才、限制人才竞争的协议，俗称“互不挖角协议”。互不挖角协议是指协议一方或双方以书面或口头形式承诺，在协议期限内，不论是员工在职还是离职后的一段时间内，不招揽或雇佣

---

① 2018 年以来，市场监管部门查处各类垄断案件 332 件、不正当竞争案件 3.6 万件、价格收费违法案件 11.8 万件、审结经营者集中案件 1788 件。参见《国家市场监管总局：2018 年以来查处各类垄断案 332 件》，载中国新闻网 2021 年 9 月 6 日，https://www.chinanews.com/cj/shipin/cns-d/2021/09-06/news9559339.shtml。

协议方员工。根据域外法经验,美国的司法实践认为这类协议违反反垄断法。各国反垄断执法机构对企业之间签订互不挖角协议处以罚款的可能性越来越大,罚款或和解赔偿金数额也从数百万元到上亿元不等。①

技术是企业的核心竞争力。企业之间技术竞争是竞争主战场。技术竞争主要表现为技术秘密、专利技术等知识产权的竞争。《反垄断法》对技术竞争的规制,既保护知识产权的合法垄断,又规制企业滥用知识产权排除、限制竞争的行为。

2. 避免被动参与行政垄断。市场准入是企业参与竞争的前提。市场准入是指货物、劳务、资本进入市场的资格。市场准入制度是指取得市场主体资格的实体条件和程序条件。从公平自由竞争的角度,市场准入应当尽可能地放开,不恰当地限制市场准入,容易导致排除、限制竞争。党的十九大以来,我国全面实行市场准入负面清单制度,负面清单以外的行业、领域、业务等各类市场主体皆可依法平等进入。《反垄断法》规定公平竞争审查制度是为市场准入提供反垄断合规审查机制以防市场准入的行政垄断。同时,《反垄断法》列举了限定交易、妨碍商品自由流通、招投标中的不当限制、投资或设立分支机构限制、强制经营者从事垄断行为及制定含有排除、限制竞争内容的规定等滥用行政权力排除、限制竞争行为。对于经营者因行政垄断被动形成的垄断,经营者是否要承担法律责任。根据国家相关规定,经营者参与行政垄断仍在规制范围。市场监管总局出台的《禁止垄断协议规定》《禁止滥用市场支配地位行为规定》均规定,经营者因行政垄断而达成垄断协议或滥用市场支配地位,证明属于被动执行行政命令而形成的,可以从轻或减轻处罚。很显然,从规定看,即使是被动参与,经营者因行政垄断而达成垄断协议或滥用市场支配地位,仍须承担法律责任。由于面临参与行政垄断的可能性,企业需要通过反垄断合规管理机制对行政机关经济领域政策措施进行评估,以避免行政垄断合规风险。

《中央企业合规管理指引(试行)》已经将反垄断合规作为企业合规管理重点领域之一。企业参与竞争的过程中需要提高反垄断合规关注,避免反垄断合规风险,加强反垄断合规管理。企业提高反垄断合规管理,也有助于企业获得参与市场的公平竞争权。就企业反垄断合规管理而言,需要构建一个反垄断合规管理体

① 参见凌尧帆、胡晓琪、喻玲:《互不挖角协议的垄断风险与管理:以企业反垄断合规为视角》,载《中国人力资源开发》2021 年第 12 期。

系，包括明确管理目标、完善组织架构、构建制度体系、建立运行机制和提供保障支持以及持续改进等。

（二）行业协会反垄断合规

《反垄断法》规定行业协会应加强行业自律，维护本行业竞争秩序。行业协会是由同行业经营者组成，提供行业服务和自律管理的社会团体法人。由协会组织推动会员企业实施垄断的案件并不少见，可通过公开途径查询到的至少有30余件。在市场监管总局发布的2020年反垄断执法十大典型案例中，有两起行业协会组织企业实施垄断协议而被处罚的案件。[①] 行业协会垄断发生的两种情况：一是行业内经营者之间自发达成垄断协议，二是行业协会牵头达成垄断协议。垄断的具体表现形式有以消除行业内部相互竞争的价格协议、限制生产数量或者销售数量、联合抵制行为、分割销售市场或原材料采购市场等。《反垄断法》规定行业协会组织本行业的经营者达成垄断协议的，由反垄断执法机构责令改正，可以处300万元以下的罚款；情节严重的，社会团体登记管理机关可以依法撤销登记。《反垄断法》同时规定，垄断行为给他人造成损失的，依法承担民事责任。

为避免行业协会成为"垄断推手"，对行业协会加强反垄断合规管理十分必要。行业协会反垄断合规工作重点包括协助行业协会组织会员企业开展反垄断合规建设和整顿，制定监督机制；开展反垄断合规调研，向主管部门反映行业存在的反垄断合规需求和难点，提供解决方案；协助行业协会起草合规指引，制定公平竞争规则，以自律避免竞争雷区，维护公平竞争秩序。

（三）知识产权反垄断合规

经营者在行使知识产权或者从事相关行为时，存在达成或者实施垄断协议，滥用市场支配地位，或者违法实施经营者集中等排除、限制竞争行为的可能性。标准必要专利、专利反向支付协议、专利流氓行为是知识产权反垄断重点领域。在知识产权保护实践中，专利联营是常见商业模式。《国务院反垄断委员会关于知识产权领域的反垄断指南》（2019年1月4日）、市场监管总局《禁止滥用知识产权排除、限制竞争行为规定》（2023年6月25日公布）均对知识产权的行使划

① 参见《破除行政性垄断强力推进》，载国家市场监管总局官网2021年3月26日，https://www.samr.gov.cn/fldj/sjdt/gzdt/202103/t20210326_327313.html。

定了反垄断边界。

以专利联营为例。专利联营是指两个或者两个以上经营者将各自的专利共同许可给联营成员或者第三方。专利联营各方通常委托联营成员或者独立第三方对联营进行管理。联营的形式包括达成协议、设立公司或者其他实体等。专利联营具有促进市场竞争和限制市场竞争的双重效应。专利联营能帮助专利权人和被许可人提高许可谈判效率，降低维权成本，消除专利许可障碍，促进技术创新和社会经济发展。① 但专利联营在消除竞争、抑制创新、庇护无效专利等方面又有着明显的负面效果。《禁止滥用知识产权排除、限制竞争行为规定》对经营者在行使知识产权的过程中利用专利联营从事排除、限制竞争的行为进行了规制，为反垄断执法和市场竞争行为提供了指引。因此，专利联营中需要提高反垄断合规关注。在联营体组建时，需要对联营模式进行反垄断合规分析和论证，提供联营架构设计、联营技术合理性与合法性评估、必要专利审查，以及准备配套交易文书等。在联营体组建后，在联营体专利许可环节、成员之间联合研发、技术回授、敏感信息披露、成员加入和退出机制等联营体运营和管理时也需要提高反垄断合规关注。

（四）经营者集中合规

经营者集中申报是企业并购、协议控制反垄断审查的重要环节。公司通过并购实现市场份额扩大是常见的市场竞争行为。当并购达到触发经营者集中申报时，企业须依法申报，否则，将因未依法申报面临经营者集中案件行政调查，并受处罚风险。2021 年 11 月 20 日市场监管总局依法对 43 起未依法申报违法实施经营者集中案作出行政处罚决定。② 43 个案件均构成未依法申报违法实施经营者集中，经评估认为不具有排除、限制竞争效果。市场监管总局作出行政处罚决定，对涉案企业分别处以 50 万元罚款。

2022 年《反垄断法》已经提高罚款数额至 500 万元以下，且在实体违法的情形下，与上一年度销售额关联，可以处以上一年度销售额 10% 为上限的罚款。违法成本大幅提高。根据《关于经营者集中申报文件资料的指导意见》，申报文件

---

① 参见《〈专利池许可的法律问题研究〉系列研究成果发布》，载 http://www.ipraction.gov.cn/article/xwfb/gnxw/202111/362256.html，2021 年 11 月 24 日。

② 参见《市场监管总局依法对 43 起未依法申报违法实施经营者集中案作出行政处罚决定》，载 https://www.samr.gov.cn/xw/mtjj/202111/t20211122_337134.html，2021 年 11 月 22 日。

材料包括申报书、集中对相关市场竞争状况影响的说明、集中协议及相关文件、参与集中的经营者经上一会计年度经审计的财务报表等材料。围绕营业额、市场份额、控制权、相关市场界定、竞争评估、申报材料准备、事先商谈、申报文件提交、补充申报材料、限制性条件承诺、审查决定等经营者集中申报过程中涉及的法律问题需要事先做好准备。

（五）公平竞争审查

中国反垄断法既规制企业垄断行为，又规制行政垄断行为。众所周知，政府通过许可、备案、登记、处罚、激励等行政手段，对企业市场准入、人才竞争、技术竞争、产品质量竞争、市场竞争等予以调节、监督和制约，以维护公平竞争秩序。但是，政府不得滥用行政权力，制定含有排除、限制竞争内容的规定，以及通过与经营者签订合作协议、备忘录等方式，妨碍其他经营者进入相关市场或者对其他经营者实行不平等待遇，排除、限制竞争。2022 年《反垄断法》明确规定了公平竞争审查制度，以防止行政机关滥用行政权力妨害公平竞争。公平竞争审查制度对行政垄断和具有排除、限制竞争的产业政策起到事前规制作用。①

根据《公平竞争审查制度实施细则》（国市监反垄规〔2021〕2 号）第 2 条的规定，行政机关以及法律、法规授权的具有管理公共事务职能的组织，在制定市场准入和退出、产业发展、招商引资、招标投标、政府采购、经营行为规范、资质标准等涉及市场主体经济活动的规章、规范性文件、其他政策性文件以及“一事一议”形式的具体政策措施时，应当进行公平竞争审查，评估对市场竞争的影响，防止排除、限制市场竞争。经公平竞争审查认为不具有排除、限制竞争效果或者符合例外规定的，可以实施；具有排除、限制竞争效果且不符合例外规定的，应当不予出台或者调整至符合相关要求后出台；未经公平竞争审查的，不得出台。

根据《公平竞争审查第三方评估实施指南》，第三方评估，是指各级公平竞争审查工作联席会议（或者相应职能机构）办公室或者各政策制定机关根据职责，委托第三方机构，依据该指南规定的标准和程序，运用科学、系统、规范的评估方法，对本地区或者本部门公平竞争审查制度实施情况、有关政策措施以及公平竞争审查其他有关工作进行评估，形成评估报告供委托单位或者其他有关政府部门决策参考的活动。因此，第三方机构，可以参与政府部门制定有关经济管理的所

① 参见孙晋、李胜利：《竞争法原论》，法律出版社 2020 年版，第 234 页。

有公共政策的公平竞争审查，协助政府细化和提升各项审查工作，全方位助力政府推出创新举措，在起草部门实质审查、法规部门程序审查、分管领导把关审查、定期复核审查、联席会议备案审查、定期评估审查中发挥积极作用。参与政府组织的公平竞争审查制度宣传活动，提高社会对公平竞争审查的认识。

（六）配合反垄断调查

随着反垄断执法的加强，企业或有可能面临反垄断调查。在企业应对反垄断行政调查的过程中，企业需要做好内部调查、评估反垄断合规风险、提出答辩意见、行使程序性权利等。

当企业受到反垄断机构调查时，应按照企业反垄断合规体系工作流程的要求妥善应对，先进行内部调查，分析评估垄断行为成立与否、不利因素、抗辩因素，以及法律后果。

根据内部调查的情况，可以进行实体抗辩。提出市场分析，相关市场如何界定、市场份额、相关市场的竞争情况、市场力量、竞争程度、是否排除和限制竞争等意见。被调查企业提出实体抗辩意见并提供相关的支持材料后，执法机关需要作出回应。

在垄断协议案件中，经营者可以提出宽大申请。经营者主动向反垄断执法机构报告达成垄断协议的情况并提供重要证据，参与经营者与执法机构的事先沟通程序，经营者向执法机构申请宽大，以取得反垄断执法机构酌情减轻或者免除对该经营者的处罚的法律效果。

根据《反垄断法》的规定，被调查的经营者还可以提出承诺、中止调查的申请。经营者承诺在反垄断执法机构认可的期限内采取措施消除其行为后果的，反垄断执法机构可以决定中止调查。中止调查的决定应当载明被调查的经营者承诺的具体内容。中止调查后，反垄断执法机构对经营者履行承诺的情况进行监督，待经营者履行承诺完毕，执法机构可以作出终止调查的决定。承诺制度不适用于固定或者变更商品价格、限制商品生产或者销售数量、分割销售市场或者原材料采购市场的垄断协议案件。经营者可以建立自查机制，在执法机构对经营者履行承诺情况进行监督、调查前，率先开展自查，并及时进行整改。

第二章

禁止垄断协议

垄断协议是指排除、限制竞争的协议、决定或者其他协同行为，最为典型的是两个以上的独立经营者通过合谋达成固定定价、限制产量、分割市场等协议，这是竞争损害最大，也是最直接的垄断行为。垄断协议具有消除竞争的直接后果。垄断协议的实务问题包括垄断协议的认定、分类、豁免、宽大申请、法律责任等。《国务院反垄断委员会横向垄断协议案件宽大制度适用指南》《禁止垄断协议规定》等文件为禁止垄断协议提供了具体规范。

一、如何认定垄断协议

垄断协议，是指经营者之间通过合谋性协议、安排或者协同各自的经济活动，在一定的交易领域排除、限制竞争的行为。根据《反垄断法》的规定，垄断协议定义为排除、限制竞争的协议、决定或者其他协同行为。

垄断协议的构成要件有三要件、四要件两种说法，三要件说包括主体要件、形式要件、效果要件，四要件说还包括主观要件。主体要件是指协议方是属于具有竞争关系的经营者；形式要件是指协议内容符合反垄断法规定的垄断协议形式要求；效果要件是指协议具有排除、限制竞争的反竞争效果。主观要件是指合谋、共谋的主观故意。由于垄断协议参与方具有内在掩盖的特性，缺乏主观故意直接证据认定，主要还是从行为判断。因此，主观故意要件已经融合于表现为客观行为的形式要件。司法实践中，常以三要件来分析论证垄断协议的事实存在。

（一）主体要件

1. 经营者

垄断协议的主体有两类。其一是经营者。根据《反垄断法》第 15 条第 1 款规定，该法所称的经营者是指从事商品生产、经营或者提供服务的自然人、法人和非法人组织。

其二是行业协会。根据《反垄断法》第 21 条规定，行业协会不得组织本行业的经营者从事达成垄断协议的行为。行业协会组织本行业的经营者从事达成垄断协议的具体行为：（1）制定、发布含有排除、限制竞争内容的行业协会章程、规则、决定、通知、标准等；（2）召集、组织或者推动本行业的经营者达成含有排除、限制竞争内容的协议、决议、纪要、备忘录等；（3）其他组织本行业经营者达成或者实施垄断协议的行为。

2. 具有竞争关系的经营者

垄断协议中的经营者不仅应当在数量上满足两个或者两个以上的要求，而且应当在业务上具有竞争关系。具有竞争关系的经营者，包括处于同一相关市场进行竞争的实际经营者和可能进入相关市场进行竞争的潜在经营者。

这种竞争关系不仅包含同一生产、流通环节中买者之间或者卖者之间的横向直接竞争，而且包含上下游互有交易或具有潜在交易可能的买者和卖者之间的纵向非直接竞争。

垄断协议经营者具有独立性，不仅是法律地位上的独立，而且应当在事实上具有独立作出商业决策的能力。

（二）形式要件

适格主体必须作出了排除、限制竞争的协议或者决定，或者实施了排除、限制竞争的协同行为，才可能被判定为达成垄断协议。实践中，行为表现可以是经营者之间直接签署协议、合同、备忘录，也可以是行业协会会议形成的决议、决定，还可以是书面形式，抑或口头等其他形式。此外，行为还包括经营者之间虽未明确订立协议或者决定，但实质上基于意思联络而存在协调一致的外在行为。

认定协同行为，应当考虑下列因素包括：

（1）经营者的市场行为是否具有一致性；

（2）经营者之间是否进行过意思联络或者信息交流；

(3)经营者能否对行为的一致性作出合理解释;

(4)相关市场的市场结构、竞争状况、市场变化等情况。

在数字经济领域,垄断协议的表现形式有很多。《禁止垄断协议规定》第15条规定,经营者不得利用数据和算法、技术以及平台规则等,通过对价格进行统一、限定或者自动化设定转售商品价格等方式,达成上述垄断协议。

(三)主观要件

主观方面一般要求经营者之间存在共谋,具有联合行动的合意。由此将达成垄断协议行为与平行行为相区别,后者指经营者在没有任何意思联络下,做出的相同或类似行为。实践中判断经营者之间是否存在共谋时常面临困难,因为经营者大多倾向于采取各种手段来掩饰、否认他们之间存在共谋。为此,美国联邦贸易委员会在1948年审理的一个案件中选择淡化主观要件的作用,提出当不存在直接证据证明某协议存在时,执法机关也可以根据经营者之间在行为上的紧密对应,推定经营者之间存在垄断协议。①

(四)效果要件

效果要件要求垄断协议在客观上限制或妨碍了竞争的效果。② 对于横向垄断协议和纵向垄断协议,在效果要件的认定上有所区别。对于适用合理分析原则的纵向垄断协议,如果存在限制、排除竞争的效果,则认定其违法。而对于适用本身违反原则的部分横向垄断协议("核心卡特尔")时,则是推定具有反竞争效果。《最高人民法院关于审理因垄断行为引发的民事纠纷案件应用法律若干问题的规定》(2020修正)(以下简称《最高人民法院垄断纠纷审理规定》)规定,被诉垄断行为属于核心卡特尔的垄断协议③的,被告应对该协议不具有排除、限制竞争的效果承担举证责任。

---

① 参见邱本:《市场竞争法论》,中国人民大学出版社2004年版,第157页。

② 参见史际春等:《反垄断法理解与适用》,中国法制出版社2007年版,第94页。

③ 根据《反垄断法》第17条的规定,禁止具有竞争关系的经营者达成下列垄断协议:(1)固定或者变更商品价格;(2)限制商品的生产数量或者销售数量;(3)分割销售市场或者原材料采购市场;(4)限制购买新技术、新设备或者限制开发新技术、新产品;(5)联合抵制交易;(6)国务院反垄断执法机构认定的其他垄断协议。所谓核心卡特尔,是指(1)至(5)项。

二、垄断协议的分类与具体表现形式

《反垄断法》规定了横向垄断协议和纵向垄断协议。横向垄断协议是指生产和销售中，处于同一经济环节的具有直接竞争关系的经营者达成的垄断协议。纵向垄断协议则是指处于同一产业链上下环节的相互之间不存在直接竞争的经营者达成的垄断协议。

(一)横向垄断协议

1. 横向垄断协议之一：价格卡特尔

《禁止垄断协议规定》第 8 条规定，禁止具有竞争关系的经营者就固定或者变更商品价格达成下列垄断协议：

(1)固定或者变更价格水平、价格变动幅度、利润水平或者折扣、手续费等其他费用；

(2)约定采用据以计算价格的标准公式、算法、平台规则等；

(3)限制参与协议的经营者的自主定价权；

(4)通过其他方式固定或者变更价格。

►【典型案例】

浙江省嘉兴市二手车行业协会组织 9 家二手车交易市场企业达成并实施垄断协议案①

经调查，嘉兴市具有资质的二手车交易市场有 9 家，9 家二手车交易市场企业均从事二手车交易服务，向客户收取交易服务费，且嘉兴市的二手车只能在涉案的 9 家二手车交易市场进行交易。据此，浙江省市场监督管理局认为上述 9 家二手车交易市场企业在嘉兴市二手车交易服务市场是具有竞争关系的经营者。

浙江省市场监督管理局根据掌握的证据，认定嘉兴市二手车行业协会组织 9

① 参见浙市监案[2020]15 号至 24 号。

家二手车交易市场企业达成并实施了固定二手车交易服务价格的垄断协议。2018年5月初，协会组织会员单位商议二手车交易服务费涨价事宜。当日，协会和9家涉案二手车交易市场企业在某饭店就二手车交易服务费涨价事宜进行了协商。2018年5月21日，协会再次组织9家企业在协会开会，达成了嘉兴市二手车交易服务费涨价的协议，并形成三份会议文件。第一份文件第3条规定：实施场内经营户优惠政策，即汽车类，市场内经营户按300元/车收费，社会车辆按400元/车收费；摩托车类，市场内经营户按200元/车收费，社会车辆按300元/车收费；第二份文件要求每家企业每笔交易上交5元费用给协会，以维护协会的正常运转；第三份文件要求副会长单位每年缴纳10万元行业自律公约履约保证金接受协会管理，发现3次违反协会规定，没收10万元保证金。2018年6月至9月，上述9家企业先后按达成的协议上调了二手车交易服务费。

浙江省市场监督管理局认为，涉案企业在协会组织下，与其他二手车交易市场企业通过召开会议讨论、微信群商量等方式，统一固定二手车交易服务价格的行为，违反了2007年《反垄断法》第13条第1款第1项（对应2022年《反垄断法》第16条、第17条）之规定，属于具有竞争关系的经营者达成并实施垄断协议的行为。

浙江省保险行业协会价格垄断协议案①

2009年以来，浙江省保险行业协会组织浙江省各财产保险公司多次集体开会、磋商，对《浙江省机动车辆保险行业自律公约》及《实施细则》进行讨论修订。2009年7月22日，浙江省保险行业协会组织浙江省各财产保险公司，召开车险专业委员会会议，讨论新车和高档车费率问题，约定新车费率调整系数不得低于0.95。对上年有赔款的9座以下客车按车辆购置价区别适用费率调整系数，购置价在50万～100万元的，费率调整系数不得低于0.9；购置价在100万元及以上的，费率调整系数不得低于1。

2009年5月8日，浙江省保险行业协会组织召开浙江省各财产保险公司总经理高峰会议。会上讨论并约定2008年车险市场份额超过4%的公司商业车险代理手续费不超过15%，市场份额低于4%的公司不超过16%，天平公司不超过

① 参见国家发展和改革委员会行政处罚决定书［2013］第7号至第29号。转引自时建中、焦海涛、戴龙编：《反垄断行政执法典型案例分析与解读（2008—2018）》，中国政法大学出版社2018年版，第190～191页。

18%，并据此形成《〈浙江省机动车辆保险行业自律公约〉补充约定》印发给各财产保险公司。同时规定对违约公司处以每单2万~4万元罚款，从自律公约履约保证金中扣除。2010年5月5日，浙江省保险行业协会召开车险专业委员会会议，商定对部分公司的手续费进行调整，分六档执行不同标准。会后，浙江省保险行业协会督促各财产保险公司按照商定意见调整商业车险手续费标准。

国家发展和改革委员会认定，浙江省保险行业协会是本案价格垄断行为的主要策划者、组织者，财产保险公司违法责任较轻。国家发展和改革委员会依法对负主要责任的浙江省保险行业协会处以50万元的最高额罚款，对负次要责任的涉案财产保险公司处以上一年度商业车险销售额1%的罚款，共计11,019.88万元。其中，中国太平洋财产保险浙江分公司、中国平安财产保险浙江分公司和中华联合财产保险浙江分公司被分别处以2070万元、1599万元和1029万元罚款，其余涉案财产保险公司被处以35万~960万元不等的罚款。美国利宝保险等9家浙江分公司未参与达成、实施垄断协议，依法对其停止调查。人保、国寿、平安等财产保险浙江分公司先后主动报告达成价格垄断协议的有关情况并提供重要证据，依法对其免除或减轻罚款。

自《反垄断法》实施以来，价格卡特尔执法案例数量较多。除上述两个案例外，价格卡特尔执法典型案例还包括：云南西双版纳州旅游协会、西双版纳旅行社协会组织本行业经营者从事垄断协议案①；四川资阳道路运输协会组织本行业经营者固定价格案②；艾司唑仑药品垄断协议案③；18家聚氯乙烯树脂经营者价格垄断案④；北京市围棋协会组织横向垄断行政处罚案⑤等。

2. 横向垄断协议之二：数量卡特尔

《禁止垄断协议规定》第9条规定，禁止具有竞争关系的经营者就限制商品的生产数量或者销售数量达成下列垄断协议：

(1)以限制产量、固定产量、停止生产等方式限制商品的生产数量，或者限制特定品种、型号商品的生产数量；

---

① 参见云工商竞争处字[2013]第1号至第2号。
② 参见川法改价检处[2015]第13号至第44号。
③ 参见国家发展和改革委员会行政处罚决定书，[2016]5号至7号。
④ 参见国家发展和改革委员会行政处罚决定书，[2017]3号至20号。
⑤ 参见行政处罚决定书，京市监垄罚〔2023〕06002号。

(2)以限制商品投放量等方式限制商品的销售数量,或者限制特定品种、型号商品的销售数量;

(3)通过其他方式限制商品的生产数量或者销售数量。

▶【典型案例】

衢州市8家混凝土企业实施垄断协议案①

2018年4月,衢州开隆建材有限公司(以下简称开隆公司)起草了《混凝土行业自律公约》,之后8家涉案企业经磋商达成《混凝土行业自律公约》,约定从2018年5月1日起,执行市场配额机制。因开隆公司为新成立公司其市场份额逐月递增,其每月增加份额部分由其他7家公司按比例承担。《混凝土行业自律公约》还约定,500方以上项目承接,必须经事先预分配后再签订供货合同,500方以下的项目由各家销售经理通气后决定由哪家做;约定价格按衢州市建设造价管理站发布的信息价,下浮2~8个点。为保证《混凝土行业自律公约》的履行,该协议还约定建立月度会议碰头机制,实行总经理行业维护风险金制度、奖惩机制、调拨金制度。《混凝土行业自律公约》达成后,8家涉案企业市场部或销售部经理分别于2018年6月14日在开隆公司、7月18日在衢商公司、8月16日在虎山公司召开碰头会,会议对每家公司5月至7月3个月的实际供应方量、市场份额、收支的调拨金进行了确定,还对各公司5月至7月3个月在谈或已谈成的项目进行了备案,并形成3份会议纪要、3份项目分配名单,均由各公司市场部或销售部经理签字确认。

因预拌混凝土生产运输等特殊因素,衢州市区范围内2018年5月至7月预拌混凝土均由涉案的8家涉案企业供应,8家涉案企业在衢州市区预拌混凝土市场互为竞争对手。8家涉案企业为达到市场限制竞争为目的,以行业自律公约的形式达成并实施了垄断协议,划分了衢州市区预拌混凝土市场份额、限制预拌混凝土生产数量及销售数量,从而获取了对衢州市区预拌混凝土市场的绝对控制权,排除和限制了正常的市场竞争。浙江省市场监督管理局责令8家涉案企业停止违法行为,并对8家涉案企业处以罚款。

---

① 参见浙市监案字[2019]1号至8号。

3. 横向垄断协议之三:分割市场

《禁止垄断协议规定》第10条规定,禁止具有竞争关系的经营者就分割销售市场或者原材料采购市场达成下列垄断协议:

(1)划分商品销售地域、市场份额、销售对象、销售收入、销售利润或者销售商品的种类、数量、时间;

(2)划分原料、半成品、零部件、相关设备等原材料的采购区域、种类、数量、时间或者供应商;

(3)通过其他方式分割销售市场或者原材料采购市场。

前款关于分割销售市场或者原材料采购市场的规定适用于数据、技术和服务等。

▶【典型案例】

浙江省江山市混凝土经营者从事垄断协议案①

2009年9月,江山虎公司、永成公司和恒江公司等3家企业的法定代表人为消除相互之间的竞争,通过订立口头形式的协议约定:3家企业共同占有江山市区商品混凝土市场份额;3家企业协商确定商品混凝土供应权。确定供应单位后,其他两家公司则不再参与竞争;江山市区商品混凝土销售价格按衢州市建设工程造价中心上一个月发布的商品信息指导价下浮7%~8%。自达成口头协议后,江山市区一出现新建设工程项目,3家企业便以电话联络等方式相互协商,共同确定由谁供货。一旦明确供货单位后,其他两家公司即便接到该新工程客户商谈供货事宜的要求,也会采取提高价格或明确告知等各种方式拒绝供货,最终迫使该客户只能向被指定的公司购买商品混凝土。除此以外,3家涉案企业还提高了江山市区商品混凝土的供应价格。达成口头协议后,江山市区的商品混凝土销售价由之前的在指导价基础上下浮15%~20%上涨为仅下浮5%~10%。而距离更远、运输成本更大的江山市区以外的建设工程,因不在3家涉案企业的协议范围内,其供货价反而能下浮20%,远低于市区供货价格。

---

① 参见国家工商总局竞争执法公告[2013]第9号。转引自时建中、焦海涛、戴龙编:《反垄断行政执法典型案例分析与解读(2008—2018)》,中国政法大学出版社2018年版,第229~230页。

涉案3家企业具有横向竞争关系,它们通过口头形式达成并实施了划分江山市区商品混凝土销售对象的协议,使得江山混凝土市场丧失了基于价格、质量及服务等方面的公平竞争环境,剥夺了用户对混凝土公司的选择权。其行为属于具有竞争关系的经营者达成并实施分割销售市场的垄断协议行为。2012年12月14日,浙江省工商行政管理局依法对涉案的3家企业进行了行政处罚,罚款数额总计118.32万元。

4. 横向垄断协议之四:限制创新协议

《禁止垄断协议规定》第11条规定,禁止具有竞争关系的经营者就限制购买新技术、新设备或者限制开发新技术、新产品达成下列垄断协议:

(1)限制购买、使用新技术、新工艺;

(2)限制购买、租赁、使用新设备、新产品;

(3)限制投资、研发新技术、新工艺、新产品;

(4)拒绝使用新技术、新工艺、新设备、新产品;

(5)通过其他方式限制购买新技术、新设备或者限制开发新技术、新产品。

5. 横向垄断协议之五:联合抵制

《禁止垄断协议规定》第12条规定,禁止具有竞争关系的经营者就联合抵制交易达成下列垄断协议:

(1)联合拒绝向特定经营者供应或者销售商品;

(2)联合拒绝采购或者销售特定经营者的商品;

(3)联合限定特定经营者不得与其具有竞争关系的经营者进行交易;

(4)通过其他方式联合抵制交易。

▶【典型案例】

广东省广州市动漫游艺行业协会联合抵制交易案①

2012年5月25日,广州市番禺动漫游艺行业协会(以下简称动漫协会)草拟了一份《展会联盟协议书》。2012年6月2日,动漫协会召集有关协会会员企业

---

① 参见粤工商经处字[2015]2号。转引自时建中、焦海涛、戴龙编:《反垄断行政执法典型案例分析与解读(2008—2018)》,中国政法大学出版社2018年版,第251~252页。

召开“第二届理事工作会议”，讨论并通过了其草拟的《展会联盟协议书》，并以“会议记录”形式明确，从2013年开始倡议会员企业只参加由协会主导或协会承办的展览会，推行《展会联盟协议书》。最终有52家本行业的会员企业在《展会联盟协议书》中签名、盖章，成为《展会联盟协议书》的签约企业。《展会联盟协议书》主要涉及以下内容：“广州市番禺动漫游艺行业协会的会员单位、本协议的联盟企业郑重承诺：除本协议约定的特殊情况外，仅参加由本协会主导、主办或者承办的广州展会。协会会员或者本协议联盟企业如需参与非协会主导、主办或者承办的其他广州展会，需在参展前提前30天书面向协会提出申请，并由协会书面批示方可。”

《展会联盟协议书》的签署者是属于经营同种或类似业务的独立经营者，在广州市区域内相互之间具有明显的竞争关系。52家协议签署企业统一承诺，仅参加由涉案协会主导、主办或者承办的广州展会，如需参加非涉案协会主导、主办或者承办的其他广州展会，需经过涉案协会的书面批示。上述协议内容对各协议签署企业参加展览会的选择权进行了限定，其实质是各签署企业联合抵制了广州市范围内除涉案协会主导、主办或者承办的动漫展会之外的其他动漫展会，这将排斥、限制动漫游戏展会行业本应有的自由竞争，对广州市动漫游戏展会市场的健康发展产生现实或潜在的危害。《展会联盟协议书》的内容涉及相同或类似行业有竞争关系的动漫游艺企业，在行业展会的选择上，联合抵制动漫协会主办、主导或承办以外的行业展会，排除、限制了广州地区动漫游艺展览行业的自由竞争，破坏了市场竞争秩序，属于“联合抵制交易”垄断协议。广东省工商行政管理局决定责令涉案协会停止违法行为，处以罚款10万元。

（二）纵向垄断协议

1. 纵向垄断协议之一：纵向价格限制

《禁止垄断协议规定》第14条规定，禁止经营者与交易相对人就商品价格达成下列垄断协议：

（1）固定向第三人转售商品的价格水平、价格变动幅度、利润水平或者折扣、手续费等其他费用；

（2）限定向第三人转售商品的最低价格，或者通过限定价格变动幅度、利润水平或者折扣、手续费等其他费用限定向第三人转售商品的最低价格；

（3）通过其他方式固定转售商品价格或者限定转售商品最低价格。

上述协议，经营者能够证明其不具有排除、限制竞争效果的，不予禁止。

▶【典型案例】

江苏省奔驰汽车价格垄断案[①]

2013年1月至2014年7月，奔驰汽车公司工作人员通过电话、口头通知或者召开经销商会议的形式，限制江苏省不同区域内(包括但不限于南京地区、无锡地区、常州地区、苏州地区等)E级、S级整车的最低转售价格。对于不执行限价政策的经销商，奔驰汽车公司通过加大对经销商的考核力度，进行约谈警告、减少政策支持力度等多种方式，促使协议得以实施。自2010年起，奔驰汽车公司就对江苏省内经销商转售奔驰汽车相关配件的最低价格进行限定。奔驰汽车公司根据事故车(保险公司理赔)、停产车型(保修期外)、在产车型(保修期内)等不同情况，分别实行不得低于7折、8折、9折的限价政策。苏州经销商自2010年11月起，南京、无锡两地经销商自2014年1月起，在奔驰汽车公司组织下多次召开区域会议，达成并实施了固定部分配件价格的协议。

经江苏省物价局核查，奔驰汽车公司采取以下方式实施限定经销商E级、S级整车和配件最低转售价格的垄断协议：(1)要求经销商每周将E级、S级车辆销售发票上传销售激励管理系统(SIMS系统)，组织专门人员对上传的发票进行检查，超出限价要求的，经销商必须说明原因。(2)跟踪经销商销售流程，对低价销售的经销商，加大考核力度和频率，对经销商施加压力。(3)对违反限价政策的经销商，减少政策支持力度，如停止热销车型供货、停止批准新店项目。(4)对经销商相关责任人员进行约谈，对情节严重者，要求经销商将其辞退出奔驰经销系统。

奔驰汽车公司与江苏省内经销商分别处于奔驰汽车及相关配件销售链条的不同环节，二者各自具有独立的地位，属于上下游关系。奔驰汽车公司凭借自身优势地位及严格的管理措施，对经销商实施的政策、配件最低转售价格的限定，具有强大的约束力。这种价格控制剥夺、干预了下游经销商的自主定价权，排除、限制了奔驰经销商间的价格竞争，弱化了价格信号对资源配置的引导作用，损害了消费者的利益。当事人达成并实施限定经销商转售商品最低价格的垄断协议行

---

① 参见[2014]苏价反垄断案2号。转引自刘继峰、王俊林主编：《竞争法：规则与案例》(第1辑)，法律出版社2016年版，第67～68页。

为,破坏了奔驰整车和售后服务市场的正常竞争秩序,违反了2007年《反垄断法》第14条第2项(对应2022年《反垄断法》第18条第2项)的规定,依法应当予以处罚。根据2007年《反垄断法》第46条(对应2022年《反垄断法》第56条)、第49条(对应2022年《反垄断法》第59条)的规定,对奔驰汽车公司处以上一年度相关市场销售额7%的罚款,计3.5亿元。对在奔驰汽车公司组织下达成并实施垄断协议的经销商处以上一年度相关市场销售额1%的罚款,其中对主动报告达成垄断协议有关情况并提供重要证据的经销商,依法免除或者从轻处罚。对南京、无锡、苏州3地的奔驰经销商共计罚款786.9万元。

2. 非价格限制的其他纵向垄断协议

《反垄断法》第17条针对横向垄断协议的规定,及其第18条针对纵向垄断协议的规定,都采用了开放式的立法模式。除了被明确列举在条文中的垄断协议类型外,其他协议、决定或者协同行为,有证据证明排除、限制竞争的,经国务院反垄断执法机构认定,也应作为垄断协议进行规制。《禁止垄断协议规定》第16条进一步明确了认定其他垄断协议应当考虑的因素:

(1)经营者达成、实施协议的事实;

(2)市场竞争状况;

(3)经营者在相关市场中的市场份额及其对市场的控制力;

(4)协议对商品价格、数量、质量等方面的影响;

(5)协议对市场进入、技术进步等方面的影响;

(6)协议对消费者、其他经营者的影响;

(7)与认定垄断协议有关的其他因素。

▶【典型案例】

上海日进电气诉松下及其经销商划分客户案[①]

原告日进公司与被告青英公司、铭达公司均是被告松下电器公司工厂自动化

① 参见(2014)沪一中民五(知)初字第120号。转引自时建中、焦海涛、戴龙编:《反垄断诉讼典型案例分析与解读(2008—2018)》,中国政法大学出版社2018年版,第167页。

(FA)控制机器产品的指定经销商。松下电器公司在上海制定发布了《松下FA华东最终用户一体化管理章程》。根据该章程,松下电器公司要求其所有经销商各自划定客户保护圈,不允许经销商向其他经销商的客户销售产品。如果向其他经销商保护圈内客户报价,必须高于经销商价格的115%。如有违反,松下电器公司将对经销商采取停止特价等惩罚措施。青英公司、铭达公司均在松下电器公司的组织下根据该章程实施了客户保护圈制度。日进公司认为,被告松下电器公司组织实施该管理章程,以及包括被告青英公司和铭达公司在内的经销商的协同行为构成2007年《反垄断法》第13条(对应2022年《反垄断法》第16条、第17条)规定的分割销售市场的垄断协议,于是向上海市第一中级人民法院提起诉讼。

在案件审理中,一审法院向原告释明,松下电器公司与3家经销商之间系同品牌内部生产商和销售商的上下游关系,而纵向经济结构中的平行成员并非2007年《反垄断法》第13条中"具有竞争关系的经营者",所以本案不适用2007年《反垄断法》第13条,而是具备构成第14条(对应2022年《反垄断法》第18条)规定的纵向垄断协议的可能性。但日进公司仍坚持按照2007年《反垄断法》第13条主张权利。经审理,一审法院以三被告行为不属于横向垄断协议为由驳回诉讼请求。

三、垄断协议可以豁免的情形

垄断协议排除、限制了竞争,构成了对竞争法所保护的竞争秩序等法益的损害,因此大多数垄断协议都需要受到法律上的负面评价,受到相应的规制,违法者也需要承担相应的法律责任。但部分垄断协议虽然在一定程度上损害了竞争法所保护的法益,却符合公共利益或其他特殊利益,因而《反垄断法》在总体上禁止垄断协议的同时,也允许甚至是鼓励某些垄断协议的达成,从而形成了垄断协议适用的除外。根据《反垄断法》第20条之规定,经营者能够证明其所达成的协议属于下列情形之一的,不认定在该法禁止达成的垄断协议之内:

(1)为改进技术、研究开发新产品的(技术研发垄断协议);

(2)为提高产品质量、降低成本、增进效率,统一产品规格、标准或者实行专业化分工的(标准化垄断协议、专业化垄断协议);

(3)为提高中小经营者经营效率,增强中小经营者竞争力的(中小企业垄断协议)；

(4)为实现节约能源、保护环境、救灾救助等社会公共利益的(公共利益垄断协议)；

(5)因经济不景气,为缓解销售量严重下降或者生产明显过剩的(应对经济不景气的垄断协议)；

(6)为保障对外贸易和对外经济合作中的正当利益的(对外经济垄断协议)；

(7)法律和国务院规定的其他情形。

对于其中第1项至第5项的情形,经营者须证明所达成的协议不会严重限制相关市场的竞争,并且能够使消费者分享由此产生的利益。

就纵向垄断协议而言,鉴于其对竞争影响的复杂性,各国反垄断法对纵向价格协议的规制比较谨慎,规定了纵向协议特有豁免制度。2022年《反垄断法》在纵向协议规制方面,在原来垄断协议豁免制度的基础上,又提供了无竞争损害效果抗辩的个案豁免和低于规定市场份额的"安全港"集体豁免制度,并且明确了纵向协议执法和司法一致适用合理原则。

此外,根据《反垄断法》第69条规定,农业生产者及农村经济组织在农产品生产、加工、销售、运输、储存等经营活动中实施的联合或者协同行为,不适用本法。因而农民和农村经济组织的农产品产供销等垄断协议构成垄断协议的适用除外。

四、垄断协议的法律责任

垄断协议的法律责任主要规定在《反垄断法》第56条,该条第1款、第2款规定了经营者的经济行政责任,第3款规定了主动报告提供重要证据酌情减轻或免除责任,第4款规定了行业协会的经济行政责任。

根据该条款,经营者违反《反垄断法》规定,达成并实施垄断协议的,由反垄断执法机构责令停止违法行为,没收违法所得,并处上一年度销售额1%以上10%以下的罚款,上一年度没有销售额的,处500万元以下的罚款;尚未实施所达成的垄断协议的,可以处300万元以下的罚款。经营者的法定代表人、主要负责人和直接责任人员对达成垄断协议负有个人责任的,可以处100万元以下的罚款。

行业协会违反《反垄断法》规定,组织本行业的经营者达成垄断协议的,由反垄断执法机构责令改正,可以处300万元以下的罚款;情节严重的,社会团体登记管理机关可以依法撤销登记。

此外,经营者违反《反垄断法》还可能承担民事责任。根据《最高人民法院垄断纠纷审理规定》第1条之规定,因垄断行为受到损失以及因合同内容、行业协会的章程等违反反垄断法而发生争议的自然人、法人或者非法人组织,可以向人民法院提起反垄断民事诉讼。

五、垄断协议的宽大申请

由于垄断协议通常具有较高的隐蔽性,执法机构主动发现垄断协议的可能性较低,执法成本较高。因此,包括美国和欧盟在内的各经济体普遍建立垄断协议的宽大制度,通过给予自首者部分或全部赦免,鼓励卡特尔成员揭露未被反垄断执法机构掌握的违法行为和证据。中国反垄断法也确立了垄断协议宽大制度。对于第一个宽大申请者给予免除处罚或者以不低于80%的幅度减轻处罚的优惠。

(一)宽大申请的法律依据

《反垄断法》第56条第3款规定垄断协议宽恕制度。根据该款规定,经营者主动向反垄断执法机构报告达成垄断协议的有关情况并提供重要证据的,反垄断执法机构可以酌情减轻或者免除对该经营者的处罚。

《禁止垄断协议规定》第37条规定,经营者达成或者组织其他经营者达成垄断协议,或者为其他经营者达成垄断协议提供实质性帮助,主动向反垄断执法机构报告有关情况并提供重要证据的,可以申请依法减轻或者免除处罚。

《禁止垄断协议规定》第47条规定,对于第一个申请者,反垄断执法机构可以免除处罚或者按照不低于80%的幅度减轻处罚;对于第二个申请者,可以按照30% ~50%的幅度减轻处罚;对于第三个申请者,可以按照20% ~30%的幅度减轻处罚。

(二)宽大申请的提出

1. 申请人

经营者、对达成垄断协议负有个人责任的经营者法定代表人、主要负责人和直接责任人员。

2. 申请的时间

经营者应当在反垄断执法机构行政处罚告知前,向反垄断执法机构提出申请,但总的原则是鼓励尽早提出。

参与垄断协议的经营者可以在执法机构立案前或者依据《反垄断法》启动调查程序前,也可以在执法机构立案后或者依据《反垄断法》启动调查程序后、作出行政处罚事先告知前,向执法机构申请宽大。

3. 申请报告的材料

(1)垄断协议有关情况的报告,包括但不限于参与垄断协议的经营者、涉及的商品范围、达成协议的内容和方式、协议的具体实施情况、是否向其他境外执法机构提出申请等。

(2)达成或者实施垄断协议的重要证据。重要证据是指反垄断执法机构尚未掌握的,能够对立案调查或者对认定垄断协议起到关键性作用的证据。

(三)申请宽大顺位的确定

执法机构按照经营者申请宽大的时间先后为经营者排序,确定经营者申请宽大的顺位。

经营者未履行申请宽大后应尽义务的,执法机构将取消其顺位。申请免除处罚的经营者顺位被取消的,不得递补;申请减轻处罚的经营者顺位被取消后,其后顺位的经营者可以依次向前递补。

(四)宽大申请的审查

1. 重要证据的认定

《禁止垄断协议规定》第 37 条第 3 款明确,重要证据是指反垄断执法机构尚未掌握的,能够对立案调查或者对认定垄断协议起到关键性作用的证据。重要证据包括参与垄断协议的经营者、涉及的商品范围、达成协议的内容和方式、协议的具体实施等情况。

2. 宽大的认定条件

经营者申请宽大,全部满足下列条件的,可以获得宽大:

(1)提交申请报告。

(2)提交重要证据。

(3)停止涉嫌违法行为。经营者申请宽大后立即停止涉嫌违法行为,但执法机构为保证调查工作顺利进行而要求经营者继续实施上述行为的情况除外。经营者已经向境外执法机构申请宽大,并被要求继续实施上述行为的,应当向执法机构报告。

(4)积极配合调查。经营者应当迅速、持续、全面、真诚地配合执法机构的调查工作。

(5)保管证据。经营者应当妥善保存并提供证据和信息,不得隐匿、销毁、转移证据或者提供虚假材料、信息。

(6)保密。未经执法机构同意不得对外披露向执法机构申请宽大的情况。

(7)不得有其他影响反垄断执法调查的行为。

经营者组织、胁迫其他经营者参与达成、实施垄断协议或者妨碍其他经营者停止该违法行为的,执法机构不对其免除处罚,但可以相应给予减轻处罚。

3. 减免处罚的决定

执法机构调查认定垄断协议行为成立的,将根据经营者违法行为的情节轻重确定对经营者的处罚金额,并根据经营者申请宽大的顺位及宽大的认定以及处罚减免幅度。根据《禁止垄断协议规定》第 38 条规定,反垄断执法机构应当根据经营者主动报告的时间顺序、提供证据的重要程度以及达成、实施垄断协议的有关情况,决定是否减轻或者免除处罚。

一般情况下,执法机构在同一垄断协议案件中最多给予 3 个经营者宽大。如果案件重大复杂、涉及经营者众多,并且申请宽大的经营者确实提供了不同的重要证据,执法机构可以考虑给予更多的经营者宽大。

执法机构不予宽大的,不以经营者提交的材料作为认定经营者从事垄断协议行为的证据。

在垄断协议达成中起主要作用,或者胁迫其他经营者参与达成、实施垄断协议,或者妨碍其他经营者停止该违法行为的,反垄断执法机构不得免除对其处罚。负有个人责任的经营者法定代表人、主要负责人和直接责任人员,根据《禁止垄断协议规定》第 37 条主动向反垄断执法机构报告达成垄断协议的有关情况并提供重要证据的,反垄断执法机构可以对其减轻 50% 的处罚或者免除处罚。需要注意的是,宽恕制度仅能免除或减轻经营者应当承担的罚款,而不能免除停止违法行为、没收违法所得等其他形式的行政责任,也不能免除经营者可能因反垄断民事诉讼承担的民事责任。

六、企业销售管理中的反垄断合规

转售价格维持是指生产企业或供应商与经销商、分销商签订协议等形式固定或限定销售商转售时的价格。纵向协议中转售价格维持条款是企业最为常见的行为,尤其是制造企业。制造企业通过转售价格维持条款稳定价格、提高服务、增加企业利润。但就纵向协议而言,也存在通过原材料控制、专利许可限制、固定转售价格、限定最低转售价格、限制区域等方式排除、限制竞争的情形。

表 2-2-1 纵向垄断典型案例

时间	当事人	处罚机关	涉案产品	销售管理措施	行为定性	竞争影响	处罚结果	整改措施
2016 年 12 月 5 日	美敦力(上海)管理有限公司	国家发展和改革委员会	心脏血管、恢复性疗法和糖尿病业务领域医疗器械产品	以分销协议、经销协议、邮件通知、口头协商等明确各销售环节的价格。固定平台商毛利率。限定经销商最低投标价。限定到医院的最低售价	与交易相对人达成了固定向第三人转售涉案医疗器械产品价格、限定向第三人转售涉案医疗器械产品最低价格的垄断协议	排除、限制经销商之间的价格竞争。限制医疗器械行业品牌间的竞争	2015 年度中国境内市场涉案产品销售额 4% 的罚款,计人民币 1.1852 亿元	取消转售价格限制,允许平台商直接向终端销售,修订经销协议、经销商管理政策,完善反垄断合规制度

续表

时间	当事人	处罚机关	涉案产品	销售管理措施	行为定性	竞争影响	处罚结果	整改措施
2021年4月15日	扬子江药业集团有限公司	市场监管总局	蓝芩口服液、百乐眠胶囊、黄芪精、依帕司他片、苏黄止咳胶囊等	《购销协议》、《二级分销商三方协议》、《网络销售约定书》、《终端销售协议》、调价函、口头通知等固定和限定价格,制定惩罚措施,聘请中介监督	固定向第三人转售商品的价格;限定向第三人转售商品的最低价格	通过限制销售区域、严禁不同销售区域窜货、违约惩罚等措施加强了协议条款的强制性,严重排除、限制了竞争	2018年度销售额3%罚款,计7.64亿元	全面修订经销协议,废除固定和限定价格条款,加强企业内控合规管理,不得干涉下游企业自主定价权

表2－2－1的两个案例中,一个是医疗销售企业,一个是医药制造企业。一个是境外科技企业在境内设立的销售商,一个是境内科技企业,均是有代表性、有市场影响力的医疗科技企业。美敦力(上海)管理有限公司以分销协议、经销协议、邮件通知、口头协商等明确各销售环节的价格,固定平台商毛利率,限定经销商最低投标价,限定到医院的最低售价。扬子江药业集团有限公司通过《购销协议》《二级分销商三方协议》《扬子江药业集团连锁战略服务协议》《网络销售约定书》《商业深度分销协议》《扬子江药业集团终端销售协议》,这些协议中包含了固定和限定转售价格的相关内容,以发调价函、口头通知等方式固定和限定价格"协议",并且制定惩罚措施,聘请中介统一监督线上零售价格。两公司的销售行为均构成《反垄断法》上的固定向第三人转售商品的价格以及限定向第三人转售商品的最低价格,对下游相关市场产生了限制竞争的后果。除责令整改外,处罚机关分别作出了上一年度涉案产品销售额4%约1亿元和3%约7亿元的罚款,对两个企业当年利润的影响巨大。

从上述行政处罚案例和《反垄断法》对纵向协议的规制要求看,制造企业或者销售商,应当重视在销售管理中的反垄断合规问题。2022年《反垄断法》加大了处罚力度,在提高罚款金额的同时增加了经营者的信用责任,即规定经营者因达成、实施垄断协议受到行政处罚的，记入信用记录，对严重违法失信行为给予信用惩戒。制造企业销售管理中必须提高反垄断合规关注。

（一）价格管理

制造企业通常以指导价、建议零售价等价格限制措施来加强价格管理，维护产品质量。价格限制措施客观上能推动经销商提升服务，提高产品价值，通过减少品牌内竞争扩大销售规模，激励经销商。但是，价格限制措施也存在反垄断合规风险问题。制造企业制定以下价格管理措施应当评估反垄断合规风险。

1. 通过协议、商务政策、通知等形式，限制转售价格或者设定最低销售价格。

2. 以“指导价”为名，而实质上又采取奖励或惩罚措施限定价格，间接迫使经销商、分销商维持转售价格。

3. 经营者对经销商、分销商进行销售管理，要求经销商、分销商提前报备经销价格、活动价格等，收集经销商、分销商的转售价格信息，在经销商、分销商之间共享价格信息。

4. 加强对销售管理人员的管理，要求销售管理人员将销售商转售价格情况作为考核。

（二）客户管理

制造企业客户管理是销售管理中的地域限制措施和客户限制措施。

地域限制是指供应商承诺在特定经销区域对一个或若干经销商供货，经销商承诺不向其他经销区域销售。客户限制是指供应商限定经销商只能将商品售予或不得售予特定客户。

1. 谨慎实施地域限制和客户限制

地域限制和客户限制可能削弱品牌内竞争、分割市场。有效实施的地域限制和客户限制导致其他经销商难以获得供货，限制更有效率的经销模式，使商品和服务价格维持在高位。但是，有时地域限制和客户限制也能够提高经销效率。比如在经销商需要为保护和建立品牌形象进行特定投资时，地域限制能产生显著的效率。

2. 豁免的情形

经营者不具有显著市场力量，纵向地域限制和客户限制可以豁免的情形：

（1）约定经销商仅在其营业场所进行经销活动，但不限制该经销商的被动销售，也不限制授权经销商之间交叉供货；

(2)限制经销商对供应商为另一经销商保留的独占地域或专有客户进行主动销售；

(3)限制批发商直接向最终用户进行销售；

(4)为避免被客户用于生产与供应商相同的产品，限制经销商向该类客户销售。

3. 禁止的情形

通常能够限制竞争、导致高价并减少消费者选择的地域限制和客户限制是被禁止的，包括但不限于：

(1)限制经销商的被动销售；

(2)限制经销商之间交叉供货；

(3)限制经销商和维修商向最终用户销售汽车维修服务所需配件。

第三章

禁止滥用市场支配地位

滥用市场支配地位属于经营者单方垄断行为,是指大型企业利用其市场力量,排挤竞争对手或挤压上下游企业,谋求或维持其垄断利润的行为。具有市场支配地位的企业,往往在经济效率和技术创新等方面比较有优势,存在许多可能的合理性抗辩理由。滥用市场支配地位的认定经常需要结合经济学分析方法。[①] 2023 年 3 月,市场监管总局公布《禁止滥用市场支配地位行为规定》为禁止滥用市场支配地位提供了具体规范。滥用市场支配地位的反垄断审查通常从三个步骤展开,即相关市场界定、当事人具有市场支配地位、实施滥用市场支配地位行为。

一、如何认定具有市场支配地位

(一)界定相关市场

滥用市场支配地位的认定首先是相关市场界定。相关市场是指经营者在一定时期内就特定商品或服务进行竞争的商品范围和地域范围。任何竞争行为均发生在一定的市场范围内。界定相关市场是明确经营者竞争的市场范围。在禁止经营者达成垄断协议、禁止经营者滥用市场支配地位、控制具有或者可能具有排除、限制竞争效果的经营者集中等反垄断中,均需要界定相关市场。在界定相

① 美国直接将涉嫌滥用行为“市场效果”的经济分析作为判定涉嫌滥用行为违法与否的重要依据。参见李青:《论滥用市场支配地位行为的垄断违法判定——以经济标准为中心》,载《邵阳学院学报(社会科学版)》2022 年第 3 期。

关市场的时候要充分考虑多个因素。

相关商品市场,是根据商品的特性、用途及价格等因素,由需求者认为具有较为紧密替代关系的一组或一类商品所构成的市场。这些商品表现出较强的竞争关系,在反垄断执法中可以作为经营者进行竞争的商品范围。

相关地域市场,是指需求者获取具有较为紧密替代关系的商品的地理区域。这些地域表现出较强的竞争关系,在反垄断执法中可以作为经营者进行竞争的地域范围。

相关市场界定方法主要包括需求替代法、供给替代法、假定垄断者测试法。

1. 需求替代法

相关市场范围的大小主要取决于商品的可替代程度。在市场竞争中对经营者行为构成直接和有效竞争约束的是市场里存在需求者认为具有较强替代关系的商品。因此界定相关市场主要从需求者角度进行需求替代分析。需求替代是根据需求者对商品功能用途的需求、质量的认可、价格的接受以及获取的难易程度等因素,从需求者的角度确定不同商品之间的替代程度。原则上,从需求者角度来看,商品之间的替代程度越高,竞争关系就越强,就越可能属于同一相关市场。

2. 供给替代法

当供给替代对经营者行为生产的竞争约束类似于需求替代时,也应考虑供给替代。供给替代是根据其他经营者改造生产设施的投入、承担的风险、进入目标市场的时间等因素,从经营者的角度确定不同商品之间的替代程度。原则上,其他经营者生产设施改造的投入越少,承担的额外风险越小,提供紧密替代商品越迅速,则供给替代程度就越高,界定相关市场尤其在识别相关市场参与者时就应考虑供给替代。

3. 假定垄断者测试方法

实践中,假定垄断者测试的分析方法有多种,既可以通过数量不大但有意义且并非短暂的价格上涨的方法进行,又可以通过数量不大但有意义且并非短暂的质量下降的方法进行。同时,作为一种分析思路或者思考方法,假定垄断者测试在实际运用时既可以通过定性分析的方法进行,又可以在条件允许的情况下通过定量分析的方法进行。在实践中,选择何种方法进行假定垄断者测试取决于案件所涉竞争领域以及可获得的相关数据的具体情况。如果特定市场领域的商品同质化特征比较明显,价格竞争是较为重要的竞争形式,则采用数量不大但有意义且并非短暂的价格上涨的方法较为可行。但是如果在产品差异化非常明显且质量、服务、创新、消费者体验等非价格竞争成为重要竞争形式的领域，采用数量不大但有意义且并非短暂的价格上涨的方法则存在较大困难。特别是，当特定领域商品的市场均衡价格为零时，运用假定垄断者测试法尤为困难。在运用假定垄断者测试法时，通常需要确定适当的基准价格，进行 5% ~10% 幅度的价格上涨，然后确定需求者的反应。在基准价格为零的情况下，如果进行 5% ~10% 幅度的价格增长，增长后其价格仍为零；如果将价格从零提升到一个较小的正价格，则相当于价格增长幅度的无限增大，意味着商品特性或者经营模式发生较大变化，因而难以进行假定垄断者测试。

(二) 市场支配地位的认定

市场支配地位是指经营者在相关市场内具有能够控制商品价格、数量或者其他能够对市场交易产生实质影响的因素，包括商品品种、商品品质、付款条件、交付方式、售后服务、交易选择、技术约束等，或者排除其他经营者进入相关市场，或者延缓其他经营者在合理时间内进入相关市场，或者导致其他经营者虽能够进入该相关市场但进入成本大幅提高，无法与现有经营者开展有效竞争等能够阻碍、影响其他经营者进入相关市场能力的市场地位。市场支配地位是经营者滥用市场支配地位，排除、限制竞争的一个基本条件。

1. 市场支配地位的推定

《反垄断法》第 24 条规定了根据市场份额推定具有市场支配地位：

(1)一个经营者在相关市场的市场份额达到 1/2 的；

(2)两个经营者在相关市场的市场份额合计达到 2/3 的；

(3)3 个经营者在相关市场的市场份额合计达到 3/4 的。

在上述(2)或(3)的情形下，其中有的经营者市场份额不足 1/10 的，不应当推定该经营者具有市场支配地位。

2. 市场支配地位的综合认定

《反垄断法》第 23 条规定了经营者具有市场支配地位的认定因素：

(1)该经营者在相关市场的市场份额，以及相关市场的竞争状况；

(2)该经营者控制销售市场或者原材料采购市场的能力；

(3)该经营者的财力和技术条件；

(4)其他经营者对该经营者在交易上的依赖程度；

(5)其他经营者进入相关市场的难易程度;

(6)与认定该经营者市场支配地位有关的其他因素。

关于第1个因素,市场份额构成市场支配地位的关键指标,关注相关市场的横向控制能力。在确定市场份额时,要考虑特定时间内经营者的商品销售金额、数量或其他指标。在分析相关市场竞争状态时,要考虑竞争者的经营状况、商品的差异性、技术创新,需要考虑相关市场内的发展状态、竞争结构、技术创新、销售模式、潜在竞争者等。

关于第2个因素,关注相关市场的纵向控制能力。主要考虑经营者控制相关市场产业链上下游的能力、控制采购、销售渠道的能力、影响或决定价格、数量、合同期限或其他交易条件的能力,以及优先获得生存经营所必需的原料、半成品、零部件、相关设备以及需要投入的其他资源的能力。

关于第3个因素,关注企业财力和技术,佐证市场支配地位。主要考虑经营者的资产规模、盈利能力、研发、技术创新能力、拥有的知识产权,以及其财力和技术能力促进业务扩张、巩固维持其市场地位的程度。

关于第4个因素,关注其他经营者在相关市场的转向能力。主要考察其他经营者对该经营者的依赖程度,可以考虑其他经营者与其的交易关系、交易量、持续时间、转向其他交易相对人的难易程度等。

关于第5个因素,关注相关市场的市场壁垒,考察相关市场竞争结构、进入相关市场的难易程度。主要考虑市场准入、获取必要资源的难易程度、采购和销售渠道的控制情况、资金投入规模、技术壁垒、品牌依赖、用户转换成本、消费习惯等。

▶【典型案例】

湖南尔康医药、河南九势制药扑尔敏原料药滥用市场支配地位案

经综合认定,湖南尔康医药、河南九势制药具有扑尔敏原料药市场支配地位。

1.中国扑尔敏原料药市场高度集中,可推定湖南尔康医药与河南九势制药具有市场支配地位。经查,国内拥有扑尔敏原料药批文的企业有6家,印度塞博利亚具有扑尔敏原料药进口批文,可向中国出口扑尔敏原料药。经向中国化学制药工业协会核实,2017年,湖南尔康医药与河南九势制药占中国扑尔敏原料药市场

份额合计为96.38%；2018年1～7月，所占市场份额合计为88.55%，且湖南尔康医药市场份额超过1/10。根据《反垄断法》的规定，可以推定湖南尔康医药与河南九势制药在中国扑尔敏原料药市场具有市场支配地位。

2. 湖南尔康医药和河南九势制药具有较强的控制扑尔敏原料药销售市场的能力。湖南尔康医药掌控扑尔敏原料药进口权，实施了大批量囤货行为，并基于潜在收购意图和《战略合作协议》对河南九势制药具有一定控制力。湖南尔康医药与河南九势制药具有较强的控制扑尔敏原料药销售市场的能力，在很大程度上能够控制扑尔敏原料药的价格、数量或者其他交易条件。

3. 下游经营者对湖南尔康医药和河南九势制药依赖程度较高。下游相关药品生产厂商数量众多，竞争较为激烈，扑尔敏原料药是下游厂商生产相关药品的必需原料，且扑尔敏原料药长期供应紧张，供需矛盾突出。下游相关药品生产厂商对湖南尔康医药和河南九势制药高度依赖，在扑尔敏原料药销售中难以对湖南尔康医药和河南九势制药形成有效竞争约束。

4. 其他经营者进入中国扑尔敏原料药市场难度较大。在中国生产扑尔敏原料药需同时具备原料药批文、GMP、药品生产许可证等资质，国外生产企业向国内出口扑尔敏原料药必须具备进口批文等资质，并满足注册检验、专家评审、临床测试、定期检查等一系列监管程序要求，耗时较长。下游相关药品生产厂商改用新供应来源的扑尔敏原料药，需对所生产药品重新进行检验和备案。新竞争者短期内进入中国扑尔敏原料药市场难度较大。

5. 湖南尔康医药与河南九势制药关系紧密，共同支配扑尔敏原料药市场。

获得市场支配地位后，湖南尔康医药、河南九势制药滥用市场支配地位的具体行为：

(1)以不公平高价销售商品。2018年7月，湖南尔康医药以2940元/公斤的价格向下游经营者销售扑尔敏原料药。经查，2940元/公斤的销售价格为当事人采购扑尔敏原料药平均成本的3～4倍。上述销售行为实施期间，扑尔敏原料药生产和采购成本并没有发生重大变化，湖南尔康医药平均采购成本为860元/公斤，最低采购成本为560元/公斤，河南九势制药平均出厂价为700元/公斤，出厂价格和进口价格基本稳定。以2940元/公斤的价格对外销售扑尔敏原料药，价格增长明显超过正常幅度，且缺乏正当理由，明显不公平。

(2)没有正当理由拒绝与交易相对人进行交易。多次以“无货”为由拒绝向下游相关药品生产厂商供应扑尔敏原料药，或者将缴纳高额保证金、将成药回购统一销售、成药涨价并提成等作为供应扑尔敏原料药的条件，事实上变相拒绝与下游相关药品生产厂商进行交易。

（3）没有正当理由搭售商品。利用在中国扑尔敏原料药市场上的支配地位，要求下游经营者在采购扑尔敏原料药时必须购买或更大批量购买当事人的淀粉胶囊、药用蔗糖等药用辅料，否则不供应扑尔敏原料药。具体操作为在下游相关药品生产厂商购买扑尔敏原料药时，必须先与其签订相关药用辅料购买合同并付款。

二、滥用市场支配地位行为具体表现

（一）垄断价格行为

垄断价格行为，又称为"剥削性价格行为"，即以"不公平高价销售或者以不公平低价购买"，包括过高定价行为和过低定价行为。过高定价行为是指具有市场支配地位的企业向交易相对人索取不合理高价的行为。过低定价行为是指占市场支配地位的市场主体向其他市场主体以低于商品价值或者生产价格购买商品，以获取超额利润。

1. 过高定价销售

如何认定过高定价？主要考虑下列因素：

（1）销售价格或者购买价格是否明显高于在相同或者相似市场条件下销售或者购买同种商品或者可比较商品的价格；

（2）销售价格或者购买价格是否明显高于同一经营者在其他相同或者相似市场条件区域销售或者购买同种商品或者可比较商品的价格；

（3）在成本基本稳定的情况下，是否超过正常幅度提高销售价格；

（4）销售商品的提价幅度是否明显高于成本增长幅度。

▶【典型案例】

康惠公司等葡萄糖酸钙原料药生产销售企业滥用市场支配地位案

相关市场界定为中国注射用葡萄糖酸钙原料药销售市场。

2015年8月至2017年12月,当事企业通过包销、大量购买、要求生产企业不对外销售等方式控制相关市场,占有90%左右的市场份额。

2014年注射用葡萄糖酸钙原料药的市场价格为40元/公斤左右,但当事企业以明显不公平的高价销售后,2017年价格上涨了19倍至54.6倍。

执法机构将当事企业的销售价格与其成本价格、历史价格以及内部流转前价格分别进行了比较,以认定“不公平高价”,为“不公平高价”提供量化的参考指标。

天津金耀药业有限公司滥用市场支配地位案

相关市场界定为中国卡莫司汀注射液市场。

2017年6月至2020年9月,天津金耀药业有限公司是中国市场唯一生产抗肿瘤药卡莫司汀注射液的经营者,且国家药品监督管理局未批准国外卡莫司汀注射液进口,天津金耀药业有限公司实际控制了中国卡莫司汀注射液的所有货源。

自2016年起,天津金耀药业有限公司大幅减少卡莫司汀注射液销售量,年销量从2014年、2015年7000支左右下降至3500支左右,造成市场上卡莫司汀注射液供应显著减少,为卡莫司汀注射液涨价创造条件。2016年1月至2017年6月上旬,天津金耀药业有限公司销售卡莫司汀注射液价格为100~245元/支。2017年6月28日开始,天津金耀药业有限公司突然大幅提高卡莫司汀注射液销售价格。截至调查前,卡莫司汀注射液平均价格超过1500元/支,相比2016年提高约7.5倍。

2. 过低定价购买

如何认定过低定价?主要考虑下列因素:

(1)销售价格或者购买价格是否明显低于在相同或者相似市场条件下销售

或者购买同种商品或者可比较商品的价格；

(2)销售价格或者购买价格是否明显低于同一经营者在其他相同或者相似市场条件区域销售或者购买同种商品或者可比较商品的价格；

(3)在成本基本稳定的情况下,是否降低购买价格；

(4)购买商品的降价幅度是否明显高于交易相对人成本降低幅度。

3. 无正当理由实施差别待遇

差别待遇是指对条件相同的交易相对人在交易条件上实行差别待遇。具有市场支配地位的企业,通过实施差别待遇行为,排挤竞争对手进入市场,以获取垄断利益。《反垄断法》禁止具有市场支配地位的企业无正当理由实施差别待遇。常见的差别待遇有以下情形：

(1)实行不同的交易价格、数量、品种、品质等级；

(2)实行不同的数量折扣等优惠条件；

(3)实行不同的付款条件、交付方式；

(4)实行不同的保修内容和期限、维修内容和时间、零配件供应、技术指导等售后服务条件。

前述"条件相同",是指交易相对人之间在交易安全、交易成本、规模和能力、信用状况、所处交易环节、交易持续时间等方面不存在实质性影响交易的差别。交易中依法获取的交易相对人的交易数据、个体偏好、消费习惯等方面存在的差异不影响认定交易相对人条件相同。

差别待遇具备"正当理由"的情形,通常包括：

(1)根据交易相对人实际需求且符合正当的交易习惯和行业惯例,实行不同交易条件；

(2)针对新用户的首次交易在合理期限内开展的优惠活动；

(3)基于公平、合理、无歧视的平台规则实施的随机性交易；

(4)能够证明行为具有正当性的其他理由。

(二)排挤性行为

1. 掠夺性定价

掠夺性定价,是指为扩大市场份额,没有正当理由,以低于成本的价格销售商品。这种没有正当理由、牺牲短期利益的销售行为短时期对消费者没有直接不利影响,但是,其实质是排挤竞争对手,获取占领市场后的垄断利润,长远看损害的是消费者利益。

认定掠夺性定价,重点是考虑价格是否低于平均可变成本。平均可变成本是指随着生产的商品数量变化而变动的每单位成本。涉及平台经济领域,还可以考虑平台涉及多边市场中各相关市场之间的成本关联情况及其合理性。

低于成本价销售通常的"正当理由":

(1)降价处理鲜活商品、季节性商品、有效期限即将到期的商品或者积压商品的;

(2)因清偿债务、转产、歇业降价销售商品的;

(3)在合理期限内为推广新商品进行促销的;

(4)能够证明行为具有正当性的其他理由。

2. 搭售或附加其他不合理的交易条件

搭售是指拥有市场支配地位的企业强迫交易相对人购买与其所出售的产品或者服务无关的其他产品或服务的行为。附加其他不合理的交易条件是指要求交易相对方接受其他不合理的交易条件。搭售行为限制了交易相对人的交易自由。同时,具有市场支配地位的企业也借此将市场优势地位扩张至搭售产品的市场。附加不合理条件,则违背客户意愿,附加不合理的交易条件,包括合同期限、支付方式、交付方式、售后服务等。

《反垄断法》禁止具有市场支配地位的企业没有正当理由搭售商品,或者在交易时附加其他不合理的交易条件。主要情形如下:

(1)违背交易惯例、消费习惯或者无视商品的功能,利用合同条款或者弹窗、操作必经步骤等交易相对人难以选择、更改、拒绝的方式,将不同商品捆绑销售或者组合销售;

(2)对合同期限、支付方式、商品的运输及交付方式或者服务的提供方式等附加不合理的限制;

(3)对商品的销售地域、销售对象、售后服务等附加不合理的限制;

(4)交易时在价格之外附加不合理费用;

(5)附加与交易标的无关的交易条件。

可以构成搭售或附加交易条件的"正当理由"通常有:

(1)符合正当的行业惯例和交易习惯;

(2)为满足产品安全要求所必需;

(3)为实现特定技术所必需;

(4)为保护交易相对人和消费者利益所必需;
(5)能够证明行为具有正当性的其他理由。

▶【典型案例】

万邦德制药集团浙江医药销售有限公司滥用市场支配地位案

相关市场界定为中国盐酸溴己新原料药市场。

经调查,当事人滥用盐酸溴己新原料药市场支配地位,附加不合理交易条件,要求药品生产企业将生产的注射用盐酸溴己新药品全部交由当事人销售。2015年9月,当事人与广州一品红制药有限公司签订了《产品代理协议书》,代理期限为2015年9月1日至2020年12月31日。《产品代理协议书》规定,当事人以3000元/千克价格向广州一品红制药有限公司销售盐酸溴己新原料药;要求广州一品红制药有限公司将其生产的注射用盐酸溴己新药品(西林瓶4mg/支×10支/盒)以1.7元/支的价格交由当事人作为该产品全国总代理;协议签订之日起,未经当事人书面许可,广州一品红制药有限公司不得自行销售上述产品或将上述产品赠予任何第三方,也不得授权任何第三方销售上述产品;当事人有权确定该产品的各省级分销商代理权。同时,该协议还要求广东省的独家总经销商广东一品红药业有限公司(广州一品红制药有限公司的母公司)由当事人按2.5元/支的价格向其供货。

3. 拒绝交易

拒绝交易是指没有正当理由,拒绝与交易相对人进行交易。拒绝交易包括拒绝提供产品或者服务、拒绝提供其他企业依赖的必要配件、拒绝知识产权的许可使用。合同自由本身是原则,但是,对于具有市场支配地位的企业而言,合同自由如果不予以限制,则会损害交易相对方的利益,排除和限制市场竞争。《反垄断法》禁止具有市场支配的地位的企业无正当理由实施拒绝交易行为。常见情形有:

(1)实质性削减与交易相对人的现有交易数量;
(2)拖延、中断与交易相对人的现有交易;
(3)拒绝与交易相对人进行新的交易;

(4)通过设置交易相对人难以接受的价格、向交易相对人回购商品、与交易相对人进行其他交易等限制性条件,使交易相对人难以与其进行交易;

(5)拒绝交易相对人在生产经营活动中,以合理条件使用其必需设施。

并非所有的拒绝交易行为都是违法的,也存在正当理由可以拒绝交易的情形。可以构成拒绝交易的"正当理由":

(1)因不可抗力等客观原因无法进行交易;

(2)交易相对人有不良信用记录或者出现经营状况恶化等情况,影响交易安全;

(3)与交易相对人进行交易将使经营者利益发生不当减损;

(4)交易相对人明确表示或者实际不遵守公平、合理、无歧视的平台规则;

(5)能够证明行为具有正当性的其他理由。

▶【典型案例】

重庆青阳药业有限公司滥用市场支配地位案

经调查,当事人具有别嘌醇原料药生产销售的完全垄断地位,没有其他竞争者与其竞争。

2013年9月25日,当事人与湘百合公司签订了全国独家代理销售别嘌醇原料药协议。同日,当事人又与湘百合公司签订了别嘌醇片全国经销协议。

当事人签订独家代理合同后自2013年10月至2014年3月,未向湘百合公司销售别嘌醇原料药,也未向国内其他任何客户销售别嘌醇原料药。在此期间,湘百合公司、国内其他多家别嘌醇制剂生产企业通过电话、信函等方式向当事人提出购买别嘌醇原料药的请求,均被当事人拒绝。2014年4月以后,当事人恢复向市场销售别嘌醇原料药,其拒绝向市场销售别嘌醇原料药的时间长达半年。

当事人以合同约束作为其拒绝供货的理由不正当。当事人签订别嘌醇原料药全国独家代理销售协议,约定"缓冲期"条款,拒绝供货是其排除竞争,实现垄断利润的经营模式。

4.限定交易

限定交易是指处于市场支配地位的企业要求其交易相对人只能与其或者与

其指定的经营者进行交易。《反垄断法》禁止没有正当理由,实施以下限定交易行为:

(1)限定或变相限定交易相对人只能与其进行交易;

(2)限定或变相限定交易相对人只能与其指定的经营者进行交易;

(3)限定或变相限定交易相对人不得与特定经营者进行交易。

变相限定是指采取惩罚性或者激励性措施等方式限定相对人的交易对象。

可以构成限定交易的"正当理由"通常有:

(1)为满足产品安全要求所必需;

(2)为保护知识产权、商业秘密或者数据安全所必需;

(3)为保护针对交易进行的特定投资所必需;

(4)为维护平台合理的经营模式所必需;

(5)能够证明行为具有正当性的其他理由。

▶【典型案例】

伊士曼(中国)投资管理有限公司滥用市场支配地位案

醇酯十二成膜助剂行业进入壁垒较高,2013~2015年,当事人在中国醇酯十二成膜助剂市场长期保持较高市场份额,在财力条件等方面具有明显优势,且未受到明显竞争约束,客户对其产品存在较大程度的依赖。当事人在中国醇酯十二成膜助剂市场具有市场支配地位。

当事人与国内相关涂料企业签订并实施了含有限制最低采购数量条款和照付不议条款的排他性协议。

当事人在中国市场主要以订单销售模式向其直销客户及经销代理商销售醇酯十二。2013年至2015年,当事人在原有订单销售方式的基础上,以伊士曼化工公司的名义与6家直销客户增加签订了由其提供的长期格式条款合同,合同显示,当事人与上述6家直销签约客户约定了未来两至三年内醇酯十二成膜助剂的销售单价及每一合同年度的最低采购量。

当事人以最低采购数量为生效条件,签订并实施了含有"最惠国待遇"等条款的排他性协议。

当事人与某公司于2013年签订了全球框架采购协议《成膜助剂合作与佣金

协议》。该协议内容显示,2013 年 7 月 ~2016 年 12 月,若该公司及其全球关联公司通过伊士曼化工公司采购的成膜助剂总量达到其全球总需求量的 ×% 以上,则可在伊士曼全球销售区域内享受最惠国待遇。

上述含有最低采购数量条款、照付不议条款的长期协议及《成膜助剂合作与佣金协议》(最惠国待遇协议)均属于排他性协议,其主要内容是要求或诱导购买商主要从一个供应商处购买某特定类型的产品。本案中,当事人在相关市场内实施的排他性协议促使交易相对方向当事人及其关联公司购买大部分甚至全部醇酯十二成膜助剂,限制了交易相对方与其他竞争对手的交易,进而损害了相关市场的竞争。

华能日照热力有限公司滥用市场支配地位案

当事人要求 2018 年 8 月 20 日之后的日照市新建小区内的用热计量装置,一律由当事人负责采购、安装、维护使用,采购安装费用,由开发建设单位与当事人按照合同约定,由开发建设单位缴纳(相关部门滥用行政权力排除限制竞争问题已另案处理)。2020 年 6 月,日照市某开发建设单位建设的小区因未购买当事人的用热计量装置,导致该小区内安装的其他用热计量装置无法通过当事人的供热验收。当事人作为日照市主城区供热管网规划区域内唯一的城市供热经营许可企业,在日照市主城区城市公共管网供热服务市场具有市场支配地位,没有正当理由对开发建设单位实施了限定采购安装其用热计量装置的行为,使开发建设单位无法自行选择用热计量装置的交易对象,排除、限制了用热计量装置销售市场的竞争。

(三)新型滥用市场支配地位行为

在交叉网络效应下,平台企业借助信息技术实施的滥用行为能够造成更为严重的竞争损害,在构建平台生态系统过程中不断向“相邻市场”甚至“不相关市场”扩张。[①]《反垄断法》第 22 条第 2 款规定,具有市场支配地位的经营者不得利用数据和算法、技术以及平台规则等从事滥用市场支配地位的行为。

平台企业可能构成滥用市场支配地位行为:

① 参见李鑫:《平台企业滥用市场支配地位的结构性救济》,载《安徽大学学报(哲学社会科学版)》2023 年第 1 期。

(1)阻碍数据互操作性。具有市场支配地位的平台企业通常会阻碍数据的互操作性,以限制竞争对手访问其关键数据,防止其他主体共享数据。

(2)杠杆、搭售、捆绑。当一个企业持有的数据资源在相关数据市场上具有较高价值,从而形成明显的优势地位时,利用搭售或捆绑销售可以将其数据优势延伸至被搭售品市场,进而在被搭售市场获利。①

三、加强市场支配地位反垄断合规管理

市场势力的形成是企业努力经营的结果。利用市场势力开展日常经营活动,是企业追求经济效率的必然结果。因此,有时候滥用市场支配地位与企业独立经营能力难以分清。为避免反垄断合规风险,企业有必要分析评估自己的市场地位以及具体经营行为,并加强反垄断合规管理。

(一)评估企业在相关市场的地位

作为反垄断合规管理工作,相关市场界定是一项基础性工作。在相关市场界定的基础上,了解掌握相关市场的竞争结构。然后,评估企业在相关市场是否具有支配地位(见图2-3-1)。

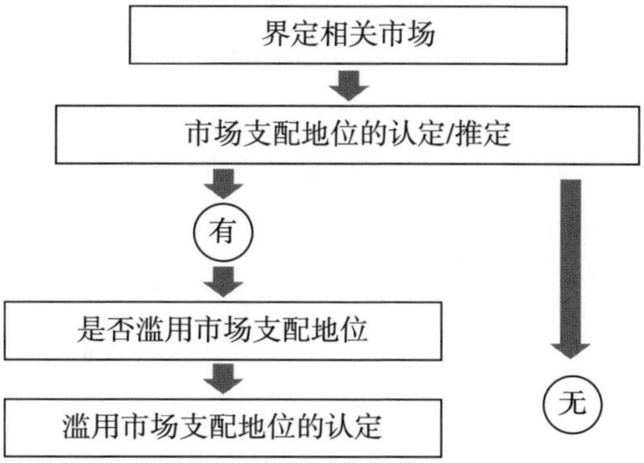

图2-3-1　滥用市场支配地位的认定

① 参见詹馥静:《数字市场中的单方排他性和剥削性行为——中国的视角》,载《竞争政策研究》2019年第5期。

(二)需要关注的重点风险环节

对于可能具有市场支配地位的企业,从事下列行为务必高度谨慎,应事先向公平竞争合规管理部门说明正当理由,经其评估或审批:

(1)以不公平的高价销售商品或以不公平的低价购买商品;

(2)以低于成本的价格销售商品;

(3)拒绝与交易相对人进行交易;

(4)限定交易相对人只能与其进行交易或只能与其指定的经营者进行交易;

(5)搭售商品,或在交易时附加其他不合理的交易条件;

(6)对条件相同的交易相对人在交易价格等交易条件上实行差别待遇;

(7)《国务院反垄断委员会关于平台经济领域的反垄断指南》《国务院反垄断委员会关于原料药领域的反垄断指南》等规定的其他可能构成滥用市场支配地位的情形。

第四章

经营者集中合规

经营者集中是指市场主体经营控制权的合并,通过取得股权、资产或合同等方式取得对其他经营者的控制权,或者能够对其他经营者施加决定性影响。经营者集中是市场经济常见企业行为,是企业扩张、提升竞争力的重要手段。经营者集中对创新、改善产品和服务质量以及增进消费者福利均有影响。适度的经营者集中有利于创新、改善产品质量,提升消费者福利,过度集中又排除竞争、限制竞争,从而抑制创新,最终损害消费者福利。世界上多数司法辖区竞争法实施经营者集中控制制度,以事先防范市场垄断。

对于经营者而言,经营者集中必须依法实施,包括程序合法和实体合法。我国经营者集中实行经营者集中申报制度。根据《反垄断法》第 26 条规定,经营者集中达到国务院规定的申报标准的,经营者应当事先向国务院反垄断执法机构申报,未申报的不得实施集中。经营者集中未达到国务院规定的申报标准,但有证据证明该经营者集中具有或者可能具有排除、限制竞争效果的,国务院反垄断执法机构可以要求经营者申报。经营者未依照前两款规定进行申报的,国务院反垄断执法机构应当依法进行调查。《反垄断法》修订后,违法实施经营者集中的成本大大提高,企业必须依法实施经营者集中,因此有必要加强经营者集中合规管理。实务层面,《国务院关于经营者集中申报标准的规定》《经营者集中审查规定》《金融业经营者集中申报营业额计算办法》《国家市场监督管理总局反垄断局关于经营者集中申报的指导意见》《国家市场监督管理总局反垄断局关于经营者集中申报文件资料的指导意见》《国家市场监督管理总局反垄断局关于规范经营者集中案件申报名称的指导意见》等文件为经营者集中申报与经营者集中审查提供了实务规范。

一、经营者集中申报评估

一项构成经营者集中的重大交易,企业应当对该项交易是否触发反垄断申报作出充分的评估。如果已经触发反垄断申报,应当在交易实施计划中预留申报需要的时间,并做好前期准备,主动向市场监管总局申报。

(一)分析是否构成经营者集中

企业并购或新设合营公司是否需要作经营者集中申报,前提是并购或新设构成经营者集中。经营者集中的本质是控制权变化或者说控制权转移,是分属于不同的控制权的市场主体通过并购或新设合营企业或者其他施加影响力的协议实现控制权的合并。根据《经营者集中审查规定》,经营者集中的类型包括:经营者合并;经营者通过取得股权或者资产的方式取得对其他经营者的控制权;经营者通过合同等方式取得对其他经营者的控制权或者能够对其他经营者施加决定性影响。

(二)计算营业额和竞争评估

对即将进行的项目,确定经营者集中的相关方及其营业额,对照国务院规定的申报标准。对达不到申报标准的,需要进行竞争评估,了解项目是否可能具有排除、限制竞争的效果。达到申报标准的,或者未达到申报标准但具有排除、限制竞争效果的,要主动申报。

对可能排除或限制竞争效果的项目,可以主动申请与国家反垄断局进行商谈。根据《经营者集中审查规定》规定,市场监管总局要加强对经营者集中申报的指导。在正式申报前,经营者可以以书面方式就集中申报事宜向市场监管总局提出商谈的具体问题。因此,经营者集中前可以主动申请商谈,获得反垄断机构的指导。

(三)评估是否属于经营者集中豁免

2007 年《反垄断法》第 28 条和 2022 年《反垄断法》第 34 条均提供了经营者集中的豁免,即经营者能够证明该集中对竞争产生的有利影响明显大于不利影响,或者符合社会公共利益的,国务院反垄断执法机构可以作出对经营者集中不予禁止的决定。豁免的条件是市场竞争结构的改善或者符合社会公共利益。因此,如果一项并购或新设合营企业有助于市场结构的改善,从而有利于竞争,则是可以豁免的。同样,若一项经营者集中有利于社会公共利益,则也可以得到豁免。

(四)剥离可能构成"经营者集中"的要素

根据2023年4月15日起施行的《经营者集中审查规定》第5条等规定,判断经营者是否取得对其他经营者的控制权或者能够对其他经营者施加决定性影响,主要考虑以下因素:(1)交易的目的和未来的计划;(2)交易前后其他经营者的股权结构及其变化;(3)其他经营者股东(大)会等权力机构的表决事项及其表决机制,以及其历史出席率和表决情况;(4)其他经营者董事会等决策或者管理机构的组成及其表决机制,以及其历史出席率和表决情况;(5)其他经营者高级管理人员的任免等;(6)其他经营者股东、董事之间的关系,是否存在委托行使投票权、一致行动人等;(7)该经营者与其他经营者是否存在重大商业关系、合作协议等。

在无必要参与控制的情况下,为避免构成共同控制,公司应当在投资后避免取得目标公司控制权,以及避免形成对其他经营者的经营计划、高级管理人员任免、财务预算、重大商业关系、合作协议等经营决策和管理的决定性影响等。如果公司确有免除申报义务的需求,应当尽量剥离可能构成"经营者集中"的相关要素。

(五)存量交易梳理评估

自2021年加强反垄断执法以来,不少企业经营者集中申报意识加强,对存量交易主动自查、主动报告,并积极配合调查。对已经完成重大交易定期进行梳理和评估,确认是否存在未依法申报的情况。发现应当申报经营者集中而未申报的,应当及时向反垄断执法机构补充申报或剥离控制权因素。

(六)拟上市企业提高经营者集中申报关注

为避免因经营者集中申报影响拟上市企业上市审核进程,拟上市企业应建立经营者集中申报义务合规审核,对于历史上及当下的交易进行评判。对于历史上存在经营者集中申报问题的交易做好资料整理准备并及时补报，以求缩短审批时间及减小企业损失。

经营者集中反垄断审查是保护公平竞争、事先防止垄断的重要机制。中国经济已经进入高质量发展阶段，应当有一个公平竞争和鼓励创新的市场环境。加强反垄断监管是趋势，企业应当提高竞争关注，以专业姿态把控经营者集中合规风险。

二、经营者集中申报的两个条件

（一）控制权变化

判断经营者是否构成集中，关键在于控制权变化。控制权的控制是指对经营者施加决定性影响的可能性，它可由权利、合同或任何其他手段所构成。

《国家市场监督管理总局反垄断局关于经营者集中申报的指导意见》第 3 条规定："经营者集中所指的控制权，包括单独控制权和共同控制权。判断经营者是否通过交易取得对其他经营者的控制权或者能够对其他经营者施加决定性影响（控制权和决定性影响以下统称为'控制权'），取决于大量法律和事实因素。集中协议和其他经营者的章程是重要判断依据，但不是唯一的依据。虽然从集中协议和章程中无法判断取得控制权，但由于其他股权分散等原因，实际上赋予了该经营者事实上的控制权，也属于经营者集中所指的控制权取得。判断经营者是否通过交易取得其他经营者的控制权，通常考虑包括但不限于下列因素：（一）交易的目的和未来的计划；（二）交易前后其他经营者的股权结构及其变化；（三）其他经营者股东大会的表决事项及其表决机制，以及其历史出席率和表决情况；（四）其他经营者董事会或监事会的组成及其表决机制；（五）其他经营者高级管理人员的任免等；（六）其他经营者股东、董事之间的关系，是否存在委托行使投票权、一致行动人等；（七）该经营者与其他经营者是否存在重大商业关系、合作协议等。控制权取得，可由经营者直接取得，也可通过其已控制的经营者间接取得。"

需要说明的是，经营者集中控制制度上的控制权与公司治理控制权不同。少数股权在特定情形下也有控制权。

举例：

1. 创投企业 CO－GP 模式

CO－GP 模式的分工主要有以下几种情况：(1)GP1 担任基金管理人，GP2 担任执行事务合伙人；(2)GP1 担任基金管理人＋执行事务合伙人，GP2 担任执行事务合伙人；(3)GP1 担任执行事务合伙人，GP2 关联方担任基金管理人；(4)GP1担任基金管理人＋执行事务合伙人，GP2 担任普通合伙人。在前三种情况中，CO－GP 共同决策私募基金的事宜，如果没有特别的情况，均可能会被认定为 CO－GP 共同控制私募基金，从而构成经营者集中。而在第四种情况下，GP2 需要结合其在私募基金中的具体权限判断是否存在共同控制。

2. 创投企业中的有限合伙人

有限合伙人可能会从以下几个维度共同参与到基金的经营决策中：通过参加合伙人会议参与基金决策、通过向基金顾问委员会委派成员参与基金决策、通过向基金投资决策委员会委派具有表决权的成员参与基金决策、有限合伙人的关联方为联席普通合伙人且联席普通合伙人参与决策和执行基金事务。

▶【典型案例】

腾讯控股有限公司、深圳市红杉煜辰股权投资合伙企业(有限合伙)收购广西叫酒网络科技有限公司股权未依法申报违法实施经营者集中案

2020 年 11 月 26 日，腾讯控股有限公司(以下简称腾讯)(通过广西腾讯创业投资有限公司)、深圳市红杉煜辰股权投资合伙企业(有限合伙)(以下简称红杉煜辰)与广西叫酒网络科技有限公司(以下简称酒小二)原股东签订《增资协议》、《股东协议》和《股权转让协议》。广西腾讯和红杉煜辰通过增资和收购股权方式，分别取得酒小二 10% 和 6% 股权，并取得共同控制权。此前，腾讯通过深圳市腾讯创业创新发展有限公司原持有酒小二的 2.5% 股权被稀释至 2.175%。交易后，腾讯共持有酒小二 12.175% 股权，红杉煜辰持有 6% 股权。2020 年 11 月 30 日，酒小二完成股权变更登记手续。

2007 年《反垄断法》第 21 条(对应 2022 年《反垄断法》第 26 条)规定：“经营者集中达到国务院规定的申报标准的，经营者应当事先向国务院反垄断执法机构

申报,未申报的不得实施集中。"2020年11月30日,酒小二完成股权变更登记,在此之前未依法申报,违反了2007年《反垄断法》第21条,构成违法实施经营者集中。

(二)达到经营者集中申报的标准

在符合以下两个条件的情况下,需要主动进行经营者集中申报:

1.存在控制权变化的经营者集中行为,即发生合并、股权收购、资产或业务收购、新设合营企业,以及通过合同控制方式取得控制权等交易。

2.达到国务院规定的申报标准。

根据《国务院关于经营者集中申报标准的规定》(2024修订)第3条规定,经营者集中达到下列标准之一的,经营者应当事先向国务院反垄断执法机构申报,未申报的不得实施集中:

(1)参与集中的所有经营者上一会计年度在全球范围内的营业额合计超过120亿元人民币,并且其中至少两个经营者上一会计年度在中国境内的营业额均超过8亿元人民币;

(2)参与集中的所有经营者上一会计年度在中国境内的营业额合计超过40亿元人民币,并且其中至少两个经营者上一会计年度在中国境内的营业额均超过8亿元人民币。

上述"在中国境内",是指经营者产品或服务的买方所在地在中国境内,包括中国自其他国家或地区进口的产品或服务,但不包括中国向其他国家或地区出口的产品或服务。

关于营业额的计算,由于金融业的特殊性,根据《金融业经营者集中申报营业额计算办法》,对银行、证券、期货、基金管理公司、保险等行业的营业额计算依据和计算方法作出了特殊规定。

除了上述主动申报的情形,还有被动申报的情形。经营者集中未达到上述申报标准,但有证据证明该经营者集中具有或者可能具有排除、限制竞争效果的,国务院反垄断执法机构可以要求经营者申报。在国务院反垄断执法机构要求经营者申报的情况下,经营者必须进行经营者集中申报。

三、经营者集中的类型及案件申报名称命名规则

(一)经营者集中的类型

构成经营者集中的交易类型包括合并、股权收购、资产或业务收购、新设合营企业,以及通过合同控制方式取得控制权等。

(二)案件申报名称命名规则

不同的交易形态有不同的命名规则,具体如下:

1. 经营者 A 和 B 合并的,案件名称应表述为"A 与 B 合并案"。

2. A 收购 B 股权的,案件名称应表述为"A 收购 B 股权案"。

3. A 收购 B 持有的 C 股权的,案件名称应表述为"A 收购 C 股权案"。

4. A 通过一个或多个子公司收购 B 股权的,案件名称应表述为"A 收购 B 股权案"。

5. A 收购 B、C 等两家或两家以上公司股权的,案件名称应表述为"A 收购 B 等 n 家公司股权案",n 为被收购的公司数量。

6. A 和 B 收购 C 股权的,案件名称应表述为"A 与 B 收购 C 股权案";如果只有 A 通过集中取得了控制权,B 并未取得控制权,则案件名称应表述为"A 收购 C 股权案"。

7. A 和 B 等两个以上经营者收购 C 股权的,案件名称应表述为"A 与 B 等经营者收购 C 股权案"。

8. A 和 B 通过设立特殊目的公司 E 收购 C 股权的,案件名称应表述为"A 与 B 收购 C 股权案"。

9. A 收购 B 部分资产(或业务)的,案件名称应表述为"A 收购 B 部分资产(或业务)案"。

10. A 收购 B 持有的 C 资产(或业务)的,案件名称应表述为"A 收购 C 资产(或业务)案"。

11. A 收购 B 持有的 C 股权和 D 资产(或业务)的,案件名称应表述为"A 收购 B 部分业务案"。

12. A 通过合同等方式取得 B 的控制权的,案件名称应表述为"A 通过合同(或其他方式)取得 B 的控制权案"。

13. A 通过合同等方式能够对 B 施加决定性影响的,案件名称应表述为"A 通过合同(或其他方式)对 B 施加决定性影响案"。

14. A 和 B 新设合营企业的,案件名称应表述为"A 与 B 新设合营企业案"。

四、申报义务人和参与集中的经营者

(一)申报义务人的确定

1. 通过合并方式实施的经营者集中,合并各方均为申报义务人。

2. 其他情形的经营者集中,取得控制权或者能够施加决定性影响的经营者为申报义务人,其他经营者予以配合。

3. 同一项经营者集中有多个申报义务人的,可以委托一个申报义务人申报。被委托的申报义务人未申报的,其他申报义务人不能免除申报义务。申报义务人未申报的,其他参与集中的经营者可以提出申报。

4. 申报人可以自行申报,也可以依法委托他人代理申报。申报人应当严格审慎选择代理人。申报代理人应当诚实守信、合规经营。

上述第 3 项,申报义务人不申报的,其他参与集中的经营者可以提出申报。这是鼓励申报的规定,该规定应当属于任意性规定,不赋予其他参与集中的经营者强制性申报义务。

(二)如何界定参与集中的经营者

根据经营者集中的具体情形,界定参与集中的经营者。

1. 在经营者合并的情况下,无论是吸收合并还是新设合并,合并各方均为参与集中的经营者。

2. 在经营者通过取得股权或者资产的方式取得对其他经营者的控制权的情况下,取得控制权的经营者和目标经营者为参与集中的经营者。

3. 在经营者通过合同等方式取得对其他经营者的控制权或者能够对其他经营者施加决定性影响的情况下,取得控制权或能够施加决定性影响的经营者和目标经营者为参与集中的经营者。如集中后两个以上经营者对目标经营者有控制权或者能够施加决定性影响,则上述两个以上经营者均为参与集中的经营者。

4. 在新设合营企业的情况下,合营企业的共同控制方均为参与集中的经营者,合营企业本身不是参与集中的经营者。在既存企业的基础上通过交易形成合营企业的,如既存企业本身为合营企业,既存企业和交易后所有对其有控制权或者能够施加决定性影响的经营者均为参与集中的经营者。如既存企业在交易前由一个经营者单独控制,交易后所有有控制权或者能够施加决定性影响的经营者为参与集中的经营者;如交易前的单独控制方交易后仍拥有控制权或者能够施加决定性影响,既存企业不是参与集中的经营者;交易前单独控制方交易后不再拥有控制权或者能够施加决定性影响的,既存企业是参与集中的经营者。

五、经营者集中申报需要提交的文件、资料

1. 申报书。申报书应当载明参与集中的经营者的名称、住所(经营场所)、经营范围、预定实施集中的日期,并附申报人身份证件或者登记注册文件,境外申报人还须提交当地公证机关的公证文件和相关的认证文件。委托代理人申报的,应当提交授权委托书。

2. 集中对相关市场竞争状况影响的说明。包括集中交易概况;相关市场界定;参与集中的经营者在相关市场的市场份额及其对市场的控制力;主要竞争者及其市场份额;市场集中度;市场进入;行业发展现状;集中对市场竞争结构、行业发展、技术进步、创新、国民经济发展、消费者以及其他经营者的影响;集中对相关市场竞争影响的效果评估及依据。

3. 集中协议。包括各种形式的集中协议文件,如协议书、合同以及相应的补充文件等。

4. 参与集中的经营者经会计师事务所审计的上一会计年度财务会计报告。

5. 市场监管总局要求提交的其他文件、资料。

六、经营者集中申报书的主要内容

(一)交易基本情况

1. 交易的基本信息

主要包括交易名称、交易性质、申报依据、申请适用简易案件审查程序的理由等。

2. 参与集中的经营者的信息

(1)参与集中的经营者的基本信息

主要包括联系地址、经营者内部的联系人、代理人、在交易中的地位、设立时间、住所、组织形式、上一会计年度营业额、设立和重要变更的历史情况、主要业务、股权结构等。

提供经审计的上一会计年度财务报表、上一会计年度年报、研究、分析和报告等材料。

(2)参与集中的经营者的最终控制人的信息

主要包括最终控制人的名称/姓名、成立时间、注册地/国籍、住所、组织形式、主要业务、与参与集中的经营者之间的关系、股权结构图等。

(3)关联实体的情况

主要包括中国境内外从事与本项集中相关业务的关联企业详细介绍、经营者及关联实体过去三年在相关市场的经营者集中情况等。

3. 参与交易的其他经营者信息

主要包括联系地址、联系人、在交易中的地位、基本信息、主要业务等。

4. 集中交易概况

(1)交易的基本情况

主要包括集中协议、交易金额、交易的描述、交易前后股权和控制权结构、预计交割时间及特殊时限要求、交易的背景、动机、经济合理性、市场发展计划等。

(2)合营企业的相关情况

主要包括合营企业的名称;注册地/住所;合营各方拟/已投入的资金、资产和业务等资源;合营各方持有合营企业的主要权利和权益;合营企业主营业务、运作方式、经营区域、与合营各方及其关联方的业务关系;合营各方及关联方之间的其他协议或安排等。

(二)集中对相关市场竞争的影响

1. 集中各方的业务关系

集中各方在产业链或供应链上的相互关系,通常有横向关系、纵向关系、相邻关系等。

2. 相关市场界定及理由

从需求替代和供给替代两个方面界定相关产品市场和地域市场,并从产品性质、产品种类、产品功能、运输成本、进出口比例、需求替代、供给替代等方面说明理由。

3. 集中对相关市场竞争的影响

主要包括集中各方及主要竞争者市场份额、集中对市场竞争影响的分析等。

(三)相关市场的供应和需求结构

1. 供应结构

相关市场内集中各方的主要供应商情况,包括供应商名称、采购产品、数量、金额、数量占比、金额占比等。

2. 需求结构

相关市场内集中各方的主要客户情况,包括客户名称、销售产品、数量、金额、数量占比、金额占比等。

(四)市场进入

1. 过去五年的市场进入情况

过去五年中是否有经营者明显已经进入了相关市场。

2. 潜在的进入者

说明是否存在可能进入相关市场的潜在进入者。

3. 市场进入难易程度

进入的总成本,包括但不限于研发、生产、建立经销系统、推销、广告宣传、服务等所需的时间和费用成本。法律或政策上的限制、因知识产权而产生的限制、产品生产和经销的规模经济的重要性、原材料和基础设施等可用性等。

（五）横向或纵向合作协议

参与集中的经营者在相关市场内参与的主要横向或纵向合作协议，例如研发、许可、联合生产、分销、长期供应以及信息交换等方面的协议。另需说明上述协议在全球范围内被调查的情况，可以以附件形式提供相关的协议文本或证明材料等。

七、经营者集中申报流程

第一步：在申报被立案审查前，经营者可就已申报或拟申报的经营者集中，向国家反垄断局申请商谈。申请商谈的事项包括：明确交易是否需要申报；明确交易是否能申请简易案件程序；确保申报文件资料完备性；讨论具体法律和事实问题；对申报和审查程序提供指导；其他相关问题。

第二步：申报人依照有关规定或通知将申报文件、资料交给反垄断局，反垄断局向申报人出具《国家市场监督管理总局经营者集中材料接收单》。反垄断局核查申报文件、资料是否完备，如不完备，由反垄断局书面通知申报人补充材料。

第三步：申报人提交的文件、资料不完备的，由反垄断局书面通知申报人在规定的期限内补交文件、资料。申报人逾期未补交文件、资料的，视为未申报。

第四步：对符合法律法规规定，申报文件、资料完备的申报，由反垄断局书面通知申报人立案。

第五步：自立案之日起 30 日内完成初步审查，做出是否实施进一步审查的决定，由反垄断局书面通知申报人。

第六步：对需要实施进一步审查的，自决定之日起 90 日内完成审查，做出是否禁止经营者集中的决定，由反垄断局书面通知申报人。

第七步：有下列情形之一的，由反垄断局书面通知申报人延长进一步审查的期限，时间最长不超过 60 日：

（1）经营者同意延长审查期限的；

（2）经营者提交的文件、资料不准确，需要进一步核实的；

（3）经营者申报后有关情况发生重大变化的。

第八步：经营者集中反垄断审查工作结束，由反垄断局将审查决定书面通知申报人。禁止经营者集中的决定或者对经营者集中附加限制性条件的决定向社会公布。

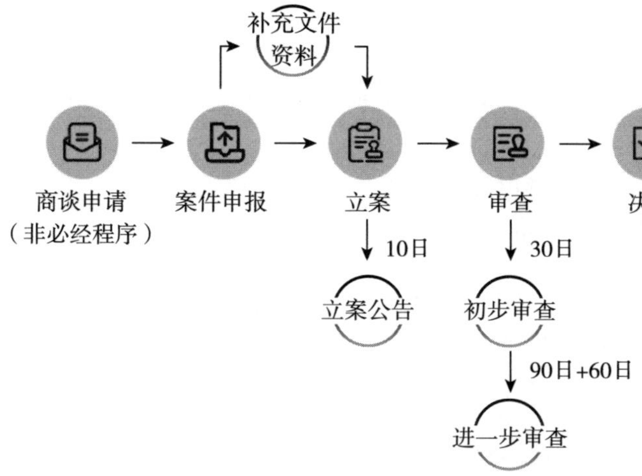

图2－4－1　经营者集中申报流程

八、经营者集中简易案件申报的条件

（一）符合下列情形之一的经营者集中，可以作为简易案件申报

1. 在同一相关市场，参与集中的经营者所占的市场份额之和小于15%；在上下游市场，参与集中的经营者所占的市场份额均小于25%；不在同一相关市场也不存在上下游关系的参与集中的经营者，在与交易有关的每个市场所占的市场份额均小于25%。

2. 参与集中的经营者在中国境外设立合营企业，合营企业不在中国境内从事经济活动的。

3. 参与集中的经营者收购境外企业股权或者资产，该境外企业不在中国境内从事经济活动的。

4. 由两个以上经营者共同控制的合营企业，通过集中被其中一个或者一个以上经营者控制的。

（二）符合《经营者集中审查规定》第19条但存在下列情形之一的经营者集中，不视为简易案件

1. 由两个以上经营者共同控制的合营企业，通过集中被其中的一个经营者控制，该经营者与合营企业属于同一相关市场的竞争者，且市场份额之和大于15%的；

2. 经营者集中涉及的相关市场难以界定的；

3. 经营者集中对市场进入、技术进步可能产生不利影响的；

4. 经营者集中对消费者和其他有关经营者可能产生不利影响的；

5. 经营者集中对国民经济发展可能产生不利影响的；

6. 市场监管总局认为可能对市场竞争产生不利影响的其他情形。

（三）简易案件和普通案件申报材料比较

简易案件的申报材料与普通案件相比，减少的材料包括：(1)关联实体相关信息；(2)相关市场的供应结构和需求结构；(3)市场进入；(4)横向或纵向合作协议；(5)集中可能产生的效率；(6)集中是否涉及破产或濒临破产企业；(7)有关方面对本次集中的意见。

▶【典型案例】

上海明察哲刚管理咨询有限公司与环胜信息技术（上海）有限公司新设合营企业案

经营者集中简易案件公示表

案件名称	上海明察哲刚管理咨询有限公司与环胜信息技术（上海）有限公司新设合营企业案
交易概况（限200字内）	上海明察哲刚管理咨询有限公司（以下简称明察哲刚）和环胜信息技术（上海）有限公司（以下简称环胜信息）拟设立合营企业，从事餐饮行业信息科技、网络科技领域的技术开发、数据处理、人工智能应用软件开发、人工智能硬件开发等业务，探索产研合作的新模式，为餐饮行业提供更多技术解决方案。明察哲刚与环胜信息将分别持有合营企业60%和40%的股权，并共同控制合营企业

续表

参与集中的经营者简介	1. 明察哲刚	明察哲刚所在集团主要从事的业务包括:为企业提供消费者全触点测量与优化、智能分析与决策、业务及数据中台的营销智能闭环解决方案,以及智慧餐饮等场景下的新一代人机协同解决方案,为政府部门或公共事业提供人工智能解决方案。明察哲刚的最终控制人是 Leading smart holdings limited(汇智控股有限公司),一家开曼注册的公司,其通过关联实体基于一系列协议安排控制明察哲刚
	2. 环胜信息	环胜信息所在集团拥有肯德基、必胜客、塔可贝尔、东方既白、小肥羊和 COFFii & JOY 连锁餐厅品牌,其主要在中国从事西式快餐、中式快餐、火锅餐饮、休闲餐饮等业务。环胜信息的最终控制人是百胜中国控股公司
简易案件理由(可以单选,也可以多选)	□1. 在同一相关市场,所有参与集中的经营者所占市场份额之和小于 15%	
	☑2. 存在上下游关系的参与集中的经营者,在上下游市场所占的市场份额均小于 25%	
	□3. 不在同一相关市场、也不存在上下游关系的参与集中的经营者,在与交易有关的每个市场所占的份额均小于 25%	
	□4. 参与集中的经营者在中国境外设立合营企业,合营企业不在中国境内从事经济活动	
	□5. 参与集中的经营者收购境外企业股权或资产的,该境外企业不在中国境内从事经济活动	
	□6. 由两个以上的经营者共同控制的合营企业,通过集中被其中一个或一个以上经营者控制	
备注	1. 中国餐饮行业信息技术应用产品及服务市场 ·明察哲刚:0~5% 2. 中国餐饮服务市场 ·环胜信息:0~5%	

香飘飘食品股份有限公司收购超级植造(上海)食品饮料有限公司股权案

经营者集中简易案件公示表

<table>
<tr><td>案件名称</td><td colspan="2">香飘飘食品股份有限公司收购超级植造(上海)食品饮料有限公司股权案</td></tr>
<tr><td>交易概况
(限200字内)</td><td colspan="2">香飘飘食品股份有限公司(以下简称香飘飘)通过湖州玖欣企业管理有限公司(以下简称湖州玖欣)与超级植造(上海)食品饮料有限公司(以下简称目标公司)、欧力(上海)饮料有限公司(以下简称欧力上海)签署协议,约定湖州玖欣以人民币1400万元的价格认购目标公司新增的注册资本人民币1400万元。目标公司主要从事燕麦植物基饮料产品的研发、生产及销售业务。交易前,欧力上海持有目标公司100%的股权,单独控制目标公司。交易后,欧力上海持有目标公司60%的股权,香飘飘通过湖州玖欣持有目标公司40%的股权,欧力上海与香飘飘对目标公司形成共同控制</td></tr>
<tr><td rowspan="2">参与集中的经营者简介(每个限100字以内)</td><td>香飘飘</td><td>香飘飘于2005年8月12日成立于中国浙江省,为上海证券交易所上市公司,主要从事业务为奶茶饮料产品的研发、生产和销售。
香飘飘的最终控制人为中国籍自然人,主要业务为奶茶饮料产品的研发、生产和销售等</td></tr>
<tr><td>欧力上海</td><td>欧力上海于2017年6月22日成立于中国上海市,主要从事植物基产品相关业务。
欧力上海的最终控制人为Oatly Group AB,主要业务为燕麦奶生产与销售等</td></tr>
<tr><td rowspan="6">简易案件理由
(可以单选,也可以多选)</td><td colspan="2">□1. 在同一相关市场,所有参与集中的经营者所占市场份额之和小于15%</td></tr>
<tr><td colspan="2">□2. 存在上下游关系的参与集中的经营者,在上下游市场所占的市场份额均小于25%</td></tr>
<tr><td colspan="2">☑3. 不在同一相关市场、也不存在上下游关系的参与集中的经营者,在与交易有关的每个市场所占的份额均小于25%</td></tr>
<tr><td colspan="2">□4. 参与集中的经营者在中国境外设立合营企业,合营企业不在中国境内从事经济活动</td></tr>
<tr><td colspan="2">□5. 参与集中的经营者收购境外企业股权或资产的,该境外企业不在中国境内从事经济活动</td></tr>
<tr><td colspan="2">□6. 由两个以上的经营者共同控制的合营企业,通过集中被其中一个或一个以上经营者控制</td></tr>
</table>

续表

备注	混合集中： 2021 年中国境内植物蛋白饮料市场： 欧力上海:0 ~5% 2021 年中国境内茶饮料市场： 香飘飘:0 ~5%

杭州海康威视数字技术股份有限公司与温州市鹿城区国有资产经营集团有限公司新设合营企业案

经营者集中简易案件公示表

案件名称	杭州海康威视数字技术股份有限公司与温州市鹿城区国有资产经营集团有限公司新设合营企业案	
交易概况（限 200 字内）	杭州海康威视数字技术股份有限公司（以下简称海康威视）与温州市鹿城区国有资产经营集团（以下简称鹿城国资）签署《出资协议》，拟共同新设合营企业。合营企业计划从事智慧城市解决方案业务。交易后，海康威视与鹿城国资分别持有合营企业 51%、49% 的股权，共同控制合营企业	
参与集中的经营者简介（每个限 100 字以内）	1. 海康威视	海康威视于 2001 年 11 月 30 日成立于中国浙江省，为深圳证券交易所上市公司，主要从事物联网解决方案业务，也通过下属公司从事智慧城市解决方案业务。 海康威视最终控制人为中国电子科技集团有限公司，主要从事电子装备、网信体系、产业基础、网络安全等业务
	2. 鹿城国资	鹿城国资于 2018 年 11 月 30 日成立于中国浙江省，主要从事业务包括：片区开发、建设管理；城市道路停车、场库停车服务；物业管理；等等。 鹿城国资最终控制人为温州市鹿城区国有控股集团有限公司，主要从事业务包括股权投资、投资管理、资产管理、投资咨询、财务咨询，以及区政府授权的其他开发、建设、运营、管理、服务

续表

简易案件理由（可以单选，也可以多选）	□1. 在同一相关市场，所有参与集中的经营者所占市场份额之和小于15%
	□2. 存在上下游关系的参与集中的经营者，在上下游市场所占的市场份额均小于25%
	☑3. 不在同一相关市场、也不存在上下游关系的参与集中的经营者，在与交易有关的每个市场所占的份额均小于25%
	□4. 参与集中的经营者在中国境外设立合营企业，合营企业不在中国境内从事经济活动
	□5. 参与集中的经营者收购境外企业股权或资产的，该境外企业不在中国境内从事经济活动
	□6. 由两个以上的经营者共同控制的合营企业，通过集中被其中一个或一个以上经营者控制
备注	混合集中： 2022年中国境内物联网解决方案市场： 海康威视：0～5% 2022年中国境内智慧城市解决方案市场： 海康威视：5%～10%，合营企业（预计）：0～5%，各方合计：5%～10%

九、经营者集中反垄断调查

根据《经营者集中审查规定》，对违法实施经营者集中的调查，基本程序如下：

1. 核实情况：市场监管总局对当事方提交的材料进行初步核实，无明确时限要求。

2. 立案：对有初步事实和证据表明存在违法实施经营者集中嫌疑的，市场监管总局立案，并书面通知被调查的经营者。

3. 提交初步调查材料：被调查的经营者应当在立案通知送达之日起30日内，向市场监管总局提交是否属于经营者集中、是否达到申报标准、是否申报、是否违法实施等有关的文件、资料。

4. 初步调查：市场监管总局应当自收到被调查的经营者依照规定提交的文件、资料之日起30日内，对被调查的交易是否属于违法实施经营者集中完成初步调查。

属于违法实施经营者集中的,市场监管总局应当作出实施进一步调查的决定,并书面通知被调查的经营者。经营者应当停止违法行为。

不属于违法实施经营者集中的,市场监管总局应当作出不实施进一步调查的决定,并书面通知被调查的经营者。

5. 提交进一步调查材料:市场监管总局决定实施进一步调查的,被调查的经营者应当自收到市场监管总局书面通知之日起 30 日内,依照《经营者集中审查规定》关于经营者集中申报文件、资料的规定向市场监管总局提交相关文件、资料。

6. 进一步调查:市场监管总局应当自收到被调查的经营者提交的符合规定的文件、资料之日起 120 日内,完成进一步调查。

在进一步调查阶段,市场监管总局应当按照《反垄断法》及《经营者集中审查规定》,对被调查的交易是否具有或者可能具有排除、限制竞争效果进行评估。

在调查过程中,被调查的经营者、利害关系人有权陈述意见。市场监管总局应当对被调查的经营者、利害关系人提出的事实、理由和证据进行核实。

7. 告知:市场监管总局在作出行政处罚决定前,应当告知被调查的经营者拟作出的行政处罚内容及事实、理由、依据,并告知被调查的经营者依法享有的陈述、申辩、要求听证等权利。

被调查的经营者自告知书送达之日起 5 个工作日内,未行使陈述、申辩权,未要求听证的,视为放弃此权利。

8. 处罚:调查终结后,拟作出行政处罚的,将书面通知被调查人;被调查人不要求陈述或申辩的,则送达处罚决定。

9. 市场监管总局对违法实施经营者集中应当依法作出处理决定,并可以向社会公布。

▶【典型案例】

惠迪天津与一汽集团设立合营企业违法实施经营者集中案

2018 年 6 月 29 日,惠迪天津与一汽集团签署合营协议,设立一汽惠迪汽车科技有限公司,惠迪天津与一汽集团对合营企业各持股 50%。2018 年 7 月 23 日,合营企业完成注册,在此之前未向市场监管总局申报,违反 2007 年《反垄断法》第 21 条(对应 2022 年《反垄断法》第 26 条),构成违法实施的经营者集中。市场监管总局就惠迪天津与一汽集团设立合营企业对市场竞争的影响进行了评估。评估认为,该项经营者集中不会产生排除、限制竞争的效果。2021 年 7 月 6 日,基于调查情况和评估结论,市场监管总局给予惠迪天津和一汽集团各 50 万元罚款的行政处罚。

新希望投资收购兴源环境股权违法实施集中案

2019 年 3 月 29 日,集中各方签署协议,新希望投资收购兴源环境 23.6% 股份。交易完成后,兴源环境由新希望投资单独控制。4 月 17 日,收购股份完成过户登记手续,在此之前未获得市场监管总局批准,违反 2007 年《反垄断法》第 25 条(对应 2022 年《反垄断法》第 30 条),构成违法实施的经营者集中。市场监管总局就新希望投资收购兴源环境股权对市场竞争的影响进行了评估。评估认为,该项经营者集中不会产生排除、限制竞争的效果。根据调查情况和评估结论,市场监管总局对新希望投资处以 40 万元人民币罚款的行政处罚。

十、经营者集中申报的特殊情况

(一)涉及境外公司的交易是否需要在中国进行经营者集中申报

境外交易或跨境交易满足《反垄断法》经营者集中申报标准的,也需在中国境内进行经营者集中申报。

相关交易属于下列情形之一的,可直接适用简易程序:

(1)参与集中的经营者在中国境外设立合营企业,合营企业不在中国境内从事经济活动。

(2)参与集中的经营者收购境外企业股权或资产,该境外企业不在中国境内从事经济活动。

(二)境内并购交易是否有可能触发其他国家的经营者集中申报

全球百余个司法辖区均有经营者集中申报制度。如果交易一方或交易双方在其他司法辖区有营业额或资产,交易可能同时触发在其他司法辖区的申报义务。同中国一样,大多数司法辖区的申报要求为事先申报(交割前需取得审批通过)。因此,在进行交易之前,需要全面考虑该项交易是否需在其他司法辖区进行经营者集中申报,并确保在交割前获得所有需申报司法辖区的批准。

(三)可变利益实体是否需要在中国进行经营者集中申报

根据《反垄断法》第25条第3项的规定,经营者通过合同等方式取得对其他经营者的控制权或者能够对其他经营者施加决定性影响,构成经营集中,属于协议控制类型。可变利益实体(Variable Interest Entities, VIE),主要是指中国企业实现海外上市、融资及外国投资者为规避国内监管对外资准入的限制而设立的法律实体。一般而言,VIE架构通过在开曼群岛或维尔京群岛设立的一个离岸公司作为未来上市主体,通过一系列投资活动,在境内设立一家外商独资企业(WFOE)。国内拟上市实体与该WFOE签订一系列协议,约定拟上市实体大部分利润输送至该WFOE。境内离岸公司登陆境外资本市场。当离岸公司通过协议控制多家公司时,将构成经营者集中。《国务院反垄断委员会关于平台经济领域的反垄断指南》第18条也提到,涉及协议控制架构的经营者集中,属于经营者集中反垄断审查范围。

十一、经营者集中救济措施

反垄断执法机构对于具有或者可能具有排除、限制竞争效果的经营者集中案件,可以要求参与集中的经营者提交附加限制性条件的承诺方案。反垄断执法机构对提交的承诺方案的有效性、可行性和及时性进行评估,从而作出附加限制性条件批准经营者集中的决定。

附加限制性条件实质上是对可能有竞争损害的经营者集中提供救济性措施,是经营者集中救济。这种救济发生在经营集中审查之际,是反垄断执法机构为消除竞争损害而采取的方法,是《反垄断法》中一项特殊的制度安排。通常来说,救济性措施分为结构性救济措施和行为性救济措施。根据《经营者集中审查规定》,我国救济性措施有三种:结构性救济措施、行为性救济措施、综合性救济措施。

所谓结构性救济措施,是指采取剥离有形资产,知识产权、数据等无形资产,或者相关权益等措施,以消除竞争影响。

所谓行为性救济措施,是指开放其网络或者平台等基础设施、许可关键技术(包括专利、专有技术或者其他知识产权)、终止排他性或者独占性协议、保持独立运营、修改平台规则或者算法、承诺兼容或者不降低互操作性水平等,以消除竞争影响。

所谓综合性救济措施,是指采取结构性和行为性相结合的综合性措施。

结构性救济措施与行为性救济措施的区别在于:结构性救济通过剥离业务或业务联系产生了新的市场实体,是增加竞争者,企图影响企业固定成本,通过市场结构的改变消除竞争影响。而行为性救济是不改变竞争结构,通过限制集中后的经营者的经营行为,来维持市场竞争,企图影响边际成本,需要事后监督执行。[①]

(一)结构性救济措施

结构性救济措施是能够即可且永久性改变市场结构并不需要长期监管的救济。具体类型如下。

1. 业务剥离

业务剥离范围十分广泛,包括有形资产、无形资产、股权、关键人员以及客户协议或者供应协议等权益。剥离对象可以是参与集中经营者的子公司、分支机构或者业务部门等。根据剥离业务的性质,剥离业务可以分为两类:一是即时性和永久性改变市场结构所需要的剥离业务。如客户网络、业务部门、研发团队、经营性资产。这类业务的剥离会导致市场份额由剥离方向接受剥离方转移。二是促进市场进入所需要的剥离业务。这类业务主要包括专利技术、研发成果等。这类业务的剥离不会立即导致市场份额的改变,买方不会马上成为竞争者,因此实践中适用较少。

2. 切断与竞争者的联系

切断与竞争者的联系是结构性救济的一种特殊形式。参与集中的经营者与竞争者在相关市场存在结构性联系,集中后可能导致与这些竞争者丧失竞争的意愿或者实施某种协调。通过切断参与集中的经营者与竞争者之间的联系,可以使得参与集中的经营者与竞争者保持竞争格局,维持相关市场的竞争,从而消除反垄断执法机构对集中的竞争关注。主要方法是:对合营企业中的少数股份进行剥离;剥离一个竞争者的少数股份;放弃与竞争者的少数股份有联系的权利,如否决

① 参见袁日新:《经营者集中救济法律制度研究》,法律出版社2017年版,第16页。

权和知情权。①

(二)行为性救济措施

行为性救济是指与集中市场实体的交易行为相关的并至少需要一定期限监管的救济。具体类型如下。

1. 开放救济

开放救济是指集中后的经营者在公平合理无歧视的基础上向第三方许可开放关键基础设施、网络、关键技术等,以维护现实的或者潜在的市场竞争。开放救济的实质是集中后的经营者承诺其他市场主体可以获得或者使用相关市场有效竞争所必需的竞争要素。

2. 终止排他性协议

一项排他性的长期供应协议可以封锁上游市场,影响竞争者进入。如果集中后的经营者具备这样的能力,那么可以避免、终止或改变现有的排他性长期供应协议,以避免协议严重妨碍有效竞争。

3. 防火墙条款

防火墙条款是指禁止企业内部竞争性敏感信息的传播条款。

4. 无歧视条款

无歧视条款要求集中后的经营者向交易相对人提供平等的机会和条件。

5. 透明度条款

透明度条款要求集中后的经营者向监管部门披露特定的信息,以避免集中后的经营者实施相关的限制竞争行为。通常在纵向集中中适用。

6. 限制再雇佣核心人员条款

限制再雇佣核心人员条款是指反垄断执法机构限制集中后的经营者在一定期限内重新雇佣被剥离业务的核心人员。

7. 限制价格条款

限制价格条款是指反垄断执法机构直接对集中后的经营者进行价格干预。

8. 其他行为性救济

行为性救济具有开放性。实践中,行为性救济创新很多,具体措施很多,难以穷尽。一些新的行为性救济应该会层出不穷。

---

① 参见袁日新:《经营者集中救济法律制度研究》,法律出版社2017年版,第18页。

▶【典型案例】

附加限制性条件批准先声药业有限公司收购北京托毕西药业有限公司股权案

（一）参与集中的经营者基本情况

收购方：先声药业。1998年在江苏省南京市设立，母公司先声药业集团有限公司在中国香港设立，于香港联合交易所上市，最终控制人为自然人。先声药业有限公司及关联方（以下统称为先声药业）主要从事药品生产和销售。

被收购方：托毕西。1993年在北京市设立，北京托毕西药业有限公司（以下简称托毕西）股权持有人为子博有限公司，在中国香港设立，最终控制人为自然人。托毕西从事巴曲酶注射液生产和销售。

（二）交易过程

2017年7月，先声药业与子博有限公司签订协议，拟收购托毕西全部股权。

2019年4月，先声药业与全球巴曲酶浓缩液原料药唯一供应商瑞士DSM Nutritional Products Ltd Branch Pentapharm签订《合作及供货协议》，成为中国境内市场唯一可以销售巴曲酶浓缩液原料药的公司。

（三）审查决定

鉴于本案在中国境内巴曲酶注射液市场可能具有排除、限制竞争效果，根据先声药业提交的附加限制性条件承诺方案，市场监管总局决定附加限制性条件批准此项集中，要求先声药业和集中后实体履行（包括但不限于）以下义务：

一是解除先声药业与DSM在中国境内独家、排他供应巴曲酶原料药的协议约定。

二是按照《经营者集中审查规定》规定的时限剥离先声药业在研巴曲酶注射液业务。向剥离买方承担巴曲酶浓缩液原料药供应义务，并为剥离买方与DSM达成直接供应关系提供必要协助。

三是集中实施后下调临床常用规格的巴曲酶注射液终端价格不少于当前挂网价格的20%。

四是集中实施后保障临床常用规格的巴曲酶注射液用药需求。

五是若未按时解除协议约定、未按时完成剥离或者剥离买方未按时实施研发，集中实施后下调临床常用规格的巴曲酶注射液终端价格不少于当前挂网价格的50%。

限制性条件的监督执行除按《市场监管总局关于附加限制性条件批准先声药业有限公司收购北京托毕西药业有限公司股权案反垄断审查决定的公告》办理外，先声药业于2023年8月25日向市场监管总局提交的附加限制性条件承诺方案对先声药业和集中后实体具有法律约束力。

十二、经营者集中反垄断申报思维导图

- **提出商谈申请（非必要）**
  - 商谈内容
    - 交易是否需要申报。包括相关交易是否属于经营者集中，是否达到申报标准等
    - 需要提交的申报文件资料。包括申报文件资料的信息种类、形式、内容和详略程度等
    - 具体法律和事实问题。包括如何界定相关商品市场和相关地域市场、是否符合规定等
    - 就申报和审查程序提供指导。包括申报的时间、申报义务人、申报和审查的时限、简易案件申报程序、非简易案件申报程序、审查程序等
    - 其他相关问题。例如交易是否存在未依法申报问题等
  - 受理部门
    - 市场监管总局受理——收到商谈申请后，也可以委托试点省级市场监管部门受理商谈
    - 受委托试点省级市场监管部门受理
  - 所需资料
    - 交易概况
    - 交易各方基本信息
    - 拟商谈问题
- **案件申报**
  - 申报内容
    - 申报书——申报书应当载明参与集中的经营者的名称、住所、经营范围、预定实施集中的日期。申报人身份证明或注册登记证明，境外申报人须提交当地有关机构出具的公证和认证文件。委托代理人申报的，应当提交经申报人签字的授权委托书
    - 集中对相关市场竞争状况影响的说明
      - 包括集中交易概况
      - 集中的动机、目的和经济合理性分析
      - 相关市场界定
      - 参与集中的经营者在相关市场的市场份额及其对市场的控制力
      - 主要竞争者及其市场份额
      - 市场集中度
      - 市场进入
      - 行业发展现状
      - 集中对市场竞争结构、行业发展、技术进步、国民经济发展、消费者以及其他经营者的影响
    - 集中协议——包括各种形式的集中协议文件，如协议书、合同以及相应的补充文件等
    - 参与集中的经营者经会计师事务所审计的上一会计年度财务会计报告
    - 反垄断局要求提交的其他文件资料
    - 申报人可以自愿提供的材料——地方政府和主管部门等有关方面的意见，支持集中协议的各类报告，包括集中交易的可行性研究报告、尽职调查报告、行业发展研究报告、集中策划报告以及交易后前景发展预测报告等
- **立案**
  - 市场监管局将于收到符合相关规定的文件、资料之日立案
  - 通知申报人
  - 立案当日在官方网站公示立案信息
- **审查**
  - 初步审查30天
    - 不再进一步审查
    - 进一步审查90日
      - 审查完毕，作出是否禁止经营者集中的决定
      - 符合规定情形的，延长期限最长不得超过60日
- **决定**
  - 审查结果于市场监督管理局官方网站公示
    - 无条件批准
    - 附加限制性条件批准
      - 结构性条件
      - 行为性条件
      - 综合性条件
    - 禁止经营者集中

图2－4－2　经营者集中反垄断申报思维导图

第五章

知识产权领域反垄断合规

反垄断与保护知识产权具有共同的目标，均是促进竞争和创新，维护消费者利益，提高社会福利。知识产权许可和授权制度本身有利于技术创新，也有利于促进市场竞争。《反垄断法》第68条规定，依法行使知识产权并不构成垄断，只有滥用知识产权排除、限制竞争的行为才可能受到反垄断规制。2019年1月，国务院反垄断委员会发布《国务院反垄断委员会关于知识产权领域的反垄断指南》。2023年6月，市场监管总局发布《禁止滥用知识产权排除、限制竞争行为规定》。这两个文件对知识产权领域反垄断作出了具体规范。

一、知识产权与反垄断

知识产权是人们就其智力成果依法享有的专有权利，具有独占性和排他性。知识产权本质上是法律赋予的一种合法垄断。各国反垄断立法均规定知识产权为适用除外。但是，知识产权适用除外限于两种类型：一是知识产权本身适用除外，即依法行使知识产权，合法垄断除外；二是基于公共利益因素而给予的适用除外。

知识产权与反垄断在保护和鼓励创新的目标上具有一致性，但显然两者的路径不同。知识产权的手段是给予创新者财产权，允许短期垄断，通过保护和激励创新来促进经济增长，而反垄断是通过维护竞争来促进经济发展。知识产权给予创新者排他性保护以免被模仿，从而防止创新上的“搭便车”。知识产权的方向是给予创新者更多的保护，而反垄断的方向是更多的竞争，促进创新。知识产权的专有性和排他性，使得权利人拥有一定的市场支配能力，一旦滥用权利排挤竞争对手，便容易触犯《反垄断法》。知识产权领域反垄断主要涉及的是权利人因不正当行使知识产权而损害竞争，有必要采取措施阻止或恢复竞争机制。从一般意义上说，知识产权和反垄断存在冲突。知识产权的反垄断政策本质上是调和两者之间的这种冲突。2011 年美国联邦贸易委员会发布《知识产权市场的演化：与竞争协调的专利申报与救济》报告，确立了以下原则：一是知识产权许可限制一般都是有效率的，应当适用合理原则进行分析（“赤裸裸”的限制除外）；二是对市场份额较低的知识产权许可交易设置反托拉斯“安全港”；三是知识产权是一项财产权，而非一项垄断权（不推定知识产权必然会产生市场支配力）；四是将知识产权视同于其他所有的财产权，同时考虑其特殊性。[①] 欧盟的相关指南[②]认为知识产权具有排他性，但也应当受到竞争法的规制，两者并不必然存在冲突，目标都是提升消费者福利和促进有效率的资源配置。中国出于规范知识产权领域的自由竞争和激励创新需要，对滥用知识产权垄断行为进行规制。

从反垄断的角度看，滥用知识产权主要有两类行为：第一种类型是滥用市场支配地位。例如拒绝许可、搭售、差别待遇、掠夺性定价、过高定价等。第二种类型是限制竞争行为。例如回授、固定价格或转售价格限制、联合经营等。

二、知识产权领域反垄断的边界

知识产权是智力成果权利人依法享有的专有权，有独占性。所谓知识产权是一种合法的垄断权，但依法行使知识产权不适用反垄断法。反垄断法不禁止知识产权的垄断状态。知识产权的“垄断”与反垄断法的“垄断”不等同。知识产权的“垄断”，是指知识产权的专有性、排他性，权利人对于其知识产权享有许可、使用等专有权利。未经权利人许可，他人不得擅自使用知识产权。知识产权是经营者重要的竞争工具，是竞争力的来源之一，当其市场力量足够强大时可形成垄断状

---

① 参见万江：《中国反垄断法：理论、实践与国际比较》（第 3 版），法律出版社 2021 年版，第 178 ~ 179 页。

② 如欧盟 2011 年颁布的《关于横向合作协议适用〈欧盟运行条例〉第 101 条的指南》，涉及研发协议和标准化协议，以及 2014 年修订发布的《关于技术转让协议适用〈欧盟运行条例〉第 101(3)条的规定》《关于技术转让协议适用〈欧盟运行条例〉第 101 条的指南》。参见万江：《中国反垄断法：理论、实践与国际比较》（第 3 版），法律出版社 2021 年版，第 179 页。

态。但是,反垄断关注的知识产权垄断问题,是不正当行使知识产权损害市场竞争的垄断行为,而不是知识产权的垄断状态本身。

知识产权滥用并不必然导致反垄断法上的垄断行为。[①] 知识产权滥用是相对于知识产权正当行使而言的,是知识产权权利人行使权利时超过法律允许的范围或正当的界限,导致对权利的不正当使用,损害他人利益和社会公共利益的行为。但是,知识产权滥用不等于垄断。知识产权滥用有三个层面的滥用。一是单纯违反知识产权法的滥用行为;二是构成不正当竞争的滥用行为;三是构成非法垄断的滥用行为。知识产权属于私法的范畴,一些知识产权滥用行为可能只受到民法、知识产权法等私法部门的调整,只有在滥用导致排除、限制竞争,危及自由竞争的市场秩序时,才有必要公法介入。反垄断法的规制主要是以公法的方法介入知识产权领域的竞争关系。[②]

为平衡知识产权保护和反垄断规制,《国务院反垄断委员会关于知识产权领域的反垄断指南》规定,分析经营者是否滥用知识产权排除、限制竞争时,须遵循以下基本原则:(1)采用与其他财产性权利相同的规制标准,遵循《反垄断法》相关规定;(2)考虑知识产权的特点;(3)不因经营者拥有知识产权而推定其在相关市场具有市场支配地位;(4)根据个案情况考虑相关行为对效率和创新的积极影响。

经营者依法行使知识产权不构成垄断。反垄断关注的问题在于避免滥用知识产权排除、限制竞争。由于知识产权专属性的自身特性,对其反垄断规制需要对相关知识产权行为的竞争影响进行评估,比较创新与效率的积极影响与对竞争的消极影响。知识产权行为可能产生的促进技术传播、提高资源利用效率等积极作用高于竞争负面影响的,不予禁止。滥用知识产权行为,导致排除、限制竞争的负面影响高于促进技术传播、提高资源利用效率等积极作用的,予以禁止。市场监管总局《禁止滥用知识产权排除、限制竞争行为规定》对知识产权行为的相关市场界定、垄断协议、滥用市场支配地位认定、经营者集中等认定规则、竞争分析思路作出了具体指引。

① 参见刘继峰等:《中华人民共和国反垄断法理解与适用》,中国法制出版社2023年版,第338页。
② 参见宁立志主编:《〈中华人民共和国反垄断法〉释评》,法律出版社2023年版,第332~334页。

▶【典型案例】

扬子江药业集团诉合肥医工医药股份有限公司滥用市场支配地位案①

扬子江药业集团(以下简称扬子江药业)为枸地氯雷他定片剂生产商,合肥医工医药股份有限公司(以下简称合肥医工)是上游枸地氯雷他定的原料药生产商。枸地氯雷他定是一款二代抗组胺药,有片剂和胶囊剂两种形式,被用于缓解慢性特发性荨麻疹及常年性过敏性鼻炎等过敏症状。合肥医工是枸地氯雷他定原料药化合物的专利所有人,也实际控制枸地氯雷他定原料药和胶囊剂的生产和销售,是市场中唯一的枸地氯雷他定原料药和胶囊剂生产商。扬子江药业采购合肥医工的枸地氯雷他定原料药,制造和销售枸地氯雷他定片剂。

2016 年 7 月至 2018 年 12 月,合肥医工多次要求涨价。扬子江药业提起诉讼,主张合肥医工滥用中国枸地氯雷他定原料药市场的市场支配地位,从事了限定交易、以不合理高价销售原料药、搭售不必要专利许可及附加不合理交易条件的行为。

终审判决认为,当被诉垄断行为涉及有效知识产权的行使时,对被诉垄断行为的排除、限制竞争效果的分析需要考虑依法正当行使知识产权所必然带来的法律效果。如果所谓的排除、限制竞争效果是依法正当行使特定知识产权的必然结果,且并未超出法律赋予该知识产权的合法效力范围,则其不属于反垄断法意义上的排除、限制竞争效果。

涉案枸地氯雷他定原料药落入 998 专利保护范围,合肥医工作为 998 专利的专利权人和事实上唯一的专利合法实施者,在专利权保护期限内限定交易相对人扬子江药业只能与其交易的行为系专利权权利排他效力的当然之义,且其限定程度并未超出专利权的法定排他效力范围,不属于反垄断法意义上的排除、限制竞争效果,故不应据此认定合肥医工在 998 专利保护期限内实施了滥用市场支配地位限定交易的行为。

① 参见最高人民法院民事判决书,(2020)最高法知民终 1140 号。

三、如何对知识产权的行为进行竞争分析

知识产权行为的竞争分析,有快速判断和普通判断。快速判断,即考量是否适用“安全港”。普通判断,则首先考虑相关当事人是否具有竞争关系;其次分析当事人是否具有市场支配地位;再次分析相关限制内容的竞争影响,是否具有正当性和合理性;最后判断是否为反垄断规制所容许。

因此,知识产权竞争分析的基本步骤如下:第一,确定经营者行使知识产权行为的性质和表现形式;第二,确定行使知识产权的经营者之间相互关系的性质;第三,界定行使知识产权所涉及的相关市场;第四,认定行使知识产权的经营者的市场地位;第五,分析经营者行使知识产权的行为对相关市场竞争的影响。

在确定上述经营者之间相互关系的性质时,需要考虑知识产权行为本身的特点。例如,在知识产权许可的情况下,分两种情形:

第一,订立许可协议前双方原本具有竞争关系。这种情况下,经营者在许可协议中是交易关系,在许可人和被许可人都利用该知识产权生产产品的市场上则又是竞争关系。

第二,订立许可协议时双方不存在竞争关系。这种情况下,在协议订立之后才产生竞争关系,则许可协议不视为竞争者之间的协议。

(一)相关市场

相关市场,包括相关商品市场和相关地域市场,根据《反垄断法》和《国务院反垄断委员会关于相关市场界定的指南》进行界定,并考虑知识产权、创新等因素的影响。在涉及知识产权许可等反垄断执法工作中,相关商品市场可以是技术市场,也可以是含有特定知识产权的产品市场。相关技术市场是指由行使知识产权所涉及的技术和可以相互替代的同类技术之间相互竞争所构成的市场。

(二)市场支配地位

经营者拥有知识产权,并不意味着其必然具有市场支配地位。经营者拥有知识产权可以构成认定其具有市场支配地位的因素之一,但不能仅根据经营者拥有知识产权就推定其在相关市场具有市场支配地位。认定拥有知识产权的经营者

在相关市场上是否具有支配地位,应依据《反垄断法》《禁止滥用市场支配地位行为规定》规定的认定或者推定经营者具有市场支配地位的因素和情形进行分析。结合知识产权的特点,还可具体考虑以下因素:

1. 交易相对人转向具有替代关系的技术或者商品等的可能性及转换成本;
2. 下游市场对利用知识产权所提供的商品的依赖程度;
3. 交易相对人对经营者的制衡能力。

(三)正当理由的考量因素

在分析拒绝许可、限定交易行为、搭售行为、附加不合理的交易条件、实行差别待遇、专利联营实施垄断协议或滥用市场支配地位、利用标准垄断协议或滥用市场支配地位时,以"无正当理由"为条件,可以认定为"正当理由"的考量因素包括:

1. 有利于鼓励创新和促进市场公平竞争;
2. 为行使或者保护知识产权所必需;
3. 为满足产品安全、技术效果、产品性能等所必需;
4. 符合交易相对人实际需求且符合正当的行业惯例和交易习惯;
5. 其他能够证明行为具有正当性的因素。

▶【典型案例】

广州华多网络科技有限公司与广州网易计算机系统有限公司滥用市场支配地位及不正当竞争纠纷案[①]

广州博冠信息科技有限公司是《梦幻西游2》网络游戏著作权人。后广州博冠信息科技有限公司将《梦幻西游2》相应著作权授权给广州网易计算机系统有限公司(以下简称网易公司),并授权网易公司有权以自己名义对其他任何侵权方采取法律行为。

《梦幻西游2》游戏安装过程中的《用户使用许可协议》第2.1条约定,网易公司依法享有《梦幻西游2》的一切合法权属(包括但不限于知识产权)。第6.2条约定,未经网易公司书面同意,用户不得公开展示和播放本产品的全部或部分内容(无论是营利

① 参见广东省高级人民法院民事判决书,(2018)粤民终552号。

的还是非营利的)。

网易公司确认存在限制用户在虎牙平台、YY 平台转播《梦幻西游 2》网络游戏的行为,但表示该行为是为了维护自己的知识产权,针对的是所有未经授权的平台。

网易公司确认将《梦幻西游 2》网络游戏与网易 CC 软件捆绑下载安装。

广州华多网络科技有限公司(以下简称华多公司)起诉网易公司存在通过暂停登录、强制离线、封停账号等方式限制玩家在华多公司平台直播《梦幻西游 2》的行为和将网易 CC 软件与《梦幻西游 2》网络游戏软件捆绑安装的行为,构成《反垄断法》规制的搭售和交易时附加不合理交易条件行为。2007 年《反垄断法》第 17 条第 1 款第 5 项规定:"禁止具有市场支配地位的经营者从事下列滥用市场支配地位的行为:……(五)没有正当理由搭售商品,或者在交易时附加其他不合理的交易条件;……"

法院认为,搭售和交易时附加不合理交易条件行为违反《反垄断法》前提是经营者具有市场支配地位。网易公司在相关市场范围内不具有市场支配地位,其将《梦幻西游 2》与网易 CC 软件打包安装,虽未提供与软件安装方式同等或者更便利的卸载方式,但并未违背交易惯例、消费习惯等,或者无视商品的功能,将不同商品强制捆绑销售,从而使其在搭售品市场的支配地位延伸到被搭售品市场,更未产生排除、限制其他经营者在搭售品或者被搭售品市场上的竞争,不足以对网络游戏服务市场和游戏直播市场的竞争秩序造成影响,故其行为不构成滥用市场支配地位,不足以成为《反垄断法》规制的对象。华多公司关于网易公司的行为构成滥用市场支配地位的意见依据不足。

(四)竞争分析一般框架

1. 分析当事人之间是否具有竞争关系

知识产权行为当事人之间可能是纵向关系,也可能是横向关系。从当事人之间的知识产权协议中是否存在许可费限制、独家许可、地域限制、客户限制、产量限制、搭售限制、不竞争义务等条款,可以判断当事人之间是否存在竞争关系,有助于对当事人之间知识产权行为进行竞争影响评估。

2. 分析知识产权相关市场以及在相关市场的地位

市场支配力的判断可以基于两个因素:市场结构、市场壁垒。市场结构指相关市场内竞争者的数量和主要竞争者的市场份额。市场壁垒是从现有市场竞争者将价格提高到竞争水平之上不会有新的市场进入者的程度来衡量。市场壁垒取决于很多因素,包括规模经济效应、政府管制、补贴、关税、知识产权、稀缺资源等。市场壁垒的本质在于沉淀成本,沉淀成本越高,新的市场进入者需要承担的市场风险越大;一旦失败即需要承担高额的沉淀成本。① 分析知识产权行为的相关市场及其地位有助于分析当事人在相关市场的支配力。

3. 知识产权行为的反竞争效果分析

主要需要关注当事人知识产权行为在相关市场中可能限制竞争的许可条款。需要分析相关限制条款有没有降低相关市场不同技术之间的竞争,是否存在明示或默示的合谋,通过提高成本排除竞争,限制竞争者取得必要的原料或技术,减少经营者之间同一技术内部的竞争。

4. 知识产权行为限制条款的正当性和合理性分析

主要是关注相关行为是否提高经济效率、是否鼓励创新。

为明确知识产权领域的反垄断规制带来的市场预期,针对核心卡特尔和转售价格维持之外的其他垄断协议,《国务院反垄断委员会关于知识产权领域的反垄断指南》规定了"安全港"规则。具体是,如果经营者符合下列条件之一,通常不将其达成的涉及知识产权的协议认定为构成垄断协议②,但是有相反的证据证明该协议对市场竞争产生排除、限制影响的除外。

(1)具有竞争关系的经营者在相关市场的市场份额合计不超过20%;

(2)经营者与交易相对人在受到涉及知识产权的协议影响的任一相关市场上的市场份额均不超过30%;

(3)经营者在相关市场的份额难以获得,或者市场份额不能准确反映经营者的市场地位,但在相关市场上除协议各方控制的技术外,存在四个或者四个以上能够以合理成本得到的由其他经营者独立控制的具有替代关系的技术。

四、具体知识产权行为的竞争分析

(一)联合研发

联合研发是指经营者共同研发技术、产品等,及利用研发成果的行为。联合研发对竞争的影响,主要关切在联合者之间是否具有竞争关系、市场存在横向垄

① 参见万江:《中国反垄断法:理论、实践与国际比较》(第3版),法律出版社2021年版,第184页。

② 指《反垄断法》第17条第6项和第18条第1款第3项规定的垄断协议。

断行为以及市场份额大小。市场份额大,会提高市场壁垒,遏制创新。主要考虑以下因素:

(1)是否限制经营者在与联合研发无关的领域独立或者与第三方合作进行研发;

(2)是否限制经营者在联合研发完成后进行后续研发;

(3)是否限制经营者在与联合研发无关的领域研发的新技术或者新产品所涉知识产权的归属和行使。

联合研发也可能在协议中约定限制产量、固定价格或者分割市场,从而成为反垄断法规制的对象。

▶【典型案例】

霍尼韦尔和杜邦公司联合开发汽车空调新制冷剂案①

2011 年 12 月,欧盟委员会就霍尼韦尔和杜邦公司开发一种新型汽车空调系统制冷剂的协议启动了反垄断程序,调查两家公司就这些制冷剂达成的联合开发、许可和生产安排是否限制了市场竞争。这种行为可能违反《欧盟运行条例》第 101 条和《欧洲经济区协定》第 53 条。一种被称为R－1234yf 的新型制冷剂被宣布为先前制冷剂 R134a 的合适的全球替代物,该制冷剂旨在用于未来的汽车空调系统,而先前制冷剂 R134a 不符合关于其全球变暖潜能的新欧盟规则第 2006/40 号指令。

2014 年 10 月,欧盟委员会致函初步意见反对该联合研发协议。R－1234yf 被选作未来车用空调制冷剂的替代产品,并且是唯一可以商业化并满足欧盟 2006 年新颁布的车用空调标准的制冷剂。参与联合研发的两家化工企业是市场上仅有的向汽车生产商供应 R－1234yf 的供应商。欧盟委员会审查后认为,该联合研发协议会限制可向市场供应的新型制冷剂的数量,并限制相关的技术研发,从而产生限制竞争的效果。

① See Antitrust, *Commission sends Statement of Objections to Honeywell and DuPont regarding cooperation on new refrigerant used in car air conditioning systems*, 载 https://ec. europa. eu/commission/presscorner/detail/en/IP_14_1186,2023 年 11 月 22 日访问。

(二)交叉许可与专利联营

交叉许可是指经营者将各自拥有的知识产权相互许可使用。专利联营是指两个或者两个以上的专利权人通过某种形式将各自拥有的专利共同许可给第三方的协议安排。其形式可以是为此目的成立的专门合资公司,也可以委托某一联营成员或者某独立的第三方进行管理。若专利联营成员交换价格、产量、市场划分等有关竞争的敏感信息,则可能构成垄断协议行为。

专利联营的成员不得交换价格、产量、市场划分等有关竞争的敏感信息,达成《反垄断法》禁止的横向垄断协议和纵向垄断协议。但是,经营者能够证明所达成的协议不具有反竞争效果的、可以适用"安全港"或者属于豁免情形的除外。

具有市场支配地位的专利联营实体或者专利联营的成员不得利用专利联营从事下列滥用市场支配地位的行为:

(1)以不公平的高价许可联营专利;

(2)没有正当理由,限制联营成员或者被许可人的专利使用范围;

(3)没有正当理由,限制联营成员在联营之外作为独立许可人许可专利;

(4)没有正当理由,限制联营成员或者被许可人独立或者与第三方联合研发与联营专利相竞争的技术;

(5)没有正当理由,强制要求被许可人将其改进或者研发的技术排他性或者独占性地回授给专利联营实体或者专利联营的成员;

(6)没有正当理由,禁止被许可人质疑联营专利的有效性;

(7)没有正当理由,将竞争性专利强制组合许可,或者将非必要专利、已终止的专利与其他专利强制组合许可;

(8)没有正当理由,对条件相同的联营成员或者同一相关市场的被许可人在交易条件上实行差别待遇;

(9)市场监管总局认定的其他滥用市场支配地位的行为。

专利联营和交叉许可具有整合互补性技术、降低交易成本、提高效率的竞争促进效果,但也可能排除、限制竞争,分析时要考虑的因素如下:

(1)是否为排他性许可;

(2)是否构成第三方进入市场的壁垒;

(3)是否排除、限制下游市场的竞争;

(4)是否提高了相关商品的成本。

（三）不公平高价许可

具有市场支配地位的经营者，可能滥用其市场支配地位，以不公平的高价许可知识产权，排除、限制竞争。分析其是否构成滥用市场支配地位行为，可以考虑以下因素：

（1）许可费的计算方法，及知识产权对相关商品价值的贡献；

（2）经营者对知识产权许可作出的承诺；

（3）知识产权的许可历史或者可比照的许可费标准；

（4）导致不公平高价的许可条件，包括超出知识产权的地域范围或者覆盖的商品范围收取许可费等；

（5）在“一揽子”许可时是否就过期或者无效的知识产权收取许可费。

分析经营者是否以不公平的高价许可标准必要专利时，还可考虑符合相关标准的商品所承担的整体许可费情况及其对相关产业正常发展的影响。

（四）回授、不质疑、拒绝许可、搭售、差别待遇、附加不合理条件、其他限制

1. 回授条款

回授是指被许可人将其利用被许可的知识产权所作的改进，或者通过使用被许可的知识产权所获得的新成果授权给许可人。回授通常可以推动对新成果的投资和运用，但是排他性回授和独占性回授可能降低被许可人的创新动力，对市场竞争产生排除、限制影响。通常情况下，独占性回授比排他性回授排除、限制竞争的可能性更大。

分析排他性回授和独占性回授的竞争影响时可以考虑以下因素：

（1）许可人是否就回授提供实质性的对价；

（2）许可人与被许可人在交叉许可中是否相互要求独占性回授或者排他性回授；

（3）回授是否导致改进或者新成果向单一经营者集中，使其获得或者增强市场控制力；

（4）回授是否影响被许可人进行改进的积极性。

2. 不质疑条款

不质疑条款是指在与知识产权许可相关的协议中，许可人要求被许可人不得对其知识产权有效性提出异议的一类条款。分析不质疑条款对市场竞争产生的

排除、限制影响,可以考虑以下因素:

(1)许可人是否要求所有的被许可人不质疑其知识产权的有效性;

(2)不质疑条款涉及的知识产权许可是否有偿;

(3)不质疑条款涉及的知识产权是否可能构成下游市场的进入壁垒;

(4)不质疑条款涉及的知识产权是否阻碍其他竞争性知识产权的实施;

(5)不质疑条款涉及的知识产权许可是否具有排他性;

(6)被许可人质疑许可人知识产权的有效性是否可能因此遭受重大损失。

►【典型案例】

高通公司滥用市场支配地位案①

高通公司在CDMA、WCDMA、LTE无线通信标准必要专利许可市场和基带芯片市场具有市场支配地位,从事以下限制竞争行为:(1)高通公司在无线标准必要专利许可市场通过对过期无线标准必要专利收取许可费、要求被许可人将专利进行免费反向许可、无线标准必要专利和非无线标准必要专利组合许可,并在坚持较高许可费率的同时,以超出高通公司持有的无线标准必要专利覆盖范围的整机批发净售价作为计费基础,显失公平,导致专利许可费过高,直接或者间接地收取了不公平的高价专利许可费;(2)高通公司在无线标准必要专利许可市场无正当理由强制搭售非无线标准必要专利;(3)高通公司在基带芯片销售中附加不合理条件,无正当理由,要求被许可人签订包含不合理条件的专利许可协议,要求被许可人以不挑战与高通公司签订的专利许可协议作为基带芯片销售的条件。

高通公司滥用市场支配地位行为的性质严重,程度较深,持续时间较长,国家发展改革委决定对高通公司处2013年度在中华人民共和国境内销售额8%的罚款,计60.88亿元人民币。

3. 拒绝许可

针对拒绝许可行为,可以考虑以下因素:

(1)经营者对该知识产权许可作出的承诺;

① 参见国家发展和改革委员会行政处罚决定书(发改办价监处罚〔2015〕1号)。

(2)其他经营者进入相关市场是否必须获得该知识产权的许可;

(3)拒绝许可相关知识产权对市场竞争和经营者进行创新的影响及程度;

(4)被拒绝方是否缺乏支付合理许可费的意愿和能力等;

(5)经营者是否曾对被拒绝方提出过合理要约;

(6)拒绝许可相关知识产权是否会损害消费者利益或者社会公共利益。

4. 搭售

针对搭售行为,可以考虑以下因素:

(1)是否违背交易相对人意愿;

(2)是否符合交易惯例或者消费习惯;

(3)是否无视相关知识产权或者商品的性质差异及相互关系;

(4)是否具有合理性和必要性,如为实现技术兼容、产品安全、产品性能等所必不可少的措施等;

(5)是否排除、限制其他经营者的交易机会;

(6)是否限制消费者的选择权。

5. 差别待遇

针对差别待遇,可以考虑以下因素:

(1)交易相对人的条件是否实质相同,包括相关知识产权的使用范围、不同交易相对人利用相关知识产权提供的商品是否存在替代关系等。

(2)许可条件是否实质不同,包括许可数量、地域和期限等。除分析许可协议条款外,还需综合考虑许可人和被许可人之间达成的其他商业安排对许可条件的影响。

(3)该差别待遇是否对被许可人参与市场竞争产生显著不利影响。

6. 附加不合理条件

具有市场支配地位的经营者,没有正当理由,在涉及知识产权的交易中附加下列交易条件,可能产生排除、限制竞争效果:

(1)要求进行独占性回授或者排他性回授;

(2)禁止交易相对人对其知识产权的有效性提出质疑,或者禁止交易相对人对其提起知识产权侵权诉讼;

(3)限制交易相对人实施自有知识产权,限制交易相对人利用或者研发具有竞争关系的技术或者商品;

(4)对期限届满或者被宣告无效的知识产权主张权利;

(5)在不提供合理对价的情况下要求交易相对人与其进行交叉许可;

(6)迫使或者禁止交易相对人与第三方进行交易,或者限制交易相对人与第三方进行交易的条件。

7. 其他限制

知识产权许可协议中还可能涉及下列限制:限制使用领域;限制销售或传播渠道、范围或者对象;限制商品数量;限制使用具有竞争关系的技术或者提供具有竞争关系的商品。

上述限制可能对市场竞争产生排除、限制影响,分析时可以考虑以下因素:

(1)限制的内容、程度及实施方式;

(2)利用知识产权提供的商品的特点;

(3)限制与知识产权许可条件的关系;

(4)是否包含多项限制;

(5)如果其他经营者拥有的知识产权涉及具有替代关系的技术,其他经营者是否实施相同或者类似的限制。

(五)标准必要专利

标准必要专利是指实施某项标准必不可少的专利,是知识产权领域反垄断执法热点。

1. 不得实施的行为

具有市场支配地位的经营者不得在标准的制定和实施过程中从事下列行为,排除、限制竞争:

(1)在参与标准制定过程中,未按照标准制定组织规定及时充分披露其权利信息,或者明确放弃其权利,但是在标准涉及该专利后却向标准实施者主张该专利权;

(2)在其专利成为标准必要专利后,违反公平、合理、无歧视原则,以不公平的高价许可,没有正当理由拒绝许可、搭售商品或者附加其他不合理的交易条件、实行差别待遇等;

(3)在标准必要专利许可过程中,违反公平、合理、无歧视原则,未经善意谈判,请求法院或者其他相关部门作出禁止使用相关知识产权的判决、裁定或者决定等,迫使被许可方接受不公平的高价或者其他不合理的交易条件;

(4)市场监管总局认定的其他滥用市场支配地位的行为。

2. 如何认定市场支配地位

认定持有标准必要专利经营者是否具有市场支配地位,需考虑以下因素:

(1)标准的市场价值、应用范围和程度;

(2)是否存在具有替代关系的标准或者技术,包括使用具有替代关系标准或者技术的可能性和转换成本;

(3)行业对相关标准的依赖程度;

(4)相关标准的演进情况与兼容性;

(5)纳入标准的相关技术被替换的可能性。

实践中,标准必要专利实施方的市场力量及其利用 FRAND 承诺对抗标准必要专利持有人的能力通常也可作为判断标准必要专利持有人是否具有市场支配地位的考虑因素。①

3. 如何认定不公平高价许可费或其他不合理许可条件

拥有市场支配地位的标准必要专利权人提出不公平高价许可费或者其他不合理的许可条件,分析竞争影响时,可考虑以下因素:

(1)谈判双方在谈判过程中的行为表现及其体现出的真实意愿;

(2)相关标准必要专利所负担的有关承诺;

(3)谈判双方在谈判过程中所提出的许可条件;

(4)请求法院或者相关部门作出或者颁发禁止使用相关知识产权的判决、裁定或者决定对许可谈判的影响;

(5)请求法院或者相关部门作出或者颁发禁止使用相关知识产权的判决、裁定或者决定对下游市场竞争和消费者利益的影响。

▶【典型案例】

华为技术有限公司诉美国交互数字滥用市场支配地位纠纷案②

华为技术有限公司(以下简称华为公司)是全球主要的电信设备提供商。交互数字技术公司(InterDigital Technology Corporation)与交互数字通信有限公司

① 《广东省高级人民法院关于审理标准必要专利纠纷案件的工作指引(试行)》指出:"市场份额并非判断标准必要专利权人在相关市场上是否具备市场支配地位的唯一因素。根据个案情况,可考虑相关市场的竞争状况,公平、合理、无歧视承诺的约束力,涉案专利在交易条件中所受限制,交易相对人对标准必要专利经营者的依赖程度和制衡能力等其他因素。"

② 参见广东省高级人民法院民事判决书,(2013)粤高法民三终字第306号。

(lnterDigital Communications,LLC)皆为交互数字公司(lnterDigital,INC)的全资子公司(以下统称为交互数字)。交互数字参与各类无线通信国际标准的制定,将其直接或间接拥有的专利权通过种种方式纳入无线通信的国际标准,并以此形成了相关市场的支配地位。华为公司主张,本案相关商品市场为交互数字为专利权人的必要专利的许可市场,相关地域市场为全球必要专利许可市场中的中国市场和美国市场。交互数字在相关市场处于垄断地位。交互数字无视其在加入标准组织时对公平、合理、无歧视原则的承诺,对其专利许可设定不公平的过高价格,对条件相似的交易相对人设定歧视性的交易条件,在许可条件中附加不合理的条件,在许可过程中涉嫌搭售,通过在美国国际贸易委员会和美国联邦法院同时起诉华为公司及华为公司的美国子公司来拒绝与华为公司进行交易,滥用其市场支配地位,不仅损害了竞争秩序,也对华为公司造成实质损害,已威胁到华为公司在相关市场的正常运营,给华为公司造成严重损失。2011 年 12 月 6 日,华为公司以交互数字滥用市场支配地位为由提起反垄断诉讼。①

交互数字在中国和美国的 3G 无线通信技术标准(WCDMA、CDMA2000、TD - SCDMA)中的每一个必要专利许可市场,均构成一个独立的相关市场。

在知识产权与标准相结合的情况下,产品制造商要生产符合标准的产品,实施必要专利必不可少且不可替代,必要专利的专利权人从而获得超越专利权内涵的市场支配力量。交互数字作为涉案必要专利许可市场唯一的供给方,其在 3G 无线通信技术标准中的每一个必要专利许可市场具有完全的份额,故其完全具有阻碍或者影响其他经营者进入相关市场的能力。而且,交互数字仅以专利授权许可作为其经营模式,自身并不进行任何实质性生产,不需依赖或者受制于 3G 无线通信技术标准中其他必要专利权利人的交叉许可,故其市场支配力未受到有效制约。交互数字在相关必要专利许可市场具有市场支配地位。

综合考虑相关许可费的比对、其他公司实际情况、交叉许可情况以及交互数字相关诉讼情况等各因素,认定交互数字就涉案必要专利许可对华为公司的报价,构成不公平的过高定价。

2013 年 2 月 4 日,深圳市中级人民法院宣判,判定美国交互数字构成垄断,赔偿华为公司 2000 万元。2013 年 10 月 28 日,广东省高级人民法院对该案作出终

① 参见《华为诉美国数字交互集团——中国企业向外国企业提起的反垄断诉讼胜诉第一案(2013)》,载正义网,http://www.jcrb.com/xztpd/ZT2018/fogang/fzjs/dayaoan/201812/t20181218_1943964.html,2023 年 7 月 13 日访问。

审判决,对深圳市中级人民法院的一审判决予以维持。

(六)反向给付行为

专利的反向给付行为,是指在专利侵权纠纷中专利权人与对方达成和解,由专利权利人向对方补偿现金,或以授权、分销协议等形式以换取对方在约定的期限内不进入市场的承诺,又称为专利有偿延期。[①] 反向给付协议经常发生在生物医药领域,在仿制药申请注册过程中,原研药制造商和仿制药制造商经常出现专利纠纷诉讼至法院,为避免耗费大量的时间、财力和人力,双方通常愿意通过和解的方式解决纠纷。

反向给付行为的本质是限制仿制药上市,分配垄断利润,是典型的限制竞争的本身违法行为。美国判例认为,尽管反向给付行为的反竞争效果可由专利的排他性进行解释,但也不能免于反垄断审查,适用合理分析原则。[②]

最高人民法院典型案例认为"药品专利反向支付协议",是药品专利权利人承诺给予仿制药申请人直接或者间接的利益补偿(包括减少仿制药申请人不利益等变相补偿),仿制药申请人承诺不挑战该药品相关专利权的有效性或者延迟进入该专利药品相关市场的协议。该类协议的安排一般较为特殊,也往往较为隐蔽,可能会产生排除、限制竞争的效果,有可能构成《反垄断法》规制的垄断协议。[③]

总体来说,专利纠纷中的和解协议,特别是反向给予行为,从专利的排他性角度看,具有一定的合理性,但是,如果和解协议本质上是通过利益交换实现排除、限制竞争的效果的,则应受反垄断规制,需要进行反垄断审查。

---

① 参见万江:《中国反垄断法:理论、实践与国际比较》(第3版),法律出版社2021年版,第203页。

② 2009年拜耳公司向仿制药厂支付3.98亿美元以换取仿制药厂在未来6年内不进入环丙沙星市场。此举在美国引起巨大反弹。2013年6月17日,美国最高法院大法官以5比3的表决对FTC v. Actavis作出终审判决,推翻之前第十一巡回法院关于Solvay公司反向支付的反向给付协议不违反反托拉斯法的认定。参见万江:《中国反垄断法:理论、实践与国际比较》(第3版),法律出版社2021年版,第204页。

③ 阿斯利康有限公司与江苏奥赛康药业有限公司侵害发明专利权纠纷案,最高人民法院民事裁定书,(2021)最高法知民终388号。

▶【典型案例】

阿斯利康有限公司与江苏奥赛康药业有限公司侵害发明专利权纠纷案

阿斯利康有限公司(以下简称阿斯利康公司)为一种用于治疗糖尿病的专利号为01806315.2.,名称为"基于环丙基稠合的吡咯烷二肽基肽酶IV抑制剂、它们的制备方法及用途"的发明专利的继受权利人,专利产品为沙格列汀片。涉案专利原权利人为使专利权效力免受挑战,曾与无效宣告请求人(江苏奥赛康药业有限公司,以下简称奥赛康公司,其关联方)达成《和解协议》,约定:请求人撤回针对涉案专利的无效宣告请求,请求人及其关联方即可获许在涉案专利权保护期限届满前5年实施涉案专利。后请求人依约撤回无效宣告请求,并由其关联方奥赛康公司实施涉案专利。之后,阿斯利康公司诉至法院,主张奥赛康公司侵害涉案专利权。

一审法院认为,奥赛康公司方有权依据涉案《和解协议》实施涉案专利,故判决驳回阿斯利康公司的全部诉讼请求。阿斯利康公司不服,提起上诉,后又以双方于二审审理期间达成和解为由申请撤回上诉。最高人民法院二审认为,对撤回上诉申请应当依法进行审查,涉案《和解协议》符合所谓的"药品专利反向支付协议"外观,人民法院一般应当对其是否违反《反垄断法》进行一定程度的审查,之后再决定是否准许撤回上诉。经审查,综合考虑涉案专利权保护期限已经届满等具体情况,最高人民法院终审裁定,准予撤回上诉。

该案裁判强调了在非垄断案由案件审理中对当事人据以提出主张的协议适时适度进行反垄断审查的必要性,指明了对涉及"药品专利反向支付协议"的审查限度和基本路径。

五、涉及知识产权的经营者集中

涉及知识产权的经营者集中有一定特殊性,主要体现在构成经营者集中的情形、审查的考虑因素和附加限制性条件等方面。

（一）涉及知识产权的交易可能构成经营者集中的情形

经营者通过涉及知识产权的交易取得对其他经营者的控制权或者能够对其他经营者施加决定性影响的，可能构成经营者集中。其中，分析知识产权转让或许可构成经营者集中情形时，可以考虑以下因素：（1）知识产权是否构成独立业务；（2）知识产权在上一会计年度是否产生了独立且可计算的营业额；（3）知识产权许可的方式和期限。

如果知识产权许可本身构成一项独立业务，则经营者对另一经营者许可技术本身的控制可能构成经营者集中，具体取决于许可的方式和期限等具体条件。若该部分知识产权产生的营业额超过申报标准，则该交易可能需要进行经营者集中反垄断申报。

（二）涉及知识产权的经营者集中审查

对此，如果涉及知识产权的安排是集中交易的实质性组成部分或者对交易目的的实现是关键因素，在经营者集中审查过程中，考虑《反垄断法》第34条规定的因素，同时考虑知识产权的特点。涉及知识产权的限制性条件包括结构性条件、行为性条件和综合性条件。附加涉及知识产权的限制性条件，通常根据个案情况，针对经营者集中具有或可能具有的排除、限制竞争效果，对限制性条件建议进行评估后确定。

1. 涉及知识产权的结构性条件

经营者可以提出剥离知识产权或者知识产权所涉业务的限制性条件建议。经营者通常需确保知识产权受让方拥有必要的资源、能力，并有意愿通过使用被剥离的知识产权或者从事所涉业务参与市场竞争。剥离应有效、可行、及时，以避免市场的竞争状况受到影响。

2. 涉及知识产权的行为性条件

涉及知识产权的行为性条件根据个案情况确定，限制性条件建议可能涉及以下内容：（1）知识产权许可；（2）保持知识产权相关业务的独立运营，相关业务应具备在一定期间内进行有效竞争的条件；（3）对知识产权许可条件进行约束，包括要求经营者在实施专利许可时遵守公平、合理、无歧视义务，不进行搭售等，经营者通常需通过具体安排确保其遵守该义务；（4）收取合理的许可使用费，经营者通常应详细说明许可费率的计算方法、许可费的支付方式、公平的谈判条件和机会等。

3. 涉及知识产权的综合性条件

经营者可将结构性条件和行为性条件相结合，提出涉及知识产权的综合性限制性条件建议。

六、加强知识产权反垄断合规

企业知识产权发展战略和规划对于企业长期发展意义重大，竞争政策的目标是寻求鼓励创新与保护竞争之间的平衡。企业需要密切关注竞争政策和反垄断监管动态，以提高反垄断合规风险识别和处置能力。尤其是对于数字经济、电子通信技术、生物医药、新材料、集成电路等知识产权密集型产业，企业一方面要加强知识产权保护，另一方面要在知识产权管理的过程中提高竞争关注，在知识产权相关交易和日常经营行为中尽可能关注反垄断合规要求，避免反垄断合规风险。

第六章

公平竞争审查

公平竞争审查是中国反垄断法体系的重要组成部分，是禁止滥用行政权力排除、限制竞争的事先防范机制。2022年《反垄断法》在法律层面增加了“国家建立健全公平竞争审查制度”，要求行政机关和法律、法规授权的具有管理公共事务职能的组织，在制定涉及市场主体经济活动的规定时，应当进行公平竞争审查。国务院2016年6月发布《国务院关于在市场体系建设中建立公平竞争审查制度的意见》。2017年10月，国家发展改革委、财政部等出台《公平竞争审查制度实施细则（暂行）》（发改价监〔2017〕1849号，已失效）。2021年6月，市场监管总局、国家发展改革委、财政部、商务部、司法部正式颁布《公平竞争审查制度实施细则》（国市监反垄规〔2021〕2号）。

一、什么是公平竞争审查

公平竞争审查是指行政机关和法律、法规授权的具有管理公共事务职能的组织对制定的涉及市场主体经济活动的规章、规范性文件和其他政策措施，以全国统一大市场建设和公平竞争的要求进行审查，预防行政垄断的发生，从源头遏制政策制定机关滥用行政权力排除、限制竞争行为。就市场经济而言，是以需求为导向，通过市场竞争来实现优化资源配置。就经营者而言，则是通过竞争实现优胜劣汰，适者生存，优者长存。就政府而言，就是要通过公平竞争审查，以避免政府对市场竞争的不当干预。禁止行政垄断就是要求政府尽可能地避免制定可能破坏公平竞争、影响竞争机制的政策措施。公平竞争审查对于预防行政垄断具有重要意义。

二、公平竞争审查的主要内容

(一)公平竞争审查的适用范围和例外

根据《公平竞争审查制度实施细则》,行政机关以及法律、法规授权的政策制定机关,在制定市场准入和退出、产业发展、招商引资、招标投标、政府采购、经营行为规范、资质标准等涉及市场主体经济活动的规章、规范性文件、其他政策性文件以及"一事一议"形式的具体政策措施时,应当进行公平竞争审查。

经济性政策措施必须进行公平竞争审查。未经公平竞争审查的,不得出台。公平竞争审查就是评估上述经济性政策措施对市场竞争的影响,防止这些经济性政策措施出现排除、限制市场竞争的效果。

《公平竞争审查制度实施细则》第 17 条规定了适用例外的几种情形和条件:(1)维护国家经济安全、文化安全、科技安全或者涉及国防建设的;(2)为实现扶贫开发、救灾救助等社会保障目的;(3)为实现节约能源资源、保护生态环境、维护公共卫生健康安全等社会公共利益的;(4)法律、行政法规规定的其他情形。对于上述前三种例外情形的适用,政策制定机关应当说明相关政策措施对实现政策目的不可或缺,且不会严重限制市场竞争,并明确实施期限。

(二)公平竞争审查方式

根据《公平竞争审查制度实施细则》,公平竞争审查主要通过政策制定机关的自查实现。其中,以县级以上地方各级人民政府名义出台的政策措施,由起草部门或者本级人民政府指定的相关部门进行公平竞争审查。

以多个部门名义联合制定出台的政策措施,由牵头部门负责公平竞争审查,其他部门在各自职责范围内参与公平竞争审查。

国家建立联席会议工作机制。在中央层面,由市场监管总局、发展改革委、财政部、商务部会同有关部门,建立公平竞争审查工作部际联席会议,统筹协调和监督指导全国公平竞争审查工作;在地方层面,由县级以上地方各级人民政府负责建立本地区公平竞争审查工作联席会议,统筹协调和监督指导本地区公平竞争审查工作,并向本级人民政府和上一级联席会议报告本地区公平竞争审查制度实施情况,接受其指导和监督。

(三)公平竞争审查标准

根据《公平竞争审查制度实施细则》,公平竞争审查标准包括四个方面的内容,分别是:市场准入与退出标准、商品和要素自由流动标准、影响生产经营成本标准、影响生产经营行为标准。

1. 市场准入与退出标准

(1)不得设置不合理或者歧视性的准入和退出条件;

(2)未经公平竞争不得授予经营者特许经营权;

(3)不得限定经营、购买、使用特定经营者提供的商品和服务;

(4)不得设置没有法律、行政法规或者国务院规定依据的审批或者具有行政审批性质的事前备案程序;

(5)不得对市场准入负面清单以外的行业、领域、业务等设置审批程序。

▶【典型案例】

天津市道路运输管理局加强内部公平竞争审查机制建设案[①]

2018年10月,天津市道路运输管理局持续发布天津市网络预约出租汽车车载专用设备产品名单,并制定《关于印发网约车车载专用设备技术标准及供应商资质要求的通知》,限定从事网络预约出租车经营的经营者购买、使用其指定的供应商设备。

经天津市市场监督管理委员会纠正,天津市道路运输管理局积极整改,消除不良影响,主动废除上述文件、名单。同时,通过强化竞争政策理论学习、强化存量文件清理、加强内部公平竞争审查机制建设等措施,防止出台排除、限制竞争的政策措施。

2. 商品和要素自由流动标准

(1)不得对外地和进口商品、服务实行歧视性价格和歧视性补贴政策;

① 天津市市场监督管理委员会纠正天津市道路运输管理局滥用行政权力排除、限制竞争行为案。

(2)不得限制外地和进口商品、服务进入本地市场或者阻碍本地商品运出、服务输出;

(3)不得排斥或者限制外地经营者参加本地招标投标活动;

(4)不得排斥、限制或者强制外地经营者在本地投资或者设立分支机构;

(5)不得对外地经营者在本地的投资或者设立的分支机构实行歧视性待遇,侵害其合法权益。

3.影响生产经营成本标准

(1)不得违法给予特定经营者优惠政策;

(2)安排财政支出一般不得与特定经营者缴纳的税收或非税收入挂钩;

(3)不得违法违规减免或者缓征特定经营者应当缴纳的社会保险费用;

(4)不得在法律规定之外要求经营者提供或扣留经营者各类保证金。

4.影响生产经营行为标准

(1)不得以行政命令、行政授权、行政指导等方式或者通过行业协会商会,强制、组织或者引导经营者达成垄断协议、滥用市场支配地位,以及实施具有或者可能具有排除、限制竞争效果的经营者集中等行为;

(2)不得违法披露或者违法要求经营者披露生产经营敏感信息,为经营者实施垄断行为提供便利条件;

(3)不得超越定价权限进行政府定价;

(4)不得违法干预实行市场调节价的商品和服务的价格水平。

(四)第三方评估

根据《公平竞争审查制度实施细则》,政策制定机关可以根据工作实际,委托具备相应评估能力的高等院校、科研院所、专业咨询公司等第三方机构,对有关政策措施进行公平竞争评估,或者对公平竞争审查有关工作进行评估。

根据《公平竞争审查第三方评估实施指南》,第三方评估是指各级公平竞争审查工作联席会议(或者相应职能机构)办公室或者各政策制定机关(委托单位)根据职责,委托第三方机构,依据本指南规定的标准和程序,运用科学、系统、规范的评估方法,对本地区或者本部门公平竞争审查制度实施情况、有关政策措施以及公平竞争审查其他有关工作进行评估,形成评估报告供委托单位或者其他有关政府部门决策参考的活动。

第三方评估机构,是指与政策制定机关及评估事项无利害关系,且具备相应评估能力的咨询研究机构，包括政府决策咨询及评估机构、高等院校、科研院所、专业咨询公司、律师事务所及其他社会组织等。

1. 第三方评估的适用范围

(1)本地区公平竞争审查制度实施总体情况；

(2)本地区重点领域、行业公平竞争审查制度实施情况；

(3)对本地区已出台政策措施进行定期清理、抽查检查等情况；

(4)其他需要评估的内容。

2. 什么时候引入第三方评估

(1)对拟出台的政策措施进行公平竞争审查；

(2)对经公平竞争审查出台的政策措施进行定期或者不定期评估；

(3)对适用例外规定出台的政策措施进行逐年评估；

(4)对本机关公平竞争审查制度实施情况进行综合评估；

(5)与公平竞争审查工作相关的其他阶段和环节。

3. 必须引入第三方评估的情形

(1)政策制定机关拟适用例外规定的；

(2)被多个单位或者个人反映或者举报涉嫌违反公平竞争审查标准的。

4. 对拟出台政策措施，第三方评估重点评估的内容

(1)是否涉及市场主体经济活动。

(2)是否违反公平竞争审查标准。违反标准的，分析对市场竞争的具体影响，并提出调整建议。

(3)是否符合适用例外规定的情形和条件。符合的，是否有对竞争损害更小的替代方案；不符合的，提出调整建议。

5. 对已出台的政策措施，第三方评估重点评估内容

(1)政策措施是否已按要求进行公平竞争审查；

(2)此前作出的审查结论是否符合公平竞争审查制度要求；

(3)政策措施出台后是否产生新的排除、限制竞争问题；

(4)政策措施出台后的客观情况变化，如法律法规政策或者市场状况变化等，对政策措施实施的影响；

(5)对评估发现排除、限制竞争的政策措施提出调整建议。

6. 对适用例外规定出台的政策措施，第三方评估重点评估内容

(1)此前作出的适用例外规定结论是否符合公平竞争审查制度要求；

(2)政策措施是否达到预期效果,政策措施出台后是否产生新的排除、限制竞争问题;

(3)目前是否存在对竞争损害更小的替代方案;

(4)政策措施出台后的客观情况变化,如法律法规政策或者市场状况变化等,对政策措施实施的影响;

(5)对评估发现不符合例外规定的政策措施提出调整建议。

(五)公平竞争审查的结果

公平竞争审查的结果包括:经公平竞争审查认为不具有排除、限制竞争效果或者符合例外规定的,可以实施;具有排除、限制竞争效果且不符合例外规定的,应当不予出台或者调整至符合相关要求后出台。

三、公平竞争审查对企业的启示

公平竞争审查目的是从根源上消除滥用行政权力损害市场竞争的政策措施,避免产生行政性垄断。通过公平竞争审查,打破地方保护和地区壁垒,建设全国统一大市场,让企业在市场进入与退出、商品和要素流通、生产经营成本、生产经营行为方面得到公平对待。公平竞争的营商环境无疑有利于企业长远发展。同时,从企业的角度,应当注意到经济性政策措施可能存在的公平竞争问题,一旦其不符合公平竞争审查要求而被取消,参与的企业可能因此遭受损失。因此,公平竞争审查虽然针对政策制定机关,但是对于作为经营者的企业也应当予以关注,以避免经济性政策文件的行政垄断风险。企业应当加强反垄断合规建设,对地方政府作出的承诺、优惠的招商引资政策等作出事先评估,分析判断是否可能排除、限制竞争效果,从而作出正确的选择。

第七章

相关市场界定在具体行业的应用

相关市场界定是反垄断的基石,是识别竞争约束,评估市场支配力、竞争效果的起点。反垄断法是反对垄断和保护竞争的制度,目的是保护竞争和鼓励创新。垄断与竞争需要在一定范围内进行评价,界定相关市场在反垄断案件的竞争分析中是一项基础性工作。在经营者集中审查、滥用市场支配地位案件审查、垄断协议案件审查中一般都离不开使用相关市场界定这一工具。在具体案例中,相关市场界定的基本思路如下:

第一,判断案件所在行业,初步确定相关市场的外延;

第二,分析所在行业的市场结构、竞争态势;

第三,分析是否具备定量角度界定相关市场的条件;

第四,定性分析角度,采用替代性分析方法界定相关市场;

第五,定性和定量相结合的角度界定相关市场。①

下文将以不同的传统行业为例,论述在具体行业中如何界定相关市场。

一、饮料行业相关市场界定

饮料以水为主要成分,添加或不添加特定成分,经加工后可以应用,包括可以冲泡的固体饮料。饮料以是否含有酒精成分,分为酒精饮料和无酒精饮料(又称软饮料)。酒精饮料和软饮料在用途、特性、功能、原料、制作工艺、价格、消费群体、消费习惯等方面存在显著差异,在反垄断执法中,常界定为不同的相关产品市

① 参见黄坤、王磊:《相关市场界定:方法与应用》,社会科学文献出版社 2022 年版,第 123 页。

场。酒精饮料根据不同的原料进一步细分为啤酒、葡萄酒、黄酒、白酒等。软饮料根据是否含二氧化碳气体进一步细分为碳酸饮料、非碳酸饮料。非碳酸饮料,从需求的角度看,进一步细分为果汁饮料、瓶装水、茶饮料、植物蛋白饮料、功能饮料、运动饮料等。

就地域市场而言,饮料的地域市场常界定为国家市场。

对于相关市场界定,通常选择一个细分的市场出发,然后分析该细分市场是否可以扩大。以可口可乐并购汇源案为例,可口可乐和汇源的交叉业务集中在果汁领域,所以对该案的分析从果汁饮料市场着手。从口感、功能、消费群体、价格差异、需求交叉价格弹性考察,果汁饮料与碳酸饮料不具有替代性,应该是相互独立构成不同的相关市场。但是由于可口可乐和汇源的品牌价值,合并会提高果汁饮料市场的进入门槛,使得潜在的竞争者对可口可乐和汇源产生竞争压力成为泡影。品牌传导效应导致该项并购存在排除、限制竞争的可能性。因此,当时商务部对该项交易作出了禁止的决定。

▶【典型案例】

可口可乐并购汇源禁止案

1. 相关产品市场:(1)果汁饮料市场;(2)碳酸饮料市场。

2. 相关地域市场:中国。

2009 年 3 月 18 日,商务部发布《商务部关于禁止可口可乐公司收购中国汇源公司审查决定的公告》。根据该公告,商务部依法对此项集中进行了全面评估,确认集中将产生如下不利影响:

第一,集中完成后,可口可乐公司有能力将其在碳酸软饮料市场上的支配地位传导到果汁饮料市场,对现有果汁饮料企业产生排除、限制竞争效果,进而损害饮料消费者的合法权益。

第二,品牌是影响饮料市场有效竞争的关键因素,集中完成后,可口可乐公司通过控制"美汁源"和"汇源"两个知名果汁品牌,对果汁市场控制力将明显增强,加之其在碳酸饮料市场已有的支配地位以及相应的传导效应,集中将使潜在竞争对手进入果汁饮料市场的障碍明显提高。

第三,集中挤压了国内中小型果汁企业生存空间,抑制了国内企业在果汁饮料市场参与竞争和自主创新的能力,给中国果汁饮料市场有效竞争格局造成不良影响,不利于中国果汁行业的持续健康发展。

商务部认为,此项经营者集中具有排除、限制竞争效果,将对中国果汁饮料市场有效竞争和果汁产业健康发展产生不利影响。鉴于参与集中的经营者没有提供充足的证据证明集中对竞争产生的有利影响明显大于不利影响或者符合社会公共利益,在规定的时间内,可口可乐公司也没有提出可行的减少不利影响的解决方案,因此,决定禁止此项经营者集中。

二、乳制品行业相关市场界定

乳制品是指以生鲜的牛、羊乳及其制品为主要原料,经分级、净乳、杀菌、浓缩、干燥、发酵等工序,加入或不加入维生素、矿物质以及其他辅料加工而制成的产品。乳制品可以分为两类:液体乳制品和固体乳制品。液体乳制品,包括杀菌乳、灭菌乳、酸乳、调制乳、配方乳。固体乳制品,包括乳粉、炼乳、乳脂产品(奶油、黄油)、干酪、乳清、乳糖等。乳制品行业相关市场界定主要在三个领域:生鲜乳采购、液体乳、固体乳。

生鲜乳采购的相关产品市场,从欧盟的经验看,生鲜乳作为各类乳制品上游市场的基本原料其重要性不言而喻,欧盟有案例将生鲜乳界定为相关产品市场。但在个案中,生鲜乳采购市场又进一步细分为有机生鲜乳和普通生鲜乳。相关地域市场又界定为以国家性为主。

液体乳相关市场界定,中国案例界定为中国境内液体乳市场,没有将液体乳进一步细分。欧盟案例又进一步细分为杀菌乳、灭菌乳、酸乳、调制乳等。

固体乳制品相关市场界定,进一步可细分为乳粉、炼乳、奶油、黄油、干酪、乳清、乳糖等。乳糖又分为医用乳糖和食用乳糖。相关地域市场界定为国家或经济区。①

① 参见王晓晔主编:《反垄断法的相关市场界定及其技术方法》,法律出版社 2019 年版,第 375 ~ 388 页。

▶【典型案例】

君乐宝乳业集团有限公司收购西安银桥乳业(集团)有限公司部分资产案

交易概括:2022年8月31日,君乐宝乳业集团有限公司(以下简称君乐宝)和西安银桥乳业(集团)有限公司(以下简称银桥乳业)等签署《战略合作协议》,拟收购银桥乳业的核心经营性资产(以下简称目标资产)。交易前,目标资产由银桥乳业及其最终控制人自然人单独控制。交易后,目标资产由君乐宝单独控制。

君乐宝于2000年4月21日成立于中国河北省,主要业务包括超高温灭菌奶、巴氏杀菌奶、常温酸奶、低温酸奶、常温乳酸菌饮料、低温乳酸菌饮料、调制乳、调制型乳饮料、婴幼儿配方奶粉、成人奶粉、再制奶酪等。君乐宝最终控制人为自然人,主要业务同君乐宝。

目标资产包括超高温灭菌奶、巴氏杀菌奶、常温酸奶、低温酸奶、常温乳酸菌饮料、低温乳酸菌饮料、调制乳、调制型乳饮料、婴幼儿配方奶粉、成人奶粉、再制奶酪等。目标资产最终控制人为自然人,主要业务同目标资产。

横向重叠:

1.2021年中国境内超高温灭菌奶市场:

君乐宝:0~5%,目标资产:0~5%,各方合计:0~5%

2.2021年中国境内巴氏杀菌奶市场:

君乐宝:0~5%,目标资产:0~5%,各方合计:0~5%

3.2021年中国境内常温酸奶市场:

君乐宝:0~5%,目标资产:0~5%,各方合计:0~5%

4.2021年中国境内低温酸奶市场:

君乐宝:10%~15%,目标资产:0~5%,各方合计:10%~15%

5.2021年中国境内常温乳酸菌饮料市场:

君乐宝:0~5%,目标资产:0~5%,各方合计:0~5%

6.2021年中国境内低温乳酸菌饮料市场:

君乐宝:0~5%,目标资产:0~5%,各方合计:0~5%

7.2021 年中国境内调制乳市场：

君乐宝:0～5%,目标资产:0～5%,各方合计:0～5%

8.2021 年中国境内调制型乳饮料市场：

君乐宝:0～5%,目标资产:0～5%,各方合计:0～5%

9.2021 年中国境内婴幼儿配方奶粉市场：

君乐宝:5%～10%,目标资产:0～5%,各方合计:5%～10%

10.2021 年中国境内成人奶粉市场：

君乐宝:0～5%,目标资产:0～5%,各方合计:0～5%

11.2021 年中国境内再制奶酪市场：

君乐宝:0～5%,目标资产:0～5%,各方合计:0～5%

三、汽车行业相关市场界定

汽车行业包括汽车主机及零部件制造、整车装配等工业部门,也包括汽车经销、售后维修等服务部门。汽车业产业链长,集中使用新材料、新设备、新工艺和新技术,产值和销售收入高,是推动多产业发展的载体,在经济中扮演支柱角色。

汽车业相关商品市场界定的基本方法是替代性分析,在个案中界定相关商品市场时,可以基于商品的特征、用途、价格等因素进行需求替代分析,必要时进行供给替代分析。在反垄断审查中,汽车行业相关市场界定包括汽车制造市场和汽车服务市场、汽车整车制造市场、汽车零部件市场。汽车整车制造市场又分为乘用车市场和商用车市场。汽车服务市场又分为汽车经销市场和汽车售后市场。汽车行业相关市场界定还有汽车保险市场、汽车融资服务市场、汽车工程服务市场、汽车租赁市场等。

值得思考的是,乘用车市场是否进一步细分?所谓乘用车,是指为私人使用目的运送乘客的公路车辆。根据欧盟经验,在欧盟案例中,如果无论采用何种市场界定方案拟议交易均不会对有效竞争产生实质影响,则欧委会认为不必精确界定细分的乘用车市场。根据最狭窄的细分方案,乘用车市场可以根据体积、价格、车型和特性被细分为 9 个市场板块,包括:A. 微型轿车;B. 小型轿车;C. 中型轿车;D. 大型轿车;E. 商务轿车;F. 豪华轿车;S. 跑车;M. 多用车;J. 运动多功能车(SUV)。S、M 和 J 细分市场涉及特殊车型,是根据价格和体积以外的特性分类。

客户购买的理由通常出于其独特性能，而不是体积或价格。希望购买 SUV 的客户往往不会因为 SUV 价格上涨 5% ~10% 转而购买轿车，同样的考虑也适用于跑车。跑车、多用车和 SUV 可能被分别界定为独立的相关市场。A 至 F 各细分市场板块的区别主要在于汽车的体积和价格。客户通常考虑具备可比体积、价格和性能的车型，这些车型具有可替代性，存在有效竞争、不必细分。

此外，商用车市场是否进一步细分？商用车是用于商业服务目的而载货或载客的公路车辆。根据欧盟的经验，商用车市场可以进一步分为轻型商用车（载重 5 吨以下）、中型卡车（载重 5 ~ 16 吨）、重型卡车（16 吨以上）、公共汽车和长途客车市场。市场测试显示，16 吨以上和 16 吨以下卡车在技术配置、生产线和销售模式上存在显著差异，两者不具有替代性。对于轻型商用车，制造商有进一步细分，比如，面包车、微型面包车、皮卡车、厢式客货车。这些细分的轻型商用车之间存在需求替代，相关市场界定不必进一步细分。①

就汽车经销市场而言，汽车经销由批发和零售两个环节构成，批发由汽车供应商面向经销商，零售由经销商面向最终用户。根据个案具体情形，可能需要将汽车批发和零售分别界定为细分的相关商品市场。汽车经销市场还可以从需求替代和供给替代的角度进一步细分。汽车售后市场可以分为售后配件经销市场和售后维修保养市场，也可以根据替代性分析进一步界定。

就汽车经销地域市场而言，从供给替代的角度看，汽车制造市场很大程度上是全球化的。但从需求替代的角度看，各国竞争环境（技术和贸易壁垒、机动车税费、经销体系、价格、竞争者市场渗透度等）存在显著差异，因此汽车制造市场可以界定为国别市场。由于我国与其他国家在产业政策、汽车价格、车辆征税机制、分销体系和汽车普及率方面存在差异，乘用车制造和商用车制造的相关地域市场可以被界定为中国市场。

对于汽车经销市场，一般来说汽车供应商在全国范围内开展批发业务，因此可以将乘用车批发的地域市场界定为国别市场。在零售层面，由于汽车牌照、汽车通行、售后服务、保修条款等种种限制，并考虑到选购汽车的时间、交通等成本因素，最终用户未必能够去外地购车，汽车零售市场可以界定为省级或地区性市场。

---

① 参见王晓晔主编：《反垄断法的相关市场界定及其技术方法》，法律出版社 2019 年版，第 314 ~ 330 页。

▶【典型案例】

浙江吉利新能源商用车集团有限公司收购华菱星马汽车(集团)股份有限公司股权获无条件批准案

交易概括:浙江吉利新能源商用车集团有限公司(以下简称吉利商用车)拟通过现金收购的方式,收购安徽星马汽车集团有限公司及马鞍山华神建材工业有限公司合计持有的华菱星马汽车(集团)股份有限公司(以下简称华菱星马)的15.2375%股份,取得对华菱星马的单独控制权。

吉利商用车于2016年2月在杭州市高新区(滨江)市场监督管理局注册成立,主要在中国境内从事商用车研发、制造、销售和服务业务,产品包括货车和客车,目前销售的主要车型为各型号客车、轻型载货汽车,并销售少量重型载货汽车。

华菱星马于1997年6月由马鞍山专用车制造厂改制并取得独立法人资格,于2003年4月1日在上海证券交易所上市,股票代码600375;华菱星马主要在中国境内从事商用车研发、制造和销售及相关配套业务,主要产品为重型货车,涉及少量轻型货车。

1. 相关商品市场:(1)传统能源重型货车;(2)新能源轻型货车。

2. 相关地域市场:中国。

3. 参与集中的经营者在相关市场中的市场份额:

(1)横向重叠的相关市场:中国传统能源重型货车市场

吉利商用车:0~5%;华菱星马:0~5%。

(2)本项集中所涉的其他相关市场:中国新能源轻型货车市场

吉利商用车:20%~25%。

四、医药行业相关市场界定

医药行业关系人民群众生命健康,属于强监管行业,行业规制、专利规制、竞争规制三重叠加。由于药品价格比较稳定、市场参与者结构复杂(患者、医生、保险机构)、潜在竞争者明显等特征,医药市场,特别是处方药,在相关市场界定方面,传统的交叉价格弹性、SSNIP 检验法谨慎适用。根据美国联邦贸易委员会的相关指引,界定医药产品相关市场时的考量因素包括以下方面:(1)药品是否治疗相同的疾病、症状或者适应症;(2)药品是否通过同一种作用机理(mechanism of action)治疗相同的疾病;(3)药品是否含有相同的某种化合物;(4)药品是否有相同的剂型(如注射剂、胶囊、片剂、药膏等);(5)药品是否有相同的用剂频率,比如一天一次、一天三次或者缓释;(6)药品是否有相同的药剂强度,比如 30mg/片、60mg/片;(7)药品属于原研药还是仿制药;(8)药品属于处方药还是无须处方可在药店直接购买的 OTC 药品;(9)药品属于已上市药品还是正在研发中的药品。

医药市场的相关产品市场界定方法有:根据药品治疗的疾病或适应症不同界定市场;根据药品的作用机理不同界定市场;根据药品的化合物不同界定市场;按照剂型和药剂强度细分市场。就原料药而言,一种原料药一般构成独立的相关商品市场。根据生产和销售的不同,结合具体案件可进一步细分为原料药生产市场和原料药经销市场。当然,如果不同原料药之间具有替代关系,根据具体情况可认定多个原料药构成同一相关商品市场。

▶【典型案例】

合肥医工与扬子江药业滥用市场支配地位纠纷案

相关产品市场界定是本案争议之一。

合肥医工方主张,一审判决错误界定了本案相关商品市场,本案更适合的相关商品市场是第二代抗组胺药的原料药市场。因枸地氯雷他定制剂与其他第二代抗组胺药之间存在紧密替代关系,处于同一商品市场,故枸地氯雷他定原料药与其他第二代抗组胺药的原料药也处于同一相关商品市场。

扬子江药业方认为,本案相关商品市场为枸地氯雷他定原料药市场。《国务院反垄断委员会关于原料药领域的反垄断指南》和既有原料药的行政执法案例,均认为一种原料药构成一个单独的相关商品市场。

最高人民法院从相关市场分析方法阐述了本案的相关市场商品界定。

界定经营者在一定时期内就特定商品进行竞争的相关商品市场,可以根据案件具体情况,以被诉垄断行为直接涉及的特定商品为基础,主要从需求者角度进行需求替代分析;供给替代对经营者行为产生的竞争约束类似于需求替代的,也可以从供给者角度进行供给替代分析。

第一,从需求替代的角度分析。

原料药和利用该原料药生产的制剂之间具有严格对应和深度绑定关系,特定制剂的原料药对于该制剂的生产而言不可替代。本案中,枸地氯雷他定原料药对于枸地氯雷他定制剂的生产而言不可替代。

第二,从供给替代的角度分析。

根据《药品管理法》《药品管理法实施条例》的规定,药品生产企业生产药品所使用的原料药,受到严格的行政管制。其他原料药企业短期内难以满足生产条件转产枸地氯雷他定原料药。

2015 年至 2019 年,我国第二代抗组胺药主要品种中仅枸地氯雷他定拥有有效的化合物专利。制造、使用、销售、许诺销售、进口枸地氯雷他定原料药均属于实施涉案 998 专利的行为,需要获得专利权人许可。有效专利的存在增加了其他企业短期内转产或者进口枸地氯雷他定原料药的困难。

无论是从需求替代还是从供给替代的角度看,枸地氯雷他定原料药对于枸地氯雷他定制剂的生产都具有不可替代性。

并且,在药品领域,商品价格并不必然敏感反映竞争状况。特别是在处方药领域,存在复杂的价格决定机制,价格并不必然敏感地反映供求变化以及不同产品之间的替代关系。

本案相关市场界定为中国境内枸地氯雷他定原料药市场。

北京锐邦涌和科贸有限公司与强生(上海)医疗器材有限公司、强生(中国)医疗器材有限公司纵向垄断协议纠纷案

首先,就相关产品市场而言。医用缝线是外科手术中用于伤口缝合的必需品,目前没有其他产品可以成为医用缝线的替代品,就需求的替代性而言,医用缝线是一种特殊的产品,可以形成独立的产品市场。值得思考的是,缝线市场是否细分为可吸收缝线市场、不可吸收缝线市场?虽然可吸收缝线、不可吸收缝线在性能上存在很大差异,可吸收缝线在一段时间内可以被人体吸收而不必再进行拆线操作,但是这种差异并不能消除两者之间的替代性。不可吸收缝线的使用范围

涵盖并超出可吸收缝线的使用范围，用户可以根据价格及使用效果在两种缝线之间选择，不宜再将医用缝线这个产品市场区分为可吸收缝线市场与不可吸收缝线市场。因此，涉案相关产品市场界定为医用缝线市场。

其次，就相关地域市场而言。我国对医疗器械生产与销售采取严格的准入限制，境内与境外缺乏替代性，没有证据表明国内医院会选择从境外市场购买缝线产品。因此，涉案相关地域市场界定为中国市场。

综上，本案相关市场界定为中国的医用缝线产品市场。

第三编　反垄断合规管理

第一章

反垄断合规管理体系

为避免反垄断合规风险，提升企业竞争能力，经营者应当加强反垄断合规管理，将其纳入企业合规管理体系，建立反垄断合规管理体系。所谓反垄断合规管理体系，就是要建立一系列反垄断合规管理制度、合规管理组织架构及其管理职责、合规管理的重点、合规管理的运行机制和保障机制等。

一、企业加强反垄断合规管理的重要性

（一）《反垄断法》是国家市场经济基础性法律

《反垄断法》立法目标在于保护公平竞争，是维护市场经济秩序的基础性法律制度。2022 年《反垄断法》确立了竞争政策基础地位，完善了法律责任体系，使《反垄断法》威慑力进一步增强。不仅有经营者法律责任，也有个人法律责任，不仅有行政责任，也有民事责任甚至刑事责任，并增加信用惩戒、增加检察院公益诉讼。对严重违法者，行政处罚的最高罚款金额可以达到年度销售额的 50%。企业一旦违反《反垄断法》，违法成本极高。

（二）反垄断具有普遍性

《反垄断法》是反垄断行为法，不是反垄断企业法。其适用对象广泛，包括企业、政府部门、行业协会、个人，等等。就企业而言，不仅针对大企业，也针对中小企业，即不具有市场支配地位的中小企业也会面临反垄断合规要求。如少数股权投资，委托投票和委托经营管理等合同安排，竞争者之间战略合作，参与行业协

会,销售管理,被动参与行政性垄断,等等。对于企业而言,反垄断合规要求无处不在,需要时刻关注反垄断风险。

(三)反垄断调查的复杂性和长期性

企业一旦牵涉反垄断调查,由于调查工作量大且周期很长,应对反垄断调查需要花费很大的时间和精力。同时,如果反垄断调查成立,则意味着对前期经营行为的否定,对企业的发展无疑有深远影响。

(四)反垄断合规管理赋能企业竞争能力

企业加强反垄断合规管理,建立自身的反垄断合规管理体系,一方面有助于反垄断合规风险的识别、评估,避免反垄断合规风险;另一方面有机会及时发现交易相对方或竞争者的反垄断合规问题,作出合理有利的应对,从而正向提升企业经营能力。

二、反垄断合规义务、合规风险、合规管理

所谓"合规",也即合乎规定、合乎规矩。置于反垄断的语境下,合规的对象应当是经营者的经营管理行为。所谓的规定、规矩,即与反垄断相关的法律、行政法规、部门规章和其他规范性文件。因此,反垄断合规可以定义为:经营者的经营管理行为符合《反垄断法》等反垄断法律、法规、规章及其他规范性文件的要求。反垄断合规需要厘清三个概念:反垄断合规义务、反垄断合规风险、反垄断合规管理。

反垄断合规义务是指强制经营者必须遵守的反垄断合规要求。经营者应系统地识别其生产经营活动,产品和服务产生的反垄断合规义务,并评估其对运营的影响。

确定反垄断合规义务的规范渊源主要包括《反垄断法》《国务院关于经营者集中申报标准的规定》《禁止垄断协议规定》《禁止滥用市场支配地位行为规定》《经营者集中审查规定》《关于相关市场界定的指南》《国务院反垄断委员会垄断案件经营者承诺指南》《国务院反垄断委员会横向垄断协议案件宽大制度适用指南》等。

反垄断合规风险，根据国务院反垄断委员会《经营者反垄断合规指南》第3条的规定，是指经营者及其员工因反垄断不合规行为，引发法律责任、造成经济或者声誉损失以及其他负面影响的可能性。

反垄断合规管理，根据《经营者反垄断合规指南》，是指以预防和降低反垄断合规风险为目的，以经营者及其员工经营管理行为为对象，开展包括制度制定、风险识别、风险应对、考核评价、合规培训等管理活动。据此，也可以将反垄断合规描述为企业通过反垄断合规管理规避反垄断合规风险的行为。

三、反垄断合规管理的主要内容

中央企业合规管理、省属国企合规管理，以及企业合规管理的国际认证标准，从企业合规管理的体系要求看，反垄断合规管理作为单项合规或者重点合规，均应纳入企业合规管理体系。《经营者反垄断合规指南》提出的管理机制、管理措施、管理保障等均可以作为反垄断合规嵌入整个企业合规管理体系。[①]

(一)反垄断合规管理机制

就反垄断合规管理而言，企业应根据自身规模进行反垄断合规管理，具体包括建立合规制度、组建合规机构、选任合规负责人、作出合规承诺和作出合规报告共5项机制。

1. 建立合规管理制度，经营者可以根据业务状况、规模大小、行业特性等，建立反垄断合规管理制度，或者在现有合规管理制度中开展反垄断合规管理专项工作。建立并有效执行反垄断合规管理制度，有助于提高经营管理水平，避免引发合规风险，树立依法经营的良好形象。

2. 组建合规管理机构。有条件的经营者可以建立反垄断合规管理部门，或者

---

① 本书参考的企业合规相关规章和标准有：国务院反垄断委员会《经营者反垄断合规指南》，2020年9月11日，国务院反垄断委员会发布，国反垄发〔2020〕1号。《中央企业合规管理办法》，2022年8月23日，国务院国有资产监督管理委员会令第42号公布，自2022年10月1日起施行。《浙江省省属企业合规管理指引(试行)》，2022年3月8日，浙江省国资委发布，自2022年4月10日起施行。ISO 37301：2021全称《合规管理体系　要求及使用指南》，由ISO/TC309技术委员会编制，由ISO在2021年4月发布和实施，适用于全球任何类型、规模、性质和行业的组织。2022年10月12日，GB/T 35770—2022《合规管理体系　要求及使用指南》正式发布。

将反垄断合规管理纳入现有合规管理体系；明确合规工作职责和负责人，完善反垄断合规咨询、合规检查、合规汇报、合规培训、合规考核等内部机制，降低经营者及员工的合规风险。反垄断合规管理部门及其负责人应当具备足够的独立性和权威性，可以有效实施反垄断合规管理。

3. 确定合规管理负责人。通常由反垄断合规负责人领导合规管理部门执行决策管理层对反垄断合规管理的各项要求，协调反垄断合规管理与各项业务的关系，监督合规管理执行情况。鼓励经营者高级管理人员领导或者分管反垄断合规管理部门，承担合规管理的组织实施和统筹协调工作。

在此基础上，《经营者反垄断合规指南》第 10 条提出了反垄断合规管理部门和合规管理人员一般履行的合规管理职责。①

4. 合规承诺和合规报告。《经营者反垄断合规指南》第 6 条鼓励经营者的高级管理人员作出并履行明确、公开的反垄断合规承诺。鼓励其他员工作出并履行相应的反垄断合规承诺。并指出经营者可以自行在相关管理制度中明确有关人员违反承诺的后果。《经营者反垄断合规指南》第 7 条鼓励经营者全面、有效开展反垄断合规管理工作，防范合规风险。经营者可以向反垄断执法机构书面报告反垄断合规管理制度及实施效果。

企业可以根据实际情况制定反垄断合规岗位职责清单，列举每个岗位的具体反垄断合规职责，每个岗位职责中的反垄断合规审核、合规管理、合规动作等具体表述，并为反垄断合规管理部门和各岗位合规管理人员履行职责提供必要的资源和保障。

（二）反垄断合规风险重点

1. 禁止达成垄断协议

经营者不得与其他经营者达成或者组织其他经营者达成垄断协议。经营者

---

① 具体包括：（1）加强对国内外反垄断法相关规定的研究，推动完善合规管理制度，明确经营者合规管理战略目标和规划等，保障经营者依法开展生产经营活动；（2）制定经营者内部合规管理办法，明确合规管理要求和流程，督促各部门贯彻落实，确保合规要求融入各项业务领域；（3）组织开展合规检查，监督、审核、评估经营者及员工经营活动和业务行为的合规性，及时制止并纠正不合规的经营行为，对违规人员进行责任追究或者提出处理建议；（4）组织或者协助业务部门、人事部门开展反垄断合规教育培训，为业务部门和员工提供反垄断合规咨询；（5）建立反垄断合规报告和记录台账，组织或者协助业务部门、人事部门将合规责任纳入岗位职责和员工绩效考评体系，建立合规绩效指标；（6）妥善应对反垄断合规风险事件，组织协调资源配合反垄断执法机构进行调查并及时制定和推动实施整改措施；（7）其他与经营者反垄断合规有关的工作。

不得参与或者支持行业协会组织的垄断协议。经营者因行政机关和法律、法规授权的具有管理公共事务职能的组织滥用行政权力而达成垄断协议的,应承担法律责任。

2. 滥用市场支配地位

经营者具有市场支配地位的,不得从事滥用市场支配地位行为。

3. 依法实施经营者集中

经营者实施《反垄断法》规定的经营者集中行为,达到《国务院关于经营者集中申报标准的规定》第 3 条所规定的申报标准的,应当依法事先向反垄断执法机构申报,未申报的不得实施集中。

经营者集中未达到《国务院关于经营者集中申报标准的规定》第 3 条规定的申报标准的,参与集中的经营者可以自愿提出申报。符合经营者集中简易案件适用标准的,经营者可以申请作为简易案件申报。

经营者应遵守反垄断执法机构依法作出的经营者集中审查决定。

4. 配合反垄断调查

经营者有配合反垄断调查的义务。拒绝、阻止反垄断调查的经营者和相关责任人须承担法律责任。经营者及员工应当配合反垄断执法机构依法对涉嫌垄断行为进行调查,避免从事以下拒绝或者阻碍调查的行为:(1)拒绝、阻碍执法人员进入经营场所;(2)拒绝提供相关文件资料、信息或者获取文件资料、信息的权限;(3)拒绝回答问题;(4)隐匿、销毁、转移证据;(5)提供误导性信息或者虚假信息;(6)其他阻碍反垄断调查的行为。经营者及员工在反垄断执法机构采取未预先通知的突击调查中应当全面配合执法人员。

5. 境外反垄断合规

考虑到境外经营活动可能产生的反垄断合规风险,经营者有必要提高境外反垄断合规关注。《经营者反垄断合规指南》第 18 条建议经营者在境外开展业务时,应当了解并遵守业务所在国家或者地区的反垄断相关法律规定,可以咨询反垄断专业律师的意见。经营者在境外遇到反垄断调查或者诉讼时,可以向反垄断执法机构报告有关情况。针对这一特殊问题,市场监管总局还于 2021 年 11 月 15 日发布了《企业境外反垄断合规指引》,该文件就引导企业防范境外反垄断法律风险,保障企业持续健康发展,提出了更加具体的建议。

(三)反垄断合规风险管理措施

《经营者反垄断合规指南》第四章依照从风险识别到风险评估,再到风险提醒,最终到风险处置的逻辑链条,为经营者提出了反垄断合规风险管理措施。

1. 风险识别。经营者可以根据自身规模、所处行业特性、市场情况、反垄断法相关规定及执法环境识别面临的主要反垄断风险。编制企业反垄断合规风险清单,通过表格化、信息化,引导各部门对照开展合规风险自查与识别。

2. 风险评估。经营者可以依据反垄断法相关规定,分析和评估合规风险的来源、发生的可能性以及后果的严重性等,并对合规风险进行分级。经营者可以根据实际情况,建立符合自身需要的合规风险评估程序和标准。

3. 风险提醒。在发现风险后,经营者可以根据不同职位、级别和工作范围的员工面临的不同合规风险,对员工开展风险测评和风险提醒工作,提高风险防控的针对性和有效性,降低员工的违法风险。

4. 风险处置。《经营者反垄断合规指南》鼓励经营者建立健全风险处置机制,对识别、提示和评估的各类合规风险采取恰当的控制和应对措施,并指出经营者可以在发现合规风险已经发生或者反垄断执法机构已经立案并启动调查程序时,立即停止实施相关行为,主动向反垄断执法机构报告并与反垄断执法机构合作。

企业合规管理部门需以业务管理为中心,在业务管理流程中嵌入反垄断合规风险识别、风险评估、风险处置等环节,同时制定《经营者垄断风险控制清单》《反垄断合规流程管控清单》,便于确定不同合规风险应对和处理方法。

▶【典型案例】

中汽协承诺书反垄断合规风险管控案

2023年7月6日,中汽协组织16家车企就维护公平竞争签署承诺书。具体如下:

一、坚持遵守行规行约,规范市场营销活动,维护公平竞争秩序,不以非正常价格扰乱市场公平竞争秩序。

二、注重营销宣传方式方法,不夸大宣传、不虚假宣传,不为吸引眼球、增加获客而对消费者进行误导性宣传。

三、发扬质量为先、品质为本的工匠精神,以高质量产品、高品质服务,满足人民对美好生活的需求。

四、弘扬社会主义核心价值观念,积极履行社会责任,在稳增长强信心防风险等方面积极担当,勇挑重担,携手为国民经济增长作出重要贡献。

上述承诺书,引发了消费者广泛关注和对价格垄断的担忧。

2023 年 7 月 8 日,中汽协发布声明称,7 月 6 日,中汽协组织 16 家车企签署了《汽车行业维护公平市场秩序承诺书》。中汽协认识到承诺书中“不以非正常价格扰乱市场公平竞争秩序”涉及“价格”表述,表意不当,有违《反垄断法》精神,现将上述条款从承诺书中删除,并敦促 16 家及其他汽车生产会员企业,严格遵守《反垄断法》及相关行政法规、指南、规章,自主定价、公平竞争,共同为产业规范健康创新发展贡献力量。

对于价格这样的敏感话题,作为行业协会应当提高反垄断合规关注,需要对价格问题予以正面引导时,应当明确公平竞争的具体内容,不宜用“非正常价格”之类模糊表述,避免消费者担忧。

(四)反垄断合规管理保障措施

《经营者反垄断合规指南》在第五章提出通过合规奖惩、内部举报、信息化建设、合规队伍建设和合规培训总共 5 项措施,为反垄断合规管理提供保障。

1. 合规奖惩。《经营者反垄断合规指南》鼓励经营者建立健全对员工反垄断合规行为的考核及奖惩机制,将反垄断合规考核结果作为员工及其所属部门绩效考核的重要依据,对违规行为进行处罚,提高员工遵守反垄断法相关规定的激励。

2. 内部举报制度。《经营者反垄断合规指南》提出经营者可以采取适当的形式明确内部反垄断合规举报政策,并承诺为举报人的信息保密以及不因员工举报行为而采取任何对其不利的措施。

3. 合规信息化建设。基于现代通信技术对企业治理的影响,《经营者反垄断合规指南》鼓励经营者强化合规管理信息化建设,通过信息化手段优化管理流程,依法运用大数据等工具,加强对经营管理行为合规情况的监控和分析。

4. 合规队伍建设和合规培训。《经营者反垄断合规指南》鼓励经营者建立专业化、高素质的合规管理队伍,根据业务规模、合规风险水平等因素配备合规管理人员，提升队伍能力水平。并提出经营者可以通过加强教育培训等方式，投入有效资源，帮助和督促员工了解并遵守《反垄断法》相关规定，增强员工的反垄断合规意识。

四、反垄断合规的重点领域、重点环节、重点人员

加强反垄断合规管理，首先可以从重点入手，以提高反垄断合规管理的工作效率。在反垄断合规管理过程中，需要关注三个重点，即重点领域、重点环节和重点人员。

（一）重点领域

反垄断合规管理过程中需关注的重点领域包括：

1. 与竞争者或组织竞争者就商业安排、市场信息等进行直接或间接的接触、沟通；

2. 参与行业协会或其他有关机构组织的涉及竞争性敏感信息的同行业会议；

3. 与交易相对人就转售价格进行沟通或者安排；

4. 在可能被推定或被认定具有市场支配地位的情况下，与交易相对人作出不公平价格行为、低于成本销售、拒绝交易、限定交易、搭售或者附加不合理交易条件、差别待遇等方面的商业安排；

5. 在收购兼并、设立合营企业、资产收购等交易中涉及的经营者集中申报以及其他竞争合规问题。

（二）重点环节

反垄断合规管理过程中需关注的重点环节包括：

1. 各项规章制度、战略、方案等重要文件的制定；

2. 经营决策过程，尤其是对重大决策事项的论证，如项目投资立项与可行性研究；

3. 经营活动重点流程，如产品（服务）研发与设计、合同签订等。

(三)重点人员

反垄断合规管理过程中需关注的重点人员包括:

1. 管理人员,如最高管理者或者其授权委托人、中高层管理者等;

2. 重要风险岗位人员,如负责销售、采购、招商、销售网络管理、联络行业协会及参加行业活动、价格及商务政策制定、并购管理等人员;

3. 其他需要重点关注人员。①

五、合规文化建设

加强反垄断合规管理,离不开反垄断合规建设。通过制定反垄断合规相关文件、签订反垄断合规承诺书、定期开展反垄断合规培训活动,督促企业全体员工践行合规经营、公平竞争的价值观,不断增强企业维护市场经济公平竞争意识。

反垄断合规管理需要持续改进合规管理体系的适宜性、充分性和有效性。当经营者认为有必要对公平竞争合规管理过程进行变更时,应有计划地实施。经营者需要考虑:(1)变更的目的及其潜在后果;(2)合规管理过程设计和运行的有效性;(3)资源的充足程度及可用性;(4)职责和权限的分配或再分配。②

企业加强反垄断合规管理,可以编写一份可操作性的《企业反垄断合规手册》,全面阐述企业加强反垄断合规管理的必要性、组织架构、风险管理、保障措施等。加强反垄断合规管理,建立健全反垄断合规管理体系,既是中国企业"走出去",做强做大的客观需要,也是中国经济高质量发展,构建国内统一大市场建设,促进公平竞争的必然要求。

---

① 参见浙江省地方标准《互联网平台企业竞争合规管理规范》(DB33/T 2511—2022)。

② 参见中国标准化协会《经营者公平竞争合规管理体系建设》(T/CAS 600—2022)。

表 3－1－1　经营者垄断风险控制清单[1]

垄断行为分类	风险识别与提醒	行为控制
横向垄断		经营者与竞争者之间的沟通互动需高度谨慎，不应实施下列行为：与竞争者达成固定价格、分割市场、限制产（销）量、限制新技术（产品）、联合抵制交易等《反垄断法》禁止的横向垄断协议；《禁止垄断协议规定》《国务院反垄断委员会关于平台经济领域的反垄断指南》等竞争法相关规定中规定的具有竞争关系的经营者可能达成横向垄断协议的情形；组织、协调具有竞争关系的经营者、合作方等，达成具有横向垄断协议效果的轴辐协议
纵向垄断		经营者在与交易相对人互动过程中，不应实施下列行为：固定交易相对人向第三人转售商品的价格，或限定交易相对人向第三人转售商品的最低价格等《反垄断法》禁止的纵向垄断协议；《禁止垄断协议规定》《国务院反垄断委员会关于平台经济领域的反垄断指南》等竞争法相关规定中规定的经营者与交易相对人可能达成纵向垄断协议的情形
滥用市场支配地位	经营者应结合自身产品和服务所处的相关市场，以及市场份额等因素，评估自身在相关市场的市场力量。如存在《反垄断法》《禁止滥用市场支配地位行为规定》《国务院反垄断委员会关于平台经济领域的反垄断指南》等竞争法相关规定规定的经营者可能被推定为具有市场支配地位的情况，经营者应更谨慎评估自身的行为或与竞争者同步实施的行为	可能具有市场支配地位的经营者的员工，从事下列行为需高度谨慎，应事先向公平竞争合规管理部门说明正当理由，经其评估或审批：以不公平的高价销售商品或以不公平的低价购买商品；以低于成本的价格销售商品；拒绝与交易相对人进行交易；限定交易相对人只能与其进行交易或只能与其指定的经营者进行交易；搭售商品，或在交易时附加其他不合理的交易条件；对条件相同的交易相对人在交易价格等交易条件上实行差别待遇；《国务院反垄断委员会关于平台经济领域的反垄断指南》《国务院反垄断委员会关于原料药领域的反垄断指南》等规定的其他可能构成滥用市场支配地位的情形

[1] 参见中国标准化协会《经营者公平竞争合规管理体系建设》（T/CAS 600—2022）。

续表

垄断行为分类	风险识别与提醒	行为控制
		经营者的员工从事下列行为需高度谨慎,公平竞争合规管理部门应根据实际情况设置评估或审批环节:与竞争者沟通价格、客户、营销策略、市场、技术算法等可能导致经营者与竞争者之间协调彼此经营行为的竞争性敏感信息;参加行业协会组织的涉及竞争者之间协同合作、制定行业费用标准、算法标准等可能影响市场竞争的事项,或需要共同署名、发布相关文件行为;参与有竞争者出席的涉及业务沟通的会议。如竞争者在会上提及前述涉及价格等敏感信息时,应立即明示拒绝参与并即时避席,同时做好拒绝参与及避席的相关证据记录,并及时向公平竞争合规管理部门报告;限制交易相对人的销售对象、销售区域,或对交易相对人作出排他性交易安排的;要求交易相对人在商品价格、数量、品类等方面向其提供等于或优于其他竞争对手的交易条件
经营者集中	经营者在实施经营者合并、通过取得股权或者资产的方式取得对其他经营者的控制权、通过合同等方式取得对其他经营者的控制权或者能够对其他经营者施加决定性影响前,应主动开展经营者集中申报评估,如达到国务院规定的申报标准,应事先向国务院反垄断执法机构申报,未申报的不得实施集中。未达到国务院规定的申报标准的,经营者可以自愿进行经营者集中申报。当参与集中的一方经营者为初创企业或新兴平台、参与集中的经营者因采取免费或低价模式导致营业额较低、相关市场集中度较高、参与竞争者数量较少以及其他具有或者可能具有排除、限制竞争效果的经营者集中,参与集中的经营者应高度关注并审慎评估集中是否具有排除、限制竞争效果	

续表

垄断行为分类	风险识别与提醒	行为控制
行政垄断	经营者宜了解《反垄断法》相关规定所禁止的行政机关和法律、法规授权的具有管理公共事务职能的组织滥用行政权力,实施排除、限制竞争的行为。行政机关和法律、法规授权的具有管理公共事务职能的组织滥用行政权力要求经营者实施垄断行为的,经营者应明确拒绝。经营者宜对行政机关和法律、法规授权的具有管理公共事务职能的组织滥用行政权力排除、限制竞争行为,向反垄断执法机构投诉和举报	

第二章

配合反垄断调查

反垄断调查是指反垄断执法机构依法对经营者涉嫌垄断行为的事实进行调查和收集证据并作出行政处罚的执法活动。近年来,市场监管总局加强了反垄断执法。根据市场监管总局《中国反垄断执法年度报告(2022)》,2022 年全年新立案调查垄断协议案件 18 件,办结 16 件,罚没金额合计 5.69 亿元。查处滥用市场支配地位案件 13 件,罚没金额 1.66 亿元。对 27 起互联网领域未依法申报案件公开作出行政处罚;公开查处 5 件房地产、电力、制造业等实体经济领域未依法申报案件。调查滥用行政权力排除、限制竞争案件 92 件,办结 73 件。与 2021 年相比,垄断协议行政处罚案基本持平;滥用市场支配地位行政处罚案件,同比有所减少;违法实施经营者集中行政处罚案件 32 件,同比大幅减少;滥用行政权力排除、限制竞争案件,同比大幅增长。

一、配合反垄断调查的必要性

首先,积极配合反垄断调查是法律规定的义务。《反垄断法》规定了经营者配合反垄断调查的义务。经营者如果实施了涉嫌垄断行为而被调查,被调查的经营者、利害关系人或者其他有关单位或者个人应当配合国务院反垄断执法机构依法履行职责,不得拒绝、阻碍国务院反垄断执法机构的调查。

其次,如果不配合反垄断调查,会面临严重的法律后果,将承担法律责任。《反垄断法》规定了不配合反垄断调查的法律责任。反垄断执法机构可以责令改正,对个人可以处 50 万元以下的罚款;对单位可以处以上一年度销售额 1% 以下的罚款,上一年度没有销售额或者销售额难以计算的,处 500 万元以下的罚款;构成犯罪的，依法追究刑事责任。

最后，主动报告并配合反垄断调查，如果承担垄断法律责任，可以减轻或免除处罚。《反垄断法》规定了主动报告并积极配合反垄断调查的减免责任。经营者主动向国务院反垄断执法机构报告达成垄断协议的行为并提供重要证据的，可酌情减轻或者免除对该经营者的处罚。此外，也规定了宽大申请制度。

▶【典型案例】

潍坊隆舜和医药有限公司阻碍反垄断调查行政处罚案①

根据举报，2016 年 8 月 10 日，原国家发改委价格监督检查与反垄断局会同山东省物价局组成联合调查组，依法对潍坊隆舜和医药有限公司（以下简称隆舜和公司）涉嫌原料药价格垄断行为开展反垄断调查。执法人员在隆舜和公司业务经理姜某位于一楼的办公场所进行调查取证时，姜某不顾执法人员阻拦，将执法人员已收集的 U 盘扔出门外。在执法人员寻找 U 盘时，隆舜和公司的工作人员对执法人员进行阻挠，阻碍反垄断调查。

山东省物价局依据《反垄断法》第 42 条、第 52 条之规定，拟对隆舜和公司罚款 12 万元，并于 2016 年 10 月 9 日依法向隆舜和公司送达了《行政处罚事先告知书》，告知其拟处罚的事实、理由、依据，及其享有的陈述、申辩及申请听证的权利。隆舜和公司提出听证申请。2016 年 11 月 8 日，山东省物价局就该案举行听证会，隆舜和公司未参加听证，放弃听证权利。

2016 年 12 月 25 日，山东省物价局向隆舜和公司送达《行政处罚决定书》，对隆舜和公司阻碍反垄断调查的行为处罚 12 万元。

二、反垄断调查处理程序

反垄断调查案件的处理程序包括案件的启动、立案、案件调查、内部审理、行

① 参见《山东省物价局依法对隆舜和公司阻碍反垄断调查行为处罚 12 万元》，载国家发改委官网，https://www.ndrc.gov.cn/xwdt/xwfb/201702/t20170213_955333.html，2023 年 8 月 2 日访问。

政处罚事先告知、陈述申辩或听证、作出行政处罚决定、送达、缴纳罚款、结案等阶段。

(一)案件的启动

反垄断调查的启动主要有两种情形,一是依职权启动,二是依举报启动。根据《反垄断法》第46条规定,反垄断执法机构依法对涉嫌垄断行为进行调查。对涉嫌垄断行为,任何单位和个人有权向反垄断执法机构举报。反垄断执法机构应当为举报人保密。举报采用书面形式并提供相关事实和证据的,反垄断执法机构应当进行必要的调查。除了反垄断执法机构主动执法、举报启动外,也有涉嫌垄断的经营者主动报告的情形。本质上,经营者主动报告涉嫌垄断,启动反垄断调查的,也属于依职权启动反垄断调查。

(二)立案

市场监督管理部门对依据监督检查职权或者通过投诉、举报、其他部门移送、上级交办等途径发现的违法行为线索,应当自发现线索或者收到材料之日起15个工作日内予以核查,由市场监督管理部门负责人决定是否立案。

反垄断执法机构正式立案调查前,有一个前期外围调查的过程,对举报人提供的相关事实和证据进行必要的核实,对主动启动的案件也需要向相关经营者收集证据。经核查,符合下列条件的,应当立案:有证据初步证明存在违反市场监督管理法律、法规、规章的行为;依据市场监督管理法律、法规、规章应当给予行政处罚;属于本部门管辖;在给予行政处罚的法定期限内。

授权省级市场监督管理机构调查的案件,在立案后7个工作日内向市场监管总局备案。

(三)实施调查

立案后,反垄断执法机构对相关当事人进行调查。第一步外围调查工作,通常也是从案件相关背景、所在行业、相关市场着手,确立进一步调查的方向和调查范围,制定调查提纲。第二步直接调查工作,会深入被调查单位进行直接调查。调查人员在向反垄断执法机构主要负责人书面报告并经批准后,在调查时可以采取的调查措施,根据《反垄断法》第47条的规定,包括:进入被调查的经营者的营业场所或者其他有关场所进行检查;询问被调查的经营者、利害关系人或者其他有关单位或者个人,要求其说明有关情况;查阅、复制被调查的经营者、利害关系人或者其他有关单位或者个人的有关单证、协议、会计账簿、业务函电、电子数据等文件、资料;查封、扣押相关证据;查询经营者的银行账户。根据《市场监督管理行政处罚程序规定》第23条的规定,办案人员应当依法收集的证据包括:书证;物证;视听资料;电子数据;证人证言;当事人的陈述;鉴定意见;勘验笔录、现场笔录。关于证据的范围,立案前核查或者监督检查过程中依法取得的证据材料,可以作为案件的证据使用。对于移送的案件,移送机关依职权调查收集的证据材料,可以作为案件的证据使用。

(四)审查

案件调查终结,调查人员撰写调查报告。案件调查报告包括以下内容:当事人的基本情况;案件来源、调查经过及采取行政强制措施的情况;调查认定的事实及主要证据;违法行为性质;处理意见及依据;自由裁量的理由等其他需要说明的事项。调查报告附证据材料、拟定行政处理决定文书。然后提交市场监督管理部门审核机构进行审核。审核的主要内容包括:是否具有管辖权;当事人的基本情况是否清楚;案件事实是否清楚、证据是否充分;定性是否准确;适用依据是否正确;程序是否合法;处理是否适当。

对于情节复杂或者重大违法行为给予行政处罚案件,在市场监督管理部门负责人作出行政处罚的决定之前,应当由从事行政处罚决定法制审核的人员进行法制审核;未经法制审核或者审核未通过的,不得作出决定。法制审核由市场监督管理部门法制机构或者其他机构负责实施。市场监督管理部门中初次从事行政处罚决定法制审核的人员,应当通过国家统一法律职业资格考试取得法律职业资格。

需要进行法制审核的案件包括:涉及重大公共利益的;直接关系当事人或者第三人重大权益,经过听证程序的;案件情况疑难复杂、涉及多个法律关系的;法律、法规规定应当进行法制审核的其他情形。

(五)事先告知

对于拟给予行政处罚的案件,市场监督管理部门在作出行政处罚决定之前,应当书面告知当事人拟作出的行政处罚内容及事实、理由、依据,并告知当事人依法享有陈述权、申辩权。拟作出的行政处罚属于听证范围的,还应当告知当事人有要求听证的权利。法律、法规规定在行政处罚决定作出前需责令当事人退还多收价款的,一并告知拟责令退还的数额。

当事人自告知书送达之日起5个工作日内,未行使陈述、申辩权,未要求听证的,视为放弃此权利。

(六)被调查人陈述、申辩或听证

市场监督管理部门在告知当事人拟作出的行政处罚决定后,应当充分听取当事人的意见,对当事人提出的事实、理由和证据进行复核。当事人提出的事实、理由或者证据成立的,市场监督管理部门应当予以采纳,不得因当事人陈述、申辩或者要求听证而给予更重的行政处罚。

(七)作出行政处罚决定

市场监督管理部门作出行政处罚决定,应当制作行政处罚决定书,并加盖本部门印章。行政处罚决定书的内容包括:当事人的姓名或者名称、地址等基本情况;违反法律、法规、规章的事实和证据;当事人陈述、申辩的采纳情况及理由;行政处罚的内容和依据;行政处罚的履行方式和期限;申请行政复议、提起行政诉讼的途径和期限;作出行政处罚决定的市场监督管理部门的名称和作出决定的日期。

根据《禁止垄断协议规定》《禁止滥用市场支配地位行为规定》《经营者集中审查规定》,反垄断执法机构作出行政处理决定后,依法向社会公布。行政处罚信息应当依法通过国家企业信用信息公示系统向社会公示。

三、企业如何配合反垄断调查

由于垄断证据的隐蔽性和复杂性,反垄断调查中突袭调查比较常见,具有突然性和强制性。企业有必要对反垄断调查有专门的积极配合预案。

(一)需要成立应对小组和应对预案,理解积极配合的重要性

从反垄断合规的角度,企业需要提高配合反垄断调查的认知,让管理层和员工了解反垄断调查的配合义务和法律责任。根据《反垄断法》的规定,经营者不

得从事拒绝、阻碍反垄断调查的行为包括：拒绝、阻碍执法人员进入经营场所（或者办公场所）或者拖延执法人员进入的时间；拒绝、阻碍向执法人员提供文件资料或者获取文件资料的权限；拒绝回答问题；隐匿、销毁、转移证据；提供误导性信息或者虚假材料、信息；其他拒绝、阻碍调查的行为。总体来说，要从认识、态度、现场调查管理、证据材料整理等各方面做好充分准备，提高认识，理解积极配合的重要性和必要性。

（二）积极准备证据材料，提出自己的抗辩意见并积极沟通

涉案经营者需要通过应对小组和律师团队，与执法人员就案件进展持续保持沟通，陈述抗辩意见并提交相关证据。《反垄断法》第 51 条规定，被调查的经营者、利害关系人有权陈述意见。反垄断执法机构应当对被调查的经营者、利害关系人提出的事实、理由和证据进行核实。因此，涉案企业可以向执法机构陈述抗辩意见，提出涉嫌违法行为不具备构成垄断行为的要件，不具有排除、限制竞争效果，具有正当理由，存在豁免情形，违法程度轻，可以从轻、减轻等抗辩意见和证据，并提交企业关于涉案相关市场意见，以及相关产品、销售期限等与罚款数额计算相关的说明。

（三）充分运用垄断案件经营者承诺制度申请中止调查

根据《反垄断法》第 53 条以及《国务院反垄断委员会垄断案件经营者承诺指南》的相关规定，涉案经营者可以承诺采取具体措施，从而提出中止调查的申请。所谓经营者承诺，是指涉嫌垄断行为且被调查的经营者，承诺在执法机构认可的期限内采取具体措施消除该行为后果，而执法机构可基于此决定中止调查，并且在经营者履行承诺的情况下决定终止调查的制度。承诺制度适用于横向垄断协议（核心卡特尔除外）、纵向垄断协议和滥用市场支配地位案件。

关于提出中止调查申请的时间，根据《反垄断法》规定，经营者可以在执法机构采取反垄断调查措施后，作出行政处罚事先告知前，提出中止调查书面申请。但是，根据《国务院反垄断委员会垄断案件经营者承诺指南》，执法机构对涉嫌垄断行为调查核实后，认为构成垄断行为的，应当依法作出处理决定，不再接受经营者提出承诺。反垄断调查的基本程序是调查启动、正式立案调查、调查核实、作出行政处罚。因此，提出中止调查申请的最佳时间应该是在反垄断调查核实前。

关于承诺的内容，行为性措施通常包括调整定价策略、取消或者更改各类交

易限制措施、开放网络或者平台等基础设施,许可专利、技术秘密或者其他知识产权等。而结构性措施通常包括剥离有形资产、知识产权等无形资产或者相关权益等。承诺措施也可以是这两类措施的综合。

关于反垄断执法机构审查,执法机构在对经营者的承诺进行审查时,可以综合考虑以下因素:经营者实施涉嫌垄断行为的主观态度;经营者实施涉嫌垄断行为的性质、持续时间、后果及社会影响;经营者承诺的措施及其预期效果。

就承诺沟通的内容包括案件事实的具体表述、承诺的措施能否有效消除涉嫌垄断行为的后果以及是否限于解决执法机构所关注的竞争问题等。在沟通过程中,可以共同邀请行业主管部门、行业协会、专家学者等参加讨论。

从反垄断调查案件看,涉案企业的主观态度,对于能否申请和适用中止调查非常重要。另外,涉案企业日常反垄断合规管理也很重要。如果企业具有完善的反垄断合规制度,能够提供定期开展反垄断培训和合规自查的证据等,且公司已通过自查发现垄断行为问题并予以纠正,则争取中止调查的机会就更大。

执法机构作出中止调查决定后,经营者应接受执法机构的监督,书面报告承诺履行的情况。执法机构根据履行承诺的情况决定是否终止调查。

►【典型案例】

上海公立医疗机构药品集团采购联盟联合采购中止调查案①

2016 年 2 月,上海公立医疗机构药品集团采购联盟(以下简称上海 GPO)委托医健中心提供第三方采购事务和技术支持服务。上海 GPO 以公立医疗机构在省级招标平台上可正常采购的药品为采购范围(含集中采购招标中标药品、挂网采购药品和自费药,已开展医保带量采购的药品、谈判采购的药品及定点生产药品除外),要求已入围阳光平台的参选企业再次申报药品结算价、预计供应链服务成本分担比例、市场占有率等材料,并进行专家遴选等程序,最终决定上海 GPO 药品采购目录。对于未入选 GPO 药品采购目录的企业,所有会员医院拒绝与之交易。

① 参见《上海市工商行政管理局垄断案件中止调查决定书》(沪工商案字〔2018〕第 000201710008 号、沪工商案字〔2018〕第 000201710009 号)。

调查过程中,当事人承认其联合抵制交易的事实,认识到其行为对竞争产生了不当影响,表示要及时整改、消除影响,希望上海市工商行政管理局中止调查。2017 年 12 月 5 日,当事人按照法律规定,提交《关于申请中止调查的报告》。

当事人的上述行为是对医改的初步探索,本身不存在主观恶性,试点阶段范围局限未对市场造成严重影响,当事人上述行为对降低药品的采购成本、压缩价格水分有一定的积极作用,且当事人在案件调查过程中,积极配合调查,对存在的问题认识较为深刻,其提出并积极予以落实的整改措施能够消除和挽回其行为造成的影响,达到了反垄断执法的目的,因此上海市工商行政管理局依据 2007 年《反垄断法》第 45 条(对应 2022 年《反垄断法》第 53 条)决定对本案中止调查。

(四)横向垄断案件中提出宽大申请

经营者主动向反垄断执法机构报告达成垄断协议的有关情况并提供重要证据的,反垄断执法机构可以酌情减轻或者免除对该经营者的处罚。《禁止垄断协议规定》第 37 条第 1 款和第 2 款也规定,经营者达成或者组织其他经营者达成垄断协议,或者为其他经营者达成垄断协议提供实质性帮助,主动向反垄断执法机构报告有关情况并提供重要证据的,可以申请依法减轻或者免除处罚。经营者应当在反垄断执法机构行政处罚告知前,向反垄断执法机构提出申请。因此,涉案企业在反垄断调查开始后,有机会争取宽大处理。《国务院反垄断委员会横向垄断协议案件宽大制度适用指南》提供了具体操作指引。

第三章

反垄断诉讼应对

自《反垄断法》施行以来，反垄断诉讼案件总体上数量不多。垄断纠纷案件的审理不仅涉及法律问题，还涉及经济学问题，审理难度大。反垄断常态化趋势下，垄断纠纷诉讼案件会增多。一旦面临反垄断纠纷，积极应对反垄断诉讼应是企业加强反垄断合规管理的必要举措。反垄断诉讼应对不仅包括作为被告的被动应对，也包括主动提起诉讼以维护公平竞争，免受垄断侵害，作为原告的民事诉讼，还包括不服行政处罚决定的主动提起行政诉讼。《反垄断法》第60条规定，经营者实施垄断行为，给他人造成损失的，依法承担民事责任。经营者实施垄断行为，损害社会公共利益的，设区的市级以上人民检察院可以依法向人民法院提起民事公益诉讼。因此，反垄断除了国家市场监督管理机构反垄断执法监管，任何因垄断行为受到损害的受害人（自然人、法人或者其他组织）都可以向人民法院提起诉讼。如垄断行为造成社会公共利益损害，设区市以上人民检察院也可以依法向人民法院提起民事公益诉讼。反垄断民事诉讼不以反垄断行政处理结果为前置条件，垄断行为受害人可以直接向人民法院起诉。同时，中国反垄断是行政主导的反垄断执法模式。反垄断执法机构既可以判断某项行为是否构成垄断，也可以作出行政处罚。对反垄断执法机构实施的行政行为进行司法审查是不可或缺的制衡机制。

一、反垄断民事诉讼的案由

（一）垄断协议纠纷

横向垄断协议纠纷，是指在生产合作销售过程中具有同业竞争关系的经营者之间达成的旨在排除和限制竞争的协议所引发的纠纷。

纵向垄断协议纠纷，是指在生产或者销售过程中处于不同阶段的经营者之间(如生产商与批发商之间、批发商与零售商之间等)达成的协议所引发的损害其他竞争者的利益或损害消费者利益纠纷。

(二)滥用市场支配地位纠纷

垄断定价纠纷，是指具有市场支配地位的经营者滥用其市场支配地位，没有正当理由，以不公平的高价销售商品或者以不公平的低价购买商品，排除、限制竞争所引发的纠纷。

掠夺定价纠纷，是指具有市场支配地位的经营者滥用其市场支配地位，没有正当理由，以挤垮竞争对手为目的，以低于成本的价值销售商品所引发的纠纷。

拒绝交易纠纷，是指具有市场支配地位的经营者滥用其市场支配地位，没有正当理由，拒绝与交易相对人进行交易所引发的纠纷。

限定交易纠纷，是指具有市场支配地位的经营者滥用其市场支配地位，没有正当理由，限定交易相对人只能与其进行交易或者只能与其指定的经营者进行交易所引发的纠纷。

捆绑交易纠纷，是指具有市场支配地位的经营者滥用其市场支配地位，没有正当理由，搭售商品，或者在交易时附加其他不合理的交易条件所引发的纠纷。

差别待遇纠纷，是指具有市场支配地位的经营者滥用其市场支配地位，没有正当理由，对条件相同的交易相对人在交易价格等交易条件上实行差别待遇所引发的纠纷。

(三)经营者集中纠纷

横向经营者集中纠纷，是指在相关市场的同一生产经营阶段，从事同样生产经营活动的经营者之间的集中而引发的纠纷。

纵向经营者集中纠纷，是指从事同样生产经营活动、处于不同市场层次的经营者之间的集中而引发的纠纷。

一般来说，经营者集中行为须经过行政审查程序，存在行政诉讼的可能性。而因经营者集中引发的民事诉讼发生率更为个别。

二、反垄断行政诉讼的类型

不服反垄断行政处罚的行政诉讼包括：

1. 针对实施垄断协议行为的行政处罚引发的行政诉讼

上述行政处罚包括行政处罚、中止调查、从宽处理、终止调查等各类行政决定。

2. 针对可诉的行政垄断行为的诉讼

可诉的行政垄断行为包括行政机关滥用行政权力排除或者限制竞争的行为。

3. 不服经营者集中反垄断审查决定的诉讼

根据《反垄断法》第 34 条、第 35 条的规定，经营者集中具有或者可能具有排除、限制竞争效果的，国务院反垄断执法机构应当作出禁止经营者集中的决定。对不予禁止的经营者集中，国务院反垄断执法机构可以决定附加减少集中对竞争产生不利影响的限制性条件。对于上述决定不服的，可以先依法申请行政复议；对行政复议决定不服的，可以依法提起行政诉讼。

三、如何确定垄断诉讼的司法管辖

根据《最高人民法院关于第一审知识产权民事、行政案件管辖的若干规定》第 1 条的规定，发明专利、实用新型专利、植物新品种、集成电路布图设计、技术秘密、计算机软件的权属、侵权纠纷以及垄断纠纷第一审民事、行政案件由知识产权法院，省、自治区、直辖市人民政府所在地的中级人民法院和最高人民法院确定的中级人民法院管辖。法律对知识产权法院的管辖有规定的，依照其规定。

因此，垄断纠纷民事诉讼由知识产权法院和部分中级法院进行一审。非省级政府所在地的中级法院和非经最高人民法院确定的中级法院无管辖权，法律另有规定的除外。

四、垄断诉讼的原告资格

（一）垄断民事诉讼的原告

关于反垄断民事诉讼的适格原告，从《民事诉讼法》的规定看，原告是与本案有直接利害关系的当事人。根据《反垄断法》第60条的规定，经营者实施垄断行为，给他人造成损失的，依法承担民事责任。经营者实施垄断行为，损害社会公共利益的，设区的市级以上人民检察院可以依法向人民法院提起民事公益诉讼。根据该规定，垄断民事诉讼的原告资格有两类：一是受垄断行为直接损害者；二是可以提起公益民事诉讼的设区市人民检察院。比较有争议的是受垄断行为的间接受害者是否具有原告资格。

根据《最高人民法院垄断纠纷审理规定》第1条的规定，垄断民事纠纷案件，是指因垄断行为受到损失以及因合同内容、行业协会的章程等违反《反垄断法》而发生争议的自然人、法人或者非法人组织，向人民法院提起的民事诉讼案件。从司法解释文义看，对原告资格没有作"直接"利害关系的限制规定，只要是因垄断行为受到损害的，无论是直接受害人还是间接受害人，都可以成为适格原告。

目前的司法实践中，垄断纠纷的适格主体有三种情形。

1. 竞争主体

竞争主体作为垄断诉讼主体，是比较常见的。反垄断是保护公平竞争、鼓励创新的经济法律。作为市场经济的直接参与者，竞争主体参与垄断诉讼最为常见，经常出现在滥用市场支配地位案件和纵向垄断案件中。竞争者积极参与反垄断诉讼原因在于维护自身公平竞争的权利。同时，作为竞争者参与反垄断诉讼有自身的优势条件，对市场了解，对竞争对手了解，举证能力强，有助于识别隐蔽型的垄断行为。例如在锐邦公司诉强生纵向垄断协议纠纷案中，锐邦公司诉称其作为强生（中国）公司、强生（上海）公司医用缝合器及缝线产品在北京地区的经销商，与两被告有长达15年的合作。在2008年与两被告签订经销合同后，因在北京大学人民医院采购竞标过程中违反经销合同中限制转售价格条款而降低价格竞标，遭受两被告处罚，先是被取消在部分医院的经销权，继而被完全停止供货，遭受重大经济损失。锐邦公司作为经销商既是纵向垄断协议的参与者，又是纵向垄断协议的受害者，其参与诉讼有能力举证，也有动力提起反垄断诉讼。①

2. 直接购买者

直接购买者作为合同相对方，理论上属于直接利害关系人，确定为适格原告没有问题。但是，在经销过程中，与垄断行为实施者发生合同关系的一方往往不是最终的消费者。其作为垄断行为受害方，通常已经转嫁成本，由消费者埋单，导致直接购买者起诉垄断行为实施者并无动力。在转嫁情况下，如果法院过多地支持没有受害的直接购买者，会造成不公平的问题。②

另外，在经销关系中，直接购买者可能同时是垄断协议的参与者。既是受害者又是参与者的合同当事人是不是适格原告也易引发争议。在上述锐邦公司诉强生纵向垄断协议纠纷案中，强生的答辩意见之一指出："本案被控垄断行为是锐邦公司与强生（中国）公司、强生（上海）公司之间达成的垄断协议，由本案当事人双方共同签订和执行，锐邦公司本身作为垄断行为的直接参与者和实施者，无资格提起本案诉讼。"对此，法院认为垄断协议的当事人既可能是垄断行为的参与者、实施者，又可能是垄断协议的受害者，属于2007年《反垄断法》第50条（对应2022年《反垄断法》第60条）规定的因垄断行为遭受损失的主体范围。从《反垄断法》预防和制止垄断行为、保护公平竞争、维护消费者利益和社会公共利益的立法目的出发，应准许垄断协议的合同当事人提起反垄断民事诉讼。

3. 间接购买者

所谓间接购买者，是指没有从垄断实施者处直接购买，而是从直接购买者或后续购买者处获得商品或服务的购买者。间接购买者与垄断行为者无直接合同关系，但间接购买者人数众多，不仅包括消费者，也有二级经销商、零售商，但以消费者为主。消费者提起反垄断诉讼，本身具有相当的合理性。《反垄断法》的立法宗旨就是促进竞争、鼓励创新，增进社会福利、维护消费者权益。但是，在间接购买的情形下，消费者是否具有直接起诉垄断实施者的资格仍颇具争议。在田某伟诉北京家乐福商业有限公司双井店等垄断纠纷案中，原告田某伟诉称：2013年2月7日，其在北京家乐福商业有限公司双井店购买雅培婴儿配方奶粉一件。2013年7月9日，雅培公司对产品系列进行价格调整，下降幅

---

① 参见上海市高级人民法院民事判决书，（2012）沪高民三（知）终字第63号。

② 参见万江：《中国反垄断法：理论、实践与国际比较》（第3版），法律出版社2021年版，第298页。

度为4%～12%。2013年8月2日国家发展改革委对雅培公司违反《反垄断法》的行为作出了行政处罚。国家发展改革委的行政处罚决定表明，原告以不公平的高价购得了雅培婴儿配方奶粉，损害了原告的利益。田某伟作为间接购买者是否应获得赔偿成为争议焦点之一。对此，法院首先定性了原告田某伟的诉讼行为为间接购买者提起垄断诉讼，认为其系作为雅培公司产品的最终购买者即作为消费者提起赔偿请求，其主张涉及学理上所探讨的作为间接购买商品的消费者针对垄断行为提起的民事诉讼问题。《反垄断法》的立法目的之一是保护消费者利益，由于消费者多数情况下是垄断利润的最终承担者，如果只允许直接购买者提起反垄断民事诉讼，作为间接购买者的消费者不能基于受损提起赔偿诉讼，将会形成非常不公平的局面，也不利于实现《反垄断法》保护消费者利益的立法目的实现。其次，指出2012年《最高人民法院垄断纠纷审理规定》第1条规定，本规定所称因垄断行为引发的民事纠纷案件，是指因垄断行为受到损失以及因合同内容、行业协会的章程等违反反垄断法而发生争议的自然人、法人或者其他组织，向人民法院提起的民事诉讼案件。该规定没有排除间接购买产品的消费者提起反垄断民事诉讼的资格。因此，对作为间接购买者的消费者提起垄断诉讼的原告资格作出了肯定评价。[①]

（二）垄断行政诉讼的原告

关于垄断行政诉讼案件的适格原告，根据《行政诉讼法》第25条第1款的规定，行政行为的相对人以及其他与行政行为有利害关系的公民、法人或者其他组织，有权提起诉讼。《最高人民法院关于适用〈中华人民共和国行政诉讼法〉的解释》第12条规定，有下列情形之一的，属于《行政诉讼法》第25条第1款规定的"与行政行为有利害关系"：(1)被诉的行政行为涉及其相邻权或者公平竞争权的……因此，被诉行政行为涉及公平竞争权的，行政相对人可以提起行政诉讼。

① 参见北京知识产权法院民事判决书，(2014)京知民初字第146号。

五、反垄断诉讼常见争议及其裁判规则

(一)垄断协议争议

1. 关于垄断协议的形式

除了协议、决定的书面形式外,其他协调行为如何认定?以协同行为方式达成垄断协议的认定标准和考虑因素,主要有以下五点:(1)是否符合达成垄断协议行为的主体要件。(2)客观上经营者之间是否存在一致性市场行为。(3)主观上经营者之间是否进行过意思联络或者信息交流。(4)经营者能否对一致性行为作出合理解释。(5)相关市场的结构情况、竞争状况、市场变化情况、行业情况等因素。[①] 具有竞争关系的经营者之间存在一致性市场行为,且存在排除、限制竞争共谋的,可以推定其实施了反垄断法所禁止的协同行为,但经营者能够对一致性市场行为作出合理解释,证明其系根据市场和竞争状况独立作出有关市场行为的除外。[②]

2. 垄断协议如何认定

垄断协议的认定重实质轻形式。因专利侵权纠纷达成的和解协议,如与涉案专利保护范围缺乏实质关联,所涉产品超出涉嫌侵权的产品范围,其核心并不在于保护和行使专利权,而是以行使专利权为掩护,实际上追求分割销售市场、限制商品生产和销售数量、固定价格等效果的,可以认定为横向垄断协议。[③]

3. 具备排除、限制竞争效果是否是垄断协议构成要件

根据《反垄断法》规定,垄断协议,是指排除、限制竞争的协议、决定或者其他协同行为。从条文含义理解,排除、限制竞争效果属于垄断协议的构成要件之一。司法实践许多案例已经体现这一观点。[④]

4. 横向垄断协议,能否主张不具有排除、限制竞争效果豁免

根据《最高人民法院垄断纠纷审理规定》第 7 条规定,被诉行为属于横向垄断

① 参见北京市第二中级人民法院行政判决书,(2018)京 02 行终 82 号。
② 参见最高人民法院行政判决书,(2022)最高法知行终 29 号。
③ 参见最高人民法院民事判决书,(2021)最高法知民终 1298 号。
④ 参见最高人民法院民事判决书,(2015)民申字第 2313 号、(2021)最高法知民终 1298 号等。

协议的，被告应对该协议不具有排除、限制竞争的效果承担举证责任。最高人民法院案例中，法院指出被告若主张其行为具有《反垄断法》第20条法定豁免情形所指的积极竞争效果或经济社会效果，应当提供充分证据证明。“该效果是具体的、现实的，而不能仅仅依赖一般性推测或者抽象推定。”以“提高产品质量、降低成本、增进效率，统一产品规格、标准或者实行专业化分工”为例，法院指出被告应当提供证据证明达成垄断协议前后相关市场的服务质量、成本、效率，对比说明其实际的积极效果；在主张消费者从中受益时，法院又指出被告应当提供证据证明达成垄断协议前后消费者的费用、其他成本、便利程度等。①

5. 排除、限制竞争目的是否是垄断协议构成要件

欧盟竞争法中，排除、限制竞争目的独立于排除、限制竞争效果，本身构成对竞争的限制。欧盟委员会颁布的“微量允许通知”（De Minimis Notice）中，明确指出具有排除、限制竞争目的的协议无法适用“安全港”规则。中国反垄断法并无此规则。在最高人民法院司法案例中，法院指出垄断协议“应以该协议是否具有排除、限制竞争的效果为核心标准……协议的签订背景及各方达成协议时的主观动机等可以作为认定的参考”。“主观动机仅仅是参考因素……仅此亦不足以确定或者否定涉案调解协议对市场竞争的效果如何。”②因此，排除、限制竞争目的仅仅是认定垄断协议的参考因素，具有该目的不当然构成垄断协议，不具有该目的也不当然不构成垄断协议。具体如何认定？上海市高级人民法院通过经销合同中有关维护市场价格体系的条款以及经销活动中依靠客户关系维持价格的行为，最终认定被上诉人采取回避价格竞争的策略，动机在于维持价格水平。③ 广东省高级人民法院认为涉案产品“还不到消费者非买不可抑或不可或缺的程度”，如果被上诉人目的是提高销售价格，获取高额垄断利润，消费者完全可以选择放弃涉案产品转而购买其他替代产品，这对于被上诉人并非明智之举。因此，被上诉人实施纵向垄断协议的目的并非通过排除、限制竞争而获取高额垄断利润。④

---

① 参见最高人民法院民事判决书，(2021)最高法知民终字第1722号。

② 参见最高人民法院民事判决书，(2021)最高法知民终1298号。

③ 参见上海市高级人民法院民事判决书，(2012)沪高民三(知)终字第63号。

④ 参见广东省高级人民法院民事判决书，(2016)粤民终1771号。

6. 纵向垄断协议纠纷中，不具有反竞争效果抗辩如何举证

根据《反垄断法》第 18 条第 2 款规定，经营者能够证明纵向垄断协议不具有排除、限制竞争效果的，不予禁止。与行政执法不同，在民事诉讼中，法院通常不会直接推定纵向垄断协议的排除、限制竞争效果，遵循“谁主张，谁举证”的原则，由原告承担被告纵向垄断协议具有排除、限制竞争效果的举证责任。这与司法审慎的一贯立场一致，也与纵向垄断协议对经济具有双重作用的认识一致。纵向协议除了可能具有限制竞争的效果，也存在对经济和竞争产生积极作用的可能性。广东省高级人民法院案判决体现了这一观点。①

7. 排除、限制竞争效果如何评估

反竞争效果经常成为纵向垄断协议纠纷案争议焦点。上海市高级人民法院(2012)沪高民三(知)终字第 63 号、广东省高级人民法院(2016)粤民终 1771 号以及上海市高级人民法院(2018)沪民终 475 号案等对此提出了明确的指引。首先，分析所在相关市场竞争是否充分。在涉案产品市场和地域市场界定的基础上分析评估市场整体竞争环境、市场竞争结构(竞争者数量、品牌数量、竞争者市场份额)、买方对价格的敏感程度、价格竞争压力、市场进入壁垒高低、潜在市场进入者等因素，综合判断相关市场竞争充分与否。其次，分析被告在相关市场的市场力量是否强大。市场份额是经营者市场力量的直接体现。比如纵向垄断协议案件，实施最低转售价格限制的企业在相关市场具有很强的市场地位，能够对市场竞争产生影响，应当作为限制最低转售价格协议构成垄断协议的重要条件。法院倾向认为纵向垄断协议的排除、限制竞争效果与被告的市场力量具有较强的关联性。最后，具体分析排除、限制竞争效果。在分析纵向垄断协议的竞争效果时，法院通过比较促进竞争效果和限制竞争效果，从后果的角度判断排除、限制竞争效果。在锐邦公司诉强生纵向垄断协议纠纷案中，判决认为强生在竞争不够充分的医用缝合线市场具有很强的市场地位，限制最低转售价格行为的动机在于回避价格竞争，有效地排挤了有效率的经销商，限制了品牌内及品牌间价格竞争，促进竞争的效果不明显。②

---

① 参见广东省高级人民法院民事判决书，(2016)粤民终 1771 号。

② 参见上海市高级人民法院民事判决书，(2012)沪高民三(知)终字第 63 号。

▶【典型案例】

锐邦公司诉强生纵向垄断协议案[①]

锐邦公司是强生(上海)公司和强生(中国)公司(合称强生)在北京地区从事缝合器及缝线产品销售业务的经销商,双方之间有着长达15年的合作,经销合同每年一签。2008年1月2日,强生与锐邦公司签订经销合同,约定后者在前者指定的相关区域销售缝线产品,期限自2008年1月1日至同年12月25日。合同附件对经销区域以及经销指标作出明确的约定;锐邦公司不得以低于强生规定的产品价格进行销售。

2008年7月1日,强生致函锐邦公司,以后者于2008年3月在人民医院的竞标中,私自降低销售价格,获取非授权区域的缝线经销权为由,扣除锐邦公司保证金人民币2万元,并取消其在北京阜外医院、北京整形医院的销售权。

锐邦公司认为,强生的行为构成了限定最低转售价格行为,向法院起诉。

法院认为,2007年《反垄断法》第14条(对应2022年《反垄断法》第18条)所规定的垄断协议应当以具有排除、限制竞争效果为构成要件。通过对相关市场竞争是否充分、被告市场地位是否强大、被告实施限制最低转售价格的动机、限制最低转售价格的竞争效果等四方面情况的分析可得,本案中的限制最低转售价格条款在相关市场产生了排除、限制竞争的效果,同时并不存在明显、足够的促进竞争的效果,构成2007年《反垄断法》第14条所规定垄断协议。强生对锐邦公司违反限制最低转售价格协议行为所作处罚以及之后停止缝线产品供货的一系列行为,属于《反垄断法》禁止的垄断行为,应当对其垄断行为造成的锐邦公司的经济损失承担赔偿责任,但其赔偿范围应限于锐邦公司2008年因缝线产品销售额减少而减少的正常利润。

8. 品牌间竞争与品牌内竞争的关系

上海市高级人民法院认为应当主要关注品牌间竞争而非品牌内竞争。品牌

① 参见上海市第一中级人民法院民事判决书,(2010)沪一中民五(知)初字第169号;上海市高级人民法院民事判决书,(2012)沪高民三(知)终字第63号。转引自时建中等编:《反垄断行政执法典型案例分析与解读(2008—2018)》,中国政法大学出版社2018年版,第69~70页。

间竞争往往主导品牌内竞争，且消费者的利益可以通过品牌间竞争进行保障。[①] 而广东省高级人民法院认为需要从后果的角度判断排除、限制竞争效果。[②] 当品牌间竞争充分时，经营者如果限制品牌内竞争，维持高价或提高价格，消费者自然流向其他品牌。然而，如果品牌间竞争不充分，或者经营者的市场力量较强，品牌内竞争是竞争重要组成部分，纵向垄断协议就会对品牌内竞争产生重大影响。因此，品牌间竞争不充分或者品牌内竞争可直接影响品牌间竞争时，纵向垄断协议就有可能产生排除、限制竞争效果。

（二）滥用市场支配地位争议

判断一个经营者是否占据市场支配地位以及是否滥用其市场支配地位，首先要界定相关市场，直接目的是识别竞争者或潜在的竞争者，然后通过考察经营者对市场和竞争的控制力等因素，来确定经营者在相关市场中是否占有支配地位，是否存在滥用的行为，作出该经营者的行为是否违法的判定，最终确定其是否应承担停止侵权和赔偿损失的法律责任。[③]

关于隐性限定交易行为的认定。反垄断法上的限定交易行为可以是明示的、直接的，也可以是隐含的、间接的。具有市场支配地位的经营者为供水、供电、供气等公用事业经营者或者其他依法具有独占地位的经营者，对于市场竞争可以施加更大的影响，其在相关交易中只推荐特定交易对象或者只公开特定交易对象的信息，交易相对人基于上述情势难以自由选择其他经营者进行交易的，通常可以初步认定其实质上实施了限定交易行为。[④]

（三）相关市场认定争议

相关市场通常以需求替代、供给替代分析。要结合所在行业的竞争主体、竞争结构、竞争产品性质、功能、消费群体、价格等因素进行具体分析。就存量住房买卖经纪服务相关市场而言，由于在竞争主体、服务对象和内容、佣金收取方式、行业规范要求等方面存在明显不同，无论是从需求替代还是从供给替代的角度分析，存量住房买卖经纪服务相关市场与存量住房租赁经纪服务、存

---

① 参见上海市高级人民法院民事判决书，（2018）沪民终 475 号。

② 参见广东省高级人民法院民事判决书，（2016）粤民终 1771 号。

③ 参见江苏省南京市中级人民法院民事判决书，（2019）苏 01 民初 1271 号。

④ 参见最高人民法院民事判决书，（2022）最高法知民终 395 号。

量非住房买卖经纪服务、新建住房买卖经纪服务、存量房买卖自行成交等，一般不构成紧密替代。存量住房买卖经纪服务相关市场是一个独立的相关产品市场。①

在滥用市场支配地位类案件中，如果是平台企业与平台企业之间的纠纷，则原则上仍要遵循传统的分析方法进行相关市场界定；如果是平台企业与消费者/经营者的纠纷，则需要考虑平台与消费者/经营者哪一方的利益更需要保护。如果在某些情形下，认为消费者或者经营者更需要保护，则可降低相关市场界定的重要度，更多关注消费者/经营者利益受到确凿损害的证据，适度地降低相关市场界定的精准性要求，进行适度的模糊化处理，只要有充分的证据证明被告具有强大的市场力量，而这种市场力量被用来阻碍了竞争或损害了消费者/经营者的利益即可。

关于经营者在相关市场的市场份额计算问题，一般可以根据被诉垄断行为发生时经营者一定时期内的相关商品或者服务的交易金额、交易数量、生产能力或者其他指标在相关市场中所占的比例确定。以房地产中介服务市场为例，经营者实际撮合交易的数量，及其所掌握的潜在交易者信息，一般是评价其市场力量的恰当指标。经营者本身的机构规模、雇员数量等仅仅能够反映其服务规模，可以作为经营者财力和技术条件等的考量指标，但原则上不宜直接作为市场份额的评价指标。②

（四）损失认定争议

关于反垄断损失赔偿金额的确定。在限定转售商品最低价格纵向垄断协议案中，有判决指出消费者因经营者达成并实施限定向第三人转售商品最低价格的纵向垄断协议提起民事赔偿诉讼，赔偿金额一般可以以经营者之间限定的最低转售价格与竞争价格之间的差额为依据计算。③ 在滥用市场支配地位限定交易案中，判决指出当事人主张因滥用市场支配地位的限定交易行为而遭受的损失的，应当证明限定交易情形下的实际价格高于正常竞争条件下的合理交易价格的差额。当事人未能举证证明上述差额，亦未能提出具体差额计算方法，或者不存在或难以确定可供对比的合理交易价格，导致具体损失数额难以确定的，人民法院

---

① 参见最高人民法院民事判决书，(2020)最高法知民终1463号。

② 参见最高人民法院民事判决书，(2020)最高法知民终1463号。

③ 参见最高人民法院民事判决书，(2020)最高法知民终1137号。

可以根据案件具体情况合理酌定赔偿数额。①

(五)行政诉讼争议

《反垄断法》罚款规定中“上一年度销售额”中“上一年度”,通常指反垄断执法机构启动调查时的上一个会计年度;垄断行为在启动调查时已经停止的,“上一年度”则通常为垄断行为停止时的上一个会计年度;如果垄断行为实施后于当年内停止,则垄断行为实施的会计年度可以作为该“上一年度”。总体来说,原则上“上一年度”应当确定为与作出处罚时在时间上最接近、事实上最关联的违法行为存在年度。②

关于行政与司法的衔接问题。反垄断执法机构认定构成垄断行为的处罚决定在法定期限内未被提起行政诉讼或者已为人民法院生效裁判所确认,原告在相关垄断民事纠纷案件中据此主张该垄断行为成立的,无须再行举证证明,但有相反证据足以推翻的除外。③

六、反垄断检察公益诉讼

2022 年《反垄断法》新增了检察机关提起反垄断公益诉讼制度。

民事检察公益诉讼是具有中国特色的法律制度。2015 年全国人大常委会授权检察机关在部分地区开展公益诉讼试点。试点两年后,2017 年 6 月,全国人大常委会通过《全国人民代表大会常务委员会关于修改〈中华人民共和国民事诉讼法〉和〈中华人民共和国行政诉讼法〉的决定》,民事检察公益诉讼制度正式在法律层面确定。民事检察公益诉讼的价值在于维护社会公共利益。垄断行为对市场经济造成的损害具有对象的不特定性和范围的广泛性,尤其是在数字经济背景下,大型平台一旦实施垄断行为,其所造成的损害范围和影响更为广泛,所以,在反垄断领域,对造成社会公共利益损失的垄断行为,赋予检察机关提起公益诉讼的权力,十分必要。

根据《反垄断法》第 60 条第 2 款的规定,反垄断领域,目前可以提起公益诉讼

① 参见最高人民法院民事判决书,(2022)最高法知民终 395 号。
② 参见最高人民法院行政判决书,(2022)最高法知行终 29 号。
③ 参见最高人民法院民事判决书,(2020)最高法知民终 1137 号。

的限于设区市人民检察院，具体提起民事检察公益诉讼的程序，直接适用《民事诉讼法》和《最高人民法院、最高人民检察院关于检察公益诉讼案件适用法律若干问题的解释》等规定。[①]

① 参见王先林主编：《最新反垄断法条文对照与重点解读》，法律出版社2022年版，第209页。

第四编　典型案例评析

第一章

横向垄断案例

一、汽车零部件企业横向垄断协议行政处罚案

日本住友等八家零部件企业横向垄断协议行政处罚案[①]

基本案情

2000年1月至2010年2月，日立、电装、爱三、三菱电机、三叶、矢崎、古河、住友等八家日本汽车零部件生产企业为减少竞争，以最有利的价格得到汽车制造商的零部件订单，在日本频繁进行双边或多边会谈，互相协商价格，多次达成订单报价协议并予以实施。价格协商涉及中国市场并获得订单的产品包括起动机、交流发电机、节气阀体、线束等13种。经价格协商的零部件用于本田、丰田、日产、铃木、福特等品牌的20多种车型。截至2013年年底，当事人经价格协商后获得的与中国市场相关的多数订单仍在供货。

国家发展改革委认为，八家汽车零部件企业涉嫌达成并实施了汽车零部件企业横向垄断协议、违反了2007年《反垄断法》规定，排除、限制了市场竞争，不正当影响了中国汽车零部件及整车的价格，损害了下游制造商的合法权益和消费者利益。当事人多次达成并实施价格垄断协议，违法行为持续时间超过10年，违法情节严重，依法从重处罚，同时对主动提供重要证据的相关当事人适用了2007年

① 参见《日本十二家企业实施汽车零部件和轴承价格垄断被国家发展改革委罚款12.35亿元》，载国家发改委官网，https://www.gov.cn/xinwen/2014-08/20/content_2737348.htm，2023年7月18日访问。

《反垄断法》减轻或免除处罚的条款。

2014 年 8 月 20 日,国家发展改革委作出处罚决定:

1. 对第一家主动报告达成垄断协议有关情况并提供重要证据的日立,免除处罚。

2. 对第二家主动报告达成垄断协议有关情况并提供重要证据的电装,处上一年度销售额 4% 的罚款,计 1.5056 亿元。

3. 对只协商过一种产品的矢崎、古河和住友,处上一年度销售额 6% 的罚款,分别计 2.4108 亿元、3456 万元和 2.904 亿元。

4. 对协商过两种以上产品的爱三、三菱电机和三叶,处上一年度销售额 8% 的罚款,分别计 2976 万元、4488 万元和 4072 万元。

涉案企业整改措施:

一是立即根据中国法律对销售政策和销售行为进行整改;

二是对公司全体成员进行反垄断培训,确保员工行为符合中国法律要求;

三是采取实际行动,消除过去违法行为的后果,主动维护竞争秩序,并惠及消费者。

案例分析

(一)横向垄断的认定

八家日本汽车零部件生产企业在日本频繁进行双边或多边会谈,互相协商价格,多次达成订单报价协议并予以实施。价格协商涉及中国市场并获得订单的产品包括起动机、交流发电机、节气阀体、线束等 13 种。

首先,上述八家企业具有竞争关系,是汽车零部件供应商。

其次,上述竞争者之间进行了价格协商,形成订单报价协议,已经形成价格卡特尔,具备横向垄断的形式要件。

最后,上述价格卡特尔已经实施,排除、限制了正常市场竞争,已经不正当地影响了中国汽车零部件的价格,损害了下游制造商的合法权益和消费者利益,符合横向垄断的反竞争效果要件。

上述行为已经违反了 2007 年《反垄断法》第 13 条(对应 2022 年《反垄断法》第 17 条)禁止横向垄断协议的规定,构成横向价格垄断。

(二)减免处罚的认定

2007 年《反垄断法》第 46 条第 2 款(对应 2022 年《反垄断法》第 56 条)规定,

经营者主动向反垄断执法机构报告达成垄断协议的有关情况并提供重要证据的，反垄断执法机构可以酌情减轻或者免除对该经营者的处罚。

本案的处罚中充分体现了上述立法精神。对第一家主动报告达成垄断协议有关情况并提供重要证据的日立公司予以了免除处罚。而对另外三家根据不同的情节分别作出了上一年度销售额的4%、6%、8%的罚款。

案例评论

横向垄断是反垄断重点之一。由于横向垄断的隐蔽性，横向垄断往往不容易被发现，所以对横向垄断予以严惩的同时，对主动报告、积极配合的当事人予以激励。本案是主动报告横向垄断获减免处罚的典型案例。

汽车产业既是国民经济的重要支柱产业，也是提升人民幸福感、获得感的重要民生产业。保护汽车业公平竞争，对促进汽车业健康发展，维护消费者利益具有十分重要的意义。近年来，汽车行业垄断问题频发，是国家反垄断重点领域之一。除了横向垄断，也有纵向垄断、滥用市场支配地位、经营者集中等问题。为此，对该领域的反垄断工作专门出台了《国务院反垄断委员会关于汽车业的反垄断指南》。该指南对于引导汽车行业经营者加强反垄断合规，促进合法合规经营，提高汽车制造、经销和售后市场的效率和消费者福利具有重要意义。

二、行业协会制定收费标准横向垄断行政处罚案

北京市围棋协会组织横向垄断行政处罚案

基本案情

2023年9月1日，北京市市场监督管理局对北京市围棋协会等作出行政处罚，认定其组织本行业具有竞争关系的经营者达成固定商品价格变动幅度的垄断协议的行为排除、限制了市场竞争，损害了消费者利益，[①]责令北京市围棋协会及

① 案例参见京市监垄罚〔2023〕06002号行政处罚决定书、京市监垄罚〔2023〕06003号行政处罚决定书等。

参与达成并实施垄断协议的八家会员单位停止违法行为，对北京市围棋协会处罚款5万元，对八家会员单位处2021年度销售额2%的罚款。

表4-1-1 2023年北京市围棋协会组织会员单位横向垄断行政处罚案

涉案单位	罚款金额（元）	处罚比例（%）	从轻理由
北京市围棋协会	50,000		组织者，积极配合调查、整改，减轻危害后果，违法行为持续时间较短
北京市丰台区围棋协会	24,344.65	2	积极配合调查、减轻危害后果，违法行为持续时间较短
北京红枫叶体育文化传媒有限公司	14,046.93	2	积极配合调查、减轻危害后果，违法行为持续时间较短
北京市怀柔区围棋协会	6818.1	2	积极配合调查、减轻危害后果，违法行为持续时间较短
北京博弈英华教育咨询有限公司	9521.55	2	积极配合调查、减轻危害后果，违法行为持续时间较短
北京弈和康体育文化有限公司	39,790.94	2	积极配合调查、减轻危害后果，违法行为持续时间较短
北京市房山区棋牌智力运动协会	3702.61	2	积极配合调查、减轻危害后果，违法行为持续时间较短
北京市西城区武术和棋类运动管理中心	10,068.35	2	积极配合调查、减轻危害后果，违法行为持续时间较短
北京市东城区棋牌运动协会	7891.76	2	积极配合调查、减轻危害后果，违法行为持续时间较短

案例分析

行业协会组织本行业会员单位制定行业收费标准为什么构成横向垄断协议？根据2007年《反垄断法》第13条第1项（对应2022年《反垄断法》第17条）的规定，北京市围棋协会组织具有竞争关系的经营者制定围棋业余段位、级位证书及赛事服务费收费标准的行为，符合横向垄断的构成要件。具体分析如下。

(一)主体要件

2021年8月17日,北京市围棋协会在北京棋院4层会议室组织召开第一届理事会第二次理事会议(以下简称会议),北京市西城区武术和棋类运动管理中心、北京市丰台区围棋协会、北京市东城区棋牌运动协会、北京市怀柔区围棋协会、北京市房山区棋牌智力运动协会、北京弈和康体育文化有限公司、北京红枫叶体育文化传媒有限公司以及会员单位中的北京博异英华教育咨询有限公司出席了会议。

上述单位均为北京市围棋业余段位或级位赛组织单位,向北京市有考级或段位需求的人员提供赛事组织及证书办理服务,收取赛事服务费(或称报名费)及证书服务费(或称证书费、办证费),属于北京市围棋业余段、级位比赛组织行业具有竞争关系的经营者。

(二)形式要件

会议就"北京市围棋协会围棋业余段位、级位证书及赛事服务费收费标准"征求理事意见,采用无记名投票方式进行表决,最终通过了段、级位证书建议指导价不高于120元,赛事活动服务费建议指导价不高于360元的决议,该收费标准于2021年9月14日在北京市围棋协会官网上发布。北京市围棋协会制定收费标准的行为属于固定商品价格的行为。

(三)具有排除、限制竞争的效果

会议后,北京市大部分机构均将围棋业余段位、级位比赛证书及赛事服务费价格一致调整为赛事服务费360元/人、证书服务费120元/本的标准。北京市围棋协会制定价格标准的行为导致了北京市围棋业余段、级位赛赛事服务费及4段以下(不含4段)证书服务费上涨,尤其是段位赛赛事服务费上涨幅度高达80%,加重了参赛人员的经济负担,排除、限制了竞争,损害了消费者利益。

案例评论

针对垄断协议的性质和竞争影响程度的不同,垄断协议的适用通常有两个原则,即本身违法原则和合理性分析原则。从世界各国反垄断立法和执法实践经验看,认定横向垄断协议成立,多直接适用本身违法原则,比如固定价格协议、减少生产数量协议、划分市场协议等。合理性分析原则是指对适用本身违法原则以外的协议,判断其是否会排除、限制竞争时,应考虑协议涉及的相关市场情况、协议的性质以及协议实施前后的市场变化等竞争影响后果。只有在分析后确认协议存在限制市场竞争的后果后,才能认定该协议是垄断协议。

具有竞争关系的经营者之间达成的协议、决议或者其他协同一致的行为,直接可以认定构成横向垄断协议。一般认为,横向垄断协议具有严重的竞争损害。反垄断法自诞生以来,始终禁止横向垄断协议。值得思考的是,对于横向垄断协议的认定标准是否以该协议实质性地排除、限制竞争作为构成要件呢?从执法实践看,基本上是遵循本身违法的原则,即只要具有竞争关系的经营者之间达成协议、决议或者其他协同一致的行为,即判断具有排除或限制竞争效果而予以禁止。主要原因在于,如果在执法中要对具体案件协议进行全面的调查和复杂的经济分析,以确定其对市场竞争秩序的影响,必将增加执法成本,提高反垄断难度。因此,除非具有豁免情形,通常横向垄断协议当然是禁止的。

2022 年《反垄断法》仍然对横向垄断适用本身违法原则,也提供了豁免规则。其中一项豁免情形是中小企业豁免,但适用中小企业豁免须证明相关协议对于提高经济效率和中小企业竞争力有积极作用,而且必须证明消费者由此获益。对此,司法解释则提供了被诉方抗辩权。《最高人民法院垄断纠纷审理规定》第 7 条规定:"被诉垄断行为属于反垄断法第十三条第(一)款第(一)项至第(五)项(对应 2022 年《反垄断法》第 17 条第 1 项至第 5 项)规定的垄断协议的,被告应对该协议不具有排除、限制竞争的效果承担举证责任。"因此,横向垄断协议纠纷,被告可以通过举证证明无竞争损害后果,从而提出抗辩。

联系本案,北京市围棋协会组织本行业具有竞争关系的经营者达成固定商品价格变动幅度的垄断协议的行为排除、限制了市场竞争,损害了消费者利益,违反了 2007 年《反垄断法》第 13 条第 1 款(对应 2022 年《反垄断法》第 17 条)关于"禁止具有竞争关系的经营者达成固定或者变更商品价格的垄断协议"的规定,构成具有竞争关系的经营者达成并实施固定商品价格变动幅度的垄断协议行为。

本案不仅是国内体育行业违反《反垄断法》第一案,也是行业协会作为经营主体直接受到反垄断行政处罚的第一案。本案的查处有力维护了北京市围棋业余段、级位比赛组织行业的公平竞争秩序,保护了消费者利益和社会公共利益。行业协会作为行业的自律性组织,有同业交流的便利条件,但针对价格、数量、市场等信息的交流必须谨慎,必须提高反垄断合规意识,以避免反垄断法律风险。本案对其他地方行业协会,对其他体育赛事服务等各类行业协会,均是一个重要的警示。

三、培训机构横向垄断协议纠纷案

台州市路桥吉利机动车驾驶培训有限公司、台州市路桥区承融驾驶员培训有限公司等横向垄断协议纠纷案[①]

基本案情

浙江省台州市路桥区的15家汽车驾驶培训单位签订联营协议及自律公约，约定共同出资设立联营公司即台州市路桥区浙东驾驶员培训服务有限公司（以下简称浙东公司），固定驾驶培训服务价格、限制驾驶培训机构间的教练车辆及教练员流动，涉案15家驾培单位原先分散的辅助性服务（如报名、体检、制卡等）均由浙东公司统一在同一现场处理，浙东公司收取服务费850元。联营协议第3条具体约定了联营公司设立的注册资本与股本结构。涉案15家驾培单位中的台州市路桥吉利机动车驾驶培训有限公司（以下简称吉利公司）、台州市路桥区承融驾驶员培训有限公司（以下简称承融公司）以该15家单位构成垄断经营为由，诉至法院，请求确认联营协议及自律公约无效。

一审法院认为，浙东公司统一处理原先分散的辅助性服务，可提高服务质量、降低成本、增进效率，其收取服务费850元并无不当，有关股本结构条款和服务收费条款可以依法适用反垄断豁免，故一审判决仅确认涉案联营协议及自律公约中构成横向垄断协议的条款无效。吉利公司等不服，向最高人民法院提起上诉，请求改判确认联营协议中股本结构条款和服务收费条款无效。

最高人民法院二审认为，达成垄断协议的经营者主张适用垄断豁免的，应当提供充分证据证明其符合有关法定情形，不得在缺乏证据支持的情况下仅仅依据一般性推测或者抽象推定垄断豁免抗辩成立。违反《反垄断法》关于横向垄断协议规定的合同条款，与横向垄断协议条款紧密联系的条款，以及服务于横向垄断协议行为实施的条款均应属无效，否则不足以消除和降低垄断行为风险。最高人民法院二审判决，撤销一审判决，确认涉案联营协议及自律公约全部无效。

① 参见最高人民法院民事判决书，(2021)最高法知民终1722号。

案例分析

本案主要争议焦点：(1)吉利公司、承融公司作为涉案联营协议的主要推动者和实施者，是否具有原告资格；(2)涉案联营协议是否构成横向垄断协议，是否具有排除和限制竞争的效果；(3)联营是否有利于降低成本、增进效率、提高中小经营者经营效率以及保护消费者利益，是否属于2007年《反垄断法》第15条规定的豁免情形；(4)涉案《路桥区驾校合作联营协议》及《路桥区驾校自律公约》是否全部无效。

(一)涉案横向垄断的参与者是否具有原告资格

本案吉利公司、承融公司作为涉案联营协议的主要推动者和实施者，是否具有原告资格，本质问题是横向垄断的参与者是否具有原告资格。竞争者参与反垄断诉讼，有积极因素，也有消极因素。作为竞争者，横向垄断协议十分隐秘，难为外人所知，横向垄断的参与者作为原告就举证能力和经济实力角度而言，其提起反垄断诉讼有利于反垄断，这是积极因素。但是，当司法判例常常支持竞争者时，也会让人提出反垄断法是保护竞争者而不是保护竞争的质疑。

对于垄断协议的参与者是否具有原告资格，《最高人民法院垄断纠纷审理规定》第1条已经作出明确规定，因垄断行为引发的民事纠纷案件，是指因垄断行为受到损失以及因合同内容、行业协会的章程等违反《反垄断法》而发生争议的自然人、法人或者非法人组织，向人民法院提起的民事诉讼案件。因此，吉利公司、承融公司是联营协议及自律公约的签约方，也是对该两份合同产生争议的经营者，具有提起本案诉讼的诉权。

(二)涉案联营协议是否构成横向垄断协议，是否具有排除和限制竞争的效果

首先，涉案联营协议、自律公约均有固定驾校收费价格的内容。如联营协议明确约定各驾校收费标准统一、收费价格由浙东公司股东会讨论决定，自律公约明确“驾校学费收费4320元”，并且联营协议和自律公约均约定各驾培单位不得擅自降价，约定违约罚款措施。上述固定驾驶培训服务价格内容的协议条款属于固定价格的横向垄断协议。

其次，驾校支付教练员的工资、福利属于提供驾驶培训的必要成本，联营协议、自律公约中部分条款对教练员工资和福利的固定属于通过横向协议固定商品或服务的成本，而成本与价格具有高度的正相关关系，等于实施了固定价格行为。

再次,2007 年《反垄断法》第 13 条第 1 款第 1 项至第 5 项规定的垄断协议,原则上应适用本身违法原则,可以直接认定该协议具有横向垄断协议属性。2007 年《反垄断法》第 13 条第 1 款规定了 6 种垄断协议。根据《最高人民法院垄断纠纷审理规定》第 7 条的规定,被诉垄断行为属于 2007 年《反垄断法》第 13 条第 1 款第 1 项至第 5 项规定的垄断协议的,被告应对该协议不具有排除、限制竞争的效果承担举证责任。

最后,联营协议以及自律公约均限制了驾驶培训机构间的教练车辆及教练员流动。对驾驶培训机构而言,教练车辆及教练员是其必不可少的生产资料及劳动者,单位时间内教练车辆及教练员的劳动生产效率是有限的,而通过限制生产资料及劳动者的规模会直接产生限制商品的生产或者销售数量规模的效果。本案中“限制驾驶培训机构间的教练车辆及教练员流动”的协议约定,属于 2007 年《反垄断法》第 13 条第 1 款第 2 项规定的限制商品的生产数量或者销售数量的横向垄断协议。

(三)联营是否有利于降低成本、增进效率、提高中小经营者经营效率以及保护消费者利益,是否属于《反垄断法》第 15 条规定的豁免情形

反垄断法对于垄断协议采取一般禁止和特殊豁免相结合的规制方式。中国反垄断法提供了垄断协议豁免制度。2007 年《反垄断法》第 15 条规定:“经营者能够证明所达成的协议属于下列情形之一的,不适用本法第十三条、第十四条的规定:(一)为改进技术、研究开发新产品的;(二)为提高产品质量、降低成本、增进效率,统一产品规格、标准或者实行专业化分工的;(三)为提高中小经营者经营效率,增强中小经营者竞争力的;(四)为实现节约能源、保护环境、救灾救助等社会公共利益的;(五)因经济不景气,为缓解销售量严重下降或者生产明显过剩的;(六)为保障对外贸易和对外经济合作中的正当利益的;(七)法律和国务院规定的其他情形。属于前款第一项至第五项情形,不适用本法第十三条、第十四条规定的,经营者还应当证明所达成的协议不会严重限制相关市场的竞争,并且能够使消费者分享由此产生的利益。”

联系本案,就东港公司等被诉 13 家驾培单位所援引的 2007 年《反垄断法》第 15 条第 1 款第 3 项规定的豁免情形而言,经营者需要提供证据证明其作为中小企业相对于某些大企业处于弱势,在竞争中处于不利地位,其签订垄断协议增强了中小企业的竞争力,提高了中小企业的经营效率。同时,该经营者也应当举证证明消费者从中受益的情况。其应当提供证据具体证明该横向垄断协议所产生的积极效果,但其未提供证据证明在浙东公司成立前,涉案15家驾培单位在学员报名、体检、理论学习等服务项目中收费的具体价格,未提供证据证明浙东公司成立后其统一提供服务的行为如何以及在何种程度上实际降低了成本并提高了服务质量、增进了效率,也没有提供证据证明浙东公司固定收取的850元费用相比此前各驾校在相关服务项目上自行收取的费用更为低廉。因此,根据东港公司等13家被诉驾培单位提供的证据,尚不足以认定浙东公司针对统一提供的辅助性服务固定收取850元费用的行为构成2007年《反垄断法》第15条规定的豁免情形。

(四)涉案《路桥区驾校合作联营协议》及《路桥区驾校自律公约》是否全部无效

联营协议及自律公约中有关横向垄断协议条款和联营协议第3条关于注册资本与股本结构的约定基本上构成联营协议及自律公约的主要内容乃至全部内容,认定上述条款均无效即相当于认定联营协议及自律公约全部无效。尽管吉利公司和承融公司在本案上诉中主要请求本院确认联营协议中股本结构条款(第3条第2款)无效,但其是在原审判决确认涉案横向垄断协议相关条款无效的基础上进一步提出上述上诉请求,该上诉请求得以确认的结果也相当于确认联营协议及自律公约全部无效,同时考虑到本案横向垄断协议及其相关条款效力的认定涉及以不特定消费者利益为代表的社会公共利益,且合同效力认定属于人民法院依职权审查处理的范畴而不必囿于当事人请求,二审法院直接判决确认联营协议及自律公约全部无效。

案例评论

本案是2021年中国法院十大知识产权案件之一,是典型的横向垄断纠纷案件。裁判澄清了横向垄断协议豁免事由的适用标准,阐明了违反反垄断法的横向垄断协议应归于无效的一般原则,且无效范围不限于横向垄断协议条款本身,还包括与之具有紧密关联、缺乏独立存在意义的条款和服务于横向垄断协议行为实施的条款。涉及横向垄断协议规制的条款集中在2007年《反垄断法》第13条、第15条。根据2007年《反垄断法》第13条、第15条的规定,在认定被诉垄断协议行为是否应当适用豁免时,首先应当界定被诉行为的具体内容,判断被诉行为是否属于2007年《反垄断法》第13条规定所禁止的行为,然后认定被诉行为实施主体提供的证据能否证明该行为存在2007年《反垄断法》第15条规定的豁免情形。在具体认定时,如果具有竞争关系的经营者达成固定价格协议、限制产量或者销量协议、划分市场协议等,落入2007年《反垄断法》第13条第1款规定的横向垄断协议范围,经营者欲以有关协议具有2007年《反垄断法》第15条第1款第1项至第5项规定情形为由主张豁免,则其应当举证证明3项重要事实:第一,有关协议属于5项豁免情形之一;第二,有关协议为实现上述5项法定情形之一所必需,因而不会严重限制相关市场的竞争;第三,有关协议能够使消费者分享由此产生的利益。

四、行业协会组织垄断行政处罚案

浙江省民用爆破器材行业协会组织垄断案①

基本案情

2022年12月16日,市场监管总局发布《浙江省民用爆破器材行业协会组织会员企业达成并实施垄断协议案行政处罚决定书》。

根据浙江省市场监督管理局行政处罚决定书,浙江新联民爆器材有限公司、浙江利化民爆股份有限公司、浙江顺源化工有限公司从事民用爆炸物品生产业务,是具有竞争关系的经营者;浙江物产民用爆破器材专营有限公司为浙江省民用爆炸物品总经销商,负责全省民用爆炸物品的总经销业务,与上述民用爆破器材生产企业之间为上下游关系。自2015年以来,在浙江省民用爆破器材行业协会组织下,民用爆破器材生产企业之间,民用爆破器材生产企业与总经销企业之间,民用爆破器材生产、总经销企业与省外同行业企业之间达成并实施了垄断协议行为。一是组织民用爆破器材生产企业达成并实施固定或者变更民用爆炸物品价格的垄断协议、组织民用爆破器材生产企业与总经销企业达成并实施固定转售价格的垄断协议;二是组织民用爆破器材生产企业、总经销企业达成并实施限制民用爆炸物品生产数量或者销售数量的垄断协议。

① 参见浙江省市场监督管理局行政处罚决定书,浙市监案〔2022〕6号。

经查明，浙江新联民爆器材有限公司 2020 年度销售额为 420,413,297.79 元；浙江利化民爆股份有限公司 2020 年度销售额为 282,942,219.89 元；浙江顺源化工有限公司 2020 年度销售额为 66,215,232.50 元；浙江物产民用爆破器材专营有限公司 2020 年度销售额为 940,396,593.82 元。经会计师事务所审计，浙江新联民爆器材有限公司、浙江利化民爆股份有限公司、浙江顺源化工有限公司等三家生产企业的违法所得无法计算，总经销商浙江物产民用爆破器材专营有限公司 2015 年以来违法所得为 18,322,789.64 元。

浙江省市场监督管理局责令相关当事人停止违法行为，决定对浙江省民用爆破器材行业协会处 400,000 元的罚款；对浙江物产民用爆破器材专营有限公司没收违法所得 18,322,789.64 元，处 2020 年度销售额 940,396,593.82 元 2% 的罚款，计 18,807,931.88 元；对浙江新联民爆器材有限公司处 2020 年度销售额 420,413,297.79 元 2% 的罚款，计 8,408,265.96 元；对浙江利化民爆股份有限公司处 2020 年度销售额 282,942,219.89 元 2% 的罚款，计 5,658,844.40 元；对浙江顺源化工有限公司处 2020 年度销售额 66,215,232.50 元 2% 的罚款，计 1,324,304.65 元。

案例分析

1. 民爆行业的总经销制度

根据《民用爆炸物品安全管理条例》，民用爆炸物品是指用于非军事目的，列入民用爆炸物品品名表的各类火药、炸药及其制品和雷管、导火索等点火、起爆器材。浙江省民爆行业起步于 20 世纪 50 年代末，20 世纪 90 年代进入快速发展阶段。当时民用爆破器材实行政府指导价，买卖合同的供需双方应在价格主管部门规定的基准出厂价格、浮动幅度及经营费率范围内，确定民用爆破器材产品的销售价格。2014 年年底前民用爆炸物品的生产销售实行总经销体系。所谓总经销制度，其基本特点是“生产企业不直供，销售企业不外购，销售企业不跨区域销售”，“销售企业之间不争生意，保持原有的利益关系”。

2014 年 12 月 25 日，《国家发展和改革委员会、工业和信息化部、公安部关于放开民爆器材出厂价格有关问题的通知》（发改价格〔2014〕2936 号），明确放开民爆器材出厂价格，具体价格由供需双方协商确定，取消对民爆器材流通费率的管理，流通环节价格由市场竞争形成。2015 年 6 月 25 日，浙江省民用爆破器材行业协会在杭州召开首届理事会第十二次会长办公会议,决定修改《浙江省民用爆炸物品总经销公约》。2015 年 7 月 24 日,民用爆破器材生产销售企业签订《浙江省民用爆炸物品总经销公约》,规定浙江省民用爆炸物品生产销售继续维持总经销体系。

2. 本案存在哪些违反《反垄断法》的行为

(1)2021 年 7 月 27 ~ 28 日,浙江省民用爆破器材行业协会召开第二届理事会第三十次会长办公会议和第二届理事会第十一次会议,民用爆破器材生产企业、总经销企业等企业负责人参加会议。审议通过生产企业调价方案:自 2021 年 8 月 10 日起省内销售的工业炸药销售价格在原有基础上多孔粒状铵油炸药(含乳化铵油炸药)上调 800 元/吨,其他各品种上调 500 元/吨;在上述调价的基础上,自愿向销售企业让利多孔粒状铵油炸药(含乳化铵油炸药)260 元/吨,其他各品种 162 元/吨。会后,各民用爆破器材生产企业向相关下游企业下发了调价函并上调了销售价格。

(2)每年年初或者前一年年末,浙江省民用爆破器材行业协会召集民用爆破器材生产企业、总经销企业等负责人召开会议,对省内年度民用爆炸物品的生产销售数量和每家生产企业的市场份额进行审核,年中召开会议进行适当调整,第二年对前一年每家生产企业市场份额执行情况进行复核。

(3)2020 年 8 月 24 日,浙江省民用爆破器材行业协会召集民用爆破器材生产企业、总经销企业等负责人召开第二届理事会第二十四次会长办公会议,商议民爆物品总经销工作。会上对衢州市民用爆破器材专营有限公司外购民爆物品行为作出联合抵制,限定衢州市民用爆破器材专营有限公司于 2020 年 9 月 1 日前停止外购,以前取得的价差退回纳入全省民爆物品市场秩序维护基金;如衢州市民用爆破器材专营有限公司在限定时间内拒不纠正,其所在地民爆物品市场不受总经销制度管理和制约。

(4)2019 年 12 月 19 日,浙江省民用爆破器材行业协会组织民用爆破器材生产企业、总经销企业参加在福州召开的省际民爆市场合作协议(定稿)研讨会。会议形成限制民用爆破器材生产销售种类、价格、产量及销售市场等方面的共识,达成《省际民用爆炸物品市场合作协议》。协议规定:"生产销售企业跨省销售民爆物品,应委托销售所在地省经销总代理(省、市销售总公司)经销,可保持原有销售市场和模式,但不得再新增销售点(该省份没有的产品品种且不可替代的品种除外)";"普通民爆物品产品以原民用爆破器材产品出厂基准价格作为参考价，特殊民爆物品产品由生产企业自行定价。价格调整可分阶段实施。2020 年 4 月 1 日起，产品销售价格应调整到销售所在地生产企业省内的销售价格，销售渠道应通过销售所在地省经销总代理”。

从上述行为来看，在 2014 年年底国家放开民爆器材价格前，均属于总经销制度的一部分。党的十八大以来，竞争政策逐渐取得基础性地位。竞争政策的宗旨是让市场在资源配置中起决定性作用，竞争政策的目标是保护公平竞争。在民爆器材领域，2014 年 12 月 25 日，《国家发展和改革委员会、工业和信息化部、公安部关于放开民爆器材出厂价格有关问题的通知》(发改价格〔2014〕2936 号)，明确放开民爆器材出厂价格，具体价格由供需双方协商确定，取消对民爆器材流通费率的管理，流通环节价格由市场竞争形成。

横向垄断协议是指生产和销售中，处于同一经济环节的具有直接竞争关系的经营者达成的垄断协议。纵向垄断协议则是指处于同一产业链上下环节的相互之间不存在直接竞争的经营者达成的垄断协议。

上述行为中，第 1 项属于协会组织民用爆破器材生产企业达成并实施固定或者变更民用爆炸物品价格的横向垄断协议、组织民用爆破器材生产企业与总经销企业达成并实施固定转售价格的纵向价格垄断协议。

第 2 项属于协会组织民用爆破器材生产企业、总经销企业达成并实施限制民用爆炸物品生产数量或者销售数量的横向垄断协议。

第 3 项属于协会组织民用爆破器材生产企业、总经销企业达成联合抵制民用爆炸物品交易的横向垄断协议。

第 4 项属于协会组织民用爆破器材生产企业、总经销企业与省外同行业企业之间达成并实施横向垄断协议。

根据 2007 年《反垄断法》第 13 条第 1 款第 1 项、第 2 项、第 5 项有关规定，以及 2007 年《反垄断法》第 16 条“行业协会不得组织本行业的经营者从事本章禁止的垄断行为”的规定，浙江省民用爆破器材行业协会的上述行为构成了组织本行业经营者达成并实施垄断协议行为。

2007 年《反垄断法》第 46 条第 1 款规定，经营者违反本法规定，达成并实施垄断协议的，由反垄断执法机构责令停止违法行为，没收违法所得，并处上一年度销售额 1% 以上 10% 以下的罚款；尚未实施所达成的垄断协议的，可以处 50 万元以下的罚款。第 3 款规定，行业协会违反本法规定，组织本行业的经营者达成垄断协议的，反垄断执法机构可以处 50 万元以下的罚款；情节严重的，社会团体登记管理机关可以依法撤销登记。因此,浙江省市场监督管理局对浙江省民用爆破器材行业协会以及参与的企业作出了上述处罚。

案例评论

(一)行业协会是垄断协议频发主体

行业协会是经民政部门注册登记的介于政府、企业之间,为会员提供咨询、组织沟通、行业自律、协调的社会中介组织。行业协会具有桥梁沟通、组织协调、行业监督、促进合规经营、公平竞争、行业研究等职能,提供信息服务、教育与培训服务、咨询服务、举办展览、组织会议等服务,在政府授权委托的情况下,也为市场准入资格认证等进行资格审查等服务。

在计划经济年代,或者现在仍实施价格管控(如烟草、能源)行业,行业协会利用其便利条件在市场管理、产量控制、价格协调等方面发挥着积极作用。但是,在价格放开的领域,行业协会仍参与市场管理价格协调极容易涉嫌垄断问题。行业协会作为代表本行业利益诉求和权利主张的社团组织,协会会员多为同业竞争者,经济活动中容易出现行业协会组织会议活动时违反《反垄断法》的情况。市场监管总局发布了不少行业协会垄断协议行政处罚案例,主要涉及水泥、混凝土、汽车、二手车、驾校、检测、旅游、保险、货运、餐饮、大米等领域(见表4－1－2)。行业协会是垄断协议频发主体。

表4－1－2　行业协会组织垄断行政处罚案件

时间	处罚机构①	案件名称
2022年12月16日	浙江	浙江省民用爆破器材行业协会组织会员企业垄断案
2022年6月28日	陕西	陕西省水泥协会组织13家水泥企业涉嫌达成并实施垄断协议案
2022年6月20日	江苏	江苏省射阳县大米协会涉嫌组织本行业经营者从事垄断协议案
2021年8月19日	江西	丰城市预拌混凝土协会及其会员企业垄断协议案
2020年12月28日	四川	四川省水泥协会组织6家水泥经营者达成并实施垄断协议案

① 指该省市场监督管理部门。

续表

时间	处罚机构	案件名称
2020 年 12 月 3 日	浙江	浙江省嘉兴市二手车行业协会组织 9 家二手车交易市场企业达成并实施垄断协议案
2020 年 12 月 1 日	安徽	亳州市保险行业协会组织本行业经营者达成并实施垄断协议案
2020 年 11 月 19 日	海南	海南省消防协会及 21 家会员单位达成并实施垄断协议案
2020 年 11 月 2 日	浙江	浙江省湖州市二手车交易市场企业达成并实施垄断协议案
2020 年 10 月 15 日	上海	上海市旅游行业协会组织上海浦江游览有限公司等游船公司达成并实施垄断协议案
2020 年 5 月 6 日	广东	广东省惠州市机动车检测行业垄断协议案
2019 年 12 月 31 日	贵州	贵州省兴义市驾培行业垄断协议案
2019 年 10 月 18 日	山东	菏泽市汽车行业协会组织本行业经营者达成垄断协议案
2019 年 8 月 9 日	重庆	重庆市烧结砖生产经营行业垄断协议案
2019 年 7 月 31 日	内蒙古	赤峰市巴林左旗餐饮行业垄断协议案
2019 年 5 月	浙江	衢州市 8 家混凝土企业实施垄断协议案
2018 年 5 月 7 日	山东	山东省日照市自律委员会会员单位垄断协议案
2017 年 12 月 29 日	安徽	安徽省淮南市货运商会组织本行业经营者达成垄断协议案
2016 年 5 月 6 日	湖北	湖北省保险行业协会组织本行业经营者从事垄断协议案
2015 年 7 月 9 日	广东	广州市番禺区动漫游艺行业协会垄断协议案
2014 年 9 月	浙江	绍兴市上虞区商品混凝土协会及会员单位垄断协议案
2013 年 4 月	云南	云南省西双版纳傣族自治州旅游协会、西双版纳傣族自治州旅行社协会组织本行业经营者从事垄断协议案
2013 年 3 月	四川	四川省宜宾市砖瓦协会组织本行业经营者从事垄断协议案
2013 年 3 月	浙江	浙江省慈溪市建设工程检测协会组织本行业经营者从事垄断协议案
2012 年 12 月	湖南	湖南省常德市保险行业协会组织本行业经营者从事垄断协议案

续表

时间	处罚机构	案件名称
2012 年 12 月	湖南	湖南省张家界市保险行业协会组织本行业经营者从事垄断协议案
2012 年 12 月	湖南	湖南省郴州市保险行业协会组织本行业经营者从事垄断协议案
2012 年 11 月	湖南	湖南省永州市保险行业协会组织本行业经营者从事垄断协议案
2012 年 3～8 月	辽宁	辽宁省建筑材料工业协会组织本行业经营者从事垄断协议案
2010 年 8 月	江苏	江苏省连云港市建筑材料和建筑机械行业协会混凝土委员会组织本行业经营者从事垄断协议案

(二)行业协会反垄断合规

行业协会频频组织会员企业从事法律所禁止的垄断行为,反映出协会管理与市场经济是法治经济的要求很有距离。行业协会垄断协议,是指行业协会以行业协会决议、规章等方式实施的排除、限制竞争的行为。行业协会限制竞争行为的特点在于其以决议、规章、建议等方式进行,然后通过决议、规章等所具有的法律效力拘束所有的会员。虽然行业协会不在市场上提供商品或服务、从事交易行为,但因其决议、规章、建议、活动通常会影响其成员之间的决策,会间接影响市场秩序、价格状况、竞争秩序。各国反垄断法都有对其限制竞争行为进行规制。行业协会限制竞争行为的表现形式不是“协议”,而是行业组织的“决议”。对行业协会的“决议”应是广义理解,不仅包括会员依章程作出的书面或口头决议,还包括协会章程的条款、行业协会作出的决议、协会对会员作出的标准认定等。①

2007 年《反垄断法》第 11 条规定,行业协会应当加强行业自律,引导本行业的经营者依法竞争,维护市场竞争秩序。第 16 条则明确规定,行业协会不得组织本行业的经营者从事本章禁止的垄断行为。

2022 年《反垄断法》第 14 条规定,行业协会应当加强行业自律,引导本行业的经营者依法竞争、合规经营,维护市场竞争秩序。第 21 条规定,行业协会不得组织本行业的经营者从事本章禁止的垄断行为。同时,2022 年《反垄断法》增加

① 参见孙晋:《反垄断法——制度与原理》,武汉大学出版社 2010 年版,第 72 页。

了行业协会的责任类型，加大了行业协会的违法成本。对行业协会组织本行业的经营者达成垄断协议的行为，增加了“由反垄断执法机构责令改正”的法律责任，并将罚款上限由过去的50万元提高至300万元。

由上述分析可知，2007年及2022年《反垄断法》均对行业协会组织协会内企业可能的垄断问题予以了高度关注。特别是作为具有同业竞争关系的行业协会亟须关注垄断协议的法律风险。垄断协议反垄断合规管理需要行业协会、相关政府部门、律师共同努力，发挥行业协会促进行业内经营者公平竞争的作用，共同维护公平竞争的市场秩序，加强反垄断合规管理。

1. 避免行业协会制定、发布含有排除、限制竞争内容的行业协会章程、规则、决定、通知、标准等。

2. 避免召集、组织或者推动本行业的经营者达成含有排除、限制竞争内容的协议、决议、纪要、备忘录等；避免出现以自律或其他名义固定或变更商品价格，划分市场、抵制交易对象等排除、限制竞争的内容。

3. 行业协会在组织或协调行业内经营者开展经营活动的各个环节中，避免出现讨论商品价格、产销数量、业务区域、交易对象，以及共同应对竞争对手等情形。

4. 行业协会应加强反垄断合规培训，提高反垄断合规意识，建立健全协会反垄断合规管理组织体系，应当建立公平竞争机构来组织落实反垄断合规管理工作。总体来说，行业协会应建立反垄断合规培训、反垄断风险识别、反垄断风险控制、反垄断合规奖惩考核等运行机制具体落实。

五、专利和解横向垄断协议纠纷案

“无励磁开关专利侵权和解协议”横向垄断协议纠纷案[①]

基本案情

2008年12月，武汉泰普变压器开关有限公司（以下简称泰普公司）获得涉案专利权，“带屏蔽装置的无励磁开关”发明专利权。

① 参见最高人民法院民事判决书，(2021)最高法知民终1298号。

2015年10月，泰普公司起诉上海华明电力设备制造有限公司（以下简称华明公司）生产销售侵权。华明公司同年11月申请该专利无效。

2016年1月22日，双方和解达成调解协议（未经司法确认，实为案外和解）。

2016年1月25日，泰普公司撤诉，华明公司撤回无效申请。

涉案调解协议的主要内容如下：

1. 华明公司仅生产笼形开关产品，华明公司销售所需其他形式开关产品仅委托泰普公司生产供货，价格由泰普公司确定。

2. 华明公司为泰普公司做海外市场代理，在配变用无励磁分接开关领域积极拓展泰普公司产品海外市场，不得自行生产或代理其他企业的同类产品，且销售价格与泰普公司对用户实际售价一致。

3. 加强市场协调，一方告知商业秘密后，另一方不得利用商业秘密恶性竞争。

4. 在进口替代开关上加强合作，一方告知价格信息，另一方成交价不能低于主动告知方。

5. 任何一方违约，应赔偿全部损失并支付违约金，该违约金为整套开关发票含税总额3倍。

2016年1月22日至12月12日，华明公司销售西门子武汉无励磁分接开关12套，含税总价款261,200元。

2016年12月14日，泰普公司起诉华明公司违反涉案调解协议。一、二审判决华明公司支付泰普公司违约金783,600元。已执行完毕。

2018年6月，泰普公司第二次起诉华明公司违约，一审判决华明公司支付违约金510万元，华明公司上诉，二审发回重审。

2019年6月5日，华明公司以垄断协议纠纷起诉请求：确认涉案调解协议无效；泰普公司赔偿华明公司经济损失798,626元；泰普公司赔偿华明公司维权合理支出100,000元。

2019年6月27日，泰普公司第二次起诉华明公司违约案重审一审法院裁定中止诉讼。

2020年12月28日，垄断协议纠纷案一审时武汉市中级人民法院判决认为双方签订涉案调解协议的目的在于了结双方之间业已存在并已诉讼到法院的专利侵权争议及避免专利侵权争议再次发生。双方签订涉案调解协议并不在于通过涉案调解协议促使双方协议结盟进入竞争市场参与竞争。涉案调解协议目的在于约束双方之间的竞争与合作，不在于约束竞争市场的竞争。现有证据不能证明涉案调解协议具有固定变更价格、限制生产销售数量、分割市场的垄断属性，不足以认定涉案调解协议为垄断协议。驳回华明公司的全部诉讼请求。

2022年2月22日，二审时最高人民法院判决认为华明公司与泰普公司在无载分接开关市场存在竞争关系，涉案调解协议对无载分接开关市场进行划分，并以此对协议所涉及产品，即无励磁分接开关的销售价格、生产数量、销售数量、销售种类、销售地域等加以限制，排除、限制了经营者之间的正常竞争。涉案调解协议与涉案专利权的保护范围缺乏实质关联性，其核心并不在于保护专利权，而是以行使专利权为掩护，实际上追求分割销售市场、限制商品生产和销售数量、固定价格的效果，属于滥用专利权，构成排除、限制竞争的行为，违反了《反垄断法》的规定。但是，主张因垄断行为而受到损害的主体不包括垄断行为的实施者。华明公司参与达成横向垄断协议，其自身行为具有违法性，其损害赔偿的请求，不予支持。考虑到横向垄断协议的隐蔽性，垄断协议参与方主动揭发垄断行为，有助于及时发现并制止垄断行为，保护市场公平竞争，对华明公司合理开支予以支持。二审改判撤销一审判决，确认涉案调解协议无效。泰普公司赔偿华明公司本案合理开支10万元。

案例分析

（一）拥有并行使涉案专利权是否能够排除涉案调解协议的违法性

关于专利权行使与《反垄断法》的关系。2007年《反垄断法》与2022年《反垄断法》均规定，经营者依照有关知识产权的法律、行政法规规定行使知识产权的行为，不适用本法；但是，经营者滥用知识产权，排除、限制竞争的行为，适用本法。《国务院反垄断委员会关于知识产权领域的反垄断指南》指出，分析经营者是否滥用知识产权排除、限制竞争，考虑知识产权特点，采用与其他财产性权利相同的规制标准，不因经营者拥有知识产权而推定其在相关市场具有市场支配地位，根据个案情况考虑相关行为对效率和创新的积极影响。

泰普公司是否可以主张和解协议的约定系合法行使专利权？

一审判决认为华明公司在涉案调解协议中承诺只生产笼形开关，是因为笼形以外的产品可能落入泰普公司涉案专利权的保护范围，因此相关协议条款在于避免专利侵权再次被诉。二审中泰普公司关于调解协议和专利权纠纷的关系的答辩意见有所变化，提出涉案调解协议是双方在2015年专利侵权纠纷一案中达成的，双方签订涉案调解协议的前提条件和原因是华明公司涉嫌侵害泰普公司的涉案专利权，目的是解决专利侵权纠纷，防止后续再次发生专利侵权，试图与一审法院的认定保持一致。

最高人民法院回应了本案专利权行使与涉案调解协议违法性的关系问题，论证了泰普公司拥有并行使涉案专利权这一事实是否能够排除涉案调解协议的违法性。

涉案专利的权利要求保护的是一种带有特定结构的屏蔽装置的无励磁分接开关，不涉及特定类型或形状的无励磁分接开关。而涉案调解协议以无励磁分接开关的形式划分产品，将其分为笼形、非笼形（包括鼓形、条形、筒形、鼠笼形等）。在海外市场，又以无励磁分接开关的生产企业划分产品，将其分为泰普公司所参股的泰普联合公司生产的开关和其他企业生产的开关，并以上述划分为基础对华明公司生产和销售某些特定类型的无励磁分接开关加以限制。这种限制与涉案专利的权利保护范围并无实质关联。涉案调解协议的约定实际上已经超出了专利侵权纠纷要解决的争议问题。

关于专利权行使的合法边界问题，根据《专利法》的规定，发明和实用新型专利权被授予后，任何单位或者个人未经专利权人许可，都不得实施其专利，即不得为生产经营目的制造、使用、许诺销售、销售、进口其专利产品，或者使用其专利方法以及使用、许诺销售、销售、进口依照该专利方法直接获得的产品。

专利权通过授予专利权人许可他人实施专利实现。从权利的角度看，专利权人有许可或不许可使用专利的权利。从救济的角度看，是判断权利成立与否、权利归属、是否侵权、是否停止侵权、是否赔偿的问题。同时，《专利法》也规定了侵犯专利权的例外以及不视为侵犯专利权的情形。《专利法》规定了紧急情况以及公益目的强制许可制度。《专利法》也规定了不视为侵犯专利权的情形：专利权用尽，在原范围继续使用，临时过境或互惠原则下的运输工具、科学研究、行政审批需要。

涉及专利权行使的和解协议限于专利权本身。以本案为例，涉案专利权利要求：一种带有屏蔽装置的无励磁分接开关，包括有上、下支座，上、下支座间穿装有转轴并联接绝缘体，转轴一端与操作机构相连，在转轴上安设有动触头，动触头的周向对应安设有与其配置的静触头，其特征在于在静触头组的外周套装有筒状的屏蔽罩，在屏蔽罩的内侧或/和外侧设置绝缘筒。涉及专利权行使的和解协议中应当在专利权归属、是否许可使用上述专利、是否支付许可费用、是否停止使用上述专利、是否支付赔偿费用等问题上协商。

(二)什么是横向垄断协议?——构成要件及其举证规则

1. 横向垄断协议的构成要件

(1)协议主体属于有竞争关系的经营者

竞争关系是指在同一个相关市场内,生产或者销售过程中处于同一阶段的两个或两个以上的经营者提供具有替代关系的产品或者服务,或者具有进入同一产品或者服务市场的现实可能性。

(2)横向垄断协议的形式要件

根据《反垄断法》的规定,禁止具有竞争关系的经营者达成下列垄断协议:①固定或者变更商品价格;②限制商品的生产数量或者销售数量;③分割销售市场或者原材料采购市场;④限制购买新技术、新设备或者限制开发新技术、新产品;⑤联合抵制交易;⑥国务院反垄断执法机构认定的其他垄断协议。横向垄断协议的形式要件包含上述情形的一项或多项。

(3)协议具有排除、限制竞争的效果

根据《反垄断法》的规定,垄断协议是指排除、限制竞争的协议、决定或者其他协同行为。因此,排除、限制竞争的效果是垄断协议的构成要件之一。一般认为横向垄断协议适用本身违法的分析原则,即只要具有竞争关系的经营者之间达成的协议符合横向垄断协议的形式要件就可以推定具有排除、限制竞争的效果。

联系本案:

(1)华明公司、泰普公司是否属于具有竞争关系的经营者

华明公司、泰普公司均生产、销售无载分接开关,两者应当属于生产、销售同一产品的经营者,且华明公司、泰普公司均具有一定的市场影响力。故在无励磁分接开关市场,双方是具有竞争关系的经营者。

(2)涉案调解协议是否符合垄断协议的形式要件

一审时法院认为根据涉案调解协议约定的权利、义务内容分析,协议并未针对无励磁开关产品固定变更价格、限制生产销售数量及分割市场等事项进行约定,对应条款不具有2007年《反垄断法》第13条第1款第1项至第3项所规制的垄断属性,不能认定为垄断协议。

对此,最高人民法院认为在认定经营者之间达成的协议是否符合2007年《反垄断法》第13条第1款明文列举的横向垄断协议的形式时,不宜将协议内容与该款所列的5种类型的横向垄断协议机械对照,应当从市场竞争秩序的角度,对协议内容进行整体分析,对相关协议条款的内容及其关联性,实际或者潜在产生的

排除、限制竞争的效果等进行综合考量。

(1)涉案调解协议具有分割市场的内容

涉案调解协议第1条将无励磁分接开关按照形式划分为笼形开关和其他形式开关两类,相应的无励磁分接开关国内市场被划分为笼形无励磁分接开关市场和其他形式无励磁分接开关市场。该条明确约定,华明公司不得自行制造或委托除泰普公司以外任何第三方制造(或向其购买)除笼形开关以外的所有形式如条形、鼓形、筒形、鼠笼形等的无励磁分接开关本体及相关零部件。

涉案调解协议第5条将无励磁分接开关按照生产企业划分为泰普公司所参股的泰普联合公司生产的开关和其他企业生产的开关,相应的无励磁分接开关海外市场被划分为泰普联合公司生产的开关的市场和其他企业生产的开关的市场。

上述两条约定分割了无励磁分接开关的销售市场:在国内市场,华明公司只能自己生产和销售笼形开关,笼形开关以外的所有无励磁分接开关均由泰普公司控制;在海外市场,华明公司只能销售泰普联合公司的产品,排除、限制了华明公司及其他生产同类产品的企业在无励磁开关市场的竞争。涉案调解协议符合2007年《反垄断法》第13条第1款第3项明文规定的横向垄断协议的形式要求。

(2)涉案调解协议具有限制商品生产和销售数量的内容

涉案调解协议的第1条、第5条以停止生产、限制特定品种商品销售数量的方式限制华明公司产品的生产数量、销售数量,由此可能导致相关商品的供应量减少、商品价格上涨,进而最终损害消费者的利益。涉案调解协议第1条、第5条约定的内容也符合2007年《反垄断法》第13条第1款第2项明文规定的横向垄断协议的形式要求。

(3)涉案调解协议具有固定商品价格的内容

涉案调解协议第1条约定,华明公司承接除笼形开关以外的无励磁分接开关的订单,开关本体需按照协议约定价格委托泰普公司制造后向华明公司供货,泰普公司、华明公司每两年就无励磁开关委托生产价格进行一次重新确认;在产品价格协议达成一致以前,除指定交易外,“其他所有牵引变配套开关报价,华明公司先落实泰普公司开关本体价格后再自行决定报价,并向泰普公司报价与购买其开关本体”。涉案调解协议中所约定的虽然是华明公司委托泰普公司生产产品的价格,但涉案调解协议已经约定华明公司不得自行制造或委托除泰普公司以外任何第三方制造(或向其购买)除笼形开关以外的无励磁分接开关本体及相关零部件,因此在生产方或供货方唯一的情况下,成本、利润率相对确定,直接导致华明公司对外销售商品的价格与华明公司委托泰普公司生产产品的价格挂钩,具有固定销售价格的较大可能性。

涉案调解协议第 5 条也约定,在海外无励磁分接开关市场,泰普公司对华明公司的售价为华明公司对用户的实际售价。由于涉案调解协议限定华明公司在海外市场只能销售泰普联合公司的产品,在供货方唯一的情况下,华明公司对外销售价格已经被泰普公司所限定。此外,涉案调解协议第 10 条约定,就替代进口开关及特种开关,泰普公司、华明公司之间,如果一方告知另一方价格信息,被告知方成交价格不能低于主动告知方。这就意味着,在替代进口开关及特种开关上,双方的自主定价权互相制约,极易达成价格同盟。涉案调解协议第 1 条、第 5 条、第 10 条具有固定商品价格的较大可能性,符合 2007 年《反垄断法》第 13 条第 1 款第 1 项规定的横向垄断协议的形式要求。

2. 涉案调解协议是否具有排除、限制竞争效果

一审认为涉案调解协议构成横向垄断协议,华明公司除应承担涉案调解协议具有垄断属性的举证责任外,还应承担涉案调解协议履行可能导致垄断效果的举证责任。涉案调解协议自 2016 年 1 月 22 日签署以来,并无证据证明变压器开关配件市场及变压器市场的竞争态势有所削减或消除。华明公司对涉案调解协议的履行效果具有垄断属性的举证责任并未完成,其主张涉案调解协议履行效果具有垄断属性的证据不足。

最高人民法院判决根据《最高人民法院垄断纠纷审理规定》第 7 条的规定,对于《反垄断法》第 13 条第 1 款第 1 项至第 5 项规定的垄断协议,原则上可以推定其具有排除、限制竞争的效果的,原告无须就此承担举证责任,而由被告对该协议不具有排除、限制竞争的效果承担举证责任。这类协议一旦达成,一般就会产生排除、限制竞争的实际效果或潜在效果,且通常情况下,协议参与方的市场份额越高,其排除、限制竞争效果越显著。泰普公司在无载分接开关市场上具有较强市场影响力,华明公司亦是重要的无载分接开关供应商之一,双方达成分割销售市场、限制商品生产和销售数量、固定商品价格的涉案调解协议一经实施,明显会对市场竞争产生排除、限制效果。泰普公司向华明公司发送的指导价格表中无励磁分接开关的单价均要远高于华明公司自身对外的销售价格。双方法定代表人的微信聊天记录也显示,泰普公司曾多次向华明公司提出要保持高价。本案中泰普公司并无充分证据证明涉案调解协议具有促进竞争的效果且该效果超过了其排除、限制竞争的效果,应当认定涉案调解协议具有排除、限制竞争的效果。

（三）涉案调解协议的法律效力

1. 禁止横向垄断协议规定的性质

《最高人民法院垄断纠纷审理规定》第 15 条规定："被诉合同内容、行业协会的章程等违反反垄断法或者其他法律、行政法规的强制性规定的，人民法院应当依法认定其无效。但是，该强制性规定不导致该民事法律行为无效的除外。"《反垄断法》的立法宗旨为预防和制止垄断行为，保护市场公平竞争，提高经济运行效率，维护消费者利益和社会公共利益。基于上述立法宗旨，《反垄断法》关于禁止垄断行为的规定属于效力性强制性规定。

2. 涉案调解协议部分无效还是全部无效

《最高人民法院垄断纠纷审理规定》第 15 条规定：被诉合同内容、行业协会的章程等违反反垄断法或者其他法律、行政法规的强制性规定的，人民法院应当依法认定其无效。

涉案调解协议第 1 条、第 5 条、第 10 条违反 2007 年《反垄断法》第 13 条关于禁止达成横向垄断协议的规定，而泰普公司未主张该协议具有 2007 年《反垄断法》第 15 条所规定的豁免事由，涉案调解协议的第 1 条、第 5 条、第 10 条无效。上述 3 个条款为涉案调解协议的核心条款，其他条款均属于围绕上述 3 个条款对双方相关权利义务的约定，其根本目的在于通过对无载分接开关市场排除、限制竞争，以实现垄断利益，涉案调解协议在剥离上述 3 个条款后缺乏独立存在的意义，应认定全部无效。

（四）横向垄断协议的实施者能否主张损失赔偿

根据 2007 年《反垄断法》第 50 条的规定，经营者实施垄断行为，给他人造成损失的，依法承担民事责任。显然，垄断协议纠纷中可以提出损失赔偿请求的主体一般不包括垄断协议的参与者或实施者。

在 2020 年最高人民法院发布的反垄断典型案例"砖瓦协会"横向垄断纠纷案中，最高人民法院认为，被上诉人系实施垄断行为的经营者，并非 2007 年《反垄断法》第 50 条规定的因垄断行为受到损失的他人，其不构成本案适格原告。判决撤销原判，驳回被上诉人的诉讼请求。2022 年最高人民法院发布的反垄断典型案例"幼儿园"横向垄断协议纠纷案，再次明确横向垄断协议实施者根据该协议主张损害赔偿，实质上是要求瓜分垄断利益，人民法院对该类请求不予支持。

但是，在 2018 年最高人民法院发布的反垄断典型案例中，锐邦公司诉强生纵向垄断纠纷案中，强生是处于市场优势地位的一方，维持最低转售价格的要求是强生的要求，锐邦公司是配合地位。锐邦公司的损失是违反纵向垄断协议，强生取消其经销权所造成的经营收入减少的损失。锐邦公司的赔偿请求最后得到了二审法院的支持。由此可见，纵向垄断协议与横向垄断协议有所不同。纵向垄断协议的双方通常处于不对等的地位，一方多具有一定的市场优势地位，另一方签订协议有被动的一面。

垄断协议的实施者是否能主张损失赔偿，应该结合协议的签订过程、协议方的市场地位以及损失的性质来进行判断。

案例评论

本案是2022年最高人民法院发布的十大反垄断典型案例之一，主要涉及专利侵权案件当事人达成的和解协议是否违反反垄断法的问题。一审认为涉案协议的签订基于被告拥有并行使专利权的背景，协议内容不构成横向垄断。二审从整体上分析判断涉案协议，认定构成横向垄断协议。"商务合作"应注意避免构成横向垄断。专利权作为知识产权，拥有"合法垄断权"。但是，知识产权的"垄断"不是反垄断法的垄断。经营者合法行使专利权的行为不受反垄断法限制。知识产权法是私法，反垄断法是公法，在具体法律适用时应当遵循私法优先和公法谦抑原则。只有在经营者滥用专利权实施排除、限制竞争的行为时才受到反垄断法规制。本案例提供了涉及专利权纠纷和解协议反垄断司法审查的竞争分析框架和分析判断思路，对于规范专利权人合法行使权利、提高反垄断法治意识具有积极意义。特别是在专利权纠纷和解协商过程中要提高竞争关注，应避免涉及销售价格、生产数量、销售市场划分的约定。此类和解协议不仅当事人有权提出反垄断审查请求，司法部门也可依职权进行适度反垄断审查。①

① 2022年最高人民法院反垄断典型案例之一，(2021)最高法知民终388号，阿斯利康有限公司诉江苏奥赛康药业有限公司侵害发明专利权纠纷案，强调了在非垄断案由案件审理中对当事人据以提出主张的协议适时适度进行反垄断审查的必要性。

第二章

纵向垄断案例

一、医药企业纵向垄断协议行政处罚案

盖思特利商贸(北京)有限公司限定最低转售价格垄断协议案[①]

基本案情

当事人盖思特利商贸(北京)有限公司是瑞士盖氏制药有限公司在中国投资设立的全资子公司。主营业务为医疗器械销售,经营范围为批发医疗器械Ⅲ类:口腔材料、植入材料和人工器官等。

当事人限定价格垄断行为涉及的商品包括骨填充材料和可吸收生物膜,均为Ⅲ类医疗器械产品,主要应用于牙齿种植领域,起到骨再生引导和组织再生引导的作用。当事人在中国没有生产型业务,涉案商品全部进口自瑞士盖氏制药有限公司。当事人限定价格垄断行为涉及的地域市场为全国性市场。

当事人在销售涉案商品时,绝大部分采用转售模式。当事人与一级经销商签署经销合同,将涉案产品销售给一级经销商,一级经销商将涉案产品转售给终端医院或二级经销商。本案中,当事人为经营者,一级经销商(以下简称经销商)为交易相对人。

2008 年至 2020 年,当事人与交易相对人通过签署合同、会议商定、微信告知、

① 京市监垄罚〔2022〕06001 号。

口头通知等方式达成限定价格的垄断协议。规定经销商销售涉案商品价格不能低于当事人制定的建议指导价的×××;通过经销商会议、销售人员微信告知、口头通知等方式,要求经销商销售涉案商品价格不能低于当事人制定的建议指导价的×××;已实际执行。并通过制定管理规定、建立考核评估机制、监控经销商执行限定价格情况以及处罚未执行限定价格政策的经销商等措施,进一步促进垄断协议的实施。

2022年2月9日,北京市市场监督管理局依法作出行政处罚决定:(1)责令当事人停止违法行为。(2)处上一年度(2020年)中国境内销售额3%的罚款,计人民币9,123,598元(大写:玖佰壹拾贰万叁仟伍佰玖拾捌元)。[①]

案例分析

(一)涉案违法行为的性质

当事人是瑞士盖氏制药有限公司在中国的全资子公司,负责销售瑞士盖氏制药生产的骨填充材料和可吸收生物膜。绝大部分采用转售模式,即与一级经销商签署经销合同,将涉案产品销售给一级经销商,一级经销商将涉案产品转售给终端医院或二级经销商。以合同、会议、微信告知、口头通知等方式达成"不能低于当事人制定的建议指导价"的限定价格的协议,并得以执行。

盖思特利商贸(北京)有限公司作为瑞士盖氏制药在中国的全资子公司,是生产商的代表,与经销商是上下游的经营者。上下游经营者达成限定最低转售价格的行为,属于典型的纵向垄断协议或者纵向价格限制协议。《反垄断法》第14条(对应2022年《反垄断法》第18条)明确规定,禁止固定转售价格和限定最低转售价格。

(二)涉案纵向垄断协议的反竞争效果

限定最低转售价格的纵向垄断协议,在早期美国反垄断司法实践中得以确认。其反竞争效果表现在:(1)消灭品牌内价格竞争;(2)提高市场透明度,促进供应商之间共谋;(3)减轻生产商盈利压力;(4)有市场支配力的生产商通过纵向协议排斥小竞争者;(5)有利于经销商之间横向价格固定。在某种情况下,市场支配力强的经销商会要求生产商对与其他经销商强加最低转售价格的限制。[②]

---

① 案例来源:市场监管总局官方网站。

② 参见万江:《中国反垄断法:理论、实践与国际比较》(第3版),法律出版社2021年版,第81页。

1911 年美国最高法院审理 Dr. Miles 案第一次确立纵向垄断协议适用本身违法原则。该案中产生了一个美国历史上最大的全国药品批发商和经销商协会成员之间订立固定专卖药品价格的协议。纵向价格垄断协议在某些情况下为生产商或经销商之间的横向共谋提供便利。由于纵向协议打通了生产商和经销商之间的价格分享渠道,使生产商成为经销商卡特尔的监督者,经销商也可以成为生产商卡特尔的监督者或价格信息的传递者。但是,生产商或经销商的联合要通过纵向协议实施共谋,前提是具有足够的市场力量。

然而,纵向价格垄断协议发生在上下游经营者之间,其对竞争的损害是间接的。当其不具有市场力量的情况下,纵向协议的直接目的是优化生产或分销程序来增加利润,有一定的合理性。对于激励销售商、提升销售规模、促进售后服务有正向作用,有助于实现经济效率。所以,纵向协议对竞争的影响,积极作用、消极作用并存。对纵向协议的反垄断审查已经从本身违法原则,发展为本身违法原则和合理性原则兼顾。

涉案商品属于国家Ⅲ类医疗器械产品,需要得到国家药品监督管理局的批准,准入门槛很高。涉案商品是行业内的标杆产品,销售额和销售量在行业内处于领先地位。经销商对涉案商品具有一定的依赖性,议价能力不足。同时,当事人在限定经销商授权销售区域的基础上,通过禁止低价窜货、处罚经销商等措施加强垄断协议的实施效果,使得经销商只能遵守其限定价格要求,由此产生排除、限制品牌内的价格竞争的效果,同时也不同程度减弱了不同品牌之间的价格竞争。

(三)纵向价格协议的构成要件

1. 经营者要件。协议双方是具有交易关系的经营者,是经营者之间的协议,纵向价格协议不涉及经营者与消费者之间的交易。本案中协议主体正是生产商和国内经销商之间的同一产业链上下游经营者,符合经营者要件。

2. 协议要件。纵向价格协议的表现形式是协议或者协同行为。通常协议的一方是具有一定优势地位的供应商,带有一定程度的胁迫。作为交易相对方,不同意就会被拒绝交易。但是,根据 Colgate 原则①,如果具有一定市场地位的供应商通过事先声明的形式告知将拒绝与降价的销售商交易。作为销售商行为上不

---

① 美国最高法院在 United States v. Colgate & Co. 案中明确,《谢尔曼法》不限制"商人或生产商早已得到公认的权利,即事先宣布他在什么情况下拒绝销售的权利"。这就是所谓的"Colgate 原则"。参见万江:《中国反垄断法:理论、实践与国际比较》(第 3 版),法律出版社 2021 年版,第 69 页。

降价销售。这种情况,由于无协商成分,不属于纵向价格限制行为。Colgate 原则强调了纵向价格协议须有协议要件。本案中生产商和经销商签订了《经销合同》,并通过经销商会议、销售人员微信告知、口头通知等方式加强协同效果,具备协议要件。

3. 内容要件,即要求纵向价格协议的内容是固定转售价格或者限定最低转售价格。《反垄断法》仅对纵向协议规定上述两种情形。对诸如区域分割、地域限制等不在禁止之列。纵向价格协议在内容方面的证据标准相对横向协议要高。横向协议通常是具有竞争关系的经营者多次沟通后采取了同一行动,一般就可以被认定为横向垄断协议。而纵向价格协议,不仅要证明协议关于价格限制的内容,而且要看具体行为。本案经销合同中明确规定了涉案商品最低转售价格。而且,具体实施了限定价格的纵向垄断协议。涉案纵向协议符合内容要件。

4. 反竞争效果要件。从欧美竞争法实践看,美国对待纵向价格垄断协议的态度由适用本身违法原则最终转向合理性分析原则,持比较宽容的态度。欧盟认为纵向价格限定协议属于目的性协议、核心卡特尔,构成要件认定上倾向于宽泛。[①]《反垄断法》禁止纵向价格垄断协议,条文文义中并未将反竞争效果作为构成要件。但是,从立法体系性解释看纵向价格协议是以具有排除、限制竞争效果为条件的。最高人民法院垄断纠纷民事诉讼十大典型案例之一,北京锐邦公司诉强生垄断纠纷二审判决认为纵向垄断协议以具有排除、限制竞争效果为条件。本案一系列证据证明涉案纵向协议产生了排除、限制市场竞争的后果。

案例评论

中国市场中纵向价格协议比较常见,尤其是在汽车、酒业、医药、家电等全国性市场行业。价格管理、市场划分,长期以来是生产商、总经销商进行市场管理、销售管理的手段,是一种常见的商业行为,对于合理分配销售资源,提高经济效率,有一定的合理性。但是,如果少数具有一定市场地位的供应商,通过固定转售价格、限定最低转售价格等价格限制行为获得垄断利润时,将损害其他经营者的合法利益,产生排除、限制竞争效果。2022 年 6 月 1 日生效的欧盟新《纵向协议集体豁免条例》,对纵向协议规制有所放宽。条例规定部分制造商和分销商之间

① 参见万江:《中国反垄断法:理论、实践与国际比较》(第 3 版),法律出版社 2021 年版,第 70 页。

的纵向协议可豁免。但前提是协议不包含固定价格等核心限制条件,且协议双方的市场份额均不超过30%。2022年《反垄断法》规定了经营者举证证明不具有排除、限制竞争效果的纵向协议,不予以禁止,并提供了“安全港”规则即经营者相关市场的市场份额低于国务院反垄断执法机构规定的标准的,不适用纵向垄断协议规制。在之前国务院反垄断委员会发布的《关于知识产权领域的反垄断指南》中有提供“安全港”制度。根据指南,具有竞争关系的经营者在相关市场的份额合计不超过20%,或经营者与交易相对人在受到知识产权的协议影响的任何一个相关市场上的市场份额均不超过30%,在市场份额难以获得、难以反映经营者的市场地位时,存在四个或四个以上能够以合理成本得到其他独立经营者的替代技术,符合上述三种情形之一的,所涉知识产权协议不视为垄断协议,除非有证据证明协议对市场竞争产生排除、限制竞争效果。《国务院反垄断委员会关于汽车业的反垄断指南》也确定了一个纵向垄断协议可以集体豁免的市场份额,即以纵向协议的竞争评估为例,执法实践和理论研究表明,在相关市场占有30%以下市场份额的经营者有可能被推定为不具有显著市场力量。也强调了评估经营者是否具有显著市场力量,设置一个固定的市场份额标准并不必然具有合理性与科学性。

二、医药企业纵向垄断协议纠纷案

北京锐邦涌和科贸有限公司与强生(上海)医疗器材有限公司、强生(中国)医疗器材有限公司纵向垄断协议纠纷案①

基本案情

原告北京锐邦涌和科贸有限公司(以下简称锐邦公司)是被告强生(上海)医疗器材有限公司、强生(中国)医疗器材有限公司(以下统称强生公司)的吻合器及缝线产品在北京地区的经销商,双方之间已有15年的经销合作关系。2008年1月2日,强生公司与锐邦公司签订《2008年经销合同》(以下简称《经销合同》),

① 上海市高级人民法院民事判决书,(2012)沪高民三(知)终字第63号。

约定原告在被告指定的相关区域销售缝线产品,合同期限自2008年1月1日至同年12月31日。且《经销合同》约定,原告不得低于被告规定的产品价格进行销售。

2008年3月,锐邦公司在北京大学人民医院举行的医用缝线销售招标中最低报价中标。

2008年7月,强生公司以锐邦公司私自降低销售价格为由,取消原告在中国医学科学院阜外心血管医院、北京整形医院的销售权。

2008年8月15日后,强生公司不再接受锐邦公司医用缝线产品订单,2008年9月完全停止了缝线产品、吻合器产品的供货。2009年,强生公司不再与锐邦公司续签经销合同。原告向上海市第一中级人民法院起诉,主张被告在经销合同中约定的限制最低转售价格条款,构成反垄断法所禁止的纵向垄断协议,诉请法院判令被告赔偿因执行该垄断协议对原告低价竞标行为进行"处罚"而给原告造成的经济损失人民币1439.93万元。

一审法院判决认为锐邦公司举证不足,未能确切反映出经销合同项下产品在相关市场所占份额,更不能说明相关市场的竞争水平、产品供应和价格的变化等情况。同时,不能证明强生"限制最低转售价格"协议造成了"排除、限制市场竞争"的危害,因此不能认定其构成《反垄断法》所规定的垄断协议,驳回了其诉请。锐邦公司不服,向上海市高级人民法院提起上诉。二审改判强生公司向锐邦公司赔偿经济损失人民币530,000元。

案例分析

本案争议焦点:(1)锐邦公司作为《经销合同》当事人,本身是本案限制最低转售价格条款的签订者与执行者,是否具备本案原告主体资格;(2)限制最低转售价格的垄断协议是否以具有排除、限制竞争效果为构成要件;(3)涉案协议具有排除、限制竞争效果的举证责任;(4)本案限制最低转售价格协议是否构成垄断协议;(5)锐邦公司在本案中的损失赔偿主张是否应予支持。

(一)锐邦公司是否具有原告资格

本案上诉人作为接受限制最低转售价格协议的经销商,由于执行该协议而可能失去在最低限价以下销售的机会,进而可能失去部分客户和利润。另外,上诉人由于违反限制最低转售价格协议受到处罚而遭受的损失,可能属于因垄断行为导致的损失。垄断协议的当事人既可能是垄断行为的参与者、实施者，又同样可能是垄断协议的受害者，属于《反垄断法》第 50 条（对应 2022 年《反垄断法》第 60 条）规定的因垄断行为遭受损失的主体范围。

合同当事人之外的利益主体（包括消费者）通常很难知道垄断协议的具体情形，如果不允许知悉内情、掌握证据的垄断协议当事人提起反垄断诉讼，垄断协议这种违法行为就很难受到追究。

符合《最高人民法院垄断纠纷审理规定》第 1 条的规定，“本规定所称因垄断行为引发的民事纠纷案件”是指“因垄断行为受到损失以及因合同内容、行业协会章程等违反反垄断法而产生争议的自然人、法人或其他组织，向人民法院提起的民事诉讼案件”。

（二）纵向协议是否以具有排除、限制竞争效果为要件

《反垄断法》第 13 条（对应 2022 年《反垄断法》第 17 条）对垄断协议的定义是否适用于第 14 条（对应 2022 年《反垄断法》第 18 条）对纵向垄断协议的规定？《最高人民法院垄断纠纷审理规定》第 7 条规定：“被诉垄断行为属于反垄断法第十三条第一款第（一）项至第（五）项规定的垄断协议的，被告应对该协议不具有排除、限制竞争的效果承担举证责任。”因此，认定《反垄断法》第 13 条所规定横向协议构成垄断协议，应以该协议具有排除、限制竞争效果为前提。横向协议限制竞争的效果甚于纵向协议，举重以明轻，纵向协议更应以具有排除、限制竞争效果为必要条件。

（三）具有排除、限制竞争效果的举证责任分配

《最高人民法院垄断纠纷审理规定》第 7 条对涉及横向协议纠纷举证责任的规定不能类推适用于本案纵向协议。遵循民事诉讼“谁主张，谁举证”的原则，应当由上诉人对本案限制最低转售价格协议具有排除、限制竞争效果承担举证责任。上诉人应当证明存在限制最低转售价格协议，并就限制最低转售价格协议具有排除、限制竞争效果提供相关证据。

（四）是否构成纵向垄断协议

二审法院从相关市场竞争是否充分、被告市场地位是否强大、被告实施限制最低转售价格的动机、限制最低转售价格的竞争效果等四个方面评判，在充分考虑案件证据和查明事实的基础上，认定本案限制最低转售价格协议构成垄断协议。

(五)损失范围的界定

二审法院认定赔偿范围应限于上诉人2008年因缝线产品销售额减少而减少的正常利润,法院对上诉人所主张损失赔偿数额依法予以调整,上诉人其他损失主张缺乏事实与法律依据。

案例评论

本案是国内首例纵向垄断协议纠纷案件,也是全国首例终审判决原告胜诉的垄断纠纷案件,在我国反垄断审判发展中具有里程碑意义。

(一)转售价格维持协议构成垄断协议以排除、限制竞争效果为要件

案例从解释论角度阐述了垄断协议的定义适用与纵向垄断协议。《反垄断法》第17条对垄断协议的定义适用于第18条对纵向垄断协议的规定。《反垄断法》第17条在列举了六类横向垄断协议后,规定"本法所称垄断协议,是指排除、限制竞争的协议、决定或者其他协同行为"。在通读《反垄断法》全部条文后,发现《反垄断法》中有四处"本法所称……是指……"的句式表述,分别是:第12条(对应2022年《反垄断法》第15条)中"本法所称经营者,是指……"第12条中"本法所称相关市场,是指……"第13条中"本法所称垄断协议,是指……"第17条(对应2022年《反垄断法》第22条)中"本法所称市场支配地位,是指……"这些表述均明确在"本法"范围内定义相关词语,在逻辑上不仅仅适用于一个条文而是适用于整部法律,否则就需要在其他含有"经营者""相关市场""垄断协议""市场支配地位"词语的其他每一个条文中对这些词语再作定义,这样显然不合理。第13条对垄断协议的定义同样适用于第14条对纵向协议的规定。

横向协议构成垄断协议以具有排除、限制竞争效果为条件,举重以明轻,纵向协议更以具有排除、限制竞争效果为条件。《最高人民法院垄断纠纷审理规定》第7条规定,"被诉垄断行为属于反垄断法第十三条第一款第(一)项至第(五)项规定的垄断协议的,被告应对该协议不具有排除、限制竞争的效果承担举证责任",据此可知,认定《反垄断法》第13条所规定横向协议构成垄断协议,应以该协议具有排除、限制竞争效果为前提。一般认为,由于横向协议直接排除、限制了市场竞争,横向协议限制竞争的效果甚于纵向协议,举重以明轻,反竞争效果强的横向协议构成垄断协议尚需以具有排除、限制竞争效果为必要条件,反竞争效果相对较弱的纵向协议更应以具有排除、限制竞争效果为必要条件。

（二）阐明了纵向垄断协议民事诉讼中的举证责任

纵向垄断协议具有排除、限制竞争效果是谁举证？横向垄断协议与纵向垄断协议不同，横向垄断协议一般适用本身违法原则。《最高人民法院垄断纠纷审理规定》第7条规定，被诉垄断行为属于《反垄断法》第13条第1款第1项至第5项规定的垄断协议的，被告应对该协议不具有排除、限制竞争的效果承担举证责任。《反垄断法》第13条第1款第1项至第5项指向横向垄断协议。在民事诉讼中，适用举证责任倒置限于法律、法规、司法解释明确规定。针对涉及《反垄断法》第14条所规定的纵向垄断协议的反垄断民事诉讼中，没有相关法律、法规、司法解释规定由被告来证明涉案协议不具有排除、限制竞争的效果。因此，纵向垄断协议民事诉讼中，仍遵循民事诉讼“谁主张，谁举证”的原则，由主张者对涉案限制最低转售价格协议具有排除、限制竞争效果承担举证责任。《最高人民法院垄断纠纷审理规定》第7条对涉及横向协议纠纷举证责任的规定不能类推适用于本案纵向协议。纵向垄断协议的主张者锐邦公司应当证明存在限制最低转售价格协议，就限制最低转售价格协议具有排除、限制竞争效果提供相关证据，比如相关市场竞争不够充分、强生公司具有很强的市场地位、强生公司具有限制竞争的行为动机、限制最低转售价格协议对市场竞争造成不利影响等。强生公司可以提交反驳证据。

（三）提供了纵向垄断协议竞争分析框架

本案中锐邦公司和强生公司均引用经济学理论说明限制最低转售价格对市场竞争的有利影响与不利影响，在具体分析本案限制最低转售价格协议的经济效果前，法院明确了对限制最低转售价格协议经济效果的分析评价方法。法院认为在对限制最低转售价格行为性质的分析判断中，相关市场竞争是否充分、被告市场地位是否强大、被告实施限制最低转售价格的动机、限制最低转售价格的竞争效果等四方面情况是最重要的考量因素，也是分析评价限制最低转售价格行为的基本方法。

1. 评判相关市场竞争是否充分的意义和评判方法

相关市场的竞争不充分是认定涉案限制最低转售价格协议构成垄断协议的首要条件，只有在认定相关市场缺乏充分竞争的情形时，才需要进一步判断涉嫌垄断的协议的竞争效果。在一个充分竞争的市场，消费者购买商品时有充分的选择，一个企业出于某种原因限制最低转售价格，可能会减少消费者对此产品的购买，却不会妨碍消费者的其他替代选择，经济效率和消费者利益没有受损。在一个竞争不充分的市场,由于缺乏充分的替代选择,用户依赖于某一品牌或几种品牌的产品,在某一品牌产品上采用了最低价格限制,不仅会导致该品牌内产品失去价格竞争,而且可能在不同品牌产品间形成定价上的默契,或者虽然没有形成默契,但会由此缺乏价格竞争的动力,导致市场价格上涨或者维持在一个较高水平,导致经济效率和消费者利益受损。在相关市场竞争不充分的前提下,可以进一步分析限制最低转售价格行为对市场竞争的影响。

对相关市场竞争是否充分的判断,需要考虑市场的集中度,还应考虑涉案产品的替代性、潜在竞争者进入相关市场的难度、下游市场的竞争性等多种影响相关市场竞争程度的因素。

2. 在相关市场是否具有很强的市场地位的意义和评判方法

实施最低转售价格限制的企业在相关市场具有很强的市场地位,能够对市场竞争产生影响,是限制最低转售价格协议构成垄断协议的重要条件。企业的市场地位是企业定价行为影响市场竞争的基础,一个在相关市场缺乏市场地位的企业,通常只能是适应市场竞争,而无力影响竞争,更不可能主导竞争。如果企业在市场份额、原材料供应、关键技术、销售渠道、品牌形象等各方面均不具备任何优势,那么该企业不具备影响市场竞争的力量,其所实施限制最低转售价格的行为不会影响市场竞争,或者虽然在短时间、小范围内影响竞争但很快会由更有效率的市场竞争所纠正。不会产生应当通过反垄断执法来消除的排除、限制竞争效果的必要性。具有很强的市场地位,是认定限制最低转售价格行为具有排除、限制竞争效果的前提和基础。

何种程度的"很强的市场地位"可能具有排除、限制竞争效果?企业的市场地位集中表现于企业的定价能力,如果一家企业具有很强的定价能力,企业在与购买者的定价谈判中占绝对优势,企业能够从容自由地定价而不必追随市场价格,相反,相关市场上其他企业的定价则可能受到该企业定价的影响,那么该企业应被认为具备了影响市场竞争的很强的市场地位。

3. 限制最低转售价格的动机是否在于回避价格竞争

一个具有很强市场地位的企业出于限制市场竞争的动机而限制最低转售价格,由于其在财力、技术、信息等各方面占优,对上下游控制能力往往较强,其限制最低转售价格行为产生限制竞争效果的可能性将大大提高。限制最低转售价格行为的动机是作为判断能否产生限制竞争效果的重要因素。需要结合具体证据分析判断被告在本案中采取限制最低转售价格的行为动机。

4. 限制竞争效果明显还是促进竞争效果明显

限制最低转售价格行为既可能促进竞争又可能限制竞争，一方面由于市场存在一定的自我修复功能，有些限制竞争的效果很快会由市场纠正；另一方面有些限制竞争效果会被另一些促进竞争的效果抵销。只有在实际产生难以克服、难以抵销的限制竞争效果时，限制最低转售价格协议才应被认定为垄断协议。在分析评价限制最低转售价格行为的竞争效果时，应当特别关注那些对市场竞争产生实质性影响的效果。①

三、汽车企业纵向垄断协议行政处罚案

丰田汽车(中国)投资有限公司垄断协议案②

基本案情

(一)当事人情况

当事人：丰田汽车(中国)投资有限公司，统一社会信用代码：91110000710938183F，住所：北京市朝阳区光华东里8号院3号楼2001室，法定代表人：前川某士，注册资本：11,874万美元，类型：有限责任公司(外国法人独资)。

(二)案件来源及调查经过

依据《反垄断法》，原江苏省物价局经授权，自2017年12月起，对当事人涉嫌在雷克萨斯品牌汽车销售中存在价格垄断行为进行了调查。江苏省政府机构改革后，本案由江苏省市场监督管理局依法继续管辖。本案调查终结后，江苏省市场监督管理局于2019年11月20日，依据《行政处罚法》第31条、第32条、第42条(分别对应2021年《行政处罚法》第44条、第45条、第63条、第64条)，以及《市场监督管理行政处罚听证暂行办法》第5条(对应2021年《市场监督管理行政处罚听证办法》第5条)的规定，告知当事人拟作出行政处罚决定的事实、理由及依据，并告知当事人依法享有陈述、申辩以及要求举行听证的权利。当事人在

① 上海市高级人民法院民事判决书，(2012)沪高民三(知)终字第63号。
② 江苏省市场监督管理局行政处罚决定书，苏市监反垄断案〔2019〕1号。

法定期限内未行使陈述、申辩权，也未要求举行听证。

经调查，2015 年 6 月至 2018 年 2 月，丰田汽车(中国)投资有限公司通过召开经销商会议、巡店、微信通知等方式，要求江苏省内经销商在互联网平台销售雷克萨斯品牌汽车时，统一按照各车型建议零售价进行报价，经销商不得擅自降低网络报价。2016 年至 2018 年 3 月，通过召开地区协力会、微信通知等方式限制经销商销售雷克萨斯重点车型最低转售价格。丰田汽车(中国)投资有限公司通过多项管理措施实施了上述价格控制。

(三)行政处罚

当事人与经销商处于雷克萨斯汽车销售链条的不同环节，各自具有独立的法律地位，经销商为当事人交易相对人。当事人统一经销商网络报价、限定经销商转售商品最低价格的行为，属于与交易相对人达成并实施“固定向第三人转售商品的价格”“限定向第三人转售商品的最低价格”的垄断协议，违反了《反垄断法》第 14 条(对应 2022 年《反垄断法》第 18 条)的规定。

综合当事人违法行为的性质、程度和持续时间等因素，考虑到当事人积极配合调查，承认存在违反《反垄断法》的行为，主动整改，依据《反垄断法》第 46 条、第 49 条(分别对应 2022 年《反垄断法》第 56 条、第 59 条)的规定，江苏省市场监督管理局责令当事人停止违法行为，并决定对当事人处上一年度(2016 年度)销售额 2% 的罚款，即 87,613,059.48 元。

案例分析

关于本案纵向协议的认定。当事人与经销商处于雷克萨斯汽车销售链条的不同环节，各自具有独立的法律地位，经销商为当事人交易相对人。当事人统一经销商网络报价、限定经销商转售商品最低价格的行为，已经构成与交易相对人达成并实施“固定向第三人转售商品的价格”“限定向第三人转售商品的最低价格”的垄断协议，违反了当时《反垄断法》第 14 条的规定。具体分析如下。

(一)形式要件

当事人与经销商达成了限定经销商网络报价和部分车型整车转售价格的协议。

1. 限定江苏省内经销商整车销售网络报价

2015 年 6 月至 2018 年 2 月，当事人区域销售经理通过召开经销商会议、巡店、微信通知等方式,要求江苏省内经销商在互联网平台(汽车之家、易车网)销售雷克萨斯汽车时,统一按照各车型建议零售价进行报价,经销商不得擅自降低网络报价。

2. 限定江苏省内经销商部分车型整车销售价格

2016年至2018年3月,当事人区域销售经理通过召开地区协力会、微信通知等方式限制经销商销售雷克萨斯重点车型最低转售价格。

(二)实施要件

当事人实施了限定经销商网络报价和部分车型整车转售价格的协议。

1. 当事人通过多项管理措施实施价格控制

主要包括:(1)当事人将统一网络报价作为区域经理考核指标。(2)从2016年起要求经销商上传发票至当事人销售管理系统,组织专门人员对上传的发票进行检查,超出限价要求的,经销商必须说明原因。(3)对低价销售的经销商,当事人区域销售经理通过协力会、微信群和电话的方式告知会被削减下月相关车型配车。

2. 经销商执行了当事人的价格要求

经销商自2015年6月起均按照当事人要求在汽车之家、易车网等网站将网络销售价格统一为各车型建议零售价。结合各地区经销商实际销售数据分析,虽然经销商销售价格不尽相同,但优惠幅度在每次限价要求后整体出现下降。当事人区域销售经理要求经销商相互监督销售价格,发现低价销售行为可以向其投诉举报,并进行干预,从而实施对经销商整车销售价格控制。

(三)效果要件

当事人凭借自身优势地位及严格的管理措施,对经销商作出的统一网络报价和对部分车型整车转售价格的限定,具有较强的约束力。当事人的行为排除、限制了市场竞争,损害了消费者利益。首先是排除、限制了品牌内的竞争。当事人的行为限制了经销商间的价格竞争,剥夺了经销商自主定价权,使资源无法得到合理配置,侵害了经销商的合法权益。其次是削弱了品牌间的竞争。在汽车品牌经销领域,随着与当事人类似行为的累积效应增加,会明显削弱各汽车品牌间的竞争,最终破坏汽车市场竞争秩序。最后是损害了消费者利益。当事人的行为使消费者无法享受到因充分竞争而带来的好处,被迫去接受非竞争形成的价格,承担更高的购买成本,失去了自由选择权,损害了消费者的合法利益。

案例评论

本案是国家市场监管总局发布的2019年反垄断执法十大典型案例之一。

(一)纵向垄断的适用原则

对于纵向垄断案件,适用本身违法原则,但也强调排除、限制竞争的效果要件。关于这一点,曾经争议很大。在海南裕泰科技饲料有限公司垄断协议案中,当时执法机构海南省物价局作出责令当事人立即停止违法行为和处20万元罚款的处理。[海南省物价局琼价监案处(2017)5号行政处罚决定书]行政诉讼一审,法院撤销了行政处罚决定。[(2017)琼01行初681号行政判决书]行政诉讼二审,海南省高级人民法院认为一审判决适用法律错误,海南省物价局的上诉理由成立,判决撤销一审判决。[(2017)琼行终1180号行政判决书]进入再审,最高人民法院驳回了裕泰公司的再审申请。[(2018)最高法行申4675号行政裁定书]最高人民法院认为,在反垄断执法过程中,对经营者之间的协议、决议或者其他协同行为,是否构成《反垄断法》所禁止的垄断协议,应当以该协议是否排除、限制竞争为标准。

(二)汽车行业的纵向垄断问题

1. 纵向价格限制

从中国汽车市场的实际情况看,纵向垄断分为直接限制和间接限制两大类。所谓直接限制,就是销售合同中固定经销商的转售价格或者限定最低转售价格。所谓间接限制,是指以固定经销商的利润率和折扣水平的方式,并实施价格监测对不遵守建议价的经销商取消返利、拒绝供货或提前解除授权协议等来实现价格管控。

纵向垄断的常见形式:通常以经销商协议、商务政策、通函、资讯、通知等形式达成纵向垄断协议。

单个经营者实施纵向垄断协议会限制品牌内竞争,损害消费者利益。如果在相关市场上多个经营者,甚至全部经营者均采取相似纵向垄断协议,各类纵向限制形成网络,全面覆盖相关市场,必然导致品牌间竞争被削弱。相似纵向协议导致的累积效果能够显著限制相关市场的竞争,使相关产品和服务在竞争水平之上定价,最终导致消费者利益损失。

2. 纵向非价格限制

除了上述纵向价格限制,纵向限制还包括纵向非价格限制。

纵向价格限制包括地域限制、客户限制、售后维修服务和配件流通限制、其他纵向限制等。售后维修服务和配件流通限制一般通过质量担保条款施加间接限制来实现。

其他纵向限制包括：

(1)汽车供应商向经销商或维修商强制搭售其未订购的汽车、售后配件、精品、耗材、修理工具、检测仪器等,有可能导致搭卖品的排他购买义务,因而排除、限制搭卖品市场的竞争。

(2)汽车供应商强制经销商或维修商接受不合理的汽车或售后配件销售目标、库存品种和数量。

(3)汽车供应商强制要求经销商承担以汽车供应商名义开展的广告、车展等宣传推广费用,或强制限定经销商自担费用开展广告宣传的特定方式和特定媒体。

(4)汽车供应商强制要求经销商和维修商只能使用特定有偿设计单位或建筑单位的服务,或强制要求经销商和维修商所需建筑材料、通用设备、信息管理系统和办公设施等只能使用特定品牌、供应商和供应渠道。

(5)汽车供应商限制经销商经营其他供应商的商品。

(6)汽车供应商因经销商或维修商从事促进竞争的行为而拒绝供货或提前解除经销协议。

第三章

滥用市场支配地位案例

一、公用企业滥用市场支配地位行政处罚案

天津市自来水集团有限公司滥用市场支配地位行政处罚案①

基本案情

当事人：天津市自来水集团有限公司。

当事人在供水经营中，利用其在供水范围公共自来水供水服务的支配地位，要求房地产开发企业自行建设二次供水设施时必须使用当事人指定的天津市华澄供水工程技术有限公司（以下简称华澄公司）生产的智能电控柜和远程监控子站。当事人在交易过程中附加的上述不合理交易条件，使房地产开发企业在二次供水设施施工单位的选择、材料设备的采购等方面没有自主选择权。具体通过如下方式实施：

1. 当事人在办理二次供水业务进件时，对于自行建设二次供水设施的房地产开发企业，要求其提供建设委托书和由当事人统一印制的新建二次供水设施自行建设保证书后方可进件。《关于在二次供水新建和改造中使用指定电器控制柜的通知》（津水内字〔2009〕33 号）由当事人于 2009 年制定，要求房地产公司在建设居民住宅二次供水设施中使用华澄公司自主研发生产的 HC 系列电器控制柜。

2. 当事人要求房地产公司在建设居民住宅二次供水设施中使用华澄公司自

① 津市监稽罚字〔2019〕J1 号。

主研发生产的HC系列电器控制柜和华澄公司生产的远程监控子站。房地产开发企业为符合当事人的要求，多数将二次供水设施建设委托华澄公司并向当事人提供委托书，委托书中明确由华澄公司建设远程监控系统。房地产开发企业在施工前与华澄公司签订施工合同，施工方式均采取包工包料的形式建设二次供水设施。同时须同华澄公司签订远程监控子站建设合同，由华澄公司采取包工包料的形式建设远程监控子站。

天津市市场监督管理委员会依据《反垄断法》第47条（对应2022年《反垄断法》第57条）“经营者违反本法规定，滥用市场支配地位的，由反垄断执法机构责令停止违法行为，没收违法所得，并处上一年度销售额百分之一以上百分之十以下的罚款”的规定，责令当事人停止违法行为，并对当事人给予以下行政处罚：处2016年度销售额3%的罚款合计7,438,622.77元。

案例分析

本案是公用企业滥用市场支配地位典型案例。“水电气”是人们生活消费的必需项目，公用事业部门曾长期处在行政垄断之下。公司制改革后，“水电气”成为公用企业。水务行业是国民支柱性产业，是城市基础设施建设领域中的重要组成部分。就水务行业而言，伴随着水务行业的公司化和价格改革，水务行业的竞争已经成为关注重点。公用企业反垄断的主要问题是滥用市场支配地位。当事人作为天津市市南主城区区域内唯一的城市公共自来水供水企业，对申请新装自来水业务的房地产开发企业附加在二次供水设施建设中须使用当事人控股公司（华澄公司）的智能变频控制柜和远程监控子站的不合理条件，属于具有市场支配地位的经营者没有正当理由在交易时附加其他不合理的交易条件，构成滥用市场支配地位的垄断行为。具体分析如下。

（一）是否具有市场支配地位

1. 本案的相关市场界定

（1）相关商品市场界定

天津市市南主城区内城市公共自来水供水服务由当事人独家提供，当地无其他可替代的供水来源。天津市城区居民生活用水来源主要为城市公共自来水，而购买桶装水、瓶装水也仅用于生活饮用水。对于城区居民来说公共自来水是最便捷的用水来源，自建取水设施不具备可行性，而桶装水、瓶装水的供应虽然是城市供水服务的一种补充，但是其在价格和便利性上无法与城市公共自来水供水相比，商品可替代性较弱。本案的相关商品市场界定为城市公共自来水供水服务市场。

(2)相关地域市场界定

当事人提供城市公共自来水供水服务的地域范围为天津市市南主城区。包括中心城区的和平区、河西区、南开区、红桥区、西青区、津南区、部分北辰区、东丽区部分产业园及静海区。当事人系该区域内唯一的城市公共供水企业。本案的相关地域市场界定为天津市市南主城区。

本案相关市场界定为天津市市南主城区地域范围内的城市公共自来水供水服务市场。

2. 具有市场支配地位的认定

(1)当事人在本案相关市场中的市场份额

在天津市市南主城区内只有当事人这一家城市公共供水企业。当事人提供的城市公共自来水供水服务所占市场份额为100%。

(2)当事人在本案相关市场上的控制能力及其他经营者对其的依赖性

当事人公用企业地位由来已久。迄今为止，在本案相关市场中，当事人具备唯一经营者地位。在本案相关地域市场内，用户对当事人在城市公共供水服务上具有很强的依赖性，甚至具备完全的依赖性。

(3)其他经营者进入本案相关市场经营的难易程度

《城市供水条例》《天津市城市供水用水条例》等行政法规和规章，对经营城市供水有着严格的主体资格要求。城市公共供水管网及其附属设施投资大、难度高、成本收回周期长的特点，以及自然水资源的有限性、水质工艺标准的严格性，决定了相关地域市场内同类经营者数量有限。

根据《反垄断法》第18条（对应2022年《反垄断法》第23条），认定当事人在天津市市南主城区所辖地域范围内的城市公共供水服务市场具有市场支配地位。

(二)当事人是否实施滥用市场地位的行为

当事人利用市场支配地位在交易时附加不合理交易条件。

依据《天津市供水用水条例》的规定，二次供水设施是指为二次供水设置的水箱、水泵、闸阀、气压罐、电控装置、水处理设备、消毒设备、供水管道、泵房等设施。二次供水设施是城市高层建筑供水的必备设施。

当事人在供水经营中，利用其在供水范围公共自来水供水服务的支配地位，要求房地产开发企业自行建设二次供水设施时必须使用当事人指定的华澄公司生产的智能电控柜和远程监控子站。

（三）是否存在正当理由

当事人附加不合理条件没有正当理由。

1. 原天津市城乡建设和交通委员会发布的《关于新建居民住宅二次供水设施配套建设监控系统的通知》（建公用〔2010〕525号）文件中的《居民住宅二次供水监控系统建设标准（试行）》也没有规定远程监控子站必须使用的品牌和厂商。因此当事人附加其他不合理交易条件的行为，没有法律、法规和政策依据。

2. 当事人附加指定二次供水设施使用的电器控制柜和远程监控子站的不合理交易条件行为，违背交易相对人的意愿。

（四）是否排除、限制了市场竞争

当事人的行为排除、限制了市场竞争，损害了交易相对人利益。

1. 自来水二次供水设施的材料设备市场本应是开放的竞争市场，只要符合国家、行业、地方标准规范的材料设备都可以进入该市场公平竞争。当事人的行为实质上是借助其在相关市场上具有的市场支配地位，将支配地位的影响力不公平地强加到电器控制柜和远程监控子站销售市场，不公平地限制了市场竞争，导致一些具备资质的合法经营者难以在本案相关地域市场销售。

2. 由于当事人在其供水范围内独家提供自来水供水服务，掌握二次供水设施验收职能，房地产开发企业为确保工程工期和顺利验收，按时向购房人交房，迫于当事人的市场支配地位，在二次供水设施中不得不使用当事人指定的电器控制柜和远程监控子站，限制了房地产开发企业的自主选择权。

案例评论

本案中，自来水二次供水设施的材料设备市场本应是开放的市场，只要符合国家、行业、地方标准规范的材料设备都可以作为供应商进入该市场。天津自来水公司的行为实质上是利用自身在供水市场上的市场支配地位，将影响力不公平地强加到电器控制柜和远程监控子站市场，限制了市场竞争。自来水、供电、天然气等是国家重点民生领域，加强该领域的反垄断监管有利于老百姓安居乐业，提高老百姓对美好生活的幸福感。近年来，公用行业反垄断呈现常态化趋势。公用行业的反垄断主要是禁止滥用市场支配地位。

二、标准必要专利滥用市场支配地位纠纷案

华为诉交互数字技术公司滥用市场支配案①

基本案情

2011年12月6日，华为公司起诉交互数字，诉称：华为公司是全球主要的电信设备提供商。多年来，交互数字参与各类无线通信国际标准的制定，将其直接或间接拥有的专利权通过种种方式纳入无线通信的国际标准，并以此形成了相关市场的支配地位。

华为公司主张，本案相关商品市场为交互数字为专利权人的必要专利的许可市场，相关地域市场为全球必要专利许可市场中的中国市场和美国市场。交互数字在相关市场处于垄断地位。交互数字无视其在加入标准组织时对公平、合理、无歧视原则的承诺，对其专利许可设定不公平的过高价格，对条件相似的交易相对人设定歧视性的交易条件，在许可条件中附加不合理的条件，在许可过程中涉嫌搭售，通过在美国国际贸易委员会和美国联邦法院同时起诉华为公司及华为公司的美国子公司来拒绝与华为公司进行交易，滥用其市场支配地位，不仅损害了竞争秩序，也对华为公司造成实质损害，已威胁到华为公司在相关市场的正常运营，给华为公司造成严重损失。请求法院判令：交互数字立即停止垄断民事侵权行为，赔偿华为公司经济损失，承担本案的诉讼费用以及其他合理开支。

交互数字答辩：

1. 交互数字不认可华为公司所主张的相关市场的划分。仅凭交互数字自身的必要专利涵盖的技术不可能制造任何终端产品。本案当中相关的地域市场应该是全球市场，而不是华为公司所划分的中国市场和美国市场。

2. 交互数字在相关市场中不具有市场支配地位，以及排除或限制竞争的能力。

3. 交互数字没有实施任何违反反垄断法、限制竞争的行为。

① 广东省高级人民法院民事判决书，(2013)粤高法民三终字第306号。

4. 交互数字没有给华为公司造成任何实际损害。

一审法院经审理查明事实后判决:(1)交互数字立即停止针对华为公司实施的过高定价和搭售的垄断民事侵权行为;(2)交互数字连带赔偿华为公司经济损失人民币2000万元;(3)驳回华为公司的其他诉讼请求。

华为公司、交互数字均不服一审判决,提起上诉。

案例分析

本案主要争议焦点为:(1)相关市场如何界定;(2)交互数字在相关市场是否具有支配地位;(3)交互数字相关被控行为是否构成滥用市场支配地位的行为。

(一)相关市场如何界定

本案华为公司主张相关市场的范围是:相关地域市场是中国市场和美国市场,相关商品市场是交互数字在3G无线通信技术中的WCDMA、CDMA2000、TD－SCDMA标准下的每一个必要专利许可市场构成的集合束,即交互数字在中国和美国的3G无线通信技术标准(WCDMA、CDMA2000、TD－SCDMA)中的每一个必要专利许可市场,均构成一个独立的相关市场,本案的相关市场是该一个个独立相关市场的集合束。交互数字认为,仅凭某一必要专利的许可无法制造出完整产品,从而不能作为相关市场。

法院从必要专利的基本属性与特征、需求替代、供给替代阐述了本案相关市场。一、二审均认定交互数字在中国和美国的3G无线通信技术标准(WCDMA、CDMA2000、TD－SCDMA)中的每一个必要专利许可市场,均构成一个独立的相关市场。

从必要专利的基本属性与特征来看。当某一专利技术成为必要专利被选入标准后,参与该行业竞争的产品制造商/服务提供商就必须提供符合标准的商品/服务,这意味着其不得不实施相关必要专利技术,而无法做规避设计以绕过该必要专利。

从需求替代分析。本案各方当事人均认可,交互数字在中国和美国分别享有3G无线通信技术WCDMA、CDMA2000、TD－SCDMA标准下的大量必要专利。由于每个必要专利技术均是3G无线通信标准体系所必不可少的组成部分,拒绝任何一个必要专利的许可均将导致相关产品制造商无法使用相关技术,从而无法生产出符合标准的产品、被排除在目标市场的准入之外。

本案中，华为公司为了执行3G无线通信技术标准，已经做出了大量先期投入，这些成本投入不可撤回，若立即放弃该标准而转向其他标准，不仅需承受上述先期投入的成本，还需承受巨大的转换成本和市场风险，这显然是难以执行甚至不可能的。

从供给替代分析，专利与标准相结合后，必要专利成为唯一的且必须实施的技术，必要专利权人成为所涉技术市场唯一的供给方。故在涉案必要专利许可市场，并不存在可与交互数字相竞争的经营者。因此，交互数字在中国和美国的3G无线通信技术标准（WCDMA、CDMA2000、TD－SCDMA）中的每一个必要专利许可市场，均构成一个独立的相关市场。

（二）交互数字在相关市场是否具有支配地位

本案的相关市场为：交互数字在中国的3G无线通信技术标准（WCDMA、CDMA2000、TD－SCDMA）中的每一个必要专利许可市场，以及在美国的3G无线通信技术标准（WCDMA、CDMA2000、TD－SCDMA）中的每一个必要专利许可市场，均构成一个独立的相关市场。交互数字作为涉案必要专利许可市场唯一的供给方，其在3G标准中的每一个必要专利许可市场具有完全的份额，故其完全具有阻碍或者影响其他经营者进入相关市场的能力。

由于交互数字仅以专利授权许可作为其经营模式，自身并不进行任何实质性生产，不需依赖或者受制于3G标准中其他必要专利权利人的交叉许可，故其市场支配力未受到有效制约。交互数字在相关必要专利许可市场具有市场支配地位。

（三）交互数字对华为必要专利许可费是否构成过高定价

首先，从交互数字对华为公司就涉案必要专利许可费问题前后几次报价来看，均明显高于交互数字对其他公司的专利许可费。其次，交互数字对华为公司收取过高的专利许可费缺乏正当性。最后，交互数字要求的在美国提起相关诉讼等附加条件，进一步加强了过高定价的不合理性和不公平。

综合考虑相关许可费的比对、其他公司实际情况、交叉许可情况以及交互数字相关诉讼情况等各因素，认定交互数字就涉案必要专利许可对华为公司的报价，构成不公平的过高定价。

案例评论

本案主要涉及标准必要专利许可的竞争法规制。所谓标准必要专利（Standard

Essential Patents, SEPs),是指构成某项技术标准所必要的专利。标准必要专利是极具竞争力的知识产权。三流企业靠劳力、二流企业靠技术、一流企业靠专利、顶流企业靠标准。当专利与标准结合,其市场竞争力是不言而喻的。某项专利一旦成为技术标准的必要标准,一方面该项技术必须许可他人使用,属于法定许可;另一方面由于在其相关市场的支配地位,有相当的定价权。技术标准具有公共性,专利具有排他性。专利的排他性和技术标准的公共性的集合,使得专利权人在专利许可谈判中具有很高的谈判地位。

(一)竞争分析的借鉴意义

本案为标准必要专利的竞争分析提供了典型示范。相关市场界定、市场支配地位认定、滥用市场支配地位行为认定、标准必要专利的许可使用等具有借鉴价值。由于标准与专利的结合显著增强和放大专利原有的垄断性,使得标准必要专利对于标准产品的制造商而言具有唯一性和不可替代性。无论是从需求替代,还是从供给替代分析,标准必要专利可以单独构成一个独立的相关技术市场。欧盟委员会在谷歌收购摩托罗拉移动案中,认为标准必要专利的特殊性在于,要符合某一标准必须实施这一标准下的必要专利,无法去进行设计规避。标准必要专利的定义决定了每一个必要专利都没有替代物。每一标准必要专利都构成一个单独的相关技术市场。① 在分析涉及标准必要专利的行为是否排除、限制竞争时,则需要遵循以下基本原则:(1)与滥用知识产权相同的规制原则;(2)兼顾保护知识产权和促进市场公平竞争;(3)考虑标准制定和实施过程中必要专利的信息披露、许可承诺与许可谈判的合规情况;(4)保障标准必要专利创新合理回报,平衡标准必要专利权人和标准实施方的利益。

(二)标准必要专利许可的 FRAND 原则

由于标准必要专利的公共属性,标准化组织通过确立标准必要专利许可的 FRAND 原则,又称"合理、无歧视原则",来平衡专利权人与被许可人的利益。本案在评估交互数字公司向华为公司许可涉案标准必要专利的许可费是否合理时,法院认为至少要考虑的因素包括:(1)许可使用费数额的高低应当考虑实施专利所获得的利润,以及该利润在被许可人相关产品销售利润中所占的比例;(2)专利许可使用费不应超过产品利润一定的比例范围,应考虑专利使用费在专利权人之间的分配;(3)专利权人所作出的贡献是其技术创新带来的,不能因标准而获

① 参见袁日新:《经营者集中救济法律制度研究》,法律出版社 2017 年版,第 130~131 页。

得额外利益;(4)许可费的高低应当考虑专利权人在技术标准中有效专利的多少,要求标准实施者支付非标准必要专利是不合理的。在判断标准必要专利的许可使用费是否合理时适用 FRAND 原则,中国法院通过比较同时期数字交互公司向三星、苹果许可费率,作出过高定价的判断,并确定了应有的费率。

三、原料药滥用市场支配地位纠纷案

扬子江药业集团广州海瑞药业有限公司、扬子江药业集团有限公司与合肥医工医药股份有限公司、合肥恩瑞特药业有限公司、南京海辰药业股份有限公司滥用市场支配地位纠纷案①

基本案情

扬子江药业集团广州海瑞药业有限公司(以下简称海瑞公司)是扬子江药业集团有限公司(以下简称扬子江公司)的子公司,合肥恩瑞特药业有限公司(以下简称恩瑞特公司)是合肥医工医药股份有限公司(以下简称医工公司)的子公司。"贝雪"(涉案"枸地氯雷他定片剂")原料药由南京海辰药业股份有限公司(以下简称海辰公司)和医工公司联合申报取得新药证书。

2006 年扬子江公司与医工公司签订枸地氯雷他定枸橼酸氢二纳片生产批件及技术转让《技术转让合同书》,受让了"贝雪"片剂生产批件和生产技术,约定了医工公司的原料药供货义务,医工公司保留了"贝雪"原料和硬胶囊剂生产技术。

同时,扬子江公司与医工公司签订《专利使用权转让协议》,所涉专利名称为"地洛他定(地氯雷他定)多元酸碱金属或碱土金属盐复合盐及其药用组合物",专利号为 ZL02128998.0(以下简称 998 专利)。根据《技术转让合同》的约定,医工公司可以利用 998 专利从扬子江公司处获取高额的提成费用。

2016 年 7 月医工公司要求"贝雪"原料药涨价,从 18,500 元/千克涨至 48,000 元/千克。2017 年 1 月,海瑞公司与医工公司、海辰公司签订 38,500 元/千克原料单价的合同。

---

① 参见最高人民法院民事判决书,(2020)最高法知民终 1140 号。

2017 年 6 月,恩瑞特公司发函《枸地氯雷他定原料药长期购销协议》,要求签订长期供货协议,价格按 48,000 元/千克进行结算。

2017 年 8 月 1 日,原告扬子江公司、海瑞公司,被告医工公司、恩瑞特公司相关人员,就涉案原料药长期供货及销售提成、盐酸头孢他美项目相关事宜进行磋商。内容涉及:(1)涉案原料药销售单价调整为 48,000 元/千克;(2)海辰公司以 38,500 元/千克销售的 477 千克的原料药,与 48,000 元/千克之间的差价 9500 元,乘以销售总数 477 千克所得 453 万元,以技术服务费名义补齐给医工公司;(3)盐酸头孢他美项目争议与原料药供应事宜一并解决。

2017 年 9 月 14 日,扬子江公司(甲方)与医工公司(乙方)签署《关于〈盐酸头孢他美及注射用盐酸头孢他美技术转让合同〉的补充协议》。

2017 年 9 月 22 日,被告恩瑞特公司(甲方)、原告海瑞公司(乙方)、被告医工公司(丙方)、何某卫(丁方,被告医工公司的法定代表人)、原告扬子江公司(戊方)签订了《枸地氯雷他定原料药长期购销合同》。

2018 年 8 月起,恩瑞特公司以前体原料涨价为由再次要求涨价至 60,000 元/千克,且要求从 2018 年 10 月开始执行,否则停止供货,并于 2018 年 12 月 18 日正式发出调价函。

2019 年 5 月 7 日,扬子江方提出诉讼请求:(1)判令医工方立即停止垄断行为:包括停止限定交易的行为、停止搭售无必要的专利许可、停止附加不合理条件;(2)判令医工方连带赔偿因垄断高价及搭售给扬子江方造成的损失,暂计 9000 万元等。

2020 年 3 月 18 日,一审判决:

1. 医工方立即停止滥用市场支配地位的垄断侵权行为,即确认《枸地氯雷他定原料药长期购销合同》中第 1 条购货内容及价格、第 8 条第 5 项内容无效;确认《关于〈盐酸头孢他美及注射用盐酸头孢他美技术转让合同〉的补充协议》无效。

2. 医工方赔偿扬子江方经济损失 51,593,567 元、16,728,771 元,合计 68,322,338 元。

2023 年 5 月 25 日,二审判决:

1. 撤销江苏省南京市中级人民法院(2019)苏 01 民初 1271 号民事判决;

2. 驳回海瑞公司、扬子江公司的诉讼请求。

一审案件受理费 544,300 元,二审案件受理费合计 465,962 元,均由海瑞公司、扬子江公司负担。

案例分析

本案主要争议焦点是:(1)涉案枸地氯雷他定原料药是否落入998专利的保护范围;(2)本案相关商品市场应当如何界定;(3)医工方是否具有相关市场支配地位;(4)如医工方具有相关市场支配地位,其是否实施了滥用市场支配地位行为。

(一)涉案原料药是否落入998专利的保护范围

二审中,扬子江方主张,枸地氯雷他定原料药的成分为地氯雷他定枸橼酸氢二钠二水合物,系复合盐的水合物,而非复合盐本身,不属于998专利保护的地洛他定(地氯雷他定)多元酸碱金属盐复合盐本身,不落入其保护范围;医工方主张地氯雷他定枸橼酸氢二钠二水合物是枸地氯雷他定的具体存在形态之一,并非区别于枸地氯雷他定的新的化合物,落入998专利权保护范围。

二审查明了涉案998专利权利要求以及保护范围。998专利是化合物产品发明专利,其专利保护范围涵盖特定种类的地洛他定(地氯雷他定)多元酸碱金属或碱土金属盐复合盐。根据上述权利要求1,当其中的多元酸选自枸橼酸,碱金属选自钠时,所述复盐是地洛他定(地氯雷他定)枸橼酸氢二钠复盐。权利要求2和权利要求3则直接记载了所述地洛他定(地氯雷他定)复盐具体包括地洛他定(地氯雷他定)枸橼酸氢二钠复盐。998专利的保护范围涵盖地洛他定(地氯雷他定)枸橼酸氢二钠复盐。

本领域技术人员公知,说明了地氯雷他定枸橼酸氢二钠复盐与其二水合物的关系。地氯雷他定枸橼酸氢二钠二水合物是地氯雷他定枸橼酸氢二钠复盐的晶体存在形式之一,落入998专利的保护范围。

阐述了通用名称与化合物的关系。《国家药典委员会关于合肥医工医药有限公司申报的地氯他定枸橼酸氢二钠中文通用名称命名问题的复函》称,经国家药典委员会技术审核和确定地氯雷他定枸橼酸氢二钠的中文通用名称为枸地氯雷他定。枸地氯雷他定就是地氯雷他定枸橼酸氢二钠,其显然落入998专利的保护范围。枸地氯雷他定原料药、制剂均以枸地氯雷他定为主要成分,其均落入998专利的保护范围。

涉案枸地氯雷他定的原料药、制剂的主要成分是以水合物形式存在的地氯雷他定枸橼酸氢二钠,其本质仍是地氯雷他定枸橼酸氢二钠。“贝雪”说明书关于“【规格】8.8mg(按C25H25ClN2O7Na2计)”的记载也印证。

同一化合物的无水物和水合物存在理化性质差异属于正常现象，两者理化性质存在差异本身与地氯雷他定枸橼酸氢二钠二水合物是否落入998专利的保护范围并无关联性。

（二）相关商品市场界定

医工方主张本案相关商品市场为第二代抗组胺药原料药市场。在需求替代方面，医工方未考虑市场经营状况和转产难度，直接从制剂的替代性推断原料药的替代性缺乏依据；枸地氯雷他定制剂比其他第二代抗组胺药效果更好、价格更高，考虑其药效以及作为非医保药情况下患者的价格敏感性，枸地氯雷他定制剂与其他第二代抗组胺药没有紧密替代性；本案已经形成了假定垄断者测试的自然实验，在医工方多次涨价的情况下，扬子江方并没有转而购买其他原料药。在供给替代方面，原料药经营者转产困难，证照审批成本高，不存在供给替代。此外《国务院反垄断委员会关于原料药领域的反垄断指南》和既有原料药的行政执法案例，均是一种原料药构成一个单独的相关商品市场。

（三）医工方是否具有相关市场支配地位

由于在中国境内枸地氯雷他定原料药市场上，医工方具有100%的市场份额。首先推定了医工方在相关市场具有支配地位。但是，进一步分析，医工方受到来自下游枸地氯雷他定制剂市场的间接竞争约束。在滥用市场支配地位案件中，对中间投入品经营者所面临的下游市场传递而来的间接竞争约束而言，可以根据案件具体情况，在界定相关市场阶段予以考虑，或者在认定市场支配地位阶段予以考虑。本案中，枸地氯雷他定原料药的下游制剂面临着其他第二代抗组胺药的竞争，制剂市场的竞争对于上游原料药市场的竞争必然产生一定影响。

从药物作用机理、适应症、疗效、销售渠道、临床应用较为紧密的替代关系看，其他第二代抗组胺药制剂对枸地氯雷他定制剂形成较为紧密的替代关系，枸地氯雷他定制剂的需求受到来自其他第二代抗组胺药制剂的竞争。由于枸地氯雷他定是枸地氯雷他定制剂的唯一药物活性成分，枸地氯雷他定原料药的主要用途在于制作第二代抗组胺药枸地氯雷他定制剂，枸地氯雷他定制剂所面临的这种竞争必然在一定程度上影响对枸地氯雷他定原料药的需求，进而传递到枸地氯雷他定原料药经营者并对其产生一定程度的竞争约束。

因扬子江方具有较强的转产能力和财力、技术条件，其对医工方的依赖程度有限。医工方在中国境内的枸地氯雷他定原料药市场虽然具有市场支配地位，但因其面临来自第二代抗组胺药制剂市场的较强间接竞争约束，故其市场支配地位受到了一定程度的削弱。

(四)医工方是否实施了滥用市场支配地位行为

二审法院分析了医工方是否滥用市场支配地位实施了限定交易行为;医工方是否滥用市场支配地位实施了不公平高价行为等问题。

1.限定交易问题

限定交易需要具备两个要件:第一,行为样态要件,即具有市场支配地位的经营者直接限定或者以设定交易条件等方式变相限定交易相对人只能与其进行交易或者只能与其指定的经营者进行交易,或者限定交易相对人不得与特定经营者进行交易;第二,竞争效果要件,即前述限定交易行为需具有排除、限制相关市场竞争的效果。其中,关于竞争效果要件的认定,至少可以考虑限定交易的市场覆盖率及持续期限、限定交易是否提高市场进入壁垒或者增加竞争对手的成本,产生市场封锁效应等。

联系本案,上述两个条件均符合。但本案的特殊性在于被诉垄断行为涉及有效知识产权的行使。二审分析了被诉限定交易行为所产生的市场封锁效果与医工方998专利的关联性。

本案被诉限定交易行为所产生的前述市场封锁效果是998专利的法定排他效力的必然结果。

枸地氯雷他定原料药落入998专利的保护范围,他人未经专利权人许可,均不得制造、使用、销售、许诺销售、进口枸地氯雷他定原料药。同时医工方并未向他人许可生产原料药,市场上在专利保护期内,仅有医工方可提供原料药。医工方成为枸地氯雷他定原料药的唯一供应商和扬子江方只能向医工方购买枸地氯雷他定原料药这一事实状态本身系998专利法定排他效力的必然结果。

专利权的法定排他效力主要受到法律规定的保护期的限制。998专利的保护期限截至2022年8月26日。被诉限定交易行为的持续时间为5年4个月(2017年9月1日至2022年12月31日)。协议约定的限定交易期间大约至2021年9月届满,早于医工方998专利的保护期届满日近一年,仍在法律赋予998专利的排他效力期限内。

2.不公平高价问题

反垄断法规制不公平高价行为的主要目的在于维护市场竞争秩序,保护消费者福利,避免在市场持续失灵时损害消费者福利。如果一项高价行为既未产生明确的排除、限制竞争效果,也未明确地损害消费者福利,则不宜简单认定其构成滥用市场支配地位行为。原因在于,缺乏明确的排除、限制竞争效果通常意味着市场可能仅仅是暂时失灵,高价行为可以通过市场自我矫正;不公平高价的分析认定较为复杂,存在一定的误判风险,对于高价行为的法律分析需要更加注重考虑其实际或者潜在的反竞争效果,并注意避免损害市场中在位经营者和潜在进入者的投资积极性,进而导致"寒蝉效应"并减少创新,最终损害消费者福利。因此,对于不公平高价行为的认定和规制应当特别审慎。

通过内部收益率、价格与经济价值的匹配度等方法分析,比较价格涨幅与成本涨幅,分析竞争效果和消费者福利复验,最后认定现有证据不足以证明医工方将枸地氯雷他定原料药提价至48,000元/千克的行为构成不公平高价行为。

案例评论

本案是专利权行使边界与滥用市场支配地位两者关系的十分典型的案例。

(一)甄别专利权行使的法律效果与反垄断的反竞争效果

医工方答辩称其供应的原料药是以"998专利"为基础生产的,且不存在竞争市场中的支配地位。有权使用"998专利"生产原料药的仅有医工公司许可的海辰公司、恩瑞特公司,在涉案原料药生产供应环节不存在有竞争关系的市场。所谓反垄断法意义上的市场支配地位,是针对有竞争关系的市场而言的,在涉案原料药领域,并不存在有竞争关系的市场。对该答辩意见,一审法院未予以充分关注。

我们对比本案一审和二审判决,在争议焦点的归纳上二审增加了一个争议焦点即涉案枸地氯雷他定原料药是否落入998专利保护范围。本案之所以二审改判撤销一审判决,其中一个重要的原因在于二审发现了上述新的争议焦点。

二审法院认为各方的争议围绕涉案相关市场界定、是否具有相关市场支配地位、是否滥用市场支配地位,以及相关法律责任等问题的展开,均与涉案枸地氯雷他定原料药是否落入998专利保护范围这一问题存在密切关联性。如果涉案枸地氯雷他定原料药落入998专利保护范围,则制造、使用、销售、许诺销售、进口涉案枸地氯雷他定原料药均需获得专利权人许可。涉案枸地氯雷他定原料药落入998专利保护范围这一法律事实的确定,直接影响相关市场界定中的供给替代分析,以及判断市场支配地位时医工方的技术条件,更影响被诉滥用市场支配地位行为的合法性。二审法院将此问题作为前提和首要问题。

众所周知,反垄断与保护知识产权具有共同的目标,即保护竞争和鼓励创新。知识产权基于其专有性拥有强大的市场力量,会形成市场壁垒,因而,在一定程度上排斥竞争。反垄断法基于维护公平竞争,对潜在的反竞争行为作出规制。两者之间也有一定的张力,必然存在一个平衡问题。知识产权反垄断规则的逻辑起点在于承认知识产权是一种合法财产权予以保护的同时,对其超过合法财产权行使边界,滥用知识产权排除、限制竞争的行为予以规制,以促进竞争和创新。

具体而言,在评判经营者滥用知识产权排除、限制竞争行为,进行竞争分析遵循以下原则:

1. 考虑知识产权本身的权利特点,例如,专利的权利要求、保护期限等。

2. 不推定知识产权权利人在相关市场具有支配地位。

3. 结合个案考虑知识产权权利人行使权利的行为对效率和创新的积极影响。

二审法院在查实涉案原料药落入998专利的保护范围的基础上,认定涉案限定交易行为和排斥竞争效果是专利权行使的必然结果。又通过经济学分析、结合证据、竞争效果和消费者福利分析等认定本案不构成不公平高价行为。

当被诉垄断行为涉及有效知识产权的行使时,对被诉垄断行为的排除、限制竞争效果的分析需要考虑依法正当行使知识产权所必然带来的法律效果。如果所谓的排除、限制竞争效果是依法正当行使特定知识产权的必然结果,且并未超出法律赋予该知识产权的合法效力范围,则其不属于反垄断法意义上的排除、限制竞争效果。

(二)运用经济学分析

本案的另一个特点是在定性分析的基础上,又做了大量的定量分析。双方均邀请了经济学专家作为专家辅助人,并举证提供了经济分析报告和经济分析专家意见。医工方提交了全球经济咨询集团出具的《关于扬子江药业诉合肥医工案的经济分析报告》;扬子江方提交了《原料药市场涉嫌滥用市场支配地位经济分析专家意见书》。分析不公平高价行为时采用了经济价值分析的方法判断价格的合理性。借助收益率分析、利润分析、价格比较分析等经济分析手段对被诉价格是否属于不公平高价进行分析;还有价格与经济价值的匹配度分析、竞争效果和消费者福利的分析等。

四、互联网餐饮外送平台滥用市场地位行政处罚案

上海食派士商贸发展有限公司在互联网餐饮外送平台服务市场滥用市场地位行政处罚案①

基本案情

当事人:上海食派士商贸发展有限公司。

当事人的经营模式为通过公司网页、手机 App“食派士”(Sherpa's)等媒介连接用户与线下餐饮企业,借助互联网信息平台,以习惯于使用英文的目标用户需求为导向,整合并向用户提供餐饮外送服务资源信息以及外送服务;用户进行线上订餐并向当事人支付餐品费用和配送费,在线下接受当事人提供的餐饮外送服务;与当事人合作的线下餐饮企业根据合同约定向当事人支付佣金。目前,当事人业务范围涵盖上海市、北京市、苏州市三地,截至 2020 年 11 月,已与上海×××个餐饮品牌、共×××家餐饮门店建立合作关系。

2017 年 1 月至 2019 年 10 月,当事人实施了没有正当理由限定交易的滥用市场支配地位行为。

1. 当事人与所有合作餐厅商户签订含有“排他性送餐权条款”的合作协议。

2. 当事人通过微信沟通、制作周报等形式要求未执行“排他性送餐权条款”的合作餐厅商户从竞争对手平台下架。

3. 当事人制订实施“独家送餐权计划”。

2017 年 9 月至 2018 年 3 月,当事人制订了“独家送餐权计划”并推进实施。由当事人质检部对合作餐厅商户逐一核查,梳理列出未严格遵守《合同》排他性送餐权条款的餐厅名称和数量,区分一般餐厅和重点餐厅制定不同话术,向合作餐厅发送电子邮件,要求它们终止与其他提供英文服务的在线餐饮外送平台的合作。

经核定,确认当事人 2018 年度销售额为人民币 38,954,830 元。

---

① 沪市监反垄处〔2020〕06201901001 号。

2020年12月25日，上海市市场监督管理局作出行政处罚：鉴于当事人在调查过程中能够积极配合，主动整改，2019年11月已停止违法行为，且由于难以确定充分竞争状态下在线餐饮外送服务配送费用的公允价格和佣金的公允比例，无法计算违法所得，依据《行政处罚法》第27条第1项（对应2021年《行政处罚法》第32条）、《反垄断法》第47条、第49条（分别对应2022年《反垄断法》第57条、第59条）的规定，对当事人处以2018年度销售额38,954,830元3%的罚款，合计人民币1,168,644.90元。

案例分析

本案是平台强制要求入住商户"二选一"构成滥用市场支配地位被行政处罚的典型案例。当事人利用在上海市提供英文服务的在线餐饮外送平台服务市场的支配地位，实施了限定交易的行为，锁定了相关市场内大量合作餐厅商户资源，严重削弱了竞争对手的竞争能力，在相关市场产生了排除、限制竞争效果，且没有正当理由，违反了2007年《反垄断法》第17条（对应2022年《反垄断法》第22条）关于"禁止具有市场支配地位的经营者从事下列滥用市场支配地位的行为：……（四）没有正当理由，限定交易相对人只能与其进行交易或者只能与其指定的经营者进行交易……"的规定，构成滥用市场支配地位限定交易的行为。具体分析如下。

（一）相关市场界定

本案所在行业属于餐饮行业。餐饮行业是第三产业重要组成部分，市场体量较大。近年来，选择外出就餐以及外卖叫餐的人群逐渐增长。移动端设备的技术发展与终端普及，不仅让在线餐饮服务行业能够更容易、更高效地实现线上与线下交互的实时性、操作的便捷性、定位的准确性以及交易的安全性，而且为在线餐饮外送服务行业提供了广阔的用户基础。由于餐饮服务的消费频次较高，在用户对线上线下服务均满意的情况下，餐饮商户的用户黏性会越来越高。从拓展和优化销售渠道的角度看，餐饮商户更倾向于选择同时提供堂食服务和在线餐饮外送服务。由于餐饮外送服务的人均消费通常低于堂食，并且不能减少餐饮商户的经营成本，如果餐饮商户仅提供外送服务，会导致餐饮投入产出比下降。因此绝大多数餐饮商户在选择经营在线餐饮外送服务，甚至部分餐饮商户建立独立的外卖品牌的同时，不会放弃并仍然倚重于堂食服务，并不断通过提升在线餐饮外送服务的标准化程度和质量效率，在扩大收益的同时努力保护堂食品牌价值。餐饮服务可以分为在线餐饮外送服务和堂食餐饮服务。

根据在线餐饮外送平台提供的主要服务语言和针对的用户群体，在线餐饮外送服务又进一步提供英文服务的在线餐饮外送平台服务和提供中文服务的在线餐饮外送平台服务两类。

本案在线餐饮外送平台均通过撮合用户与餐厅商户的交易，并收取服务费用获取经营利润。在这种经营模式下，用户和餐厅商户的需求相互关联，越多的用户通过在线餐饮外送平台购买餐饮，就会吸引越多的餐厅商户入驻；越多的餐厅商户入驻在线餐饮外送平台，也会吸引越多的用户选择使用平台提供的服务。因此，在线餐饮外送平台具有双边性，其需求规模受到餐厅商户的入驻选择与用户购买意愿的联合影响，而且餐厅商户与用户的需求存在网络互补特性。

为确定相关市场界定，本案执法机关还借助经济学工具进行假定垄断者测试，运用临界损失分析法对市场交易数据进行了分析。临界损失分析法的基本思路是以目标商品为待测试商品集合，假定垄断者控制着市场上所有目标商品，且在一段时期内小幅提高目标商品价格（一般为5%～10%），通过比较目标商品涨价时的临界损失率和实际损失率来判断假定垄断者的涨价行为是否有利可图。如果实际损失率超过临界损失率，则表明假定垄断者的涨价行为无利可图，目标商品无法单独构成相关市场。相反，如果实际损失率小于临界损失率，则表明该涨价有利可图，目标商品可以构成相关市场。

具体考察了两种情形下稳健的临界损失分析：（1）仅配送费发生变动；（2）配送费与佣金均变动。在第一种情形下，该假定垄断者有意愿也有能力调高配送费水平。给定餐费水平与其他影响需求的因素，小幅增加当前市场的配送费水平是有利可图的。在第二种情形下，相对于配送费，用户对于餐费更加敏感，如果调高餐费，将使得订单量下降更多，有更大可能性将使假定垄断者的利润受损。但是假定垄断者可以小幅调高佣金率，同样能够起到调高毛利的目的，而不必损失订单量。

基于替代分析的定性分析和按照假定垄断者测试要求进行的定量分析，提供英文服务的在线餐饮外送平台服务市场构成一个独立的相关商品市场。

（二）市场支配地位

综合考量当事人的市场份额、相关市场竞争状况、其他经营者对当事人依赖程度及进入相关市场的难易程度等因素的基础上，执法机关认定2017年1月至

2019 年 10 月,当事人在中国上海市提供英文服务的在线餐饮外送平台服务市场具有支配地位。

1. 上海市提供英文服务的在线餐饮外送平台包括食派士、EKD、MEALBAY和锦食送等 4 个经营者,其中 MEALBAY 于 2017 年 12 月 31 日停止在线餐饮外送服务运营。考虑到衡量在线餐饮外送平台经营状况的重要指标主要包括平台用户数、日订单量、合作餐厅商户数量和销售额,以上述 4 项数据作为市场份额的统计口径,当事人在相关市场内市场份额均高于其他 3 个经营者,并达到 1/2 以上。当事人在相关市场中推定具有市场支配地位。针对该推定,当事人未提供证据证明其不具有市场支配地位。

2. 通过多年的运营,当事人积累了大量的商业数据资源,在数据的占有、分析和利用方面较竞争对手具有更大优势,有利于当事人不断优化管理决策,提高经营效率,提升服务质量,从而进一步强化了当事人的竞争优势。

3. 在线餐饮外送平台同时连接了餐厅商户和用户需求,具有双边性。餐厅经营的差异化和餐饮消费需求的多元化,使得平台一边的规模对于另一边使用平台的意愿具有很强影响,平台的双边市场在规模增长过程中,会产生正向的相互促进作用。当在线餐饮外送平台拥有相当规模的餐厅商户和用户时,餐厅商户对于平台的依赖程度也会较高。餐厅商户对于当事人在交易上的依赖程度较高。

4. 在线餐饮外送平台服务市场的双边网络效应进一步增加了新经营者进入相关市场的难度。多年的经营使当事人在吸引餐厅商户入驻的能力上具有明显优势,进而又会促使更多用户优先选择当事人经营的平台进行交易。新进入者为了与当事人竞争,除了要投入资金和解决配送服务等技术难题之外,还必须同时吸引足够多的餐厅商户入驻与消费用户使用才能开展经营,从而减少餐厅商户与用户对于当事人经营的平台的依赖。基于当事人现有的餐厅商户和用户规模优势,竞争者的进入成本和竞争难度由于网络效应的存在而变得更高。

(三)滥用市场支配地位行为

当事人在与所有合作餐厅商户签订的无期限自动续约《合同》中规定排他性送餐权条款,并采取措施监督合作餐厅商户执行该条款。特别是在 2017 年 9 月至 2018 年 3 月,当事人利用在相关市场的支配地位制定和实施了“独家送餐权计划”,迫使大量餐厅出于维持在食派士平台较大的订单数量和用户数的考虑,从当事人竞争对手平台下架,致使竞争对手订单量骤然下降,平台用户相继流失,销售额大幅下滑,甚至无法继续经营。

不同的在线餐饮外送平台针对的用户群体并不完全相同,餐厅商户为扩大销售,一般情况下更愿意选择与多个平台同时开展合作。这也是新平台能够进入市场的重要原因。但是,如果餐厅商户只能选择单一平台进行销售,那么最合理的选择会是与能够为餐厅商户带来最大利益的平台进行合作。本案中,当事人无论是在合作餐厅商户数量还是在订单数量规模方面,都明显高于其他竞争对手,这使得当事人可以在不降低合作餐厅商户佣金、用户配送费的情况下,就能够吸引餐厅商户选择与当事人合作,而放弃其他竞争对手。具有市场支配地位的当事人通过限定交易行为锁定合作餐厅商户端后,也就能够锁定用户端,并在两端同时施加更大的市场力量。

当事人要求合作餐厅商户不得与其他与当事人提供类似服务的公司合作,本质上属于限定交易相对人只能与当事人进行交易的行为。在当事人具有市场支配地位且无正当理由的情况下,当事人的上述行为排除、限制了相关市场竞争。

案例评论

本案是平台反垄断典型案例。外卖餐饮平台滥用市场支配地位最大的案件是2021年美团"二选一"案件,国家市场监管总局依法对美团在中国境内网络餐饮外卖平台服务市场实施"二选一"垄断行为罚款高达34亿元。

在数字经济背景下,由于数据资源的网聚性特征,平台容易利用数据优势实施垄断行为。平台经济领域一直是近年来反垄断重点。随着数字经济比重的不断提升,强化数字经济领域市场主体的反垄断合规,对保护公平竞争的,营造市场化、国际化、法治化的营商环境,以及经济高质量发展意义重大。

第四章

经营者集中案例

一、平台并购违法实施经营者集中行政处罚案

腾讯控股有限公司收购中国音乐集团股权违法实施经营者集中案①

基本案情

2016年7月12日,腾讯控股有限公司(以下简称腾讯)以估值(略)的业务(主要是QQ音乐业务)投入中国音乐集团,获得中国音乐集团61.64%股权,取得对中国音乐集团的单独控制权。2016年12月,整合后的中国音乐集团更名为腾讯音乐娱乐集团。2017年12月6日,交易完成股权变更登记手续。

案例分析

2021年1月,市场监管总局根据举报,对腾讯2016年7月收购中国音乐集团股权涉嫌违法实施经营者集中行为立案调查。

(一)应申报未申报事实

本项集中前,中国音乐集团由自然人(略)共同控制。本项集中后,腾讯获得中国音乐集团61.64%股权,取得对中国音乐集团单独控制权,属于《反垄断法》规定的经营者集中。

① 国市监处〔2021〕67号。

腾讯 2015 年全球营业额为 1028.63 亿元,中国境内营业额为 962.51 亿元,中国音乐集团 2015 年全球及中国境内营业额均为(略),达到《国务院关于经营者集中申报标准的规定》第 3 条规定的申报标准,属于应当申报的情形。

2017 年 12 月 6 日,腾讯完成股权变更登记,在此之前未向本机关申报,违反了《反垄断法》第 21 条(对应 2022 年《反垄断法》第 26 条)的规定,构成违法实施的经营者集中。

(二)竞争分析

1. 相关市场界定。本案相关市场界定为交易双方存在横向重叠的中国境内网络音乐播放平台市场。网络音乐播放平台市场是指通过电脑端、手机端或者其他智能终端的程序或网站,以在线播放或下载方式向消费者提供完整版权音乐录音制品播放服务的平台。网络 K 歌、网络直播、短视频平台等虽也提供与网络音乐相关的服务,但其核心功能、应用场景、商业模式、市场进入等与网络音乐播放平台市场不具有紧密替代关系,不属于同一相关商品市场。由于音乐版权的授权受各国著作权法规定限制,具有明显的地域差异,中国的网络音乐播放平台获得授权的音乐版权传播范围一般为中国境内,且主要面向中国境内用户,因此相关地域市场界定为中国境内。

2. 集中后实体在相关市场具有较高市场份额。2016 年 7 月集中发生时,腾讯和中国音乐集团的月活跃用户数分别为 1.6 亿人、2.3 亿人,市场份额分别为 33.96%、49.07%;用户月使用时长分别为 8.05 亿小时、6.98 亿小时,市场份额分别为 45.77%、39.65%,集中双方均列市场前两位,合计市场份额超过 80%。2016 年集中双方在相关市场的销售金额合计(略),约占相关市场总收入规模的 70%。以音乐版权核心资源占有率计算,腾讯和中国音乐集团的曲库数量分别为 1210 万、821 万,其中独家曲库为 314 万、130 万,曲库和独家资源的市场占有率均超过 80%。从该市场赫芬达尔—赫希曼指数(HHI 指数)分析,交易后为 6950,为高度集中市场,集中产生的增量为 3350。交易导致相关市场集中度进一步提高,竞争被进一步削弱。

3. 集中减少相关市场主要竞争对手。调查显示,交易前集中双方居市场前两位,竞争实力相当,彼此竞争较为紧密。根据消费者在替代性平台之间的流向选择显示,腾讯旗下 QQ 音乐 73.6% 的用户流向了中国音乐集团旗下的酷狗音乐和酷我音乐,表明如果 QQ 音乐提高价格或降低服务水平,可能有 73.6% 的用户流向中国音乐集团旗下平台,双方互为较为紧密竞争者。集中减少相关市场主要竞争对手,进一步削弱市场竞争。

4. 集中可能进一步提高相关市场进入壁垒。一是可能提高版权资源壁垒。在集中后实体锁定较多独家版权资源的情况下,新进入者须依靠其转授权,进入相关市场较为困难。由集中带来的市场规模也使其有能力通过提前支付不可返还的高额预付金等方式向上游版权方支付版权费用,可能进一步提高市场进入壁垒。二是可能增加用户转换成本。集中为腾讯带来较为丰富的曲库资源、较大的用户规模及充足的使用数据,相比新进入平台更能推荐符合消费者偏好的歌曲,导致用户转换平台意愿降低,从而进一步扩大用户规模,可能阻止其他竞争者达到或维持临界规模。三是集中后市场进入活跃度不高。数据显示,网络音乐播放平台市场的主要进入发生在 2016 年年初至 2017 年 7 月,2017 年年底集中完成后,该市场进入活跃度下降较明显。

腾讯通过本项集中在中国境内网络音乐播放平台市场具有较高市场份额,可能使其有能力促使上游版权方对其进行独家版权授权,或者向其提供优于竞争对手的条件,也可能使腾讯有能力通过支付高额预付金等方式提高市场进入壁垒,对相关市场具有或者可能具有排除、限制竞争的效果。

(三)责令腾讯及其关联公司采取措施恢复相关市场竞争状态

2021 年 7 月 24 日,市场监管总局作出行政处罚:责令腾讯及其关联公司采取措施恢复相关市场竞争状态。

1. 不得与上游版权方达成或变相达成独家版权协议(版权范围包括所有音乐作品及录音制品的信息网络传播权)或其他排他性协议。

2. 没有正当理由,不得要求或变相要求上游版权方给予当事人优于其他竞争对手的条件。

3. 依据版权实际使用情况、用户付费情况、歌曲单价、应用场景、签约期限等因素向上游版权方报价,不得通过高额预付金等方式变相提高竞争对手成本。

同时,对腾讯公司处以 50 万元罚款;依法申报经营者集中;依法合规经营,建立健全公平参与市场竞争的长效机制。

腾讯及其关联公司须在 10 日内制定整改方案,并报市场监管总局审核。市场监管总局 3 年内有权通过监督受托人或自行监督检查腾讯及其关联公司履行上述义务的情况,腾讯 3 年内每年向市场监管总局报告履行义务情况,3 年到期后不再报告。

案例评论

本案是《反垄断法》实施以来对违法实施经营者集中采取必要措施恢复市场竞争状态的第一个案件。本案的调查大量使用了经济学分析。具体材料包括：第三方机构统计数据和行业分析报告、问卷调查报告、经济学分析报告。充分运用经济学分析方法，反映了反垄断执法越来越专业化的趋势。

（一）赫芬达尔—赫希曼指数（HHI指数）用于分析市场集中度

赫芬达尔—赫希曼指数，是测量市场集中度的综合指数，具体是指一个相关市场中各市场竞争主体市场份额的平方和，反映相关市场中经营者规模的离散度。可以用集中前后的指数变化值来判断经营者集中对市场竞争的影响。其计算公式如下：

$$\mathrm{HHI} = \sum_{i=1}^{N} X_i^2$$

（X_i 是指相关市场内经营者市场份额，N 为相关市场内所有经营者人数）

当相关市场内经营者人数为1人时，HHI = 1；当相关市场内所有经营者的市场份额都相同时，HHI = 1/N，此种情况，N值越大，HHI值则越小，甚至趋于0。因此，HHI值的范围为0～1。以HHI值为基准，其值乘以10,000予以放大。HHI值的范围为0～10,000。HHI值越大，表示相关市场越集中；反之，相关市场越分散。

在任何市场，集中后的HHI高于2500，视为是高度集中市场。HHI在1500～2500，视为中度集中市场（见本书第59页表1－5－1　HHI评判市场结构标准）。在集中市场，如果集中后，HHI增量高于100～200，可能导致严重的竞争关注；大于200，可能产生或强化市场势力或巩固、推动行使市场势力。在中度集中市场，如果集中后，HHI增量高于100，则可能导致严重的竞争关注。[①]

本案中，交易前市场赫芬达尔—赫希曼指数（HHI指数）为3600，交易后为6950，明显为高度集中市场，而且交易后产生的增量为3350。交易导致相关市场集中度增高，竞争削弱。

（二）解除独家版权措施重塑相关市场竞争秩序

交易前，腾讯和中国音乐集团的月活跃用户数市场份额分别为33.96%、49.07%；用户月使用时长市场份额分别为45.77%、39.65%，双方均列相关市场

① 参见韩伟：《美国〈横向合并指南〉的最新修订及启示》，载《现代法学》2011年第3期。

前两位,合计市场份额超过 80%。交易后双方占相关市场总收入规模约 70%。以音乐版权核心资源,曲库和独家资源市场占有率均超过 80%。

中国网络音乐播放平台市场发展迅速,腾讯主要竞争对手的市场份额也呈现较快速度增长,由集中发生时的不足 6% 增长至近 18%,增长 200% 左右,说明竞争对手对其竞争约束有增强的趋势。网络音乐播放平台与其他平台之间近年来呈现出动态竞争和跨界融合趋势,一些拥有广泛用户基础的短视频平台,如果再获得足够数量的音乐版权资源,在未来有可能成为相关市场的竞争者。

解除独家版权等措施有助于重塑相关市场竞争秩序,降低市场进入壁垒,使竞争者有机会获取上游版权资源,有利于促进竞争从资本回归技术创新、提高用户体验的理性轨道;有利于新的市场进入者,促进网络音乐产业规范创新健康发展。

二、附加限制性条件批准化学品市场经营者集中案

附加限制性条件批准万华化学集团股份有限公司收购烟台巨力精细化工股份有限公司股权案①

基本案情

收购方:万华化学集团股份有限公司(以下简称万华化学)。1998 年在山东省烟台市设立,在上海证券交易所上市,最终控制人为烟台国丰投资控股集团有限公司,主要从事化工产品生产和销售。

被收购方:烟台巨力精细化工股份有限公司(以下简称烟台巨力)。2001 年在山东省烟台市设立,最终控制人为自然人,主要从事甲苯二异氰酸酯、烧碱生产和销售。

万华化学拟收购烟台巨力股权,并取得烟台巨力单独控制权。

① 参见国家市场监督管理总局:《市场监管总局关于附加限制性条件批准万华化学集团股份有限公司收购烟台巨力精细化工股份有限公司股权案反垄断审查决定的公告》,载 https://www.samr.gov.cn/jzxts/tzgg/ftjpz/art/2023/art_893506c4cd5840e0b01116bf45fe1b7e.html,2023 年 7 月 17 日访问。

案例分析

(一)相关市场界定

万华化学和烟台巨力均从事烧碱和甲苯二异氰酸酯生产与销售,存在横向重叠。同时,烧碱为甲苯二异氰酸酯原料之一,集中双方存在纵向关系。

1. 相关商品市场

烧碱。化学式为 $NaOH$,又称氢氧化钠,纯品为无色透明晶体,腐蚀性强、可溶性强,为工业基础原料之一,用途广泛,应用于冶炼金属、纸品生产、石油化工品生产等场合。烧碱无法被其他化学品替代,构成独立的相关商品市场。

甲苯二异氰酸酯。化学式为 $C_9H_6N_2O_2$,常温下为无色液体,易挥发,剧毒,有刺激性气味,生产工艺复杂,主要用于生产海绵,应用于软体家具生产、汽车座椅制造等领域。甲苯二异氰酸酯无法被其他化学品替代,构成独立的相关商品市场。

2. 相关地域市场

烧碱。烧碱生产工艺相对简单,我国生产技术成熟,产能充足,绝大多数需求者在境内购买烧碱,境内生产的烧碱绝大多数在境内销售。因此,烧碱相关地域市场界定为中国境内。

甲苯二异氰酸酯。调研和第三方经济学分析显示,在当前国际国内市场条件下,考虑到境内外价格、产能、运输成本、下游客户能力等因素,境外甲苯二异氰酸酯产品不构成境内产品较为紧密替代。因此,甲苯二异氰酸酯相关地域市场界定为中国境内。

(二)竞争评估

根据《反垄断法》第 33 条规定,市场监管总局从参与集中的经营者在相关市场的市场份额及其对市场的控制力、相关市场的市场集中度、集中对下游用户和其他有关经营者的影响等方面,深入分析了此项经营者集中对市场竞争的影响,认为中国境内烧碱市场结构分散,集中双方力量有限,集中亦不会产生客户封锁,此项集中对中国境内烧碱市场不具有排除、限制竞争效果;此项集中对中国境内甲苯二异氰酸酯市场可能具有排除、限制竞争效果,原因如下:

1. 集中增强了集中后实体的市场控制力。2021 年,从销量看,万华化学和烟台巨力在中国境内甲苯二异氰酸酯市场份额分别为 25% ~30% 和 10% ~15%,合计份额为 35% ~40%;从产能看,万华化学在建产能完全投产释放后,万华化学和烟台巨力占中国境内甲苯二异氰酸酯总产能的比例分别为35% ~40%和10% ~15%，合计份额为45% ~50%。集中前万华化学市场份额排名第一，集中将进一步增强市场力量。当前中国境内甲苯二异氰酸酯产能利用率和产品销售率均较高，若集中后实体涨价，下游客户难以转向其他竞争者获得充足供应，无法形成有效竞争约束。第三方经济学分析显示，交易后的价格上涨压力指数为17%，表明集中后实体单方面涨价的可能性大。

2. 集中增强了相关市场集中度。目前，中国境内甲苯二异氰酸酯市场主要竞争者仅有6家，交易后减少为5家，其中前三大竞争者合计份额将达到75% ~80%。交易前，该市场的赫芬达尔—赫希曼指数（以下简称HHI指数）为1799，交易后HHI指数为2451，集中产生的HHI增量为652。本交易显著提高了中国境内甲苯二异氰酸酯市场集中度，削弱竞争。

3. 相关市场短期内无法出现新的有效竞争者。甲苯二异氰酸酯生产技术复杂、装置投资大、过程控制困难，环保和安全生产要求高，新进入者进入市场难度大，新建产能耗时长。过去5年，除集中双方外无新进入者和实质性扩产计划，未来短期内也无新的市场进入者形成有效竞争约束。

4. 下游客户无法构成有效买方制约。甲苯二异氰酸酯下游客户多为小而分散的海绵制造厂，议价能力相对较弱，难以构成有效买方力量抵消集中产生的排除、限制竞争效果。

（三）附加限制性条件批准

由于该项经营者集中在中国境内甲苯二异氰酸酯市场可能具有排除、限制竞争效果，根据申报方提交的附加限制性条件承诺方案，市场监管总局决定附加限制性条件批准此项集中，要求集中双方和集中后实体履行如下义务：

1. 在交易条件相当的情况下，交易交割完成后向中国境内市场客户供应甲苯二异氰酸酯的年度均价不高于承诺日前24个月平均价格。若主要原材料价格出现一定幅度下降，应当对向中国境内市场客户供应甲苯二异氰酸酯的价格进行公平合理的下调。

2. 除非有正当理由，交割完成后保持或扩大中国境内甲苯二异氰酸酯的产量，并持续研发创新。

3. 依据公平、合理、无歧视原则向中国境内市场客户供应甲苯二异氰酸酯。除非有正当理由，不得拒绝、限制或延迟向中国境内市场客户供应产品；不得降低对中国境内市场客户的供应质量和服务水平；在同等条件下，除合理的商业惯例外,不得对中国境内市场客户实行差别待遇。

4. 除非有正当理由,不得强制中国境内市场客户排他性地采购甲苯二异氰酸酯产品或进行搭售。

案例评论

本案是化学品市场附加限制性条件批准的经营者集中典型案件。根据《反垄断法》第35条规定,对不予禁止的经营者集中,国务院反垄断执法机构可以决定附加减少集中对竞争产生不利影响的限制性条件。对经营者集中申报案件,经反垄断执法机构审查,会有三种结论。第一种是无条件批准经营者集中案;第二种是禁止经营者集中;第三种是附加限制性条件批准。本案即是第三种附加限制性条件批准。

(一)限制性措施

根据《经营者集中审查规定》第40条规定,根据经营者集中交易具体情况,限制性条件的种类有三种,分别是结构性条件、行为性条件和综合性条件。

1. 结构性条件

结构性条件包括剥离有形资产,知识产权、数据等无形资产或者相关权益等。剥离业务一般应当具有在相关市场开展有效竞争所需要的所有要素,包括有形资产、无形资产、股权、关键人员以及客户协议或者供应协议等权益。剥离对象可以是参与集中经营者的子公司、分支机构或者业务部门等。

2. 行为性条件

行为性条件包括开放其网络或者平台等基础设施、许可关键技术(包括专利、专有技术或者其他知识产权)、终止排他性或者独占性协议、保持独立运营、修改平台规则或者算法、承诺兼容或者不降低互操作性水平等行为性条件。

3. 综合性条件

综合性条件,在一个经营者集中项目中,附加限制性条件既包括上述结构性条件,又包括上述行为性条件,是两者的结合。

在中国反垄断执法中,行为性条件更为反垄断执法机构使用。行为性条件适用所有类型经营者集中,而结构性条件仅适用于横向重叠关系的经营者集中案件。但从欧盟竞争执法的经验看,结构性救济措施更为常见。理由是结构性救济措施能够有效地解决经营者集中可能带来的限制竞争问题,时限短、监管成本低。

行为性救济措施在整体上不能消除竞争问题，监管成本高，需要强有力的保障。监管机构与各方都要支付监督成本，且仍有监督失败风险。① 本案采取的限制性措施属于行为性救济措施。

（二）限制性条件的实施与监督

附加限制性条件经营者集中案件，参与集中的经营者需要向市场监管总局提出附加限制性条件的承诺方案。市场监管总局对承诺方案的有效性、可行性和及时性进行评估。

附加限制性条件批准的经营者集中案件，义务人应当严格履行限制性条件确定的义务，并报告限制性条件履行情况。市场监管总局通过受托人对义务人履行限制性条件的行为进行监督检查。受托人包括监督受托人和剥离受托人。义务人，是指附加限制性条件批准经营者集中的审查决定中要求履行相关义务的经营者。监督受托人，是指受义务人委托并经市场监管总局评估确定，负责对义务人实施限制性条件进行监督并向市场监管总局报告的自然人、法人或者非法人组织。剥离受托人，是指受义务人委托并经市场监管总局评估确定，在受托剥离阶段负责出售剥离业务并向市场监管总局报告的自然人、法人或者非法人组织。

（三）附件限制性条件的变更或解除

附加限制性条件批准经营者集中的审查决定生效期间，市场监管总局可以主动或者应义务人申请对限制性条件进行重新审查，变更或者解除限制性条件。市场监管总局决定变更或者解除限制性条件的，应当及时向社会公布。重新审查考虑的因素包括：

1. 集中交易方是否发生重大变化；
2. 相关市场竞争状况是否发生实质性变化；
3. 实施限制性条件是否无必要或者不可能；
4. 应当考虑的其他因素。

例如，市场监管总局 2023 年 6 月 23 日公布的解除丸红公司收购高鸿公司 100% 股权经营者集中限制性条件案。2013 年 4 月 22 日，商务部附加限制性条件批准丸红公司收购高鸿公司 100% 股权经营者集中，要求丸红公司与高鸿公司维持丸红公司和高鸿公司向中国出口和销售大豆业务的分离与独立。2022 年 1 月 26 日，蔚特公司收购高鸿公司的全部股份，交易完成后蔚特公司单独控制高鸿公

① 参见万江：《中国反垄断法：理论、实践与国际比较》（第 3 版），法律出版社 2021 年版，第 159 页。

司。2022 年 10 月 3 日完成交割。交易前,丸红公司单独控制高鸿公司大豆业务;交易完成后,蔚特公司单独控制高鸿公司大豆业务。蔚特公司与丸红公司无关联关系。根据《反垄断法》第 33 条和《经营者集中审查规定》第 54 条、第 55 条,集中交易方已发生重大变化,市场监管总局决定解除限制性条件。

三、附加限制性条件批准芯片市场经营者集中案

附加限制性条件批准迈凌公司收购慧荣科技公司股权案

基本案情

收购方:迈凌公司(以下简称迈凌)。2003 年在美国成立,纳斯达克证券交易所上市公司,无最终控制人,主要为家庭宽带连接、无线基础设施、数据中心以及工业和多市场应用提供通信片上系统(SoC)解决方案等业务。

被收购方:慧荣科技公司(以下简称慧荣科技)。2005 年在开曼群岛成立,纳斯达克证券交易所上市公司,无最终控制人,主要提供 NAND 闪存主控芯片和固态硬盘。

2022 年 5 月 5 日,迈凌与慧荣科技签署协议,迈凌拟收购慧荣科技所有已发行流通股。交易完成后,迈凌单独控制慧荣科技。

案例分析

(一)相关市场界定

1. 相关商品市场

本案从慧荣科技业务出发,将相关商品市场界定为第三方 NAND 闪存主控芯片市场、客户级固态硬盘市场和企业级固态硬盘市场。

(1)第三方 NAND 闪存主控芯片市场

闪存是一种非易失性存储器,在断电情况下能够保留所存储的数据信息。根据设计结构不同,闪存分为 NAND 闪存和 NOR 闪存。NAND 闪存中的存储单元以串联方式相连,适用于低成本、高密度、高速编程或擦除的数据存储应用,如固态硬盘;NOR 闪存中的存储单元以并联方式相连,适用于低密度、低容量、高速读

取的代码存储应用,如嵌入式系统的程序存储。两者在特性和用途上存在区别,难以相互替代。

闪存主控芯片是闪存中的嵌入式处理器,提供主机与闪存之间的物理接口,负责引导存储器进行读取、写入。根据闪存类型不同,闪存主控芯片可分为NAND闪存主控芯片和NOR闪存主控芯片。NAND闪存主控芯片在功能、规格、性能、价格等方面均区别于NOR闪存主控芯片,两者应用于不同类型的存储器,相互之间无法替代。

NAND闪存主控芯片供应商可以分为纵向整合供应商和第三方供应商两类。纵向整合供应商生产的NAND闪存主控芯片不在市场上交易,仅供其内部自用。因此,下游客户仅能从第三方供应商处获得NAND闪存主控芯片。纵向整合供应商不会和第三方供应商在市场中直接竞争,内部自用NAND闪存芯片与第三方NAND闪存主控芯片不构成紧密替代,因此,将第三方NAND闪存主控芯片界定为本案的相关商品市场。

(2)客户级固态硬盘市场、企业级固态硬盘市场

固态硬盘是一种以集成电路组件为基础的硬盘,主要由闪存、控制器和电源管理芯片等组成。根据终端应用不同可分为客户级固态硬盘和企业级固态硬盘。客户级固态硬盘用于较低工作负载环境,通常供个人消费者使用,如个人计算机和便携式电子设备。企业级固态硬盘具有更高的容量密度、更快的数据读写速度和更低的错误风险,主要用于高工作负载环境中的服务器和存储系统的存储,如公司数据中心。两者应用领域不同,两者目标客户群对产品的负载周期、使用寿命、存储容量、可靠性和耐久性等性能指标的要求存在较大差异,客户采购流程通常不同,企业级固态硬盘价格是客户级固态硬盘价格的2倍以上。因此,两者之间不存在紧密替代关系,本案将客户级固态硬盘、企业级固态硬盘分别界定为独立的相关商品市场。

2. 相关地域市场

第三方NAND闪存主控芯片、客户级固态硬盘和企业级固态硬盘的供应商均在全球范围内开展业务,客户在全球范围内采购,产品价格在不同国家和地区间没有显著差异。相关商品重量不高,运输成本较低,不存在显著跨境贸易壁垒。中国的最惠国进口关税均为0,相关商品的进口比例不低于85%。因此,本案将第三方NAND闪存主控芯片、客户级固态硬盘和企业级固态硬盘的相关地域市场界定为全球市场,重点考察中国境内市场竞争状况。

(二)竞争评估

根据《反垄断法》第33条规定,市场监管总局从参与集中的经营者在相关市场的市场份额及其对市场的控制力、相关市场的市场集中度、集中对下游客户和其他有关经营者的影响等方面,深入分析了此项经营者集中对市场竞争的影响,认为此项集中对中国境内第三方NAND闪存主控芯片市场具有或者可能具有排除、限制竞争效果。

1. 相关市场高度集中,集中方具有市场支配地位

NAND闪存主控芯片在存储设备中具有内存管理、数据计算和相互协作的功能,其品质直接决定了存储设备的质量水平和使用寿命,是下游存储设备中技术要求最高的核心器件。2021年全球第三方NAND闪存主控芯片市场的赫芬达尔—赫希曼指数(以下简称HHI指数)为4137,中国境内第三方NAND闪存主控芯片市场HHI指数为3932,均为高度集中市场。慧荣科技在全球和中国境内第三方NAND闪存主控芯片市场上的份额均为50%~55%,均排名第一。同时,NAND闪存主控芯片行业技术和资金密集型特点突出,慧荣科技拥有雄厚的财力和先进的技术水平,年均出货量在5亿件以上,掌握专利数量领先于其他供应商,具有市场支配地位。

2. 下游客户对集中方依赖度高,转换供应商难度大

NAND闪存及固态硬盘对安全性、稳定性要求较高,NAND闪存主控芯片与存储设备之间的适配度决定产品性能。同时,由于产品空间限制,NAND闪存主控芯片通常需要专门设计和定制,以便在体积较小的电路板中实现更高的存储容量。根据市场调查,下游客户如要开发一款新的固态硬盘产品,选择第三方NAND闪存主控芯片及其配套附件、挑选组装厂完成组装、进行客户验证、量产,整个流程需要1~2年的时间,而固态硬盘产品的黄金期只有2~3年,黄金期后企业利润有限。下游客户普遍认为,其他竞争者技术发展水平滞后于慧荣科技,慧荣科技NAND闪存主控芯片在工艺、性能、功耗、成本、供应规模等方面均优于其他竞争者,短期内没有企业能在技术或产业链控制上与其比肩。因此,下游客户对慧荣科技依赖度高,转换供应商难度大。

3. 相关市场进入困难,存在实质性障碍

NAND闪存主控芯片融合了硬件、软件、算法以及接口协议等多种功能,需要保证其通用兼容性和适配性,满足客户的多样化需求,研发设计资金投入较大、研发周期较长,对企业的初始资金投入、技术积累和创新能力要求较高。同时,第三

方 NAND 闪存主控芯片新产品的销售需要经历技术平台验证、下游客户对供应商的测试认证、产品验证等流程才能形成规模化销售。因此,竞争者难以在短期内进入市场或扩大市场份额。

4. 集中可能对中国境内第三方 NAND 闪存主控芯片市场竞争状况产生较大影响

2021 年在全球第三方 NAND 闪存主控芯片市场,CR2(行业前两大企业市场占有率)为 88.9%,CR5(行业前五大企业市场占有率)为 92.61%;在中国境内第三方 NAND 闪存主控芯片市场,CR2 为 85.8%,CR5 为 90.9%;市场集中度较高,竞争者数量较少。根据市场调查,中国境内下游客户普遍反映慧荣科技是其目前最重要的第三方 NAND 闪存主控芯片供应商,且与慧荣科技具有良好合作关系,担心交易可能影响产品供应的稳定性。考虑到慧荣科技对第三方 NAND 闪存主控芯片市场的控制力,同时考虑到市场上有些第三方 NAND 闪存主控芯片供应商正在发展自身固态硬盘产品,与下游客户合作较为消极,一旦慧荣科技产品供应出现问题,不仅其他竞争者在短期内难以满足中国境内下游客户的需求,而且将导致中国市场上的相关商品价格上涨,损害相关市场竞争,进而对下游固态硬盘市场竞争状况也会产生较大影响。

(三)附加限制性条件批准

由于该项经营者集中在中国境内第三方 NAND 闪存主控芯片市场具有或者可能具有排除、限制竞争效果,根据申报方提交的附加限制性条件承诺方案,市场监管总局决定附加限制性条件批准此项集中,要求交易双方和集中后实体履行(包括但不限于)如下义务:

1. 继续公平、合理、无歧视地向中国境内供应 NAND 闪存主控芯片产品。履行慧荣科技的现有客户合同。维持慧荣科技的现有商业关系。

2. 不得实质性地改变慧荣科技现有的业务模式和运营。

3. 保留慧荣科技在中国台湾地区与 NAND 闪存主控芯片相关的研发。

4. 保留慧荣科技在中国境内的现场应用工程师作为研发资源的一部分,以向慧荣科技 NAND 闪存主控芯片的客户提供支持。

5. 对于在中国境内销售的 NAND 闪存主控芯片,不得在其设计中加入任何恶意编码。

案例评论

本案是全球芯片行业附加限制性条件批准的经营者集中典型案件。本案的特点是参与集中的经营者均是美国纳斯达克上市公司,当事人向中国反垄断机构申报经营者集中反垄断审查。中国经营者集中反垄断审查的域外效力值得探讨。

《反垄断法》第2条规定,中华人民共和国境内经济活动中的垄断行为,适用本法;中华人民共和国境外的垄断行为,对境内市场竞争产生排除、限制影响的,适用本法。这是中国《反垄断法》关于空间效力的规定,包括了境内和境外。

我国反垄断法域外适用的原则是遵循效果原则,即对中国境外的垄断行为,仅对境内市场竞争发生反竞争效果的,予以适用。如果是两个境外公司发生并购,从狭义的属地管辖原则,中国反垄断机构不具有管辖权。但是从效果原则看,即使是两个境外公司,但由于现在是全球性市场,只要在中国有供应链环节和销售行为,对中国境内的市场竞争影响就是客观存在的。因此,中国反垄断法根据国际通行做法,规定了中国反垄断法的域外效力。

从国际视野看,反垄断法的域外效力开始于1945年美国"铝公司案"。美国联邦第二巡回法院在判决中指出:"美国的反托拉斯法适用于外国人在外国之行为,若此行为意图且实际影响了美国的商业。"1982年,美国颁布《对外贸易反托拉斯改进法》明确了反托拉斯法的域外效力。1995年美国司法部和联邦贸易委员会颁布《反托拉斯法国际适用指南》更明确了反托拉斯法的域外适用效力。[①]

然而,各国反垄断法因域外适用效力,难免引发管辖权冲突。如何解决各国之间反垄断法域外效力的冲突问题,主要是不同国家、地区之间开展竞争法合作。为了提高反垄断法的实施效率,减少实施反垄断法域外适用导致的国家间冲突,中国已经积极同有关国家和国际组织展开合作,综合运用双边、多边、区域等多层级的国际合作形式,维护国家的经济利益和社会利益。

---

① 参见刘继峰等:《中华人民共和国反垄断法理解与适用》,中国法制出版社2022年版,第9页。

第五章

滥用行政权力案例

一、具体行政行为构成滥用行政权力排除、限制竞争行为案

浙江省市场监管局纠正绍兴市新昌县人民政府滥用行政权力排除、限制竞争行为案①

基本案情

2022年10月10日,浙江省市场监管局依法对新昌县人民政府涉嫌滥用行政权力排除、限制竞争行为立案调查。

经查,2020年5月7日,当事人印发《学校食堂大宗食品综合配送招标及招生报名工作相关问题协调会纪要》(〔2020〕44号),规定新昌县学校食堂大宗食品综合配送公开招标仍按原配送区域分Ⅰ、Ⅱ两类进行。其中,Ⅰ类招标:确定新昌县域范围内设有食品配送中心的本县准入配送企业一家。本轮公开招标准入企业的配送期限仍为三学年(2020~2022学年)。新昌县教育体育局按照上述会议纪要要求,委托代理机构于2020年6月2日发布招标文件,规定新昌县学校食堂大宗食品综合配送Ⅰ类准入企业投标人资格为在新昌县域内设有配送中心且具有配送经验和配送能力的本县企业。经招投标,中标企业为新昌县本地某配送服务有限公司。

---

① 浙江省市场监督管理局:《浙江省市场监管局纠正绍兴市新昌县人民政府滥用行政权力排除、限制竞争行为》,载https://www.samr.gov.cn/jzxts/tzgg/qlpc/art/2023/art_64248d6d990147e6947f605ea6576622.html,2023年7月17日访问。

浙江省市场监管局认为,当事人通过会议协调方式明确新昌县学校食堂大宗食品综合配送Ⅰ类准入企业为新昌县本地企业的行为,排斥、限制了具有相应资质的外地企业参加该县学校食堂大宗食品综合配送企业招投标,违反了《反垄断法》第42条“行政机关和法律、法规授权的具有管理公共事务职能的组织不得滥用行政权力,以设定歧视性资质要求、评审标准或者不依法发布信息等方式,排斥或者限制经营者参加招标投标以及其他经营活动”的规定,构成滥用行政权力排除、限制竞争行为。

调查期间,当事人主动积极整改,召开协调会议决定不再执行原有关规定,终止原有合同,重新发布招标公告,保证公平竞争,向浙江省市场监管局提交了整改报告,完善公平竞争审查机制。

案例评论

加强反垄断、破除地方保护和行政性垄断,是贯彻落实《中共中央、国务院关于加快建设全国统一大市场的意见》的具体体现。加快建设高效规范、公平竞争、充分开放的统一大市场,坚决破除妨碍各种生产要素市场化配置和商品服务流通的体制机制障碍,畅通国内大循环,也是优化营商环境的必然要求。

(一)行政垄断

行政垄断是指政府及法律法规授权的组织滥用行政权力,排斥、限制市场竞争的行为。反行政垄断是中国特有的反垄断法律制度。欧盟等国家和地区,类似的问题纳入“竞争倡导”功能中解决,以解决相关政府的立法和行政中可能存在的导致或诱发垄断行为发生的问题。中国的《反垄断法》明确赋予反垄断机构对行政垄断予以规制。

《反垄断法》第42条规定,行政机关和法律、法规授权的具有管理公共事务职能的组织不得滥用行政权力,以设定歧视性资质要求、评审标准或者不依法发布信息等方式,排斥或者限制经营者参加招标投标以及其他经营活动。第43条规定,行政机关和法律、法规授权的具有管理公共事务职能的组织不得滥用行政权力,采取与本地经营者不平等待遇等方式,排斥、限制、强制或者变相强制外地经营者在本地投资或者设立分支机构。新昌县人民政府《学校食堂大宗食品综合配送招标及招生报名工作相关问题协调会纪要》规定新昌县学校食堂大宗食品综合配送公开招标仍按原配送区域分Ⅰ、Ⅱ两类进行。其中,Ⅰ类招标:确定新昌县域范围内设有食品配送中心的本县准入配送企业一家。本轮公开招标准入企业的配送期限仍为三学年(2020～2022 学年)。新昌县教育体育局发布招标文件,规定新昌县学校食堂大宗食品综合配送Ⅰ类准入企业投标人资格为在新昌县域内设有配送中心且具有配送经验和配送能力的本县企业。上述协调会纪要要求供应商资格为设有配送中心的本县企业。该招标文件设定了歧视性要求或者说是变相要求在本县设分支机构。

行政垄断行为的类型分为:限定交易行为、地区封锁行为、招标投标活动中的地方保护行为、排斥或限制在本地投资或设立分支机构行为、强迫经营者从事垄断行为、制定含有排斥、限制竞争内容的规定的行为。①

(二)公平竞争审查

本案的一个重要启示是政府部门出台经济性文件需要事先审查公平竞争问题。通过公平竞争审查,事先防范出台排除、限制竞争的政策文件。2016 年国务院发文《关于在市场体系建设中建立公平竞争审查制度的意见》,第一次详细阐述了公平竞争审查机制的重要意义和具体制度。审查标准方面,主要体现在市场准入和退出标准、商品和要素自由流动标准、影响生产经营成本标准。本案协调会议纪要就是市场准入标准问题。2021 年市场监管总局、国家发展改革委、财政部、商务部、司法部通过《公平竞争审查制度实施细则》修订。指出行政机关以及法律、法规授权的具有管理公共事务职能的组织,在制定市场准入和退出、产业发展、招商引资、招标投标、政府采购、经营行为规范、资质标准等涉及市场主体经济活动的规章、规范性文件、其他政策性文件以及“一事一议”形式的具体政策措施时,应当进行公平竞争审查,评估对市场竞争的影响,防止排除、限制市场竞争。2023 年市场监管总局又出台《公平竞争审查第三方评估实施指南》规定公平竞争审查可以委托第三方评估。第三方评估是指各级公平竞争审查工作联席会议办公室或相应职能机构以及各政策制定机关根据职责,委托第三方机构,依据一定的标准和程序,运用科学、系统、规范的评估方法,对本地区或者本部门公平竞争审查制度实施情况、有关政策措施以及公平竞争审查其他有关工作进行评估,形成评估报告供有关政府部门决策参考的活动。

① 参见万江:《中国反垄断法:理论、实践与国际比较》(第 3 版),法律出版社 2021 年版,第 267 页。

二、抽象行政行为构成滥用行政权力排除、限制竞争行为案

浙江省市场监管局纠正宁波市象山县住房和城乡建设局滥用行政权力排除、限制竞争行为案①

基本案情

2022年10月10日，浙江省市场监管局依法对象山县住房和城乡建设局涉嫌滥用行政权力排除、限制竞争行为立案调查。

经查，2022年3月29日，当事人印发《象山县房屋安全鉴定市场管理细则》(象建房〔2022〕1号)，规定"鉴定机构在本县行政区域范围内开展房屋安全鉴定业务的，在取得市住建局备案证明后应向县住建局进行登记""县住建局每年对登记满一年的鉴定机构进行考核。登记考核合格的鉴定机构录入对社会公布的象山县鉴定机构推荐名录。有关单位和个人可从推荐名录中自主择优选定鉴定机构""鉴定机构未经登记不得擅自开展鉴定服务""年度考核分低于60分的视为考核不合格，予以撤销登记"。

浙江省市场监管局认为，当事人印发文件要求在该县开展房屋安全鉴定业务的房屋安全鉴定机构向该局登记，规定未经登记不得开展鉴定服务，年度考核分低于60分的视为考核不合格，予以撤销登记，对登记考核合格的鉴定机构建立推荐名录的行为，排除、限制了该县房屋安全鉴定服务市场公平竞争，违反了《反垄断法》第45条"行政机关和法律、法规授权的具有管理公共事务职能的组织不得滥用行政权力，制定含有排除、限制竞争内容的规定"的规定，构成滥用行政权力排除、限制竞争的行为。

调查期间，当事人主动积极整改，废止原文件，在政府网站进行公布，向浙江省市场监管局提交了整改报告，全面开展自查工作，完善公平竞争审查机制。

---

① 浙江省市场监督管理局:《浙江省市场监管局纠正宁波市象山县住房和城乡建设局滥用行政权力排除、限制竞争行为》，载 https://www.samr.gov.cn/jzxts/tzgg/qlpc/art/2023/art_8191f9f2137a498085064adf3e2ea1c6.html，2023年7月19日访问。

案例评论

本案是行政部门规范性文件出现排除、限制竞争条款，是抽象行政垄断行为典型案例。

2022 年《反垄断法》第 45 条规定，行政机关和法律、法规授权的具有管理公共事务职能的组织不得滥用行政权力，制定含有排除、限制竞争内容的规定。本条是关于抽象行政行为的行政垄断规制，也即抽象行政垄断行为，是指行政机关和法律、法规授权的具有管理公共事务职能的组织通过制定含有排除、限制竞争内容的规定。本次修改将行政垄断的主体从行政机关扩大到授权主体，将各类行政主体实施的抽象行政行为全部纳入反垄断规制对象。所谓抽象行政行为，是指行政主体制定的针对不特定主体，可以反复适用并具有普遍约束力的决定、命令等。这种具有准立法属性的规范性文件，覆盖领域广泛，内容涉及市场准入、招商引资、招投标等。由于其适用对象的广泛性，抽象行政垄断行为一旦存在排除、限制竞争条款，对市场竞争的消极影响远大于具体行政行为。抽象行政垄断行为是地方保护、地区封锁，严重影响市场要素流通的障碍，不符合全国统一大市场建设的要求。因此，本次《反垄断法》修改将抽象行政垄断行为的规制主体扩大到各类行政主体，以加大对市场经济的公平竞争的保护力度。

第六章

阻碍反垄断调查案例

一、反垄断调查拒绝提供有关材料行政处罚案

信雅达系统工程股份有限公司拒绝配合反垄断调查行政处罚案[①]

基本案情

当事人:信雅达系统工程股份有限公司。

根据国家工商行政管理总局(已撤销)授权,安徽省工商行政管理局(已撤销)于2015年2月5日依法对当事人涉嫌垄断行为进行立案调查。2015年6月18日,为查明案件事实依法向当事人送达了《调查通知》(皖工商公函字〔2015〕4号),要求其在10个工作日内积极配合调查,并提供自2010年以来在安徽省推广支付密码器有关协议、单证、会计账簿、业务函电、电子数据等文件、资料。截至2015年7月3日期满,当事人未提供任何相关材料。2015年7月8日,再次向当事人送达了《限期接受调查的通知》(皖工商公函字〔2015〕6号),限其3个工作日(截至7月13日期满)内按照要求配合调查。截至2015年7月14日,当事人寄送一份表达其不构成垄断行为的《信雅达系统工程股份有限公司关于贵局反垄断调查的申述意见》(落款日期为2015年7月8日,寄件时间为2015年7月13日18时25分,系通过顺丰速运公司寄送,安徽省工商行政管理局于2015年7月

① 竞争执法公告2015年第9号,皖工商公处字〔2015〕2号。

14 日收到)，未按照规定要求提供相关材料。

安徽省工商行政管理局于 2015 年 9 月 7 日，依法向当事人送达了《安徽省工商行政管理局行政处罚听证告知书》(皖工商听[2015]2 号)，告知当事人拟作出的行政处罚的事实、理由、依据及其享有的陈述、申辩及要求听证的权利。2015 年 9 月 10 日，当事人提交了行政处罚听证申请书，申请举行听证。2015 年 9 月 17 日，当事人提交了行政处罚放弃听证申请书，放弃举行听证。

安徽省工商行政管理局依据《反垄断法》第 52 条(对应 2022 年《反垄断法》第 62 条)之规定，决定责令当事人立即改正，并处罚款 20 万元。

案例评论

本案是违反反垄断调查规定受到行政处罚的典型案例。

2007 年《反垄断法》第 39 条(对应 2022 年《反垄断法》第 47 条)规定，调查涉嫌垄断行为，可以采取下列措施：进入被调查的经营者的营业场所或者其他有关场所进行检查；询问被调查的经营者、利害关系人或者其他有关单位或者个人，要求其说明有关情况；查阅、复制被调查的经营者、利害关系人或者其他有关单位或者个人的有关单证、协议、会计账簿、业务函电、电子数据等文件、资料；查封、扣押相关证据；查询经营者的银行账户。

2007 年《反垄断法》第 42 条(对应 2022 年《反垄断法》第 50 条)规定，被调查的经营者、利害关系人或者其他有关单位或者个人应当配合反垄断执法机构依法履行职责，不得拒绝、阻碍反垄断执法机构的调查。

2007 年《反垄断法》第 43 条(对应 2022 年《反垄断法》第 51 条)规定，被调查的经营者、利害关系人有权陈述意见。反垄断执法机构应当对被调查的经营者、利害关系人提出的事实、理由和证据进行核实。

联系本案，反垄断执法机构要求当事人提供自 2010 年以来在安徽省推广支付密码器有关协议、单证、会计账簿、业务函电、电子数据等文件、资料。先后两次向当事人直接送达了调查通知，并两次电话敦促其履行法律义务。除提交申述意见共 2 页外，未提供执法机构提出的材料。当事人对依法实施的反垄断调查，拒绝提供有关材料，已经违反 2007 年《反垄断法》第 42 条之规定，构成拒绝提供有关材料的行为。

反垄断调查是反垄断执法的重要环节，《反垄断法》第 6 章对涉嫌垄断行为的调查规定了调查机构、调查权限、调查单位的职责、被调查单位的配合义务和陈述权利、调查中止制度等程序性规定。当事人违反反垄断调查规定的,拒绝配合反垄断调查的,将承担严重的法律后果。

二、反垄断调查暴力抗拒执法调查行政处罚案

潍坊普云惠医药有限公司不配合反垄断调查行政处罚案①

基本案情

当事人:潍坊普云惠医药有限公司。

根据举报,市场监管总局依法于2019年5月23日对潍坊普云惠医药有限公司涉嫌实施原料药垄断行为开展反垄断调查。2019年5月23日上午9时许,执法人员进入当事人经营场所进行调查,出具调查通知书,并出示执法证件。调查期间,当事人法定代表人强硬拒绝提供采购、销售葡萄糖酸钙等原料药的票证、单据、记录、会计账簿等资料,阻挠执法人员查阅公司电子数据、文件资料,拒绝在《调查通知书》送达回证上签字,并多次表示"不同意执法人员开展调查""不同意提取证据材料"。

调查过程中,当事人业务部人员通过微信告知相关人员拔除U盘并隐匿。当事人法定代表人将打印出的记录涉嫌实施垄断行为的微信聊天记录等证据材料当众撕毁,执法人员警告其行为构成违法的情况下,当事人法定代表人依然继续销毁证据材料。调查询问时,当事人法定代表人谎称公司2017年年底的采购合同以及与原料药生产企业签订的合作协议等材料,均因发生交通事故丢失,后经核实,上述资料被转移而未丢失。

2019年6月28日,市场监管总局作出行政处罚决定:当事人的上述行为违反了《反垄断法》第42条(对应2022年《反垄断法》第50条)规定,构成了拒绝提供有关材料、信息,隐匿、销毁、转移证据,拒绝、阻碍反垄断执法机构调查的违法行为。当事人的上述行为蔑视国家法律权威,暴力抗拒执法调查,性质恶劣、情节严

① 国市监处〔2019〕20号。

重、影响极坏，应当依法从重处罚。依据《反垄断法》第 52 条（对应 2022 年《反垄断法》第 62 条）规定，决定对当事人处以罚款 100 万元。

案例评论

反垄断调查是反垄断执法程序法。2007 年《反垄断法》和 2022 年《反垄断法》第 6 章"对涉嫌垄断行为的调查"，均专章规定了反垄断调查启动、管辖、调查措施、保密义务、被调查经营者及其相关人员的配合义务以及法律责任等，具有严肃性和权威性。该案是一起典型的不配合反垄断调查的行政处罚案件，而且是第一起对经营者予以顶格处罚的反垄断调查行政处罚案。2007 年《反垄断法》第 52 条规定，对反垄断执法机构依法实施的审查和调查，拒绝提供有关材料、信息，或者提供虚假材料、信息，或者隐匿、销毁、转移证据，或者有其他拒绝、阻碍调查行为的，由反垄断执法机构责令改正，对个人可以处 2 万元以下的罚款，对单位可以处 20 万元以下的罚款；情节严重的，对个人处 2 万元以上 10 万元以下的罚款，对单位处 20 万元以上 100 万元以下的罚款；构成犯罪的，依法追究刑事责任。本案当事人违法性典型。暴力抗拒执法性质定性恶劣、情节严重，执法机构对当事经营者以最高罚款金额予以处罚，体现了反垄断执法的严肃性和法律的权威。反垄断法是"市场经济宪法"，以严苛的法律责任保障规范经营者行为。2022 年《反垄断法》进一步加强违反涉嫌垄断行为调查规定的法律责任，将这种妨碍反垄断调查的罚款金额与上一年度销售额关联，以及在无销售额或者销售额难以计算的情况下，单位责任和个人责任均大大提高。根据 2022 年《反垄断法》第 62 条规定，对反垄断执法机构依法实施的审查和调查，拒绝提供有关材料、信息，或者提供虚假材料、信息，或者隐匿、销毁、转移证据，或者有其他拒绝、阻碍调查行为的，由反垄断执法机构责令改正，对单位处上一年度销售额 1% 以下的罚款，上一年度没有销售额或者销售额难以计算的，处 500 万元以下的罚款；对个人处 50 万元以下的罚款。需要指出的是，妨碍反垄断执法的单位或个人还可能触犯刑法。如果有关单位和个人以暴力、威胁方法阻碍反垄断执法人员的依法调查，可能违反《刑法》第 277 条，构成妨害公务罪；如果被调查的单位和个人为逃避调查，隐匿或者故意销毁会计凭证、会计账簿、财务会计报告的，可能违反《刑法》第 162 条之一，构成隐匿、故意销毁会计凭证、会计账簿、财务会计报告罪。反垄断执法的严肃性提示相关经营者应当建立反垄断合规文化，提高反垄断合规意识，防范反垄断合规风险。既要避免垄断行为的实体合规风险,也要避免反垄断程序合规风险。

三、个人拒绝、阻碍反垄断调查行政处罚案

庆丰丰田经营者个人拒绝、阻碍反垄断调查行政处罚案①

基本案情

当事人:叶某(时任庆丰丰田总经理)。

2017年1月9日,执法人员对当事人出示执法机关调查文书及两个以上执法证件后,当事人签收了调查文书并盖上庆丰丰田公司公章,执法人员开始收集、提取相关调查资料。当事人根据法定代表人张某要求拔掉执法人员正在提取电脑证据的U盘并拒绝执法人员取回U盘的要求。指示其他工作人员拔掉正在提取资料电脑的网线和电源线。张某宣称执法人员无权调查,并辱骂执法人员后离开现场。执法人员与当事人进行沟通,根据《反垄断法》等相关规定,提出责令改正和配合调查要求,并对相关情况做了现场笔录。当事人拒绝签署相关现场笔录。

2017年1月10日,当事人回复:执法人员的有关要求与资料清单已会同公司法务向张某报告,资料清单里的部分资料可以提供,但其他资料属于商业秘密,拒绝提供。

2017年1月20日,两名执法人员现场向庆丰丰田送达《限期提供调查所需资料通知书》(粤发改价监限〔2017〕1号),张某和当事人认为通知书中关于阻挠和拒绝提供资料的表述不实,拒绝签收该文书,并对执法人员进行录像。

2017年3月19日,张某及当事人提交情况说明,陈述阻挠、拒绝执法的情况,并表达歉意。2017年4月,当事人通过邮寄方式将执法人员要求的资料寄至执法机关。

2018年8月22日,执法机关依据《反垄断法》第52条(对应2022年《反垄断法》第62条)"对反垄断执法机构依法实施的审查和调查,拒绝提供有关材料、信息,或者提供虚假材料、信息,或者隐匿、销毁、转移证据,或者有其他拒绝、阻碍调

① 广东省发展和改革委员会:《全国首例对拒绝、阻碍反垄断执法机构调查行为的经营者个人实施处罚》,载《中国价格监管与反垄断》2018年第9期。

查行为的，由反垄断执法机构责令改正，对个人可以处二万元以下的罚款，对单位可以处二十万元以下的罚款；情节严重的，对个人处二万元以上十万元以下的罚款，对单位处二十万元以上一百万元以下的罚款；构成犯罪的，依法追究刑事责任”的规定，参照《规范价格行政处罚权的若干规定》（发改价监〔2014〕1223 号）第 12 条的规定，按照一般处罚情节，对当事人处以 8000 元罚款。

案例评论

本案是全国首例对拒绝、阻碍反垄断执法机构调查行为的经营者个人实施处罚的反垄断行政处罚案件。强化反垄断监管，反垄断调查是必要手段，必须采取查封、扣押等强制性调查措施，作为被调查单位及其相关负责人和员工依法应当积极配合。商业秘密保护不能作为拒绝提供材料的理由。当然，执法机关有义务对商业秘密予以保护。2007 年《反垄断法》和 2022 年《反垄断法》均规定执法机构及工作人员对执法过程中知悉的商业秘密负有保密义务，2022 年《反垄断法》进一步规定保密义务的范围扩大至个人隐私和个人信息。2022 年《反垄断法》进一步提高了违反反垄断调查配合义务的法律责任，个人责任提高至 50 万元以下罚款，单位责任提高至上一年度销售额的 1% 罚款，无销售额或销售额难以计算的，提高至 500 万元以下罚款。提升法律责任的目的在于加强反垄断调查的威慑力度，警示企业和企业相关负责人及员工，应当加强企业反垄断合规意识，在反垄断调查过程中必须积极配合，主动整改、减轻违法行为的危害后果，以争取从轻或免除处罚。

第五编　反垄断法律法规汇编

第一章

综　合

中华人民共和国反垄断法

（2007 年 8 月 30 日第十届全国人民代表大会常务委员会
第二十九次会议通过　根据 2022 年 6 月 24 日
第十三届全国人民代表大会常务委员会第三十五次会议
《关于修改〈中华人民共和国反垄断法〉的决定》修正）

第一章　总　　则

第一条　为了预防和制止垄断行为，保护市场公平竞争，鼓励创新，提高经济运行效率，维护消费者利益和社会公共利益，促进社会主义市场经济健康发展，制定本法。

第二条　中华人民共和国境内经济活动中的垄断行为，适用本法；中华人民共和国境外的垄断行为，对境内市场竞争产生排除、限制影响的，适用本法。

第三条　本法规定的垄断行为包括：

（一）经营者达成垄断协议；

（二）经营者滥用市场支配地位；

（三）具有或者可能具有排除、限制竞争效果的经营者集中。

第四条　反垄断工作坚持中国共产党的领导。

国家坚持市场化、法治化原则，强化竞争政策基础地位，制定和实施与社会主义市场经济相适应的竞争规则，完善宏观调控，健全统一、开放、竞争、有序的市场体系。

第五条　国家建立健全公平竞争审查制度。

行政机关和法律、法规授权的具有管理公共事务职能的组织在制定涉及市场主体经济活动的规定时，应当进行公平竞争审查。

第六条 经营者可以通过公平竞争、自愿联合,依法实施集中,扩大经营规模,提高市场竞争能力。

第七条 具有市场支配地位的经营者,不得滥用市场支配地位,排除、限制竞争。

第八条 国有经济占控制地位的关系国民经济命脉和国家安全的行业以及依法实行专营专卖的行业,国家对其经营者的合法经营活动予以保护,并对经营者的经营行为及其商品和服务的价格依法实施监管和调控,维护消费者利益,促进技术进步。

前款规定行业的经营者应当依法经营,诚实守信,严格自律,接受社会公众的监督,不得利用其控制地位或者专营专卖地位损害消费者利益。

第九条 经营者不得利用数据和算法、技术、资本优势以及平台规则等从事本法禁止的垄断行为。

第十条 行政机关和法律、法规授权的具有管理公共事务职能的组织不得滥用行政权力,排除、限制竞争。

第十一条 国家健全完善反垄断规则制度,强化反垄断监管力量,提高监管能力和监管体系现代化水平,加强反垄断执法司法,依法公正高效审理垄断案件,健全行政执法和司法衔接机制,维护公平竞争秩序。

第十二条 国务院设立反垄断委员会,负责组织、协调、指导反垄断工作,履行下列职责:

(一)研究拟订有关竞争政策;

(二)组织调查、评估市场总体竞争状况,发布评估报告;

(三)制定、发布反垄断指南;

(四)协调反垄断行政执法工作;

(五)国务院规定的其他职责。

国务院反垄断委员会的组成和工作规则由国务院规定。

第十三条 国务院反垄断执法机构负责反垄断统一执法工作。

国务院反垄断执法机构根据工作需要,可以授权省、自治区、直辖市人民政府相应的机构,依照本法规定负责有关反垄断执法工作。

第十四条 行业协会应当加强行业自律,引导本行业的经营者依法竞争,合规经营,维护市场竞争秩序。

第十五条 本法所称经营者,是指从事商品生产、经营或者提供服务的自然人、法人和非法人组织。

本法所称相关市场,是指经营者在一定时期内就特定商品或者服务(以下统称商品)进行竞争的商品范围和地域范围。

第二章 垄断协议

第十六条 本法所称垄断协议,是指排除、限制竞争的协议、决定或者其他协同行为。

第十七条 禁止具有竞争关系的经营者达成下列垄断协议：

（一）固定或者变更商品价格；

（二）限制商品的生产数量或者销售数量；

（三）分割销售市场或者原材料采购市场；

（四）限制购买新技术、新设备或者限制开发新技术、新产品；

（五）联合抵制交易；

（六）国务院反垄断执法机构认定的其他垄断协议。

第十八条 禁止经营者与交易相对人达成下列垄断协议：

（一）固定向第三人转售商品的价格；

（二）限定向第三人转售商品的最低价格；

（三）国务院反垄断执法机构认定的其他垄断协议。

对前款第一项和第二项规定的协议，经营者能够证明其不具有排除、限制竞争效果的，不予禁止。

经营者能够证明其在相关市场的市场份额低于国务院反垄断执法机构规定的标准，并符合国务院反垄断执法机构规定的其他条件的，不予禁止。

第十九条 经营者不得组织其他经营者达成垄断协议或者为其他经营者达成垄断协议提供实质性帮助。

第二十条 经营者能够证明所达成的协议属于下列情形之一的，不适用本法第十七条、第十八条第一款、第十九条的规定：

（一）为改进技术、研究开发新产品的；

（二）为提高产品质量、降低成本、增进效率，统一产品规格、标准或者实行专业化分工的；

（三）为提高中小经营者经营效率，增强中小经营者竞争力的；

（四）为实现节约能源、保护环境、救灾救助等社会公共利益的；

（五）因经济不景气，为缓解销售量严重下降或者生产明显过剩的；

（六）为保障对外贸易和对外经济合作中的正当利益的；

（七）法律和国务院规定的其他情形。

属于前款第一项至第五项情形，不适用本法第十七条、第十八条第一款、第十九条规定的，经营者还应当证明所达成的协议不会严重限制相关市场的竞争，并且能够使消费者分享由此产生的利益。

第二十一条 行业协会不得组织本行业的经营者从事本章禁止的垄断行为。

第三章 滥用市场支配地位

第二十二条 禁止具有市场支配地位的经营者从事下列滥用市场支配地位的行为：

（一）以不公平的高价销售商品或者以不公平的低价购买商品；

（二）没有正当理由，以低于成本的价格销售商品；

（三）没有正当理由，拒绝与交易相对人进行交易；

（四）没有正当理由，限定交易相对人只能与其进行交易或者只能与其指定的经营者进行交易；

（五）没有正当理由搭售商品，或者在交易时附加其他不合理的交易条件；

（六）没有正当理由，对条件相同的交易相对人在交易价格等交易条件上实行差别待遇；

（七）国务院反垄断执法机构认定的其他滥用市场支配地位的行为。

具有市场支配地位的经营者不得利用数据和算法、技术以及平台规则等从事前款规定的滥用市场支配地位的行为。

本法所称市场支配地位，是指经营者在相关市场内具有能够控制商品价格、数量或者其他交易条件，或者能够阻碍、影响其他经营者进入相关市场能力的市场地位。

第二十三条 认定经营者具有市场支配地位，应当依据下列因素：

（一）该经营者在相关市场的市场份额，以及相关市场的竞争状况；

（二）该经营者控制销售市场或者原材料采购市场的能力；

（三）该经营者的财力和技术条件；

（四）其他经营者对该经营者在交易上的依赖程度；

（五）其他经营者进入相关市场的难易程度；

（六）与认定该经营者市场支配地位有关的其他因素。

第二十四条 有下列情形之一的，可以推定经营者具有市场支配地位：

（一）一个经营者在相关市场的市场份额达到二分之一的；

（二）两个经营者在相关市场的市场份额合计达到三分之二的；

（三）三个经营者在相关市场的市场份额合计达到四分之三的。

有前款第二项、第三项规定的情形，其中有的经营者市场份额不足十分之一的，不应当推定该经营者具有市场支配地位。

被推定具有市场支配地位的经营者，有证据证明不具有市场支配地位的，不应当认定其具有市场支配地位。

第四章　经营者集中

第二十五条 经营者集中是指下列情形：

（一）经营者合并；

（二）经营者通过取得股权或者资产的方式取得对其他经营者的控制权；

（三）经营者通过合同等方式取得对其他经营者的控制权或者能够对其他经营者施加决定性影响。

第二十六条 经营者集中达到国务院规定的申报标准的，经营者应当事先向国务院反垄断执法机构申报,未申报的不得实施集中。

经营者集中未达到国务院规定的申报标准,但有证据证明该经营者集中具有或者可能具有排除、限制竞争效果的,国务院反垄断执法机构可以要求经营者申报。

经营者未依照前两款规定进行申报的,国务院反垄断执法机构应当依法进行调查。

第二十七条 经营者集中有下列情形之一的,可以不向国务院反垄断执法机构申报:

(一)参与集中的一个经营者拥有其他每个经营者百分之五十以上有表决权的股份或者资产的;

(二)参与集中的每个经营者百分之五十以上有表决权的股份或者资产被同一个未参与集中的经营者拥有的。

第二十八条 经营者向国务院反垄断执法机构申报集中,应当提交下列文件、资料:

(一)申报书;

(二)集中对相关市场竞争状况影响的说明;

(三)集中协议;

(四)参与集中的经营者经会计师事务所审计的上一会计年度财务会计报告;

(五)国务院反垄断执法机构规定的其他文件、资料。

申报书应当载明参与集中的经营者的名称、住所、经营范围、预定实施集中的日期和国务院反垄断执法机构规定的其他事项。

第二十九条 经营者提交的文件、资料不完备的,应当在国务院反垄断执法机构规定的期限内补交文件、资料。经营者逾期未补交文件、资料的,视为未申报。

第三十条 国务院反垄断执法机构应当自收到经营者提交的符合本法第二十八条规定的文件、资料之日起三十日内,对申报的经营者集中进行初步审查,作出是否实施进一步审查的决定,并书面通知经营者。国务院反垄断执法机构作出决定前,经营者不得实施集中。

国务院反垄断执法机构作出不实施进一步审查的决定或者逾期未作出决定的,经营者可以实施集中。

第三十一条 国务院反垄断执法机构决定实施进一步审查的,应当自决定之日起九十日内审查完毕,作出是否禁止经营者集中的决定,并书面通知经营者。作出禁止经营者集中的决定,应当说明理由。审查期间,经营者不得实施集中。

有下列情形之一的,国务院反垄断执法机构经书面通知经营者,可以延长前款规定的审查期限,但最长不得超过六十日:

(一)经营者同意延长审查期限的;

(二)经营者提交的文件、资料不准确,需要进一步核实的;

(三)经营者申报后有关情况发生重大变化的。

国务院反垄断执法机构逾期未作出决定的,经营者可以实施集中。

第三十二条 有下列情形之一的,国务院反垄断执法机构可以决定中止计算经营者集中的审查期限，并书面通知经营者：

（一）经营者未按照规定提交文件、资料，导致审查工作无法进行；

（二）出现对经营者集中审查具有重大影响的新情况、新事实，不经核实将导致审查工作无法进行；

（三）需要对经营者集中附加的限制性条件进一步评估，且经营者提出中止请求。

自中止计算审查期限的情形消除之日起，审查期限继续计算，国务院反垄断执法机构应当书面通知经营者。

第三十三条 审查经营者集中，应当考虑下列因素：

（一）参与集中的经营者在相关市场的市场份额及其对市场的控制力；

（二）相关市场的市场集中度；

（三）经营者集中对市场进入、技术进步的影响；

（四）经营者集中对消费者和其他有关经营者的影响；

（五）经营者集中对国民经济发展的影响；

（六）国务院反垄断执法机构认为应当考虑的影响市场竞争的其他因素。

第三十四条 经营者集中具有或者可能具有排除、限制竞争效果的，国务院反垄断执法机构应当作出禁止经营者集中的决定。但是，经营者能够证明该集中对竞争产生的有利影响明显大于不利影响，或者符合社会公共利益的，国务院反垄断执法机构可以作出对经营者集中不予禁止的决定。

第三十五条 对不予禁止的经营者集中，国务院反垄断执法机构可以决定附加减少集中对竞争产生不利影响的限制性条件。

第三十六条 国务院反垄断执法机构应当将禁止经营者集中的决定或者对经营者集中附加限制性条件的决定，及时向社会公布。

第三十七条 国务院反垄断执法机构应当健全经营者集中分类分级审查制度，依法加强对涉及国计民生等重要领域的经营者集中的审查，提高审查质量和效率。

第三十八条 对外资并购境内企业或者以其他方式参与经营者集中，涉及国家安全的，除依照本法规定进行经营者集中审查外，还应当按照国家有关规定进行国家安全审查。

第五章 滥用行政权力排除、限制竞争

第三十九条 行政机关和法律、法规授权的具有管理公共事务职能的组织不得滥用行政权力，限定或者变相限定单位或者个人经营、购买、使用其指定的经营者提供的商品。

第四十条 行政机关和法律、法规授权的具有管理公共事务职能的组织不得滥用行政权力，通过与经营者签订合作协议、备忘录等方式，妨碍其他经营者进入相关市场或者对其他经营者实行不平等待遇，排除、限制竞争。

第四十一条 行政机关和法律、法规授权的具有管理公共事务职能的组织不得滥用行政

权力,实施下列行为,妨碍商品在地区之间的自由流通:

(一)对外地商品设定歧视性收费项目、实行歧视性收费标准,或者规定歧视性价格;

(二)对外地商品规定与本地同类商品不同的技术要求、检验标准,或者对外地商品采取重复检验、重复认证等歧视性技术措施,限制外地商品进入本地市场;

(三)采取专门针对外地商品的行政许可,限制外地商品进入本地市场;

(四)设置关卡或者采取其他手段,阻碍外地商品进入或者本地商品运出;

(五)妨碍商品在地区之间自由流通的其他行为。

第四十二条 行政机关和法律、法规授权的具有管理公共事务职能的组织不得滥用行政权力,以设定歧视性资质要求、评审标准或者不依法发布信息等方式,排斥或者限制经营者参加招标投标以及其他经营活动。

第四十三条 行政机关和法律、法规授权的具有管理公共事务职能的组织不得滥用行政权力,采取与本地经营者不平等待遇等方式,排斥、限制、强制或者变相强制外地经营者在本地投资或者设立分支机构。

第四十四条 行政机关和法律、法规授权的具有管理公共事务职能的组织不得滥用行政权力,强制或者变相强制经营者从事本法规定的垄断行为。

第四十五条 行政机关和法律、法规授权的具有管理公共事务职能的组织不得滥用行政权力,制定含有排除、限制竞争内容的规定。

第六章 对涉嫌垄断行为的调查

第四十六条 反垄断执法机构依法对涉嫌垄断行为进行调查。

对涉嫌垄断行为,任何单位和个人有权向反垄断执法机构举报。反垄断执法机构应当为举报人保密。

举报采用书面形式并提供相关事实和证据的,反垄断执法机构应当进行必要的调查。

第四十七条 反垄断执法机构调查涉嫌垄断行为,可以采取下列措施:

(一)进入被调查的经营者的营业场所或者其他有关场所进行检查;

(二)询问被调查的经营者、利害关系人或者其他有关单位或者个人,要求其说明有关情况;

(三)查阅、复制被调查的经营者、利害关系人或者其他有关单位或者个人的有关单证、协议、会计账簿、业务函电、电子数据等文件、资料;

(四)查封、扣押相关证据;

(五)查询经营者的银行账户。

采取前款规定的措施,应当向反垄断执法机构主要负责人书面报告,并经批准。

第四十八条 反垄断执法机构调查涉嫌垄断行为,执法人员不得少于二人,并应当出示执法证件。

执法人员进行询问和调查,应当制作笔录,并由被询问人或者被调查人签字。

第四十九条 反垄断执法机构及其工作人员对执法过程中知悉的商业秘密、个人隐私和个人信息依法负有保密义务。

第五十条 被调查的经营者、利害关系人或者其他有关单位或者个人应当配合反垄断执法机构依法履行职责,不得拒绝、阻碍反垄断执法机构的调查。

第五十一条 被调查的经营者、利害关系人有权陈述意见。反垄断执法机构应当对被调查的经营者、利害关系人提出的事实、理由和证据进行核实。

第五十二条 反垄断执法机构对涉嫌垄断行为调查核实后,认为构成垄断行为的,应当依法作出处理决定,并可以向社会公布。

第五十三条 对反垄断执法机构调查的涉嫌垄断行为,被调查的经营者承诺在反垄断执法机构认可的期限内采取具体措施消除该行为后果的,反垄断执法机构可以决定中止调查。中止调查的决定应当载明被调查的经营者承诺的具体内容。

反垄断执法机构决定中止调查的,应当对经营者履行承诺的情况进行监督。经营者履行承诺的,反垄断执法机构可以决定终止调查。

有下列情形之一的,反垄断执法机构应当恢复调查:

(一)经营者未履行承诺的;

(二)作出中止调查决定所依据的事实发生重大变化的;

(三)中止调查的决定是基于经营者提供的不完整或者不真实的信息作出的。

第五十四条 反垄断执法机构依法对涉嫌滥用行政权力排除、限制竞争的行为进行调查,有关单位或者个人应当配合。

第五十五条 经营者、行政机关和法律、法规授权的具有管理公共事务职能的组织,涉嫌违反本法规定的,反垄断执法机构可以对其法定代表人或者负责人进行约谈,要求其提出改进措施。

第七章 法律责任

第五十六条 经营者违反本法规定,达成并实施垄断协议的,由反垄断执法机构责令停止违法行为,没收违法所得,并处上一年度销售额百分之一以上百分之十以下的罚款,上一年度没有销售额的,处五百万元以下的罚款;尚未实施所达成的垄断协议的,可以处三百万元以下的罚款。经营者的法定代表人、主要负责人和直接责任人员对达成垄断协议负有个人责任的,可以处一百万元以下的罚款。

经营者组织其他经营者达成垄断协议或者为其他经营者达成垄断协议提供实质性帮助的,适用前款规定。

经营者主动向反垄断执法机构报告达成垄断协议的有关情况并提供重要证据的,反垄断执法机构可以酌情减轻或者免除对该经营者的处罚。

行业协会违反本法规定，组织本行业的经营者达成垄断协议的，由反垄断执法机构责令改正，可以处三百万元以下的罚款；情节严重的，社会团体登记管理机关可以依法撤销登记。

第五十七条 经营者违反本法规定，滥用市场支配地位的，由反垄断执法机构责令停止违法行为，没收违法所得，并处上一年度销售额百分之一以上百分之十以下的罚款。

第五十八条 经营者违反本法规定实施集中，且具有或者可能具有排除、限制竞争效果的，由国务院反垄断执法机构责令停止实施集中、限期处分股份或者资产、限期转让营业以及采取其他必要措施恢复到集中前的状态，处上一年度销售额百分之十以下的罚款；不具有排除、限制竞争效果的，处五百万元以下的罚款。

第五十九条 对本法第五十六条、第五十七条、第五十八条规定的罚款，反垄断执法机构确定具体罚款数额时，应当考虑违法行为的性质、程度、持续时间和消除违法行为后果的情况等因素。

第六十条 经营者实施垄断行为，给他人造成损失的，依法承担民事责任。

经营者实施垄断行为，损害社会公共利益的，设区的市级以上人民检察院可以依法向人民法院提起民事公益诉讼。

第六十一条 行政机关和法律、法规授权的具有管理公共事务职能的组织滥用行政权力，实施排除、限制竞争行为的，由上级机关责令改正；对直接负责的主管人员和其他直接责任人员依法给予处分。反垄断执法机构可以向有关上级机关提出依法处理的建议。行政机关和法律、法规授权的具有管理公共事务职能的组织应当将有关改正情况书面报告上级机关和反垄断执法机构。

法律、行政法规对行政机关和法律、法规授权的具有管理公共事务职能的组织滥用行政权力实施排除、限制竞争行为的处理另有规定的，依照其规定。

第六十二条 对反垄断执法机构依法实施的审查和调查，拒绝提供有关材料、信息，或者提供虚假材料、信息，或者隐匿、销毁、转移证据，或者有其他拒绝、阻碍调查行为的，由反垄断执法机构责令改正，对单位处上一年度销售额百分之一以下的罚款，上一年度没有销售额或者销售额难以计算的，处五百万元以下的罚款；对个人处五十万元以下的罚款。

第六十三条 违反本法规定，情节特别严重、影响特别恶劣、造成特别严重后果的，国务院反垄断执法机构可以在本法第五十六条、第五十七条、第五十八条、第六十二条规定的罚款数额的二倍以上五倍以下确定具体罚款数额。

第六十四条 经营者因违反本法规定受到行政处罚的，按照国家有关规定记入信用记录，并向社会公示。

第六十五条 对反垄断执法机构依据本法第三十四条、第三十五条作出的决定不服的，可以先依法申请行政复议；对行政复议决定不服的，可以依法提起行政诉讼。

对反垄断执法机构作出的前款规定以外的决定不服的，可以依法申请行政复议或者提起行政诉讼。

第六十六条 反垄断执法机构工作人员滥用职权、玩忽职守、徇私舞弊或者泄露执法过程中知悉的商业秘密、个人隐私和个人信息的,依法给予处分。

第六十七条 违反本法规定,构成犯罪的,依法追究刑事责任。

第八章 附 则

第六十八条 经营者依照有关知识产权的法律、行政法规规定行使知识产权的行为,不适用本法;但是,经营者滥用知识产权,排除、限制竞争的行为,适用本法。

第六十九条 农业生产者及农村经济组织在农产品生产、加工、销售、运输、储存等经营活动中实施的联合或者协同行为,不适用本法。

第七十条 本法自2008年8月1日起施行。

国务院反垄断委员会关于相关市场界定的指南

（2009年5月24日）

第一章　总　　则

第一条　指南的目的和依据

为了给相关市场界定提供指导，提高国务院反垄断执法机构执法工作的透明度，根据《中华人民共和国反垄断法》（以下称《反垄断法》），制定本指南。

第二条　界定相关市场的作用

任何竞争行为（包括具有或可能具有排除、限制竞争效果的行为）均发生在一定的市场范围内。界定相关市场就是明确经营者竞争的市场范围。在禁止经营者达成垄断协议、禁止经营者滥用市场支配地位、控制具有或者可能具有排除、限制竞争效果的经营者集中等反垄断执法工作中，均可能涉及相关市场的界定问题。

科学合理地界定相关市场，对识别竞争者和潜在竞争者、判定经营者市场份额和市场集中度、认定经营者的市场地位、分析经营者的行为对市场竞争的影响、判断经营者行为是否违法以及在违法情况下需承担的法律责任等关键问题，具有重要的作用。因此，相关市场的界定通常是对竞争行为进行分析的起点，是反垄断执法工作的重要步骤。

第三条　相关市场的含义

相关市场是指经营者在一定时期内就特定商品或者服务（以下统称商品）进行竞争的商品范围和地域范围。在反垄断执法实践中，通常需要界定相关商品市场和相关地域市场。

相关商品市场，是根据商品的特性、用途及价格等因素，由需求者认为具有较为紧密替代关系的一组或一类商品所构成的市场。这些商品表现出较强的竞争关系，在反垄断执法中可以作为经营者进行竞争的商品范围。

相关地域市场，是指需求者获取具有较为紧密替代关系的商品的地理区域。这些地域表现出较强的竞争关系，在反垄断执法中可以作为经营者进行竞争的地域范围。

当生产周期、使用期限、季节性、流行时尚性或知识产权保护期限等已构成商品不可忽视的特征时，界定相关市场还应考虑时间性。

在技术贸易、许可协议等涉及知识产权的反垄断执法工作中，可能还需要界定相关技术市场，考虑知识产权、创新等因素的影响。

第二章　界定相关市场的基本依据

第四条　替代性分析

在反垄断执法实践中,相关市场范围的大小主要取决于商品(地域)的可替代程度。

在市场竞争中对经营者行为构成直接和有效竞争约束的,是市场里存在需求者认为具有较强替代关系的商品或能够提供这些商品的地域,因此,界定相关市场主要从需求者角度进行需求替代分析。当供给替代对经营者行为产生的竞争约束类似于需求替代时,也应考虑供给替代。

第五条　需求替代

需求替代是根据需求者对商品功能用途的需求、质量的认可、价格的接受以及获取的难易程度等因素,从需求者的角度确定不同商品之间的替代程度。

原则上,从需求者角度来看,商品之间的替代程度越高,竞争关系就越强,就越可能属于同一相关市场。

第六条　供给替代

供给替代是根据其他经营者改造生产设施的投入、承担的风险、进入目标市场的时间等因素,从经营者的角度确定不同商品之间的替代程度。

原则上,其他经营者生产设施改造的投入越少,承担的额外风险越小,提供紧密替代商品越迅速,则供给替代程度就越高,界定相关市场尤其在识别相关市场参与者时就应考虑供给替代。

第三章　界定相关市场的一般方法

第七条　界定相关市场的方法概述

界定相关市场的方法不是唯一的。在反垄断执法实践中,根据实际情况,可能使用不同的方法。界定相关市场时,可以基于商品的特征、用途、价格等因素进行需求替代分析,必要时进行供给替代分析。在经营者竞争的市场范围不够清晰或不易确定时,可以按照"假定垄断者测试"的分析思路(具体见第十条)来界定相关市场。

反垄断执法机构鼓励经营者根据案件具体情况运用客观、真实的数据,借助经济学分析方法来界定相关市场。

无论采用何种方法界定相关市场,都要始终把握商品满足消费者需求的基本属性,并以此作为对相关市场界定中出现明显偏差时进行校正的依据。

第八条　界定相关商品市场考虑的主要因素

从需求替代角度界定相关商品市场,可以考虑的因素包括但不限于以下各方面:

(一)需求者因商品价格或其他竞争因素变化,转向或考虑转向购买其他商品的证据。

(二)商品的外形、特性、质量和技术特点等总体特征和用途。商品可能在特征上表现出某些差异,但需求者仍可以基于商品相同或相似的用途将其视为紧密替代品。

(三)商品之间的价格差异。通常情况下,替代性较强的商品价格比较接近,而且在价格变化时表现出同向变化趋势。在分析价格时,应排除与竞争无关的因素引起价格变化的情况。

(四)商品的销售渠道。销售渠道不同的商品面对的需求者可能不同,相互之间难以构成竞争关系,则成为相关商品的可能性较小。

(五)其他重要因素。如,需求者偏好或需求者对商品的依赖程度;可能阻碍大量需求者转向某些紧密替代商品的障碍、风险和成本;是否存在区别定价等。

从供给角度界定相关商品市场,一般考虑的因素包括:其他经营者对商品价格等竞争因素的变化做出反应的证据;其他经营者的生产流程和工艺,转产的难易程度,转产需要的时间,转产的额外费用和风险,转产后所提供商品的市场竞争力,营销渠道等。

任何因素在界定相关商品市场时的作用都不是绝对的,可以根据案件的不同情况有所侧重。

第九条　界定相关地域市场考虑的主要因素

从需求替代角度界定相关地域市场,可以考虑的因素包括但不限于以下各方面:

(一)需求者因商品价格或其他竞争因素变化,转向或考虑转向其他地域购买商品的证据。

(二)商品的运输成本和运输特征。相对于商品价格来说,运输成本越高,相关地域市场的范围越小,如水泥等商品;商品的运输特征也决定了商品的销售地域,如需要管道运输的工业气体等商品。

(三)多数需求者选择商品的实际区域和主要经营者商品的销售分布。

(四)地域间的贸易壁垒,包括关税、地方性法规、环保因素、技术因素等。如关税相对商品的价格来说比较高时,则相关地域市场很可能是一个区域性市场。

(五)其他重要因素。如,特定区域需求者偏好;商品运进和运出该地域的数量。

从供给角度界定相关地域市场时,一般考虑的因素包括:其他地域的经营者对商品价格等竞争因素的变化做出反应的证据;其他地域的经营者供应或销售相关商品的即时性和可行性,如将订单转向其他地域经营者的转换成本等。

第四章　关于假定垄断者测试分析思路的说明

第十条　假定垄断者测试的基本思路

假定垄断者测试是界定相关市场的一种分析思路,可以帮助解决相关市场界定中可能出现的不确定性,目前为各国和地区制定反垄断指南时普遍采用。依据这种思路,人们可以借助经济学工具分析所获取的相关数据,确定假定垄断者可以将价格维持在高于竞争价格水平的最小商品集合和地域范围,从而界定相关市场。

假定垄断者测试一般先界定相关商品市场。首先从反垄断审查关注的经营者提供的商品(目标商品)开始考虑,假设该经营者是以利润最大化为经营目标的垄断者(假定垄断者),那么要分析的问题是，在其他商品的销售条件保持不变的情况下，假定垄断者能否持久地（一般为1年）小幅（一般为5%～10%）提高目标商品的价格。目标商品涨价会导致需求者转向购买具有紧密替代关系的其他商品，从而引起假定垄断者销售量下降。如果目标商品涨价后，即使假定垄断者销售量下降，但其仍然有利可图，则目标商品就构成相关商品市场。

如果涨价引起需求者转向具有紧密替代关系的其他商品，使假定垄断者的涨价行为无利可图，则需要把该替代商品增加到相关商品市场中，该替代商品与目标商品形成商品集合。接下来分析如果该商品集合涨价，假定垄断者是否仍有利可图。如果答案是肯定的，那么该商品集合就构成相关商品市场；否则还需要继续进行上述分析过程。

随着商品集合越来越大，集合内商品与集合外商品的替代性越来越小，最终会出现某一商品集合，假定垄断者可以通过涨价实现盈利，由此便界定出相关商品市场。

界定相关地域市场与界定相关商品市场的思路相同。首先从反垄断审查关注的经营者经营活动的地域（目标地域）开始，要分析的问题是，在其他地域的销售条件不变的情况下，假定垄断者对目标地域内的相关商品进行持久（一般为1年）小幅涨价（一般为5%～10%）是否有利可图。如果答案是肯定的，目标地域就构成相关地域市场；如果其他地域市场的强烈替代使得涨价无利可图，就需要扩大地域范围，直到涨价最终有利可图，该地域就是相关地域市场。

第十一条　假定垄断者测试的几个实际问题

原则上，在使用假定垄断者测试界定相关市场时，选取的基准价格应为充分竞争的当前市场价格。但在滥用市场支配地位、共谋行为和已经存在共谋行为的经营者集中案件中，当前价格明显偏离竞争价格，选择当前价格作为基准价格会使相关市场界定的结果不合理。在此情况下，应该对当前价格进行调整，使用更具有竞争性的价格。

此外，一般情况下，价格上涨幅度为5%～10%，但在执法实践中，可以根据案件涉及行业的不同情况，对价格小幅上涨的幅度进行分析确定。

在经营者小幅提价时，并不是所有需求者（或地域）的替代反应都是相同的。在替代反应不同的情况下，可以对不同需求者群体（或地域）进行不同幅度的测试。此时，相关市场界定还需要考虑需求者群体和特定地域的情况。

国务院反垄断委员会垄断案件经营者承诺指南

（2019年1月4日）

第一条　指南的目的和依据

为了指导在垄断案件调查过程中适用经营者承诺及中止调查、终止调查程序（以下统称“经营者承诺制度”），提高反垄断执法工作透明度，根据《中华人民共和国反垄断法》（下称《反垄断法》），制定本指南。

在垄断案件调查中，依据《反垄断法》第四十五条的规定，被调查的经营者可以提出承诺，采取具体措施消除其行为后果，国务院反垄断执法机构（下称执法机构）可以接受经营者的承诺，决定中止调查和终止调查。这有助于提高反垄断执法效率，节约行政执法资源，同时也能够有效实现保护市场公平竞争、维护消费者利益和社会公共利益的目标。

第二条　经营者承诺制度的适用范围

对于具有竞争关系的经营者之间固定或者变更商品价格、限制商品生产或者销售数量、分割销售市场或者原材料采购市场的横向垄断协议案件，执法机构不应接受经营者提出承诺，实施中止调查。

对于其他垄断案件，经营者主动提出承诺，执法机构可以决定中止调查及终止调查程序。

第三条　中止调查及终止调查决定的法律后果

执法机构的中止调查及终止调查决定，不是对经营者的行为是否构成垄断行为作出认定。执法机构仍然可以依法对其他类似行为实施调查并作出行政处罚。中止调查及终止调查决定也不应作为认定该行为是否构成垄断行为的相关证据。

第四条　经营者提出与撤回承诺

执法机构对涉嫌垄断行为调查核实后，认为构成垄断行为的，应当依法作出处理决定，不再接受经营者提出承诺。

鼓励经营者在执法机构采取《反垄断法》第三十九条所规定的任何措施后、作出行政处罚事先告知前提出承诺；经营者在行政处罚事先告知后提出承诺的，执法机构一般不再接受。

执法机构作出中止调查决定前，经营者可以撤回承诺。经营者撤回承诺的，执法机构将终止对经营者承诺的审查，继续对该涉嫌垄断行为进行调查，并不再接受经营者提出承诺。

第五条　经营者提出承诺前与执法机构的沟通

执法机构鼓励经营者在尽可能早的阶段提出承诺。经营者提出承诺前，可以与执法机构进行必要的沟通。

执法机构可以告知经营者涉嫌垄断行为的基本事实以及可能造成的影响,并可以与经营者进行沟通。在沟通基础上,由经营者自愿提出承诺。

第六条　经营者承诺的提出

经营者应以书面形式提出承诺。承诺通常载明下列事项:

(一)被调查的涉嫌垄断行为及可能造成的影响;

(二)承诺采取消除行为后果的具体措施;

(三)承诺采取的具体措施能够消除行为后果的说明;

(四)履行承诺的时间安排及方式;

(五)需要承诺的其他内容。

执法机构在收到经营者承诺后,向经营者出具书面回执,明确收到承诺的时间及材料清单。

第七条　经营者的承诺措施

经营者承诺的措施可以是结构性措施、行为性措施和综合性措施。承诺的措施需要明确、可行且可以自主实施。如果承诺的措施需经第三方同意方可实施,经营者需要提交第三方同意的书面意见。

前款所指的行为性措施包括调整定价策略、取消或者更改各类交易限制措施、开放网络或者平台等基础设施,许可专利、技术秘密或者其他知识产权等;结构性措施包括剥离有形资产、知识产权等无形资产或者相关权益等。

第八条　经营者与执法机构的沟通

经营者与执法机构可以就承诺内容进行沟通,包括案件事实的具体表述、承诺的措施能否有效消除涉嫌垄断行为的后果以及是否限于解决执法机构所关注的竞争问题等。

在沟通过程中,经执法机构和经营者一致同意,可以共同邀请第三方经营者、行业主管部门、行业协会、专家学者等共同参加讨论。

第九条　承诺措施公开征求意见与修改

执法机构认为经营者的涉嫌垄断行为已经影响到其他不特定多数的经营者、消费者的合法权益或者社会公共利益,可以就经营者承诺的措施向社会公开征求意见。征求意见的时间一般不少于30日。

对社会公众等各方提出的意见,执法机构认为需要采纳的,可以建议经营者对承诺的措施进行修改或者重新提出承诺措施。经营者不愿意对承诺的措施进行修改并且无法给出合理解释或者提出可行替代方案的,执法机构可以终止经营者承诺的审查与沟通程序,继续对涉嫌垄断行为进行调查。

如果修改后承诺的措施在性质或者范围上发生了重大改变,执法机构可以再次向社会公开征求意见。

第十条　经营者履行承诺措施的期限

经营者履行承诺措施的期限,由执法机构根据具体案情决定。

经营者在履行期限前已经完全履行承诺或者由于市场竞争状况发生重大变化已经没有必要继续履行承诺的,经营者可以申请提前终止调查。

第十一条　对承诺措施的分析审查

执法机构在对经营者的承诺进行审查时,可以综合考虑以下因素:

(一)经营者实施涉嫌垄断行为的主观态度;

(二)经营者实施涉嫌垄断行为的性质、持续时间、后果及社会影响;

(三)经营者承诺的措施及其预期效果。

第十二条　中止调查决定

执法机构决定中止调查的,应当制作中止调查决定书,载明下列内容:

(一)涉嫌垄断行为的事实及对竞争产生或者可能产生的影响;

(二)经营者承诺的消除行为后果的措施;

(三)经营者履行承诺的期限及方式;

(四)经营者在规定的时限内向执法机构报告承诺履行情况的义务;

(五)对经营者履行承诺的监督措施;

(六)不履行或者不完全履行承诺的法律后果等。

第十三条　经营者承诺履行情况的报告与监督

经营者按照中止调查决定书的要求,向执法机构书面报告承诺的履行情况。

执法机构应当对经营者履行承诺的情况进行监督。

第十四条　经营者承诺措施的变更

经营者在履行承诺的过程中,因自身经营状况或者市场竞争状况等发生重大变化,可以向执法机构申请变更承诺的措施。

执法机构将对经营者变更申请进行审查,并将是否同意经营者变更承诺措施的结果书面告知经营者。

执法机构认为经营者对承诺措施的变更可能影响到其他不特定多数的经营者、消费者的合法权益或者社会公共利益,可以就经营者变更的承诺措施向社会公开征求意见。

第十五条　终止调查决定

经营者履行承诺的,执法机构可以决定终止调查,并制作终止调查决定书。

终止调查决定书需要载明下列内容:

(一)执法机构调查的经营者涉嫌垄断行为;

(二)经营者承诺的消除行为后果的措施;

(三)经营者履行承诺的情况;

(四)对经营者履行承诺的监督情况;

（五）终止涉嫌垄断行为的调查决定。

第十六条　中止调查、终止调查决定的公布

执法机构应当将中止调查决定、终止调查决定及时向社会公布。

第十七条　恢复调查决定

如果出现《反垄断法》第四十五条第三款所规定的情形，执法机构应当恢复对涉嫌垄断行为的调查。

行业主管部门、消费者或者其他经营者认为符合上述情形的，可以向执法机构提出恢复调查的建议，由执法机构审查后决定是否恢复调查。

第十八条　恢复调查后的中止调查和处罚

执法机构恢复调查后，不再接受经营者提出承诺。但是，依据《反垄断法》第四十五条第三款第（二）项恢复调查的，执法机构可以基于新的事实接受经营者提出承诺。

第二章

垄断协议

禁止垄断协议规定

（2023 年 3 月 10 日国家市场监督管理总局令第 65 号公布
自 2023 年 4 月 15 日起施行）

第一条 为了预防和制止垄断协议，根据《中华人民共和国反垄断法》（以下简称反垄断法），制定本规定。

第二条 国家市场监督管理总局（以下简称市场监管总局）负责垄断协议的反垄断统一执法工作。

市场监管总局根据反垄断法第十三条第二款规定，授权各省、自治区、直辖市市场监督管理部门（以下称省级市场监管部门）负责本行政区域内垄断协议的反垄断执法工作。

本规定所称反垄断执法机构包括市场监管总局和省级市场监管部门。

第三条 市场监管总局负责查处下列垄断协议：

（一）跨省、自治区、直辖市的；

（二）案情较为复杂或者在全国有重大影响的；

（三）市场监管总局认为有必要直接查处的。

前款所列垄断协议，市场监管总局可以指定省级市场监管部门查处。

省级市场监管部门根据授权查处垄断协议时，发现不属于本部门查处范围，或者虽属于本部门查处范围，但有必要由市场监管总局查处的，应当及时向市场监管总局报告。

第四条 反垄断执法机构查处垄断协议时，应当平等对待所有经营者。

第五条 垄断协议是指排除、限制竞争的协议、决定或者其他协同行为。

协议或者决定可以是书面、口头等形式。

其他协同行为是指经营者之间虽未明确订立协议或者决定，但实质上存在协调一致的行为。

第六条 认定其他协同行为,应当考虑下列因素:

(一)经营者的市场行为是否具有一致性;

(二)经营者之间是否进行过意思联络或者信息交流;

(三)经营者能否对行为的一致性作出合理解释;

(四)相关市场的市场结构、竞争状况、市场变化等情况。

第七条 相关市场是指经营者在一定时期内就特定商品或者服务(以下统称商品)进行竞争的商品范围和地域范围,包括相关商品市场和相关地域市场。

界定相关市场应当从需求者角度进行需求替代分析。当供给替代对经营者行为产生的竞争约束类似于需求替代时,也应当考虑供给替代。

界定相关商品市场,从需求替代角度,可以考虑需求者对商品价格等因素变化的反应、商品的特征与用途、销售渠道等因素。从供给替代角度,可以考虑其他经营者转产的难易程度、转产后所提供商品的市场竞争力等因素。

界定平台经济领域相关商品市场,可以根据平台一边的商品界定相关商品市场,也可以根据平台所涉及的多边商品,将平台整体界定为一个相关商品市场,或者分别界定多个相关商品市场,并考虑各相关商品市场之间的相互关系和影响。

界定相关地域市场,从需求替代角度,可以考虑商品的运输特征与成本、多数需求者选择商品的实际区域、地域间的贸易壁垒等因素。从供给替代角度,可以考虑其他地域经营者供应商品的及时性与可行性等因素。

第八条 禁止具有竞争关系的经营者就固定或者变更商品价格达成下列垄断协议:

(一)固定或者变更价格水平、价格变动幅度、利润水平或者折扣、手续费等其他费用;

(二)约定采用据以计算价格的标准公式、算法、平台规则等;

(三)限制参与协议的经营者的自主定价权;

(四)通过其他方式固定或者变更价格。

本规定所称具有竞争关系的经营者,包括处于同一相关市场进行竞争的实际经营者和可能进入相关市场进行竞争的潜在经营者。

第九条 禁止具有竞争关系的经营者就限制商品的生产数量或者销售数量达成下列垄断协议:

(一)以限制产量、固定产量、停止生产等方式限制商品的生产数量,或者限制特定品种、型号商品的生产数量;

(二)以限制商品投放量等方式限制商品的销售数量,或者限制特定品种、型号商品的销售数量;

(三)通过其他方式限制商品的生产数量或者销售数量。

第十条 禁止具有竞争关系的经营者就分割销售市场或者原材料采购市场达成下列垄断

协议：

（一）划分商品销售地域、市场份额、销售对象、销售收入、销售利润或者销售商品的种类、数量、时间；

（二）划分原料、半成品、零部件、相关设备等原材料的采购区域、种类、数量、时间或者供应商；

（三）通过其他方式分割销售市场或者原材料采购市场。

前款关于分割销售市场或者原材料采购市场的规定适用于数据、技术和服务等。

第十一条 禁止具有竞争关系的经营者就限制购买新技术、新设备或者限制开发新技术、新产品达成下列垄断协议：

（一）限制购买、使用新技术、新工艺；

（二）限制购买、租赁、使用新设备、新产品；

（三）限制投资、研发新技术、新工艺、新产品；

（四）拒绝使用新技术、新工艺、新设备、新产品；

（五）通过其他方式限制购买新技术、新设备或者限制开发新技术、新产品。

第十二条 禁止具有竞争关系的经营者就联合抵制交易达成下列垄断协议：

（一）联合拒绝向特定经营者供应或者销售商品；

（二）联合拒绝采购或者销售特定经营者的商品；

（三）联合限定特定经营者不得与其具有竞争关系的经营者进行交易；

（四）通过其他方式联合抵制交易。

第十三条 具有竞争关系的经营者不得利用数据和算法、技术以及平台规则等，通过意思联络、交换敏感信息、行为协调一致等方式，达成本规定第八条至第十二条规定的垄断协议。

第十四条 禁止经营者与交易相对人就商品价格达成下列垄断协议：

（一）固定向第三人转售商品的价格水平、价格变动幅度、利润水平或者折扣、手续费等其他费用；

（二）限定向第三人转售商品的最低价格，或者通过限定价格变动幅度、利润水平或者折扣、手续费等其他费用限定向第三人转售商品的最低价格；

（三）通过其他方式固定转售商品价格或者限定转售商品最低价格。

对前款规定的协议，经营者能够证明其不具有排除、限制竞争效果的，不予禁止。

第十五条 经营者不得利用数据和算法、技术以及平台规则等，通过对价格进行统一、限定或者自动化设定转售商品价格等方式，达成本规定第十四条规定的垄断协议。

第十六条 不属于本规定第八条至第十五条所列情形的其他协议、决定或者协同行为，有证据证明排除、限制竞争的，应当认定为垄断协议并予以禁止。

前款规定的垄断协议由市场监管总局负责认定，认定时应当考虑下列因素：

（一）经营者达成、实施协议的事实；

（二）市场竞争状况；

（三）经营者在相关市场中的市场份额及其对市场的控制力；

（四）协议对商品价格、数量、质量等方面的影响；

（五）协议对市场进入、技术进步等方面的影响；

（六）协议对消费者、其他经营者的影响；

（七）与认定垄断协议有关的其他因素。

第十七条 经营者与交易相对人达成协议，经营者能够证明参与协议的经营者在相关市场的市场份额低于市场监管总局规定的标准，并符合市场监管总局规定的其他条件的，不予禁止。

第十八条 反垄断法第十九条规定的经营者组织其他经营者达成垄断协议，包括下列情形：

（一）经营者不属于垄断协议的协议方，在垄断协议达成或者实施过程中，对协议的主体范围、主要内容、履行条件等具有决定性或者主导作用。

（二）经营者与多个交易相对人签订协议，使具有竞争关系的交易相对人之间通过该经营者进行意思联络或者信息交流，达成本规定第八条至第十三条的垄断协议。

（三）通过其他方式组织其他经营者达成垄断协议。

反垄断法第十九条规定的经营者为其他经营者达成垄断协议提供实质性帮助，包括提供必要的支持、创造关键性的便利条件，或者其他重要帮助。

第十九条 经营者能够证明被调查的垄断协议属于反垄断法第二十条规定情形的，不适用本规定第八条至第十六条、第十八条的规定。

第二十条 反垄断执法机构认定被调查的垄断协议是否属于反垄断法第二十条规定的情形，应当考虑下列因素：

（一）协议实现该情形的具体形式和效果；

（二）协议与实现该情形之间的因果关系；

（三）协议是否是实现该情形的必要条件；

（四）其他可以证明协议属于相关情形的因素。

反垄断执法机构认定消费者能否分享协议产生的利益，应当考虑消费者是否因协议的达成、实施在商品价格、质量、种类等方面获得利益。

第二十一条 行业协会应当加强行业自律，引导本行业的经营者依法竞争，合规经营，维护市场竞争秩序。禁止行业协会从事下列行为：

（一）制定、发布含有排除、限制竞争内容的行业协会章程、规则、决定、通知、标准等；

（二）召集、组织或者推动本行业的经营者达成含有排除、限制竞争内容的协议、决议、纪要、备忘录等；

（三）其他组织本行业经营者达成或者实施垄断协议的行为。

本规定所称行业协会是指由同行业经济组织和个人组成,行使行业服务和自律管理职能的各种协会、学会、商会、联合会、促进会等社会团体法人。

第二十二条 反垄断执法机构依据职权,或者通过举报、上级机关交办、其他机关移送、下级机关报告、经营者主动报告等途径,发现涉嫌垄断协议。

第二十三条 举报采用书面形式并提供相关事实和证据的,反垄断执法机构应当进行必要的调查。书面举报一般包括下列内容:

(一)举报人的基本情况;

(二)被举报人的基本情况;

(三)涉嫌垄断协议的相关事实和证据;

(四)是否就同一事实已向其他行政机关举报或者向人民法院提起诉讼。

反垄断执法机构根据工作需要,可以要求举报人补充举报材料。

对于采用书面形式的实名举报,反垄断执法机构在案件调查处理完毕后,可以根据举报人的书面请求依法向其反馈举报处理结果。

第二十四条 反垄断执法机构经过对涉嫌垄断协议的必要调查,符合下列条件的,应当立案:

(一)有证据初步证明经营者达成垄断协议;

(二)属于本部门查处范围;

(三)在给予行政处罚的法定期限内。

省级市场监管部门应当自立案之日起七个工作日内向市场监管总局备案。

第二十五条 市场监管总局在查处垄断协议时,可以委托省级市场监管部门进行调查。

省级市场监管部门在查处垄断协议时,可以委托下级市场监管部门进行调查。

受委托的市场监管部门在委托范围内,以委托机关的名义实施调查,不得再委托其他行政机关、组织或者个人进行调查。

第二十六条 省级市场监管部门查处垄断协议时,可以根据需要商请相关省级市场监管部门协助调查,相关省级市场监管部门应当予以协助。

第二十七条 反垄断执法机构对垄断协议进行行政处罚的,应当在作出行政处罚决定之前,书面告知当事人拟作出的行政处罚内容及事实、理由、依据,并告知当事人依法享有的陈述权、申辩权和要求听证的权利。

第二十八条 反垄断执法机构在告知当事人拟作出的行政处罚决定后,应当充分听取当事人的意见,对当事人提出的事实、理由和证据进行复核。

第二十九条 反垄断执法机构对垄断协议作出行政处罚决定,应当依法制作行政处罚决定书,并加盖本部门印章。

行政处罚决定书的内容包括:

(一)当事人的姓名或者名称、地址等基本情况;

（二）案件来源及调查经过；

（三）违反法律、法规、规章的事实和证据；

（四）当事人陈述、申辩的采纳情况及理由；

（五）行政处罚的内容和依据；

（六）行政处罚的履行方式和期限；

（七）申请行政复议、提起行政诉讼的途径和期限；

（八）作出行政处罚决定的反垄断执法机构的名称和作出决定的日期。

第三十条 反垄断执法机构认定被调查的垄断协议属于反垄断法第二十条规定情形的，应当终止调查并制作终止调查决定书。终止调查决定书应当载明协议的基本情况、适用反垄断法第二十条的依据和理由等。

反垄断执法机构作出终止调查决定后，因情况发生重大变化，导致被调查的协议不再符合反垄断法第二十条规定情形的，反垄断执法机构应当依法开展调查。

第三十一条 涉嫌垄断协议的经营者在被调查期间，可以提出中止调查申请，承诺在反垄断执法机构认可的期限内采取具体措施消除行为影响。

中止调查申请应当以书面形式提出，并由经营者负责人签字并盖章。申请书应当载明下列事项：

（一）涉嫌垄断协议的事实；

（二）承诺采取消除行为后果的具体措施；

（三）履行承诺的时限；

（四）需要承诺的其他内容。

第三十二条 反垄断执法机构根据被调查经营者的中止调查申请，在考虑行为的性质、持续时间、后果、社会影响、经营者承诺的措施及其预期效果等具体情况后，决定是否中止调查。

反垄断执法机构对涉嫌垄断协议调查核实后，认为构成垄断协议的，不得中止调查，应当依法作出处理决定。

对于符合本规定第八条至第十条规定的涉嫌垄断协议，反垄断执法机构不得接受中止调查申请。

第三十三条 反垄断执法机构决定中止调查的，应当制作中止调查决定书。

中止调查决定书应当载明被调查经营者涉嫌达成垄断协议的事实、承诺的具体内容、消除影响的具体措施、履行承诺的时限以及未履行或者未完全履行承诺的法律后果等内容。

第三十四条 决定中止调查的，反垄断执法机构应当对经营者履行承诺的情况进行监督。

经营者应当在规定的时限内向反垄断执法机构书面报告承诺履行情况。

第三十五条 反垄断执法机构确定经营者已经履行承诺的，可以决定终止调查，并制作终止调查决定书。

终止调查决定书应当载明被调查经营者涉嫌垄断协议的事实、作出中止调查决定的情况、承诺的具体内容、履行承诺的情况、监督情况等内容。

有下列情形之一的，反垄断执法机构应当恢复调查：

（一）经营者未履行或者未完全履行承诺的；

（二）作出中止调查决定所依据的事实发生重大变化的；

（三）中止调查决定是基于经营者提供的不完整或者不真实的信息作出的。

第三十六条 经营者涉嫌违反本规定的，反垄断执法机构可以对其法定代表人或者负责人进行约谈。

约谈应当指出经营者涉嫌达成垄断协议的问题，听取情况说明，开展提醒谈话，并可以要求其提出改进措施，消除行为危害后果。

经营者应当按照反垄断执法机构要求进行改进，提出消除行为危害后果的具体措施、履行时限等，并提交书面报告。

第三十七条 经营者达成或者组织其他经营者达成垄断协议，或者为其他经营者达成垄断协议提供实质性帮助，主动向反垄断执法机构报告有关情况并提供重要证据的，可以申请依法减轻或者免除处罚。

经营者应当在反垄断执法机构行政处罚告知前，向反垄断执法机构提出申请。

申请材料应当包括以下内容：

（一）垄断协议有关情况的报告，包括但不限于参与垄断协议的经营者、涉及的商品范围、达成协议的内容和方式、协议的具体实施情况、是否向其他境外执法机构提出申请等；

（二）达成或者实施垄断协议的重要证据。重要证据是指反垄断执法机构尚未掌握的，能够对立案调查或者对认定垄断协议起到关键性作用的证据。

经营者的法定代表人、主要负责人和直接责任人员对达成垄断协议负有个人责任的，适用本条规定。

第三十八条 经营者根据本规定第三十七条提出申请的，反垄断执法机构应当根据经营者主动报告的时间顺序、提供证据的重要程度以及达成、实施垄断协议的有关情况，决定是否减轻或者免除处罚。

第三十九条 省级市场监管部门作出不予行政处罚决定、中止调查决定、恢复调查决定、终止调查决定或者行政处罚告知前，应当向市场监管总局报告，接受市场监管总局的指导和监督。

省级市场监管部门向被调查经营者送达不予行政处罚决定书、中止调查决定书、恢复调查决定书、终止调查决定书或者行政处罚决定书后，应当在七个工作日内向市场监管总局备案。

第四十条 反垄断执法机构作出行政处理决定后，依法向社会公布。行政处罚信息应当依法通过国家企业信用信息公示系统向社会公示。

第四十一条 市场监管总局应当加强对省级市场监管部门查处垄断协议的指导和监督，统一执法程序和标准。

省级市场监管部门应当严格按照市场监管总局相关规定查处垄断协议案件。

第四十二条 经营者违反本规定，达成并实施垄断协议的，由反垄断执法机构责令停止违法行为，没收违法所得，并处上一年度销售额百分之一以上百分之十以下的罚款，上一年度没有销售额的，处五百万元以下的罚款；尚未实施所达成的垄断协议的，可以处三百万元以下的罚款。

经营者的法定代表人、主要负责人和直接责任人员对达成垄断协议负有个人责任的，可以处一百万元以下的罚款。

第四十三条 经营者组织其他经营者达成垄断协议或者为其他经营者达成垄断协议提供实质性帮助的，适用本规定第四十二条规定。

第四十四条 行业协会违反本规定，组织本行业的经营者达成垄断协议的，由反垄断执法机构责令改正，可以处三百万元以下的罚款；情节严重的，反垄断执法机构可以提请社会团体登记管理机关依法撤销登记。

第四十五条 反垄断执法机构确定具体罚款数额时，应当考虑违法行为的性质、程度、持续时间和消除违法行为后果的情况等因素。

违反本规定，情节特别严重、影响特别恶劣、造成特别严重后果的，市场监管总局可以在本规定第四十二条、第四十三条、第四十四条规定的罚款数额的二倍以上五倍以下确定具体罚款数额。

第四十六条 经营者因行政机关和法律、法规授权的具有管理公共事务职能的组织滥用行政权力而达成垄断协议的，按照本规定第四十二条、第四十三条、第四十四条、第四十五条处理。经营者能够证明其受行政机关和法律、法规授权的具有管理公共事务职能的组织滥用行政权力强制或者变相强制达成垄断协议的，可以依法从轻或者减轻处罚。

第四十七条 经营者根据本规定第三十七条主动向反垄断执法机构报告达成垄断协议的有关情况并提供重要证据的，反垄断执法机构可以按照下列幅度减轻或者免除对其处罚：对于第一个申请者，反垄断执法机构可以免除处罚或者按照不低于百分之八十的幅度减轻处罚；对于第二个申请者，可以按照百分之三十至百分之五十的幅度减轻处罚；对于第三个申请者，可以按照百分之二十至百分之三十的幅度减轻处罚。

在垄断协议达成中起主要作用，或者胁迫其他经营者参与达成、实施垄断协议，或者妨碍其他经营者停止该违法行为的，反垄断执法机构不得免除对其处罚。

负有个人责任的经营者法定代表人、主要负责人和直接责任人员，根据本规定第三十七条主动向反垄断执法机构报告达成垄断协议的有关情况并提供重要证据的，反垄断执法机构可以对其减轻百分之五十的处罚或者免除处罚。

第四十八条 反垄断执法机构工作人员滥用职权、玩忽职守、徇私舞弊或者泄露执法过程中知悉的商业秘密、个人隐私和个人信息的，依照有关规定处理。

第四十九条 反垄断执法机构在调查期间发现的公职人员涉嫌职务违法、职务犯罪问题线索,应当及时移交纪检监察机关。

第五十条 本规定对垄断协议调查、处罚程序未作规定的,依照《市场监督管理行政处罚程序规定》执行,有关时限、立案、案件管辖的规定除外。

反垄断执法机构组织行政处罚听证的,依照《市场监督管理行政处罚听证办法》执行。

第五十一条 本规定自2023年4月15日起施行。2019年6月26日国家市场监督管理总局令第10号公布的《禁止垄断协议暂行规定》同时废止。

国务院反垄断委员会横向垄断协议案件宽大制度适用指南

（2019年1月4日）

第一条　指南的目的和依据

根据《中华人民共和国反垄断法》(下称《反垄断法》)第四十六条第二款规定,经营者主动向国务院反垄断执法机构(下称执法机构)报告达成垄断协议的有关情况并提供重要证据,执法机构可以酌情减轻或者免除对该经营者的处罚(下称宽大制度)。为指导在横向垄断协议案件中适用上述规定,提高执法机构工作的透明度,便于经营者申请宽大,根据《反垄断法》,制定本指南。

第二条　宽大制度的意义

横向垄断协议通常具有严重排除、限制竞争的效果,同时具有高度隐秘性,且经营者之间相对稳定,如果相关经营者能够主动配合,将极大降低执法机构发现横向垄断协议并展开调查的难度。因此,执法机构认为,对于愿意主动报告横向垄断协议并提供重要证据,同时停止涉嫌违法行为并配合执法机构调查的经营者,执法机构相应地对其减轻或者免除处罚,有助于提高执法机构发现并查处垄断协议行为的效率,节约行政执法成本,维护消费者的利益。同时,执法机构也认为,给予经营者宽大的额度应当与经营者协助执法机构查处横向垄断协议案件的贡献程度相匹配。

第三条　指南的适用范围

本指南仅适用于横向垄断协议案件。

横向垄断协议是指《反垄断法》第十三条第一款所规定的具有竞争关系的经营者达成的垄断协议。本指南下文中所指的垄断协议均指横向垄断协议。

第四条　经营者申请宽大的时间

参与垄断协议的经营者可以在执法机构立案前或者依据《反垄断法》启动调查程序前,也可以在执法机构立案后或者依据《反垄断法》启动调查程序后、作出行政处罚事先告知前,向执法机构申请宽大。

第五条　经营者与执法机构的事先沟通

执法机构鼓励经营者尽可能早地报告垄断协议有关情况。经营者申请宽大前,可以匿名或者实名通过口头或者书面方式与执法机构进行沟通。

第六条　经营者申请免除处罚应提交的材料

第一个向执法机构提交垄断协议有关情况的报告及重要证据的经营者,可以申请免除处罚。

报告应当明确承认经营者从事了涉嫌违反《反垄断法》的垄断协议行为，详细说明达成和实施垄断协议的具体情况。报告需要包括以下信息：（一）垄断协议的参与者基本信息（包括但不限于名称、地址、联系方式及参与代表等）；（二）垄断协议的情况（包括但不限于联络的时间、地点、内容以及具体参与人员）；（三）垄断协议主要内容（包括但不限于涉及的商品或者服务、价格、数量等）及经营者达成和实施垄断协议情况；（四）影响的地域范围和市场规模；（五）实施垄断协议的持续时间；（六）证据材料的说明；（七）是否向其他境外执法机构申请宽大；（八）其他有关文件、材料。

经营者提供的重要证据是指：（一）执法机构尚未掌握案件线索或者证据的，足以使执法机构立案或者依据《反垄断法》启动调查程序的证据；（二）执法机构立案后或者依据《反垄断法》启动调查程序后，经营者提供的证据是执法机构尚未掌握的，并且能够认定构成《反垄断法》第十三条规定的垄断协议的。

第七条　经营者申请免除处罚的登记

第一个申请免除处罚的经营者向执法机构提交本指南第六条关于垄断协议的报告及重要证据的，执法机构向经营者出具书面回执，明确收到的时间及材料清单。

第一个申请免除处罚的经营者向执法机构提交的报告不符合本指南第六条第二款要求的，执法机构将不出具书面回执。

第一个申请免除处罚的经营者向执法机构提交的报告符合本指南第六条第二款要求，但未提供证据或者证据不全的，执法机构可以进行登记，将出具本条第一款的书面回执，并要求经营者在规定的期限内补充相关证据。该期限一般最长不超过30日，特殊情况下可以延长至60日。如果经营者在执法机构要求的期限内补充提交相关证据，执法机构将以其收到报告的时间为申请宽大时间；经营者未在期限内按要求补充提交相关证据的，执法机构将取消其登记资格。

第一个申请免除处罚的经营者被取消登记资格后，在没有其他经营者申请宽大情况下，仍然可以完善相关证据，按照本条第一款规定向执法机构申请免除处罚；若其再次申请免除处罚前，已有其他经营者申请宽大的，被取消登记资格的经营者可以申请减轻处罚。

除前款规定的情形外，申请免除处罚的经营者被取消登记资格的，第一个已申请减轻处罚的经营者自动调整为免除处罚的申请者。

第八条　经营者申请减轻处罚应提交的证据

第一个之后提交垄断协议有关情况的报告及重要证据的经营者，可以向执法机构申请减轻处罚。执法机构向经营者出具书面回执，明确收到的时间及材料清单。

报告需要包括垄断协议的参与者、涉及的产品或者服务、达成和实施的时间、地域等。

经营者提供的重要证据，是执法机构尚未掌握的，并对最终认定垄断协议行为具有显著证明效力的证据，包括：（一）在垄断协议的达成方式和实施行为方面具有更大证明力或者补充证明价值的证据;(二)在垄断协议的内容、达成和实施的时间、涉及的产品或者服务范畴、参与成员等方面具有补充证明价值的证据;(三)其他能够证明和固定垄断协议证明力的证据。

第九条　经营者申请宽大的形式

经营者申请宽大的报告可以是口头或者书面形式。以口头形式报告的,将在执法机构办公场所进行录音、书面记录并由经营者授权的报告人签名确认;书面形式包括通过电子邮件、传真或者书面纸质材料等,但经营者需要签名、盖章或者以其他方式确认。

第十条　经营者获得宽大需要满足的其他条件

经营者申请宽大应按照本指南要求提交报告、证据,并且全部满足下列条件,可以获得宽大:

(一)申请宽大后立即停止涉嫌违法行为,但执法机构为保证调查工作顺利进行而要求经营者继续实施上述行为的情况除外。经营者已经向境外执法机构申请宽大,并被要求继续实施上述行为的,应当向执法机构报告;

(二)迅速、持续、全面、真诚地配合执法机构的调查工作;

(三)妥善保存并提供证据和信息,不得隐匿、销毁、转移证据或者提供虚假材料、信息;

(四)未经执法机构同意不得对外披露向执法机构申请宽大的情况;

(五)不得有其他影响反垄断执法调查的行为。

经营者组织、胁迫其他经营者参与达成、实施垄断协议或者妨碍其他经营者停止该违法行为的,执法机构不对其免除处罚,但可以相应给予减轻处罚。

第十一条　经营者申请宽大顺位的确定

执法机构按照经营者申请宽大的时间先后为经营者排序,确定经营者申请宽大的顺位。

经营者未履行本指南第十条第一款所列义务的,执法机构将取消其顺位。申请免除处罚的经营者顺位被取消的,不得递补;申请减轻处罚的经营者顺位被取消后,其后顺位的经营者可以依次向前递补。

第十二条　执法机构的审理审查

执法机构调查认定垄断协议行为成立的,将根据经营者违法行为的情节轻重确定对经营者的处罚金额,并根据经营者申请宽大的顺位及本指南第十条情形作出是否给予经营者宽大以及处罚减免幅度。

一般情况下,执法机构在同一垄断协议案件中最多给予三个经营者宽大。如果案件重大复杂、涉及经营者众多,并且申请宽大的经营者确实提供了不同的重要证据,执法机构可以考虑给予更多的经营者宽大。

执法机构不予宽大的,不以经营者提交的材料作为认定经营者从事垄断协议行为的证据。

第十三条　执法机构免除、减轻经营者的罚款

对于第一顺位的经营者,执法机构可以对经营者免除全部罚款或者按照不低于80%的幅度减轻罚款。在执法机构立案前或者依据《反垄断法》启动调查程序前申请宽大并确定为第一顺位的经营者,执法机构将免除全部罚款,存在本指南第十条第二款情形的除外。

对于第二顺位的经营者,执法机构可以按照30%至50%的幅度减轻罚款;对于第三顺位的经营者,可以按照20%至30%的幅度减轻罚款;对于后序顺位的经营者,可以按照不高于20%的幅度减轻罚款。

本指南所称罚款是指,将申请罚款减免以外的所有情节综合考虑后确定对经营者作出的罚款金额。

第十四条　执法机构减免没收经营者的违法所得

为鼓励经营者主动报告垄断协议行为并提供重要证据,执法机构在减免罚款的同时可以考虑参考本指南第十三条处理经营者的违法所得。

第十五条　执法机构决定的公开

执法机构决定给予经营者宽大的,应当在决定中写明给予经营者宽大的结果和理由,并依法将决定及时向社会公布。

第十六条　执法机构的保密义务

对经营者依据本指南申请宽大所提交的报告、形成的文书等材料,未经经营者同意不得对外公开,任何单位、个人均无权查阅。

第三章

滥用市场支配地位

禁止滥用市场支配地位行为规定

(2023年3月10日国家市场监督管理总局令第66号公布
自2023年4月15日起施行)

第一条 为了预防和制止滥用市场支配地位行为,根据《中华人民共和国反垄断法》(以下简称反垄断法),制定本规定。

第二条 国家市场监督管理总局(以下简称市场监管总局)负责滥用市场支配地位行为的反垄断统一执法工作。

市场监管总局根据反垄断法第十三条第二款规定,授权各省、自治区、直辖市市场监督管理部门(以下称省级市场监管部门)负责本行政区域内滥用市场支配地位行为的反垄断执法工作。

本规定所称反垄断执法机构包括市场监管总局和省级市场监管部门。

第三条 市场监管总局负责查处下列滥用市场支配地位行为:

(一)跨省、自治区、直辖市的;

(二)案情较为复杂或者在全国有重大影响的;

(三)市场监管总局认为有必要直接查处的。

前款所列滥用市场支配地位行为,市场监管总局可以指定省级市场监管部门查处。

省级市场监管部门根据授权查处滥用市场支配地位行为时,发现不属于本部门查处范围,或者虽属于本部门查处范围,但有必要由市场监管总局查处的,应当及时向市场监管总局报告。

第四条 反垄断执法机构查处滥用市场支配地位行为时,应当平等对待所有经营者。

第五条 相关市场是指经营者在一定时期内就特定商品或者服务(以下统称商品)进行竞

争的商品范围和地域范围，包括相关商品市场和相关地域市场。

界定相关市场应当从需求者角度进行需求替代分析。当供给替代对经营者行为产生的竞争约束类似于需求替代时，也应当考虑供给替代。

界定相关商品市场，从需求替代角度，可以考虑需求者对商品价格等因素变化的反应、商品的特征与用途、销售渠道等因素。从供给替代角度，可以考虑其他经营者转产的难易程度、转产后所提供商品的市场竞争力等因素。

界定平台经济领域相关商品市场，可以根据平台一边的商品界定相关商品市场，也可以根据平台所涉及的多边商品，将平台整体界定为一个相关商品市场，或者分别界定多个相关商品市场，并考虑各相关商品市场之间的相互关系和影响。

界定相关地域市场，从需求替代角度，可以考虑商品的运输特征与成本、多数需求者选择商品的实际区域、地域间的贸易壁垒等因素。从供给替代角度，可以考虑其他地域经营者供应商品的及时性与可行性等因素。

第六条 市场支配地位是指经营者在相关市场内具有能够控制商品价格、数量或者其他交易条件，或者能够阻碍、影响其他经营者进入相关市场能力的市场地位。

本条所称其他交易条件是指除商品价格、数量之外能够对市场交易产生实质影响的其他因素，包括商品品种、商品品质、付款条件、交付方式、售后服务、交易选择、技术约束等。

本条所称能够阻碍、影响其他经营者进入相关市场，包括排除其他经营者进入相关市场，或者延缓其他经营者在合理时间内进入相关市场，或者导致其他经营者虽能够进入该相关市场但进入成本大幅提高，无法与现有经营者开展有效竞争等情形。

第七条 根据反垄断法第二十三条第一项，确定经营者在相关市场的市场份额，可以考虑一定时期内经营者的特定商品销售金额、销售数量或者其他指标在相关市场所占的比重。

分析相关市场竞争状况，可以考虑相关市场的发展状况、现有竞争者的数量和市场份额、市场集中度、商品差异程度、创新和技术变化、销售和采购模式、潜在竞争者情况等因素。

第八条 根据反垄断法第二十三条第二项，确定经营者控制销售市场或者原材料采购市场的能力，可以考虑该经营者控制产业链上下游市场的能力，控制销售渠道或者采购渠道的能力，影响或者决定价格、数量、合同期限或者其他交易条件的能力，以及优先获得企业生产经营所必需的原料、半成品、零部件、相关设备以及需要投入的其他资源的能力等因素。

第九条 根据反垄断法第二十三条第三项，确定经营者的财力和技术条件，可以考虑该经营者的资产规模、盈利能力、融资能力、研发能力、技术装备、技术创新和应用能力、拥有的知识产权等，以及该财力和技术条件能够以何种方式和程度促进该经营者业务扩张或者巩固、维持市场地位等因素。

第十条 根据反垄断法第二十三条第四项，确定其他经营者对该经营者在交易上的依赖程度，可以考虑其他经营者与该经营者之间的交易关系、交易量、交易持续时间、在合理时间内转向其他交易相对人的难易程度等因素。

第十一条 根据反垄断法第二十三条第五项，确定其他经营者进入相关市场的难易程度，可以考虑市场准入、获取必要资源的难度、采购和销售渠道的控制情况、资金投入规模、技术壁垒、品牌依赖、用户转换成本、消费习惯等因素。

第十二条 根据反垄断法第二十三条和本规定第七条至第十一条规定认定平台经济领域经营者具有市场支配地位，还可以考虑相关行业竞争特点、经营模式、交易金额、交易数量、用户数量、网络效应、锁定效应、技术特性、市场创新、控制流量的能力、掌握和处理相关数据的能力及经营者在关联市场的市场力量等因素。

第十三条 认定两个以上的经营者具有市场支配地位，除考虑本规定第七条至第十二条规定的因素外，还应当考虑经营者行为一致性、市场结构、相关市场透明度、相关商品同质化程度等因素。

第十四条 禁止具有市场支配地位的经营者以不公平的高价销售商品或者以不公平的低价购买商品。

认定"不公平的高价"或者"不公平的低价"，可以考虑下列因素：

（一）销售价格或者购买价格是否明显高于或者明显低于其他经营者在相同或者相似市场条件下销售或者购买同种商品或者可比较商品的价格；

（二）销售价格或者购买价格是否明显高于或者明显低于同一经营者在其他相同或者相似市场条件区域销售或者购买同种商品或者可比较商品的价格；

（三）在成本基本稳定的情况下，是否超过正常幅度提高销售价格或者降低购买价格；

（四）销售商品的提价幅度是否明显高于成本增长幅度，或者购买商品的降价幅度是否明显高于交易相对人成本降低幅度；

（五）需要考虑的其他相关因素。

涉及平台经济领域，还可以考虑平台涉及多边市场中各相关市场之间的成本关联情况及其合理性。

认定市场条件相同或者相似，应当考虑经营模式、销售渠道、供求状况、监管环境、交易环节、成本结构、交易情况、平台类型等因素。

第十五条 禁止具有市场支配地位的经营者没有正当理由，以低于成本的价格销售商品。

认定以低于成本的价格销售商品，应当重点考虑价格是否低于平均可变成本。平均可变成本是指随着生产的商品数量变化而变动的每单位成本。涉及平台经济领域，还可以考虑平台涉及多边市场中各相关市场之间的成本关联情况及其合理性。

本条所称"正当理由"包括：

（一）降价处理鲜活商品、季节性商品、有效期限即将到期的商品或者积压商品的；

（二）因清偿债务、转产、歇业降价销售商品的；

（三）在合理期限内为推广新商品进行促销的；

（四）能够证明行为具有正当性的其他理由。

第十六条 禁止具有市场支配地位的经营者没有正当理由,通过下列方式拒绝与交易相对人进行交易:

(一)实质性削减与交易相对人的现有交易数量;

(二)拖延、中断与交易相对人的现有交易;

(三)拒绝与交易相对人进行新的交易;

(四)通过设置交易相对人难以接受的价格、向交易相对人回购商品、与交易相对人进行其他交易等限制性条件,使交易相对人难以与其进行交易;

(五)拒绝交易相对人在生产经营活动中,以合理条件使用其必需设施。

在依据前款第五项认定经营者滥用市场支配地位时,应当综合考虑以合理的投入另行投资建设或者另行开发建造该设施的可行性、交易相对人有效开展生产经营活动对该设施的依赖程度、该经营者提供该设施的可能性以及对自身生产经营活动造成的影响等因素。

本条所称"正当理由"包括:

(一)因不可抗力等客观原因无法进行交易;

(二)交易相对人有不良信用记录或者出现经营状况恶化等情况,影响交易安全;

(三)与交易相对人进行交易将使经营者利益发生不当减损;

(四)交易相对人明确表示或者实际不遵守公平、合理、无歧视的平台规则;

(五)能够证明行为具有正当性的其他理由。

第十七条 禁止具有市场支配地位的经营者没有正当理由,从事下列限定交易行为:

(一)限定交易相对人只能与其进行交易;

(二)限定交易相对人只能与其指定的经营者进行交易;

(三)限定交易相对人不得与特定经营者进行交易。

从事上述限定交易行为可以是直接限定,也可以是采取惩罚性或者激励性措施等方式变相限定。

本条所称"正当理由"包括:

(一)为满足产品安全要求所必需;

(二)为保护知识产权、商业秘密或者数据安全所必需;

(三)为保护针对交易进行的特定投资所必需;

(四)为维护平台合理的经营模式所必需;

(五)能够证明行为具有正当性的其他理由。

第十八条 禁止具有市场支配地位的经营者没有正当理由搭售商品,或者在交易时附加其他不合理的交易条件:

(一)违背交易惯例、消费习惯或者无视商品的功能,利用合同条款或者弹窗、操作必经步骤等交易相对人难以选择、更改、拒绝的方式,将不同商品捆绑销售或者组合销售;

(二)对合同期限、支付方式、商品的运输及交付方式或者服务的提供方式等附加不合理的限制；

（三）对商品的销售地域、销售对象、售后服务等附加不合理的限制；

（四）交易时在价格之外附加不合理费用；

（五）附加与交易标的无关的交易条件。

本条所称"正当理由"包括：

（一）符合正当的行业惯例和交易习惯；

（二）为满足产品安全要求所必需；

（三）为实现特定技术所必需；

（四）为保护交易相对人和消费者利益所必需；

（五）能够证明行为具有正当性的其他理由。

第十九条 禁止具有市场支配地位的经营者没有正当理由，对条件相同的交易相对人在交易条件上实行下列差别待遇：

（一）实行不同的交易价格、数量、品种、品质等级；

（二）实行不同的数量折扣等优惠条件；

（三）实行不同的付款条件、交付方式；

（四）实行不同的保修内容和期限、维修内容和时间、零配件供应、技术指导等售后服务条件。

条件相同是指交易相对人之间在交易安全、交易成本、规模和能力、信用状况、所处交易环节、交易持续时间等方面不存在实质性影响交易的差别。交易中依法获取的交易相对人的交易数据、个体偏好、消费习惯等方面存在的差异不影响认定交易相对人条件相同。

本条所称"正当理由"包括：

（一）根据交易相对人实际需求且符合正当的交易习惯和行业惯例，实行不同交易条件；

（二）针对新用户的首次交易在合理期限内开展的优惠活动；

（三）基于公平、合理、无歧视的平台规则实施的随机性交易；

（四）能够证明行为具有正当性的其他理由。

第二十条 市场监管总局认定其他滥用市场支配地位行为，应当同时符合下列条件：

（一）经营者具有市场支配地位；

（二）经营者实施了排除、限制竞争行为；

（三）经营者实施相关行为不具有正当理由；

（四）经营者相关行为对市场竞争具有排除、限制影响。

第二十一条 具有市场支配地位的经营者不得利用数据和算法、技术以及平台规则等从事本规定第十四条至第二十条规定的滥用市场支配地位行为。

第二十二条 反垄断执法机构认定本规定第十四条所称的"不公平"和第十五条至第二十条所称的"正当理由"，还应当考虑下列因素：

（一）有关行为是否为法律、法规所规定；

（二）有关行为对国家安全、网络安全等方面的影响；

（三）有关行为对经济运行效率、经济发展的影响；

（四）有关行为是否为经营者正常经营及实现正常效益所必需；

（五）有关行为对经营者业务发展、未来投资、创新方面的影响；

（六）有关行为是否能够使交易相对人或者消费者获益；

（七）有关行为对社会公共利益的影响。

第二十三条 供水、供电、供气、供热、电信、有线电视、邮政、交通运输等公用事业领域经营者应当依法经营，不得滥用其市场支配地位损害消费者利益和社会公共利益。

第二十四条 反垄断执法机构依据职权，或者通过举报、上级机关交办、其他机关移送、下级机关报告、经营者主动报告等途径，发现涉嫌滥用市场支配地位行为。

第二十五条 举报采用书面形式并提供相关事实和证据的，反垄断执法机构应当进行必要的调查。书面举报一般包括下列内容：

（一）举报人的基本情况；

（二）被举报人的基本情况；

（三）涉嫌滥用市场支配地位行为的相关事实和证据；

（四）是否就同一事实已向其他行政机关举报或者向人民法院提起诉讼。

反垄断执法机构根据工作需要，可以要求举报人补充举报材料。

对于采用书面形式的实名举报，反垄断执法机构在案件调查处理完毕后，可以根据举报人的书面请求依法向其反馈举报处理结果。

第二十六条 反垄断执法机构经过对涉嫌滥用市场支配地位行为的必要调查，符合下列条件的，应当立案：

（一）有证据初步证明存在滥用市场支配地位行为；

（二）属于本部门查处范围；

（三）在给予行政处罚的法定期限内。

省级市场监管部门应当自立案之日起七个工作日内向市场监管总局备案。

第二十七条 市场监管总局在查处滥用市场支配地位行为时，可以委托省级市场监管部门进行调查。

省级市场监管部门在查处滥用市场支配地位行为时，可以委托下级市场监管部门进行调查。

受委托的市场监管部门在委托范围内，以委托机关的名义实施调查，不得再委托其他行政机关、组织或者个人进行调查。

第二十八条 省级市场监管部门查处滥用市场支配地位行为时，可以根据需要商请相关省级市场监管部门协助调查，相关省级市场监管部门应当予以协助。

第二十九条 反垄断执法机构对滥用市场支配地位行为进行行政处罚的，应当在作出行政处罚决定之前，书面告知当事人拟作出的行政处罚内容及事实、理由、依据，并告知当事人依法享有的陈述权、申辩权和要求听证的权利。

第三十条 反垄断执法机构在告知当事人拟作出的行政处罚决定后，应当充分听取当事人的意见，对当事人提出的事实、理由和证据进行复核。

第三十一条 反垄断执法机构对滥用市场支配地位行为作出行政处罚决定，应当依法制作行政处罚决定书，并加盖本部门印章。

行政处罚决定书的内容包括：

（一）当事人的姓名或者名称、地址等基本情况；

（二）案件来源及调查经过；

（三）违反法律、法规、规章的事实和证据；

（四）当事人陈述、申辩的采纳情况及理由；

（五）行政处罚的内容和依据；

（六）行政处罚的履行方式和期限；

（七）申请行政复议、提起行政诉讼的途径和期限；

（八）作出行政处罚决定的反垄断执法机构的名称和作出决定的日期。

第三十二条 涉嫌滥用市场支配地位的经营者在被调查期间，可以提出中止调查申请，承诺在反垄断执法机构认可的期限内采取具体措施消除行为影响。

中止调查申请应当以书面形式提出，并由经营者负责人签字并盖章。申请书应当载明下列事项：

（一）涉嫌滥用市场支配地位行为的事实；

（二）承诺采取消除行为后果的具体措施；

（三）履行承诺的时限；

（四）需要承诺的其他内容。

第三十三条 反垄断执法机构根据被调查经营者的中止调查申请，在考虑行为的性质、持续时间、后果、社会影响、经营者承诺的措施及其预期效果等具体情况后，决定是否中止调查。

反垄断执法机构对涉嫌滥用市场支配地位行为调查核实后，认为构成滥用市场支配地位行为的，不得中止调查，应当依法作出处理决定。

第三十四条 反垄断执法机构决定中止调查的，应当制作中止调查决定书。

中止调查决定书应当载明被调查经营者涉嫌滥用市场支配地位行为的事实、承诺的具体内容、消除影响的具体措施、履行承诺的时限以及未履行或者未完全履行承诺的法律后果等内容。

第三十五条 决定中止调查的，反垄断执法机构应当对经营者履行承诺的情况进行监督。

经营者应当在规定的时限内向反垄断执法机构书面报告承诺履行情况。

第三十六条 反垄断执法机构确定经营者已经履行承诺的，可以决定终止调查，并制作终止调查决定书。

终止调查决定书应当载明被调查经营者涉嫌滥用市场支配地位行为的事实、作出中止调查决定的情况、承诺的具体内容、履行承诺的情况、监督情况等内容。

有下列情形之一的，反垄断执法机构应当恢复调查：

（一）经营者未履行或者未完全履行承诺的；

（二）作出中止调查决定所依据的事实发生重大变化的；

（三）中止调查决定是基于经营者提供的不完整或者不真实的信息作出的。

第三十七条 经营者涉嫌违反本规定的，反垄断执法机构可以对其法定代表人或者负责人进行约谈。

约谈应当指出经营者涉嫌滥用市场支配地位的问题，听取情况说明，开展提醒谈话，并可以要求其提出改进措施，消除行为危害后果。

经营者应当按照反垄断执法机构要求进行改进，提出消除行为危害后果的具体措施、履行时限等，并提交书面报告。

第三十八条 省级市场监管部门作出不予行政处罚决定、中止调查决定、恢复调查决定、终止调查决定或者行政处罚告知前，应当向市场监管总局报告，接受市场监管总局的指导和监督。

省级市场监管部门向被调查经营者送达不予行政处罚决定书、中止调查决定书、恢复调查决定书、终止调查决定书或者行政处罚决定书后，应当在七个工作日内向市场监管总局备案。

第三十九条 反垄断执法机构作出行政处理决定后，依法向社会公布。行政处罚信息应当依法通过国家企业信用信息公示系统向社会公示。

第四十条 市场监管总局应当加强对省级市场监管部门查处滥用市场支配地位行为的指导和监督，统一执法程序和标准。

省级市场监管部门应当严格按照市场监管总局相关规定查处滥用市场支配地位行为。

第四十一条 经营者滥用市场支配地位的，由反垄断执法机构责令停止违法行为，没收违法所得，并处上一年度销售额百分之一以上百分之十以下的罚款。

反垄断执法机构确定具体罚款数额时，应当考虑违法行为的性质、程度、持续时间和消除违法行为后果的情况等因素。

违反本规定，情节特别严重、影响特别恶劣、造成特别严重后果的，市场监管总局可以在第一款规定的罚款数额的二倍以上五倍以下确定具体罚款数额。

经营者因行政机关和法律、法规授权的具有管理公共事务职能的组织滥用行政权力而滥用市场支配地位的，按照第一款规定处理。经营者能够证明其受行政机关和法律、法规授权的具有管理公共事务职能的组织滥用行政权力强制或者变相强制滥用市场支配地位的，可以依法从轻或者减轻处罚。

第四十二条 反垄断执法机构工作人员滥用职权、玩忽职守、徇私舞弊或者泄露执法过程中知悉的商业秘密、个人隐私和个人信息的，依照有关规定处理。

第四十三条 反垄断执法机构在调查期间发现的公职人员涉嫌职务违法、职务犯罪问题线索，应当及时移交纪检监察机关。

第四十四条 本规定对滥用市场支配地位行为调查、处罚程序未作规定的，依照《市场监督管理行政处罚程序规定》执行，有关时限、立案、案件管辖的规定除外。

反垄断执法机构组织行政处罚听证的，依照《市场监督管理行政处罚听证办法》执行。

第四十五条 本规定自2023年4月15日起施行。2019年6月26日国家市场监督管理总局令第11号公布的《禁止滥用市场支配地位行为暂行规定》同时废止。

第四章

滥用行政权力

制止滥用行政权力排除、限制竞争行为规定

（2023年3月10日国家市场监督管理总局令第64号公布
自2023年4月15日起施行）

第一条 为了预防和制止滥用行政权力排除、限制竞争行为，根据《中华人民共和国反垄断法》（以下简称反垄断法），制定本规定。

第二条 国家市场监督管理总局（以下简称市场监管总局）负责滥用行政权力排除、限制竞争行为的反垄断统一执法工作。

市场监管总局根据反垄断法第十三条第二款规定，授权各省、自治区、直辖市人民政府市场监督管理部门（以下称省级市场监管部门）负责本行政区域内滥用行政权力排除、限制竞争行为的反垄断执法工作。

本规定所称反垄断执法机构包括市场监管总局和省级市场监管部门。

第三条 市场监管总局负责对下列滥用行政权力排除、限制竞争行为进行调查，提出依法处理的建议（以下简称查处）：

（一）在全国范围内有影响的；

（二）省级人民政府实施的；

（三）案情较为复杂或者市场监管总局认为有必要直接查处的。

前款所列的滥用行政权力排除、限制竞争行为，市场监管总局可以指定省级市场监管部门查处。

省级市场监管部门查处滥用行政权力排除、限制竞争行为时，发现不属于本部门查处范围，或者虽属于本部门查处范围，但有必要由市场监管总局查处的，应当及时报告市场监管总局。

第四条 行政机关和法律、法规授权的具有管理公共事务职能的组织不得滥用行政权力，实施下列行为，限定或者变相限定单位或者个人经营、购买、使用其指定的经营者提供的商品或者服务（以下统称商品）：

（一）以明确要求、暗示、拒绝或者拖延行政审批、备案、重复检查、不予接入平台或者网络等方式，限定或者变相限定经营、购买、使用特定经营者提供的商品；

（二）通过限制投标人所在地、所有制形式、组织形式等方式，限定或者变相限定经营、购买、使用特定经营者提供的商品；

（三）通过设置不合理的项目库、名录库、备选库、资格库等方式，限定或者变相限定经营、购买、使用特定经营者提供的商品；

（四）限定或者变相限定单位或者个人经营、购买、使用其指定的经营者提供的商品的其他行为。

第五条 行政机关和法律、法规授权的具有管理公共事务职能的组织不得滥用行政权力，通过与经营者签订合作协议、备忘录等方式，妨碍其他经营者进入相关市场或者对其他经营者实行不平等待遇，排除、限制竞争。

第六条 行政机关和法律、法规授权的具有管理公共事务职能的组织不得滥用行政权力，实施下列行为，妨碍商品在地区之间的自由流通：

（一）对外地商品设定歧视性收费项目、实行歧视性收费标准，或者规定歧视性价格、实行歧视性补贴政策；

（二）对外地商品规定与本地同类商品不同的技术要求、检验标准，或者对外地商品采取重复检验、重复认证等歧视性技术措施，阻碍、限制外地商品进入本地市场；

（三）采取专门针对外地商品的行政许可，或者对外地商品实施行政许可时，设定不同的许可条件、程序、期限等，阻碍、限制外地商品进入本地市场；

（四）设置关卡、通过软件或者互联网设置屏蔽等手段，阻碍、限制外地商品进入或者本地商品运出；

（五）妨碍商品在地区之间自由流通的其他行为。

第七条 行政机关和法律、法规授权的具有管理公共事务职能的组织不得滥用行政权力，实施下列行为，排斥或者限制经营者参加招标投标以及其他经营活动：

（一）不依法发布招标投标等信息；

（二）排斥或者限制外地经营者参与本地特定的招标投标活动和其他经营活动；

（三）设定歧视性的资质要求或者评审标准；

（四）设定与实际需要不相适应或者与合同履行无关的资格、技术和商务条件；

（五）排斥或者限制经营者参加招标投标以及其他经营活动的其他行为。

第八条 行政机关和法律、法规授权的具有管理公共事务职能的组织不得滥用行政权力，实施下列行为，排斥、限制、强制或者变相强制外地经营者在本地投资或者设立分支机构：

（一）拒绝、强制或者变相强制外地经营者在本地投资或者设立分支机构；

（二）对外地经营者在本地投资的规模、方式以及设立分支机构的地址、商业模式等进行限制或者提出不合理要求；

（三）对外地经营者在本地的投资或者设立的分支机构在投资、经营规模、经营方式、税费缴纳等方面规定与本地经营者不同的要求，在安全生产、节能环保、质量标准、行政审批、备案等方面实行歧视性待遇；

（四）排斥、限制、强制或者变相强制外地经营者在本地投资或者设立分支机构的其他行为。

第九条 行政机关和法律、法规授权的具有管理公共事务职能的组织不得滥用行政权力，强制或者变相强制经营者从事反垄断法规定的垄断行为。

第十条 行政机关和法律、法规授权的具有管理公共事务职能的组织不得滥用行政权力，以办法、决定、公告、通知、意见、会议纪要、函件等形式，制定、发布含有排除、限制竞争内容的规定。

第十一条 反垄断执法机构依据职权，或者通过举报、上级机关交办、其他机关移送、下级机关报告等途径，发现涉嫌滥用行政权力排除、限制竞争行为。

第十二条 对涉嫌滥用行政权力排除、限制竞争行为，任何单位和个人有权向反垄断执法机构举报。反垄断执法机构应当为举报人保密。

第十三条 举报采用书面形式并提供相关事实和证据的，有关反垄断执法机构应当进行必要的调查。书面举报一般包括下列内容：

（一）举报人的基本情况；

（二）被举报人的基本情况；

（三）涉嫌滥用行政权力排除、限制竞争行为的相关事实和证据；

（四）是否就同一事实已向其他行政机关举报、申请行政复议或者向人民法院提起诉讼。

第十四条 反垄断执法机构负责所管辖案件的受理。省级以下市场监管部门收到举报材料或者发现案件线索的，应当在七个工作日内将相关材料报送省级市场监管部门。

对于被举报人信息不完整、相关事实不清晰的举报，受理机关可以通知举报人及时补正。

对于采用书面形式的实名举报，反垄断执法机构在案件调查处理完毕后，可以根据举报人的书面请求依法向其反馈举报处理结果。

第十五条 反垄断执法机构经过对涉嫌滥用行政权力排除、限制竞争行为的必要调查，决定是否立案。

被调查单位在上述调查期间已经采取措施停止相关行为，消除相关竞争限制的，可以不予立案。

省级市场监管部门应当自立案之日起七个工作日内向市场监管总局备案。

第十六条 立案后，反垄断执法机构应当及时进行调查，依法向有关单位和个人了解情况,收集、调取证据。有关单位或者个人应当配合调查。

第十七条 市场监管总局在查处涉嫌滥用行政权力排除、限制竞争行为时,可以委托省级市场监管部门进行调查。

省级市场监管部门在查处涉嫌滥用行政权力排除、限制竞争行为时,可以委托下级市场监管部门进行调查。

受委托的市场监管部门在委托范围内,以委托机关的名义进行调查,不得再委托其他行政机关、组织或者个人进行调查。

第十八条 省级市场监管部门查处涉嫌滥用行政权力排除、限制竞争行为时,可以根据需要商请相关省级市场监管部门协助调查,相关省级市场监管部门应当予以协助。

第十九条 被调查单位和个人有权陈述意见,提出事实、理由和相关证据。反垄断执法机构应当进行核实。

第二十条 经调查,反垄断执法机构认为构成滥用行政权力排除、限制竞争行为的,可以向有关上级机关提出依法处理的建议。

在调查期间,被调查单位主动采取措施停止相关行为,消除相关竞争限制的,反垄断执法机构可以结束调查。

经调查,反垄断执法机构认为不构成滥用行政权力排除、限制竞争行为的,应当结束调查。

第二十一条 反垄断执法机构向有关上级机关提出依法处理建议的,应当制作行政建议书,同时抄送被调查单位。行政建议书应当载明以下事项:

(一)主送单位名称;

(二)被调查单位名称;

(三)违法事实;

(四)被调查单位的陈述意见及采纳情况;

(五)处理建议及依据;

(六)被调查单位改正的时限及要求;

(七)反垄断执法机构名称、公章及日期。

前款第五项规定的处理建议应当能够消除相关竞争限制,并且具体、明确,可以包括停止实施有关行为、解除有关协议、停止执行有关备忘录、废止或者修改有关文件并向社会公开文件的废止或者修改情况等。

被调查单位应当按照行政建议书载明的处理建议,积极落实改正措施,并按照反垄断执法机构的要求,限期将有关改正情况书面报告上级机关和反垄断执法机构。

第二十二条 省级市场监管部门在提出依法处理的建议或者结束调查前,应当向市场监管总局报告。提出依法处理的建议后七个工作日内,向市场监管总局备案。

反垄断执法机构认为构成滥用行政权力排除、限制竞争行为的,依法向社会公布。

第二十三条 市场监管总局应当加强对省级市场监管部门查处滥用行政权力排除、限制竞争行为的指导和监督,统一执法标准。

省级市场监管部门应当严格按照市场监管总局相关规定查处滥用行政权力排除、限制竞争行为。

第二十四条 行政机关和法律、法规授权的具有管理公共事务职能的组织涉嫌违反反垄断法规定,滥用行政权力排除、限制竞争的,反垄断执法机构可以对其法定代表人或者负责人进行约谈。

约谈可以指出涉嫌滥用行政权力排除、限制竞争的问题,听取情况说明,要求其提出改进措施消除相关竞争限制。

约谈结束后,反垄断执法机构可以将约谈情况通报被约谈单位的有关上级机关。省级市场监管部门应当在七个工作日内将约谈情况向市场监管总局备案。

第二十五条 约谈应当经反垄断执法机构主要负责人批准。反垄断执法机构可以根据需要,邀请被约谈单位的有关上级机关共同实施约谈。

反垄断执法机构可以公开约谈情况,也可以邀请媒体、行业协会、专家学者、相关经营者、社会公众代表列席约谈。

第二十六条 对反垄断执法机构依法实施的调查,有关单位或者个人拒绝提供有关材料、信息,或者提供虚假材料、信息,或者隐匿、销毁、转移证据,或者有其他拒绝、阻碍调查行为的,反垄断执法机构依法作出处理,并可以向其有关上级机关、监察机关等反映情况。

第二十七条 反垄断执法机构工作人员滥用职权、玩忽职守、徇私舞弊或者泄露执法过程中知悉的商业秘密、个人隐私和个人信息的,依照有关规定处理。

第二十八条 反垄断执法机构在调查期间发现的公职人员涉嫌职务违法、职务犯罪问题线索,应当及时移交纪检监察机关。

第二十九条 行政机关和法律、法规授权的具有管理公共事务职能的组织,在制定涉及市场主体经济活动的规章、规范性文件和其他政策措施时,应当按照有关规定进行公平竞争审查,评估对市场竞争的影响,防止排除、限制市场竞争。涉嫌构成滥用行政权力排除、限制竞争行为的,由反垄断执法机构依法调查。

第三十条 各级市场监管部门可以通过以下方式,积极支持、促进行政机关和法律、法规授权的具有管理公共事务职能的组织强化公平竞争理念,改进有关政策措施,维护公平竞争市场环境:

(一)宣传公平竞争法律法规和政策;

(二)在政策措施制定过程中提供公平竞争咨询;

(三)组织开展有关政策措施实施的竞争影响评估,发布评估报告;

(四)组织开展培训交流;

(五)提供工作指导建议;

(六)其他有利于改进政策措施的竞争宣传倡导活动。

鼓励行政机关和法律、法规授权的具有管理公共事务职能的组织主动增强公平竞争意识，培育和弘扬公平竞争文化，提升公平竞争政策实施能力。

第三十一条 本规定自2023年4月15日起施行。2019年6月26日国家市场监督管理总局令第12号公布的《制止滥用行政权力排除、限制竞争行为暂行规定》同时废止。

公平竞争审查制度实施细则

（国市监反垄规〔2021〕2号　2021年6月29日）

第一章　总　　则

第一条　为全面落实公平竞争审查制度，健全公平竞争审查机制，规范有效开展审查工作，根据《中华人民共和国反垄断法》、《国务院关于在市场体系建设中建立公平竞争审查制度的意见》（国发〔2016〕34号，以下简称《意见》），制定本细则。

第二条　行政机关以及法律、法规授权的具有管理公共事务职能的组织（以下统称政策制定机关），在制定市场准入和退出、产业发展、招商引资、招标投标、政府采购、经营行为规范、资质标准等涉及市场主体经济活动的规章、规范性文件、其他政策性文件以及“一事一议”形式的具体政策措施（以下统称政策措施）时，应当进行公平竞争审查，评估对市场竞争的影响，防止排除、限制市场竞争。

经公平竞争审查认为不具有排除、限制竞争效果或者符合例外规定的，可以实施；具有排除、限制竞争效果且不符合例外规定的，应当不予出台或者调整至符合相关要求后出台；未经公平竞争审查的，不得出台。

第三条　涉及市场主体经济活动的行政法规、国务院制定的政策措施，以及政府部门负责起草的地方性法规、自治条例和单行条例，由起草部门在起草过程中按照本细则规定进行公平竞争审查。未经公平竞争审查的，不得提交审议。

以县级以上地方各级人民政府名义出台的政策措施，由起草部门或者本级人民政府指定的相关部门进行公平竞争审查。起草部门在审查过程中，可以会同本级市场监管部门进行公平竞争审查。未经审查的，不得提交审议。

以多个部门名义联合制定出台的政策措施，由牵头部门负责公平竞争审查，其他部门在各自职责范围内参与公平竞争审查。政策措施涉及其他部门职权的，政策制定机关在公平竞争审查中应当充分征求其意见。

第四条　市场监管总局、发展改革委、财政部、商务部会同有关部门，建立健全公平竞争审查工作部际联席会议制度，统筹协调和监督指导全国公平竞争审查工作。

县级以上地方各级人民政府负责建立健全本地区公平竞争审查工作联席会议制度（以下简称联席会议），统筹协调和监督指导本地区公平竞争审查工作，原则上由本级人民政府分管负责同志担任联席会议召集人。联席会议办公室设在市场监管部门，承担联席会议日常工作。

地方各级联席会议应当每年向本级人民政府和上一级联席会议报告本地区公平竞争审查制度实施情况，接受其指导和监督。

第二章 审查机制和程序

第五条 政策制定机关应当建立健全公平竞争内部审查机制，明确审查机构和程序，可以由政策制定机关的具体业务机构负责，也可以采取内部特定机构统一审查或者由具体业务机构初审后提交特定机构复核等方式。

第六条 政策制定机关开展公平竞争审查应当遵循审查基本流程(可参考附件1)，识别相关政策措施是否属于审查对象、判断是否违反审查标准、分析是否适用例外规定。属于审查对象的，经审查后应当形成明确的书面审查结论。审查结论应当包括政策措施名称、涉及行业领域、性质类别、起草机构、审查机构、征求意见情况、审查结论、适用例外规定情况、审查机构主要负责人意见等内容(可参考附件2)。政策措施出台后，审查结论由政策制定机关存档备查。

未形成书面审查结论出台政策措施的，视为未进行公平竞争审查。

第七条 政策制定机关开展公平竞争审查，应当以适当方式征求利害关系人意见，或者通过政府部门网站、政务新媒体等便于社会公众知晓的方式公开征求意见，并在书面审查结论中说明征求意见情况。

在起草政策措施的其他环节已征求过利害关系人意见或者向社会公开征求意见的，可以不再专门就公平竞争审查问题征求意见。对出台前需要保密或者有正当理由需要限定知悉范围的政策措施，由政策制定机关按照相关法律法规处理。

利害关系人指参与相关市场竞争的经营者、上下游经营者、行业协会商会、消费者以及政策措施可能影响其公平参与市场竞争的其他市场主体。

第八条 政策制定机关进行公平竞争审查，可以咨询专家学者、法律顾问、专业机构的意见。征求上述方面意见的，应当在书面审查结论中说明有关情况。

各级联席会议办公室可以根据实际工作需要，建立公平竞争审查工作专家库，便于政策制定机关进行咨询。

第九条 政策制定机关可以就公平竞争审查中遇到的具体问题，向本级联席会议办公室提出咨询。提出咨询请求的政策制定机关，应当提供书面咨询函、政策措施文稿、起草说明、相关法律法规依据及其他相关材料。联席会议办公室应当在收到书面咨询函后及时研究回复。

对涉及重大公共利益，且在制定过程中被多个单位或者个人反映或者举报涉嫌排除、限制竞争的政策措施，本级联席会议办公室可以主动向政策制定机关提出公平竞争审查意见。

第十条 对多个部门联合制定或者涉及多个部门职责的政策措施，在公平竞争审查中出现较大争议或者部门意见难以协调一致时，政策制定机关可以提请本级联席会议协调。联席会议办公室认为确有必要的，可以根据相关工作规则召开会议进行协调。仍无法协调一致的，由政策制定机关提交上级机关决定。

第十一条 政策制定机关应当对本年度公平竞争审查工作进行总结，于次年1月15日前将书面总结报告报送本级联席会议办公室。

地方各级联席会议办公室汇总形成本级公平竞争审查工作总体情况，于次年1月20日前报送本级人民政府和上一级联席会议办公室，并以适当方式向社会公开。

第十二条 对经公平竞争审查后出台的政策措施，政策制定机关应当对其影响统一市场和公平竞争的情况进行定期评估。评估报告应当向社会公开征求意见，评估结果应当向社会公开。经评估认为妨碍统一市场和公平竞争的，应当及时废止或者修改完善。定期评估可以每三年进行一次，或者在定期清理规章、规范性文件时一并评估。

第三章 审查标准

第十三条 市场准入和退出标准。

（一）不得设置不合理或者歧视性的准入和退出条件，包括但不限于：

1. 设置明显不必要或者超出实际需要的准入和退出条件，排斥或者限制经营者参与市场竞争；

2. 没有法律、行政法规或者国务院规定依据，对不同所有制、地区、组织形式的经营者实施不合理的差别化待遇，设置不平等的市场准入和退出条件；

3. 没有法律、行政法规或者国务院规定依据，以备案、登记、注册、目录、年检、年报、监制、认定、认证、认可、检验、监测、审定、指定、配号、复检、复审、换证、要求设立分支机构以及其他任何形式，设定或者变相设定市场准入障碍；

4. 没有法律、行政法规或者国务院规定依据，对企业注销、破产、挂牌转让、搬迁转移等设定或者变相设定市场退出障碍；

5. 以行政许可、行政检查、行政处罚、行政强制等方式，强制或者变相强制企业转让技术，设定或者变相设定市场准入和退出障碍。

（二）未经公平竞争不得授予经营者特许经营权，包括但不限于：

1. 在一般竞争性领域实施特许经营或者以特许经营为名增设行政许可；

2. 未明确特许经营权期限或者未经法定程序延长特许经营权期限；

3. 未依法采取招标、竞争性谈判等竞争方式，直接将特许经营权授予特定经营者；

4. 设置歧视性条件，使经营者无法公平参与特许经营权竞争。

（三）不得限定经营、购买、使用特定经营者提供的商品和服务，包括但不限于：

1. 以明确要求、暗示、拒绝或者拖延行政审批、重复检查、不予接入平台或者网络、违法违规给予奖励补贴等方式，限定或者变相限定经营、购买、使用特定经营者提供的商品和服务；

2. 在招标投标、政府采购中限定投标人所在地、所有制形式、组织形式，或者设定其他不合理的条件排斥或者限制经营者参与招标投标、政府采购活动；

3. 没有法律、行政法规或者国务院规定依据，通过设置不合理的项目库、名录库、备选库、资格库等条件，排斥或限制潜在经营者提供商品和服务。

（四）不得设置没有法律、行政法规或者国务院规定依据的审批或者具有行政审批性质的事前备案程序，包括但不限于：

1. 没有法律、行政法规或者国务院规定依据，增设行政审批事项，增加行政审批环节、条件和程序；

2. 没有法律、行政法规或者国务院规定依据，设置具有行政审批性质的前置性备案程序。

（五）不得对市场准入负面清单以外的行业、领域、业务等设置审批程序，主要指没有法律、行政法规或者国务院规定依据，采取禁止进入、限制市场主体资质、限制股权比例、限制经营范围和商业模式等方式，限制或者变相限制市场准入。

第十四条 商品和要素自由流动标准。

（一）不得对外地和进口商品、服务实行歧视性价格和歧视性补贴政策，包括但不限于：

1. 制定政府定价或者政府指导价时，对外地和进口同类商品、服务制定歧视性价格；

2. 对相关商品、服务进行补贴时，对外地同类商品、服务，国际经贸协定允许外的进口同类商品以及我国作出国际承诺的进口同类服务不予补贴或者给予较低补贴。

（二）不得限制外地和进口商品、服务进入本地市场或者阻碍本地商品运出、服务输出，包括但不限于：

1. 对外地商品、服务规定与本地同类商品、服务不同的技术要求、检验标准，或者采取重复检验、重复认证等歧视性技术措施；

2. 对进口商品规定与本地同类商品不同的技术要求、检验标准，或者采取重复检验、重复认证等歧视性技术措施；

3. 没有法律、行政法规或者国务院规定依据，对进口服务规定与本地同类服务不同的技术要求、检验标准，或者采取重复检验、重复认证等歧视性技术措施；

4. 设置专门针对外地和进口商品、服务的专营、专卖、审批、许可、备案，或者规定不同的条件、程序和期限等；

5. 在道路、车站、港口、航空港或者本行政区域边界设置关卡，阻碍外地和进口商品、服务进入本地市场或者本地商品运出和服务输出；

6. 通过软件或者互联网设置屏蔽以及采取其他手段，阻碍外地和进口商品、服务进入本地市场或者本地商品运出和服务输出。

（三）不得排斥或者限制外地经营者参加本地招标投标活动，包括但不限于：

1. 不依法及时、有效、完整地发布招标信息；

2. 直接规定外地经营者不能参与本地特定的招标投标活动；

3. 对外地经营者设定歧视性的资质资格要求或者评标评审标准；

4. 将经营者在本地区的业绩、所获得的奖项荣誉作为投标条件、加分条件、中标条件或者

用于评价企业信用等级,限制或者变相限制外地经营者参加本地招标投标活动;

5. 没有法律、行政法规或者国务院规定依据,要求经营者在本地注册设立分支机构,在本地拥有一定办公面积,在本地缴纳社会保险等,限制或者变相限制外地经营者参加本地招标投标活动;

6. 通过设定与招标项目的具体特点和实际需要不相适应或者与合同履行无关的资格、技术和商务条件,限制或者变相限制外地经营者参加本地招标投标活动。

(四)不得排斥、限制或者强制外地经营者在本地投资或者设立分支机构,包括但不限于:

1. 直接拒绝外地经营者在本地投资或者设立分支机构;

2. 没有法律、行政法规或者国务院规定依据,对外地经营者在本地投资的规模、方式以及设立分支机构的地址、模式等进行限制;

3. 没有法律、行政法规或者国务院规定依据,直接强制外地经营者在本地投资或者设立分支机构;

4. 没有法律、行政法规或者国务院规定依据,将在本地投资或者设立分支机构作为参与本地招标投标、享受补贴和优惠政策等的必要条件,变相强制外地经营者在本地投资或者设立分支机构。

(五)不得对外地经营者在本地的投资或者设立的分支机构实行歧视性待遇,侵害其合法权益,包括但不限于:

1. 对外地经营者在本地的投资不给予与本地经营者同等的政策待遇;

2. 对外地经营者在本地设立的分支机构在经营规模、经营方式、税费缴纳等方面规定与本地经营者不同的要求;

3. 在节能环保、安全生产、健康卫生、工程质量、市场监管等方面,对外地经营者在本地设立的分支机构规定歧视性监管标准和要求。

第十五条 影响生产经营成本标准。

(一)不得违法给予特定经营者优惠政策,包括但不限于:

1. 没有法律、行政法规或者国务院规定依据,给予特定经营者财政奖励和补贴;

2. 没有专门的税收法律、法规和国务院规定依据,给予特定经营者税收优惠政策;

3. 没有法律、行政法规或者国务院规定依据,在土地、劳动力、资本、技术、数据等要素获取方面,给予特定经营者优惠政策;

4. 没有法律、行政法规或者国务院规定依据,在环保标准、排污权限等方面给予特定经营者特殊待遇;

5. 没有法律、行政法规或者国务院规定依据,对特定经营者减免、缓征或停征行政事业性收费、政府性基金、住房公积金等。

给予特定经营者的优惠政策应当依法公开。

(二)安排财政支出一般不得与特定经营者缴纳的税收或非税收入挂钩,主要指根据特定经营者缴纳的税收或者非税收入情况,采取列收列支或者违法违规采取先征后返、即征即退等形式,对特定经营者进行返还,或者给予特定经营者财政奖励或补贴、减免土地等自然资源有偿使用收入等优惠政策。

(三)不得违法违规减免或者缓征特定经营者应当缴纳的社会保险费用,主要指没有法律、行政法规或者国务院规定依据,根据经营者规模、所有制形式、组织形式、地区等因素,减免或者缓征特定经营者需要缴纳的基本养老保险费、基本医疗保险费、失业保险费、工伤保险费、生育保险费等。

(四)不得在法律规定之外要求经营者提供或扣留经营者各类保证金,包括但不限于:

1. 没有法律、行政法规依据或者经国务院批准,要求经营者交纳各类保证金;

2. 限定只能以现金形式交纳投标保证金或履约保证金;

3. 在经营者履行相关程序或者完成相关事项后,不依法退还经营者交纳的保证金及银行同期存款利息。

第十六条 影响生产经营行为标准。

(一)不得强制经营者从事《中华人民共和国反垄断法》禁止的垄断行为,主要指以行政命令、行政授权、行政指导等方式或者通过行业协会商会,强制、组织或者引导经营者达成垄断协议、滥用市场支配地位,以及实施具有或者可能具有排除、限制竞争效果的经营者集中等行为。

(二)不得违法披露或者违法要求经营者披露生产经营敏感信息,为经营者实施垄断行为提供便利条件。生产经营敏感信息是指除依据法律、行政法规或者国务院规定需要公开之外,生产经营者未主动公开,通过公开渠道无法采集的生产经营数据。主要包括:拟定价格、成本、营业收入、利润、生产数量、销售数量、生产销售计划、进出口数量、经销商信息、终端客户信息等。

(三)不得超越定价权限进行政府定价,包括但不限于:

1. 对实行政府指导价的商品、服务进行政府定价;

2. 对不属于本级政府定价目录范围内的商品、服务制定政府定价或者政府指导价;

3. 违反《中华人民共和国价格法》等法律法规采取价格干预措施。

(四)不得违法干预实行市场调节价的商品和服务的价格水平,包括但不限于:

1. 制定公布商品和服务的统一执行价、参考价;

2. 规定商品和服务的最高或者最低限价;

3. 干预影响商品和服务价格水平的手续费、折扣或者其他费用。

第四章 例外规定

第十七条 属于下列情形之一的政策措施,虽然在一定程度上具有限制竞争的效果,但在符合规定的情况下可以出台实施:

(一)维护国家经济安全、文化安全、科技安全或者涉及国防建设的;

(二)为实现扶贫开发、救灾救助等社会保障目的;

(三)为实现节约能源资源、保护生态环境、维护公共卫生健康安全等社会公共利益的;

(四)法律、行政法规规定的其他情形。

属于前款第一项至第三项情形的,政策制定机关应当说明相关政策措施对实现政策目的不可或缺,且不会严重限制市场竞争,并明确实施期限。

第十八条 政策制定机关应当在书面审查结论中说明政策措施是否适用例外规定。认为适用例外规定的,应当对符合适用例外规定的情形和条件进行详细说明。

第十九条 政策制定机关应当逐年评估适用例外规定的政策措施的实施效果,形成书面评估报告。实施期限到期或者未达到预期效果的政策措施,应当及时停止执行或者进行调整。

第五章 第三方评估

第二十条 政策制定机关可以根据工作实际,委托具备相应评估能力的高等院校、科研院所、专业咨询公司等第三方机构,对有关政策措施进行公平竞争评估,或者对公平竞争审查有关工作进行评估。

各级联席会议办公室可以委托第三方机构,对本地公平竞争审查制度总体实施情况开展评估。

第二十一条 政策制定机关在开展公平竞争审查工作的以下阶段和环节,均可以采取第三方评估方式进行:

(一)对拟出台的政策措施进行公平竞争审查;

(二)对经公平竞争审查出台的政策措施进行定期评估;

(三)对适用例外规定出台的政策措施进行逐年评估;

(四)对公平竞争审查制度实施情况进行综合评价;

(五)与公平竞争审查工作相关的其他阶段和环节。

第二十二条 对拟出台的政策措施进行公平竞争审查时,存在以下情形之一的,应当引入第三方评估:

(一)政策制定机关拟适用例外规定的;

(二)被多个单位或者个人反映或者举报涉嫌违反公平竞争审查标准的。

第二十三条 第三方评估结果作为政策制定机关开展公平竞争审查、评价制度实施成效、制定工作推进方案的重要参考。对拟出台的政策措施进行第三方评估的,政策制定机关应当在书面审查结论中说明评估情况。最终做出的审查结论与第三方评估结果不一致的,应当在书面审查结论中说明理由。

第二十四条 第三方评估经费纳入预算管理。政策制定机关依法依规做好第三方评估经费保障。

第六章　监督与责任追究

第二十五条　政策制定机关涉嫌未进行公平竞争审查或者违反审查标准出台政策措施的，任何单位和个人可以向政策制定机关反映，也可以向政策制定机关的上级机关或者本级及以上市场监管部门举报。反映或者举报采用书面形式并提供相关事实依据的，有关部门要及时予以处理。涉嫌违反《中华人民共和国反垄断法》的，由反垄断执法机构依法调查。

第二十六条　政策制定机关未进行公平竞争审查出台政策措施的，应当及时补做审查。发现存在违反公平竞争审查标准问题的，应当按照相关程序停止执行或者调整相关政策措施。停止执行或者调整相关政策措施的，应当依照《中华人民共和国政府信息公开条例》要求向社会公开。

第二十七条　政策制定机关的上级机关经核实认定政策制定机关未进行公平竞争审查或者违反审查标准出台政策措施的，应当责令其改正；拒不改正或者不及时改正的，对直接负责的主管人员和其他直接责任人员依据《中华人民共和国公务员法》、《中华人民共和国公职人员政务处分法》、《行政机关公务员处分条例》等法律法规给予处分。本级及以上市场监管部门可以向政策制定机关或者其上级机关提出整改建议；整改情况要及时向有关方面反馈。违反《中华人民共和国反垄断法》的，反垄断执法机构可以向有关上级机关提出依法处理的建议。相关处理决定和建议依法向社会公开。

第二十八条　市场监管总局负责牵头组织政策措施抽查，检查有关政策措施是否履行审查程序、审查流程是否规范、审查结论是否准确等。对市场主体反映比较强烈、问题比较集中、滥用行政权力排除限制竞争行为多发的行业和地区，进行重点抽查。抽查结果及时反馈被抽查单位，并以适当方式向社会公开。对抽查发现的排除、限制竞争问题，被抽查单位应当及时整改。

各地应当结合实际，建立本地区政策措施抽查机制。

第二十九条　县级以上地方各级人民政府建立健全公平竞争审查考核制度，对落实公平竞争审查制度成效显著的单位予以表扬激励，对工作推进不力的进行督促整改，对工作中出现问题并造成不良后果的依法依规严肃处理。

第七章　附　　则

第三十条　各地区、各部门在遵循《意见》和本细则规定的基础上，可以根据本地区、本行业实际情况，制定公平竞争审查工作办法和具体措施。

第三十一条　本细则自公布之日起实施。《公平竞争审查制度实施细则（暂行）》（发改价监〔2017〕1849 号）同时废止。

公平竞争审查第三方评估实施指南

（国家市场监管总局公告2023年第17号　2023年4月26日）

第一章　总　　则

第一条　为了建立健全公平竞争审查第三方评估机制，鼓励支持各级公平竞争审查工作联席会议（或者相应职能机构）办公室和各政策制定机关在公平竞争审查工作中引入第三方评估，提高审查质量和效果，推动公平竞争审查制度深入实施，根据《中华人民共和国反垄断法》、《国务院关于在市场体系建设中建立公平竞争审查制度的意见》（国发〔2016〕34号，以下简称《意见》）和《公平竞争审查制度实施细则》（国市监反垄规〔2021〕2号，以下简称《实施细则》）规定，制定本指南。

第二条　本指南所称第三方评估，是指各级公平竞争审查工作联席会议（或者相应职能机构）办公室或者各政策制定机关（以下称委托单位）根据职责，委托第三方机构，依据本指南规定的标准和程序，运用科学、系统、规范的评估方法，对本地区或者本部门公平竞争审查制度实施情况、有关政策措施以及公平竞争审查其他有关工作进行评估，形成评估报告供委托单位或者其他有关政府部门决策参考的活动。

第三条　第三方评估应当遵循客观公正、科学严谨、专业规范、注重实效的原则。

第四条　各级公平竞争审查工作联席会议办公室开展第三方评估时要加强统筹协调，与相关成员单位强化信息共享和协同协作，提升工作合力。

第二章　适用范围和评估内容

第五条　地方各级公平竞争审查工作联席会议办公室可以针对以下事项定期或者不定期开展第三方评估：

（一）本地区公平竞争审查制度实施总体情况；

（二）本地区重点领域、行业公平竞争审查制度实施情况；

（三）对本地区已出台政策措施进行定期清理、抽查检查等情况；

（四）其他需要评估的内容。

公平竞争审查工作部际联席会议办公室可以对各地区、行业或者部门公平竞争审查制度实施情况定期或者不定期开展第三方评估。

第六条　政策制定机关在开展公平竞争审查工作的以下阶段和环节，均可以引入第三方

评估:

(一)对拟出台的政策措施进行公平竞争审查;

(二)对经公平竞争审查出台的政策措施进行定期或者不定期评估;

(三)对适用例外规定出台的政策措施进行逐年评估;

(四)对本机关公平竞争审查制度实施情况进行综合评估;

(五)与公平竞争审查工作相关的其他阶段和环节。

第七条 对拟出台的政策措施进行公平竞争审查时存在以下情形之一的,应当引入第三方评估:

(一)政策制定机关拟适用例外规定的;

(二)被多个单位或者个人反映或者举报涉嫌违反公平竞争审查标准的。

第八条 对拟出台的政策措施进行公平竞争审查时引入第三方评估,重点评估以下内容:

(一)是否涉及市场主体经济活动;

(二)是否违反公平竞争审查标准。违反标准的,分析对市场竞争的具体影响,并提出调整建议;

(三)是否符合适用例外规定的情形和条件。符合的,是否有对竞争损害更小的替代方案;不符合的,提出调整建议。

第九条 对已出台的政策措施进行第三方评估,重点评估以下内容:

(一)政策措施是否已按要求进行公平竞争审查;

(二)此前作出的审查结论是否符合公平竞争审查制度要求;

(三)政策措施出台后是否产生新的排除、限制竞争问题;

(四)政策措施出台后的客观情况变化,如法律法规政策或者市场状况变化等,对政策措施实施的影响;

(五)对评估发现排除、限制竞争的政策措施提出调整建议。

第十条 对适用例外规定出台的政策措施进行逐年评估时引入第三方评估,重点评估以下内容:

(一)此前作出的适用例外规定结论是否符合公平竞争审查制度要求;

(二)政策措施是否达到预期效果,政策措施出台后是否产生新的排除、限制竞争问题;

(三)目前是否存在对竞争损害更小的替代方案;

(四)政策措施出台后的客观情况变化,如法律法规政策或者市场状况变化等,对政策措施实施的影响;

(五)对评估发现不符合例外规定的政策措施提出调整建议。

第十一条 对公平竞争审查制度实施情况进行第三方评估,重点评估以下内容:

(一)工作部署落实情况,包括印发方案、建立机制、督查指导、宣传培训等;

(二)增量政策措施审查情况,包括审查范围是否全面、审查流程是否规范、审查结论是否准确等；

（三）存量政策措施清理情况，包括清理任务是否完成、清理范围是否全面、清理结果是否准确等；

（四）制度实施成效，包括经审查调整政策措施的情况、经清理废止调整政策措施的情况，以及公平竞争审查在预防和纠正行政性垄断、维护市场公平竞争、促进经济高质量发展等方面的作用等；

（五）总结分析制度实施中存在的问题和原因，本地区、本部门、本行业推行公平竞争审查制度过程中面临的难点，可采取的应对措施；

（六）政策制定机关、利害关系人、社会公众以及新闻媒体对制度实施情况的相关评价和意见建议等；

（七）其他与公平竞争审查工作相关的内容。

第三章　评估机构

第十二条　本指南所称第三方评估机构，是指与政策制定机关及评估事项无利害关系，且具备相应评估能力的咨询研究机构，包括政府决策咨询及评估机构、高等院校、科研院所、专业咨询公司、律师事务所及其他社会组织等。

第十三条　第三方评估机构应当具备以下条件：

（一）遵守国家法律法规和行业相关规定，组织机构健全、内部管理规范；

（二）在法学、经济学、公共政策等领域具有一定的影响力和研究经验，完成项目所必备的人才等保障，具备评估所需的理论研究、数据收集分析和决策咨询能力；

（三）在组织机构、人员构成、经费来源上独立于评估涉及的政策制定机关；

（四）与评估事项无利害关系；

（五）能够承担民事责任，具有良好的商业信誉和健全的财务会计制度；

（六）具体评估所需的其他条件。

第四章　评估程序和方法

第十四条　第三方评估按照下列程序进行：

（一）确定评估事项。委托单位可以根据实际需要，决定将有关政策措施或者公平竞争审查其他工作委托第三方评估机构进行评估。

（二）选择评估机构。委托单位通过政府购买服务开展第三方评估工作，确定第三方评估机构，签订委托协议，明确评估事项、质量要求、评估费用、评估时限、权责关系及违约责任等。

按照本指南有关规定对政策措施进行事前评估后，再对同一项政策措施进行事后评估，原则上不得委托同一个或者具有隶属关系的第三方评估机构。

（三）制定评估方案。第三方评估机构根据委托单位的要求，组建评估小组，制定评估方案，明确具体的评估目标、内容、标准、方法、步骤、时间安排及成果形式等，经委托单位审核同意后组织实施。

（四）开展评估工作。第三方评估机构通过全面调查、抽样调查、网络调查、实地调研、舆情跟踪、专家论证等方式方法，汇总收集相关信息，广泛听取意见建议，全面了解真实情况，深入开展研究分析，形成评估报告。评估报告一般应当包括基本情况、评估内容、评估方法、评估结论、意见建议、评估机构主要负责人及参与评估工作人员的签名、评估机构盖章以及需要说明的其他问题等。

（五）验收评估成果。委托单位对评估报告及其他评估工作情况进行验收。对符合评估方案要求的，履行成果交接、费用支付等手续；对不符合评估方案要求的，可以根据协议约定要求第三方评估机构限期补充评估或者重新评估。

对特定政策措施或者其他简单事项进行评估时，委托单位可根据实际情况适当简化以上程序。

第十五条 第三方评估应当遵循《意见》和《实施细则》明确的基本分析框架和审查标准，并综合运用以下方法进行全面、客观、系统、深入的评估。

（一）定性评估。通过汇总、梳理、提炼、归纳相关资料和信息，运用相关基础理论，对政策措施影响市场竞争情况、制度实施情况等形成客观的定性评估结果。

（二）定量评估。使用规范统计数据，运用科学计算方法，对政策措施对市场竞争的影响程度、制度实施成效等形成量化评估结论。定量评估应当更多应用现代信息技术。

（三）比较分析。对政策措施实施前后的市场竞争状况进行对比分析。

（四）成本效益分析。将可以量化的竞争损害成本与政策措施取得的其他效益进行对比分析。

（五）第三方评估机构认为有助于评估的其他方法。

第十六条 第三方评估结束后评估机构应当提交评估报告，报告应当包括但不限于以下内容：

（一）对拟出台的政策措施进行公平竞争审查时引入第三方评估的，评估报告应当至少包含是否违反审查标准、是否适用例外规定、是否有对竞争损害更小的替代方案、审查结论等；

（二）对已出台的政策措施进行第三方评估的，评估报告应当至少包含审查程序执行情况、审查结论是否恰当、对公平竞争的影响、调整建议等；

（三）对适用例外规定出台的政策措施进行第三方评估的，评估报告应当至少包含例外规定适用结论是否恰当、政策措施是否达到预期效果、对公平竞争的影响、是否存在对竞争损害更小的替代方案、调整建议等；

（四）对重点领域、行业公平竞争审查制度实施情况进行第三方评估的，评估报告应当至少包含重点领域或者行业发展背景和现状、市场竞争态势、公平竞争审查工作落实情况和实施成效、市场主体对本领域竞争环境的满意度、存在的主要问题、下一步工作建议等；

（五）对公平竞争审查制度实施情况进行综合评估时引入第三方评估的，评估报告应当至少包含公平竞争审查工作落实情况和实施成效、存量和增量政策措施审查清理情况、存在的主要问题、利害关系人等各方意见建议、下一步工作建议等。

第五章　评估成果及运用

第十七条　评估成果所有权归委托单位所有。未经委托单位许可，第三方评估机构和有关个人不得对外披露、转让或者许可他人使用相关成果。

第十八条　评估成果作为委托单位开展公平竞争审查、评价制度实施成效、制定工作推进方案的重要参考依据。鼓励各委托单位以适当方式共享评估成果。

第十九条　对拟出台的政策措施进行第三方评估的，政策制定机关应当在书面审查结论中说明评估相关情况，评估成果不能代替政策制定机关的公平竞争审查结论。最终作出的审查结论与第三方评估结果不一致或者未采纳第三方评估相关意见建议的，应当在书面审查结论中说明理由。

第六章　保障措施和纪律要求

第二十条　第三方评估经费纳入政府预算管理，委托单位严格按照有关财务规定加强评估经费管理。

第二十一条　政策制定机关在不影响正常工作的前提下，应当积极配合第三方评估工作，主动、全面、准确提供相关资料和情况，不得以任何形式干扰评估工作、敷衍应付评估活动或者预先设定评判性、结论性意见。

第二十二条　第三方评估机构及其工作人员应当严格遵守国家法律法规，严守职业道德和职业规范；严格履行保密义务，对评估工作中涉及国家秘密、商业秘密和个人隐私的必须严格保密，涉密文件和介质以及未公开的内部信息要严格按相关规定使用和保存；不得干扰政策制定机关正常工作；应当接受委托单位监督，不得参与任何影响评估真实性、客观性、公正性的活动，一经发现，委托单位有权解除评估委托，由评估机构承担相应法律责任。

第二十三条　第三方评估机构在评估工作中出现以下情形之一的，有关政策制定机关应当及时向本级联席会议报告，由本级联席会议逐级上报部际联席会议，由部际联席会议进行通报：

（一）出现严重违规违约行为；

（二）政策制定机关根据第三方评估机构作出的评估报告得出公平竞争审查结论，并出台相关政策措施，被认定违反公平竞争审查标准。

对存在失信行为的，推送至全国信用信息共享平台，记入其信用档案。

第七章　附　　则

第二十四条　本指南由公平竞争审查工作部际联席会议办公室负责解释。

第二十五条　本指南自公布之日起施行。

第五章

经营者集中

经营者集中审查规定

（2023年3月10日国家市场监督管理总局令第67号公布
自2023年4月15日起施行）

第一章　总　　则

第一条　为了规范经营者集中反垄断审查工作，根据《中华人民共和国反垄断法》（以下简称反垄断法）和《国务院关于经营者集中申报标准的规定》，制定本规定。

第二条　国家市场监督管理总局（以下简称市场监管总局）负责经营者集中反垄断审查工作，并对违法实施的经营者集中进行调查处理。

市场监管总局根据工作需要，可以委托省、自治区、直辖市市场监督管理部门（以下称省级市场监管部门）实施经营者集中审查。

市场监管总局加强对受委托的省级市场监管部门的指导和监督，健全审查人员培训管理制度，保障审查工作的科学性、规范性、一致性。

第三条　经营者可以通过公平竞争、自愿联合，依法实施集中，扩大经营规模，提高市场竞争能力。

市场监管总局开展经营者集中反垄断审查工作时，坚持公平公正，依法平等对待所有经营者。

第四条　本规定所称经营者集中，是指反垄断法第二十五条所规定的下列情形：

（一）经营者合并；

（二）经营者通过取得股权或者资产的方式取得对其他经营者的控制权；

（三）经营者通过合同等方式取得对其他经营者的控制权或者能够对其他经营者施加决定

性影响。

第五条 判断经营者是否取得对其他经营者的控制权或者能够对其他经营者施加决定性影响,应当考虑下列因素:

(一)交易的目的和未来的计划;

(二)交易前后其他经营者的股权结构及其变化;

(三)其他经营者股东(大)会等权力机构的表决事项及其表决机制,以及其历史出席率和表决情况;

(四)其他经营者董事会等决策或者管理机构的组成及其表决机制,以及其历史出席率和表决情况;

(五)其他经营者高级管理人员的任免等;

(六)其他经营者股东、董事之间的关系,是否存在委托行使投票权、一致行动人等;

(七)该经营者与其他经营者是否存在重大商业关系、合作协议等;

(八)其他应当考虑的因素。

两个以上经营者均拥有对其他经营者的控制权或者能够对其他经营者施加决定性影响的,构成对其他经营者的共同控制。

第六条 市场监管总局健全经营者集中分类分级审查制度。

市场监管总局可以针对涉及国计民生等重要领域的经营者集中,制定具体的审查办法。

市场监管总局对经营者集中审查制度的实施效果进行评估,并根据评估结果改进审查工作。

第七条 市场监管总局强化经营者集中审查工作的信息化体系建设,充分运用技术手段,推进智慧监管,提升审查效能。

第二章 经营者集中申报

第八条 经营者集中达到国务院规定的申报标准(以下简称申报标准)的,经营者应当事先向市场监管总局申报,未申报或者申报后获得批准前不得实施集中。

经营者集中未达到申报标准,但有证据证明该经营者集中具有或者可能具有排除、限制竞争效果的,市场监管总局可以要求经营者申报并书面通知经营者。集中尚未实施的,经营者未申报或者申报后获得批准前不得实施集中;集中已经实施的,经营者应当自收到书面通知之日起一百二十日内申报,并采取暂停实施集中等必要措施减少集中对竞争的不利影响。

是否实施集中的判断因素包括但不限于是否完成市场主体登记或者权利变更登记、委派高级管理人员、实际参与经营决策和管理、与其他经营者交换敏感信息、实质性整合业务等。

第九条 营业额包括相关经营者上一会计年度内销售产品和提供服务所获得的收入,扣除相关税金及附加。

前款所称上一会计年度,是指集中协议签署日的上一会计年度。

第十条 参与集中的经营者的营业额，应当为该经营者以及申报时与该经营者存在直接或者间接控制关系的所有经营者的营业额总和，但是不包括上述经营者之间的营业额。

经营者取得其他经营者的组成部分时，出让方不再对该组成部分拥有控制权或者不能施加决定性影响的，目标经营者的营业额仅包括该组成部分的营业额。

参与集中的经营者之间或者参与集中的经营者和未参与集中的经营者之间有共同控制的其他经营者时，参与集中的经营者的营业额应当包括被共同控制的经营者与第三方经营者之间的营业额，此营业额只计算一次，且在有共同控制权的参与集中的经营者之间平均分配。

金融业经营者营业额的计算，按照金融业经营者集中申报营业额计算相关规定执行。

第十一条 相同经营者之间在两年内多次实施的未达到申报标准的经营者集中，应当视为一次集中，集中时间从最后一次交易算起，参与集中的经营者的营业额应当将多次交易合并计算。经营者通过与其有控制关系的其他经营者实施上述行为，依照本规定处理。

前款所称两年内，是指从第一次交易完成之日起至最后一次交易签订协议之日止的期间。

第十二条 市场监管总局加强对经营者集中申报的指导。在正式申报前，经营者可以以书面方式就集中申报事宜提出商谈申请，并列明拟商谈的具体问题。

第十三条 通过合并方式实施的经营者集中，合并各方均为申报义务人；其他情形的经营者集中，取得控制权或者能够施加决定性影响的经营者为申报义务人，其他经营者予以配合。

同一项经营者集中有多个申报义务人的，可以委托一个申报义务人申报。被委托的申报义务人未申报的，其他申报义务人不能免除申报义务。申报义务人未申报的，其他参与集中的经营者可以提出申报。

申报人可以自行申报，也可以依法委托他人代理申报。申报人应当严格审慎选择代理人。申报代理人应当诚实守信、合规经营。

第十四条 申报文件、资料应当包括如下内容：

（一）申报书。申报书应当载明参与集中的经营者的名称、住所（经营场所）、经营范围、预定实施集中的日期，并附申报人身份证件或者登记注册文件，境外申报人还须提交当地公证机关的公证文件和相关的认证文件。委托代理人申报的，应当提交授权委托书。

（二）集中对相关市场竞争状况影响的说明。包括集中交易概况；相关市场界定；参与集中的经营者在相关市场的市场份额及其对市场的控制力；主要竞争者及其市场份额；市场集中度；市场进入；行业发展现状；集中对市场竞争结构、行业发展、技术进步、创新、国民经济发展、消费者以及其他经营者的影响；集中对相关市场竞争影响的效果评估及依据。

（三）集中协议。包括各种形式的集中协议文件，如协议书、合同以及相应的补充文件等。

（四）参与集中的经营者经会计师事务所审计的上一会计年度财务会计报告。

（五）市场监管总局要求提交的其他文件、资料。

申报人应当对申报文件、资料的真实性、准确性、完整性负责。

申报代理人应当协助申报人对申报文件、资料的真实性、准确性、完整性进行审核。

第十五条 申报人应当对申报文件、资料中的商业秘密、未披露信息、保密商务信息、个人隐私或者个人信息进行标注，并且同时提交申报文件、资料的公开版本和保密版本。申报文件、资料应当使用中文。

第十六条 市场监管总局对申报人提交的文件、资料进行核查，发现申报文件、资料不完备的，可以要求申报人在规定期限内补交。申报人逾期未补交的，视为未申报。

第十七条 市场监管总局经核查认为申报文件、资料符合法定要求的，自收到完备的申报文件、资料之日予以受理并书面通知申报人。

第十八条 经营者集中未达到申报标准，参与集中的经营者自愿提出经营者集中申报，市场监管总局收到申报文件、资料后经核查认为有必要受理的，按照反垄断法予以审查并作出决定。

第十九条 符合下列情形之一的经营者集中，可以作为简易案件申报，市场监管总局按照简易案件程序进行审查：

（一）在同一相关市场，参与集中的经营者所占的市场份额之和小于百分之十五；在上下游市场，参与集中的经营者所占的市场份额均小于百分之二十五；不在同一相关市场也不存在上下游关系的参与集中的经营者，在与交易有关的每个市场所占的市场份额均小于百分之二十五；

（二）参与集中的经营者在中国境外设立合营企业，合营企业不在中国境内从事经济活动的；

（三）参与集中的经营者收购境外企业股权或者资产，该境外企业不在中国境内从事经济活动的；

（四）由两个以上经营者共同控制的合营企业，通过集中被其中一个或者一个以上经营者控制的。

第二十条 符合本规定第十九条但存在下列情形之一的经营者集中，不视为简易案件：

（一）由两个以上经营者共同控制的合营企业，通过集中被其中的一个经营者控制，该经营者与合营企业属于同一相关市场的竞争者，且市场份额之和大于百分之十五的；

（二）经营者集中涉及的相关市场难以界定的；

（三）经营者集中对市场进入、技术进步可能产生不利影响的；

（四）经营者集中对消费者和其他有关经营者可能产生不利影响的；

（五）经营者集中对国民经济发展可能产生不利影响的；

（六）市场监管总局认为可能对市场竞争产生不利影响的其他情形。

第二十一条 市场监管总局受理简易案件后，对案件基本信息予以公示，公示期为十日。公示的案件基本信息由申报人填报。

对于不符合简易案件标准的简易案件申报，市场监管总局予以退回，并要求申报人按非简易案件重新申报。

第三章　经营者集中审查

第二十二条　市场监管总局应当自受理之日起三十日内，对申报的经营者集中进行初步审查，作出是否实施进一步审查的决定，并书面通知申报人。

市场监管总局决定实施进一步审查的，应当自决定之日起九十日内审查完毕，作出是否禁止经营者集中的决定，并书面通知申报人。符合反垄断法第三十一条第二款规定情形的，市场监管总局可以延长本款规定的审查期限，最长不得超过六十日。

第二十三条　在审查过程中，出现反垄断法第三十二条规定情形的，市场监管总局可以决定中止计算经营者集中的审查期限并书面通知申报人，审查期限自决定作出之日起中止计算。

自中止计算审查期限的情形消除之日起，审查期限继续计算，市场监管总局应当书面通知申报人。

第二十四条　在审查过程中，申报人未按照规定提交文件、资料导致审查工作无法进行的，市场监管总局应当书面通知申报人在规定期限内补正。申报人未在规定期限内补正的，市场监管总局可以决定中止计算审查期限。

申报人按要求提交文件、资料后，审查期限继续计算。

第二十五条　在审查过程中，出现对经营者集中审查具有重大影响的新情况、新事实，不经核实将导致审查工作无法进行的，市场监管总局可以决定中止计算审查期限。

经核实，审查工作可以进行的，审查期限继续计算。

第二十六条　在市场监管总局对申报人提交的附加限制性条件承诺方案进行评估阶段，申报人提出中止计算审查期限请求，市场监管总局认为确有必要的，可以决定中止计算审查期限。

对附加限制性条件承诺方案评估完成后，审查期限继续计算。

第二十七条　在市场监管总局作出审查决定之前，申报人要求撤回经营者集中申报的，应当提交书面申请并说明理由。经市场监管总局同意，申报人可以撤回申报。

集中交易情况或者相关市场竞争状况发生重大变化，需要重新申报的，申报人应当申请撤回。

撤回经营者集中申报的，审查程序终止。市场监管总局同意撤回申报不视为对集中的批准。

第二十八条　在审查过程中，市场监管总局根据审查工作需要，可以要求申报人在规定期限内补充提供相关文件、资料，就申报有关事项与申报人及其代理人进行沟通。

申报人可以主动提供有助于对经营者集中进行审查和作出决定的有关文件、资料。

第二十九条　在审查过程中，参与集中的经营者可以通过信函、传真、电子邮件等方式向市场监管总局就有关申报事项进行书面陈述，市场监管总局应当听取。

第三十条　在审查过程中，市场监管总局根据审查工作需要，可以通过书面征求、座谈会、论证会、问卷调查、委托咨询、实地调研等方式听取有关政府部门、行业协会、经营者、消费者、专家学者等单位或者个人的意见。

第三十一条 审查经营者集中,应当考虑下列因素:

(一)参与集中的经营者在相关市场的市场份额及其对市场的控制力;

(二)相关市场的市场集中度;

(三)经营者集中对市场进入、技术进步的影响;

(四)经营者集中对消费者和其他有关经营者的影响;

(五)经营者集中对国民经济发展的影响;

(六)应当考虑的影响市场竞争的其他因素。

第三十二条 评估经营者集中的竞争影响,可以考察相关经营者单独或者共同排除、限制竞争的能力、动机及可能性。

集中涉及上下游市场或者关联市场的,可以考察相关经营者利用在一个或者多个市场的控制力,排除、限制其他市场竞争的能力、动机及可能性。

第三十三条 评估参与集中的经营者对市场的控制力,可以考虑参与集中的经营者在相关市场的市场份额、产品或者服务的替代程度、控制销售市场或者原材料采购市场的能力、财力和技术条件、掌握和处理数据的能力,以及相关市场的市场结构、其他经营者的生产能力、下游客户购买能力和转换供应商的能力、潜在竞争者进入的抵消效果等因素。

评估相关市场的市场集中度,可以考虑相关市场的经营者数量及市场份额等因素。

第三十四条 评估经营者集中对市场进入的影响,可以考虑经营者通过控制生产要素、销售和采购渠道、关键技术、关键设施、数据等方式影响市场进入的情况,并考虑进入的可能性、及时性和充分性。

评估经营者集中对技术进步的影响,可以考虑经营者集中对技术创新动力和能力、技术研发投入和利用、技术资源整合等方面的影响。

第三十五条 评估经营者集中对消费者的影响,可以考虑经营者集中对产品或者服务的数量、价格、质量、多样化等方面的影响。

评估经营者集中对其他有关经营者的影响,可以考虑经营者集中对同一相关市场、上下游市场或者关联市场经营者的市场进入、交易机会等竞争条件的影响。

第三十六条 评估经营者集中对国民经济发展的影响,可以考虑经营者集中对经济效率、经营规模及其对相关行业发展等方面的影响。

第三十七条 评估经营者集中的竞争影响,还可以综合考虑集中对公共利益的影响、参与集中的经营者是否为濒临破产的企业等因素。

第三十八条 市场监管总局认为经营者集中具有或者可能具有排除、限制竞争效果的,应当告知申报人,并设定一个允许参与集中的经营者提交书面意见的合理期限。

参与集中的经营者的书面意见应当包括相关事实和理由,并提供相应证据。参与集中的经营者逾期未提交书面意见的,视为无异议。

第三十九条 为减少集中具有或者可能具有的排除、限制竞争的效果,参与集中的经营者可以向市场监管总局提出附加限制性条件承诺方案。

市场监管总局应当对承诺方案的有效性、可行性和及时性进行评估,并及时将评估结果通知申报人。

市场监管总局认为承诺方案不足以减少集中对竞争的不利影响的,可以与参与集中的经营者就限制性条件进行磋商,要求其在合理期限内提出其他承诺方案。

第四十条 根据经营者集中交易具体情况,限制性条件可以包括如下种类:

(一)剥离有形资产,知识产权、数据等无形资产或者相关权益(以下简称剥离业务)等结构性条件;

(二)开放其网络或者平台等基础设施、许可关键技术(包括专利、专有技术或者其他知识产权)、终止排他性或者独占性协议、保持独立运营、修改平台规则或者算法、承诺兼容或者不降低互操作性水平等行为性条件;

(三)结构性条件和行为性条件相结合的综合性条件。

剥离业务一般应当具有在相关市场开展有效竞争所需要的所有要素,包括有形资产、无形资产、股权、关键人员以及客户协议或者供应协议等权益。剥离对象可以是参与集中经营者的子公司、分支机构或者业务部门等。

第四十一条 承诺方案存在不能实施的风险的,参与集中的经营者可以提出备选方案。备选方案应当在首选方案无法实施后生效,并且比首选方案的条件更为严格。

承诺方案为剥离,但存在下列情形之一的,参与集中的经营者可以在承诺方案中提出特定买方和剥离时间建议:

(一)剥离存在较大困难;

(二)剥离前维持剥离业务的竞争性和可销售性存在较大风险;

(三)买方身份对剥离业务能否恢复市场竞争具有重要影响;

(四)市场监管总局认为有必要的其他情形。

第四十二条 对于具有或者可能具有排除、限制竞争效果的经营者集中,参与集中的经营者提出的附加限制性条件承诺方案能够有效减少集中对竞争产生的不利影响的,市场监管总局可以作出附加限制性条件批准决定。

参与集中的经营者未能在规定期限内提出附加限制性条件承诺方案,或者所提出的承诺方案不能有效减少集中对竞争产生的不利影响的,市场监管总局应当作出禁止经营者集中的决定。

第四十三条 任何单位和个人发现未达申报标准但具有或者可能具有排除、限制竞争效果的经营者集中,可以向市场监管总局书面反映,并提供相关事实和证据。

市场监管总局经核查,对有证据证明未达申报标准的经营者集中具有或者可能具有排除、限制竞争效果的,依照本规定第八条进行处理。

第四章 限制性条件的监督和实施

第四十四条 对于附加限制性条件批准的经营者集中,义务人应当严格履行审查决定规定的义务,并按规定向市场监管总局报告限制性条件履行情况。

市场监管总局可以自行或者通过受托人对义务人履行限制性条件的行为进行监督检查。通过受托人监督检查的,市场监管总局应当在审查决定中予以明确。受托人包括监督受托人和剥离受托人。

义务人,是指附加限制性条件批准经营者集中的审查决定中要求履行相关义务的经营者。

监督受托人,是指受义务人委托并经市场监管总局评估确定,负责对义务人实施限制性条件进行监督并向市场监管总局报告的自然人、法人或者非法人组织。

剥离受托人,是指受义务人委托并经市场监管总局评估确定,在受托剥离阶段负责出售剥离业务并向市场监管总局报告的自然人、法人或者非法人组织。

第四十五条 通过受托人监督检查的,义务人应当在市场监管总局作出审查决定之日起十五日内向市场监管总局提交监督受托人人选。限制性条件为剥离的,义务人应当在进入受托剥离阶段三十日前向市场监管总局提交剥离受托人人选。义务人应当严格审慎选择受托人人选并对相关文件、资料的真实性、完整性、准确性负责。受托人人选应当符合下列具体要求:

(一)诚实守信、合规经营;

(二)有担任受托人的意愿;

(三)独立于义务人和剥离业务的买方;

(四)具有履行受托人职责的专业团队,团队成员应当具有对限制性条件进行监督所需的专业知识、技能及相关经验;

(五)能够提出可行的工作方案;

(六)过去五年未在担任受托人过程中受到处罚;

(七)市场监管总局提出的其他要求。

义务人正式提交受托人人选后,受托人人选无正当理由不得放弃参与受托人评估。

一般情况下,市场监管总局应当从义务人提交的人选中择优评估确定受托人。但义务人未在规定期限内提交受托人人选且经再次书面通知后仍未按时提交,或者两次提交的人选均不符合要求,导致监督执行工作难以正常进行的,市场监管总局可以指导义务人选择符合条件的受托人。

受托人确定后,义务人应当与受托人签订书面协议,明确各自权利和义务,并报市场监管总局同意。受托人应当勤勉、尽职地履行职责。义务人支付受托人报酬,并为受托人提供必要的支持和便利。

第四十六条 限制性条件为剥离的,剥离义务人应当在审查决定规定的期限内,自行找到合适的剥离业务买方、签订出售协议,并报经市场监管总局批准后完成剥离。剥离义务人未能在规定期限内完成剥离的,市场监管总局可以要求义务人委托剥离受托人在规定的期限内寻找合适的剥离业务买方。剥离业务买方应当符合下列要求:

(一)独立于参与集中的经营者;

(二)拥有必要的资源、能力并有意愿使用剥离业务参与市场竞争;

(三)取得其他监管机构的批准;

(四)不得向参与集中的经营者融资购买剥离业务;

(五)市场监管总局根据具体案件情况提出的其他要求。

买方已有或者能够从其他途径获得剥离业务中的部分资产或者权益时,可以向市场监管总局申请对剥离业务的范围进行必要调整。

第四十七条 义务人提交市场监管总局审查的监督受托人、剥离受托人、剥离业务买方人选原则上各不少于三家。在特殊情况下,经市场监管总局同意,上述人选可少于三家。

市场监管总局应当对义务人提交的受托人及委托协议、剥离业务买方人选及出售协议进行审查,以确保其符合审查决定要求。

限制性条件为剥离的,市场监管总局上述审查所用时间不计入剥离期限。

第四十八条 审查决定未规定自行剥离期限的,剥离义务人应当在审查决定作出之日起六个月内找到适当的买方并签订出售协议。经剥离义务人申请并说明理由,市场监管总局可以酌情延长自行剥离期限,但延期最长不得超过三个月。

审查决定未规定受托剥离期限的,剥离受托人应当在受托剥离开始之日起六个月内找到适当的买方并签订出售协议。

第四十九条 剥离义务人应当在市场监管总局审查批准买方和出售协议后,与买方签订出售协议,并自签订之日起三个月内将剥离业务转移给买方,完成所有权转移等相关法律程序。经剥离义务人申请并说明理由,市场监管总局可以酌情延长业务转移的期限。

第五十条 经市场监管总局批准的买方购买剥离业务达到申报标准的,取得控制权的经营者应当将其作为一项新的经营者集中向市场监管总局申报。市场监管总局作出审查决定之前,剥离义务人不得将剥离业务出售给买方。

第五十一条 在剥离完成之前,为确保剥离业务的存续性、竞争性和可销售性,剥离义务人应当履行下列义务:

(一)保持剥离业务与其保留的业务之间相互独立,并采取一切必要措施以最符合剥离业务发展的方式进行管理;

(二)不得实施任何可能对剥离业务有不利影响的行为,包括聘用被剥离业务的关键员工,获得剥离业务的商业秘密或者其他保密信息等;

(三)指定专门的管理人,负责管理剥离业务。管理人在监督受托人的监督下履行职责,其任命和更换应当得到监督受托人的同意;

（四）确保潜在买方能够以公平合理的方式获得有关剥离业务的充分信息，评估剥离业务的商业价值和发展潜力；

（五）根据买方的要求向其提供必要的支持和便利，确保剥离业务的顺利交接和稳定经营；

（六）向买方及时移交剥离业务并履行相关法律程序。

第五十二条 监督受托人应当在市场监管总局的监督下履行下列职责：

（一）监督义务人履行本规定、审查决定及相关协议规定的义务；

（二）对剥离义务人推荐的买方人选、拟签订的出售协议进行评估，并向市场监管总局提交评估报告；

（三）监督剥离业务出售协议的执行，并定期向市场监管总局提交监督报告；

（四）协调剥离义务人与潜在买方就剥离事项产生的争议；

（五）按照市场监管总局的要求提交其他与义务人履行限制性条件有关的报告。

未经市场监管总局同意，监督受托人不得披露其在履行职责过程中向市场监管总局提交的各种报告及相关信息。

第五十三条 在受托剥离阶段，剥离受托人负责为剥离业务找到买方并达成出售协议。

剥离受托人有权以无底价方式出售剥离业务。

第五十四条 审查决定应当规定附加限制性条件的期限。

根据审查决定，限制性条件到期自动解除的，经市场监管总局核查确认，义务人未违反审查决定的，限制性条件自动解除。义务人存在违反审查决定情形的，市场监管总局可以适当延长附加限制性条件的期限，并及时向社会公布。

根据审查决定，限制性条件到期后义务人需要申请解除的，义务人应当提交书面申请并说明理由。市场监管总局评估后决定解除限制性条件的，应当及时向社会公布。

限制性条件为剥离，经市场监管总局核查确认，义务人履行完成所有义务的，限制性条件自动解除。

第五十五条 审查决定生效期间，市场监管总局可以主动或者应义务人申请对限制性条件进行重新审查，变更或者解除限制性条件。市场监管总局决定变更或者解除限制性条件的，应当及时向社会公布。

市场监管总局变更或者解除限制性条件时，应当考虑下列因素：

（一）集中交易方是否发生重大变化；

（二）相关市场竞争状况是否发生实质性变化；

（三）实施限制性条件是否无必要或者不可能；

（四）应当考虑的其他因素。

第五章 对违法实施经营者集中的调查

第五十六条 经营者集中达到申报标准，经营者未申报实施集中、申报后未经批准实施集中或者违反审查决定的,依照本章规定进行调查。

未达申报标准的经营者集中,经营者未按照本规定第八条进行申报的,市场监管总局依照本章规定进行调查。

第五十七条 对涉嫌违法实施经营者集中,任何单位和个人有权向市场监管总局举报。市场监管总局应当为举报人保密。

举报采用书面形式,并提供举报人和被举报人基本情况、涉嫌违法实施经营者集中的相关事实和证据等内容的,市场监管总局应当进行必要的核查。

对于采用书面形式的实名举报,市场监管总局可以根据举报人的请求向其反馈举报处理结果。

对举报处理工作中获悉的国家秘密以及公开后可能危及国家安全、公共安全、经济安全、社会稳定的信息,市场监管总局应当严格保密。

第五十八条 对有初步事实和证据表明存在违法实施经营者集中嫌疑的,市场监管总局应当予以立案,并书面通知被调查的经营者。

第五十九条 被调查的经营者应当在立案通知送达之日起三十日内,向市场监管总局提交是否属于经营者集中、是否达到申报标准、是否申报、是否违法实施等有关的文件、资料。

第六十条 市场监管总局应当自收到被调查的经营者依照本规定第五十九条提交的文件、资料之日起三十日内,对被调查的交易是否属于违法实施经营者集中完成初步调查。

属于违法实施经营者集中的,市场监管总局应当作出实施进一步调查的决定,并书面通知被调查的经营者。经营者应当停止违法行为。

不属于违法实施经营者集中的,市场监管总局应当作出不实施进一步调查的决定,并书面通知被调查的经营者。

第六十一条 市场监管总局决定实施进一步调查的,被调查的经营者应当自收到市场监管总局书面通知之日起三十日内,依照本规定关于经营者集中申报文件、资料的规定向市场监管总局提交相关文件、资料。

市场监管总局应当自收到被调查的经营者提交的符合前款规定的文件、资料之日起一百二十日内,完成进一步调查。

在进一步调查阶段,市场监管总局应当按照反垄断法及本规定,对被调查的交易是否具有或者可能具有排除、限制竞争效果进行评估。

第六十二条 在调查过程中,被调查的经营者、利害关系人有权陈述意见。市场监管总局应当对被调查的经营者、利害关系人提出的事实、理由和证据进行核实。

第六十三条 市场监管总局在作出行政处罚决定前,应当告知被调查的经营者拟作出的行政处罚内容及事实、理由、依据,并告知被调查的经营者依法享有的陈述、申辩、要求听证等权利。

被调查的经营者自告知书送达之日起五个工作日内,未行使陈述、申辩权,未要求听证的,视为放弃此权利。

第六十四条 市场监管总局对违法实施经营者集中应当依法作出处理决定,并可以向社会公布。

第六十五条 市场监管总局责令经营者采取必要措施恢复到集中前状态的,相关措施的监督和实施参照本规定第四章执行。

第六章 法律责任

第六十六条 经营者违反反垄断法规定实施集中的,依照反垄断法第五十八条规定予以处罚。

第六十七条 对市场监管总局依法实施的审查和调查,拒绝提供有关材料、信息,或者提供虚假材料、信息,或者隐匿、销毁、转移证据,或者有其他拒绝、阻碍调查行为的,由市场监管总局责令改正,对单位处上一年度销售额百分之一以下的罚款,上一年度没有销售额或者销售额难以计算的,处五百万元以下的罚款;对个人处五十万元以下的罚款。

第六十八条 市场监管总局在依据反垄断法和本规定对违法实施经营者集中进行调查处理时,应当考虑集中实施的时间,是否具有或者可能具有排除、限制竞争的效果及其持续时间,消除违法行为后果的情况等因素。

当事人主动报告市场监管总局尚未掌握的违法行为,主动消除或者减轻违法行为危害后果的,市场监管总局应当依据《中华人民共和国行政处罚法》第三十二条从轻或者减轻处罚。

第六十九条 市场监管总局依据反垄断法和本规定第六十六条、第六十七条对经营者予以行政处罚的,依照反垄断法第六十四条和国家有关规定记入信用记录,并向社会公示。

第七十条 申报人应当对代理行为加强管理并依法承担相应责任。

申报代理人故意隐瞒有关情况、提供虚假材料或者有其他行为阻碍经营者集中案件审查、调查工作的,市场监管总局依法调查处理并公开,可以向有关部门提出处理建议。

第七十一条 受托人不符合履职要求、无正当理由放弃履行职责、未按要求履行职责或者有其他行为阻碍经营者集中案件监督执行的,市场监管总局可以要求义务人更换受托人,并可以对受托人给予警告、通报批评,处十万元以下的罚款。

第七十二条 剥离业务的买方未按规定履行义务,影响限制性条件实施的,由市场监管总局责令改正,处十万元以下的罚款。

第七十三条 违反反垄断法第四章和本规定,情节特别严重、影响特别恶劣、造成特别严重后果的,市场监管总局可以在反垄断法第五十八条、第六十二条规定和本规定第六十六条、第六十七条规定的罚款数额的二倍以上五倍以下处以罚款。

第七十四条 反垄断执法机构工作人员滥用职权、玩忽职守、徇私舞弊或者泄露执法过程中知悉的商业秘密、个人隐私和个人信息的,依照有关规定处理。

反垄断执法机构在调查期间发现的公职人员涉嫌职务违法、职务犯罪问题线索,应当及时移交纪检监察机关。

第七章　附　　则

第七十五条　市场监管总局以及其他单位和个人对于知悉的商业秘密、未披露信息、保密商务信息、个人隐私和个人信息承担保密义务，但根据法律法规规定应当披露的或者事先取得权利人同意的除外。

第七十六条　本规定对违法实施经营者集中的调查、处罚程序未作规定的，依照《市场监督管理行政处罚程序规定》执行，有关时限、立案、案件管辖的规定除外。

在审查或者调查过程中，市场监管总局可以组织听证。听证程序依照《市场监督管理行政许可程序暂行规定》《市场监督管理行政处罚听证办法》执行。

第七十七条　对于需要送达经营者的书面文件，送达方式参照《市场监督管理行政处罚程序规定》执行。

第七十八条　本规定自2023年4月15日起施行。2020年10月23日国家市场监督管理总局令第30号公布的《经营者集中审查暂行规定》同时废止。

国务院关于经营者集中申报标准的规定

（2008年8月3日中华人民共和国国务院令第529号公布
根据2018年9月18日《国务院关于修改部分行政法规的决定》第一次修订
2024年1月22日中华人民共和国国务院令第773号第二次修订）

第一条 为了明确经营者集中的申报标准，根据《中华人民共和国反垄断法》，制定本规定。

第二条 经营者集中是指下列情形：

（一）经营者合并；

（二）经营者通过取得股权或者资产的方式取得对其他经营者的控制权；

（三）经营者通过合同等方式取得对其他经营者的控制权或者能够对其他经营者施加决定性影响。

第三条 经营者集中达到下列标准之一的，经营者应当事先向国务院反垄断执法机构申报，未申报的不得实施集中：

（一）参与集中的所有经营者上一会计年度在全球范围内的营业额合计超过120亿元人民币，并且其中至少两个经营者上一会计年度在中国境内的营业额均超过8亿元人民币；

（二）参与集中的所有经营者上一会计年度在中国境内的营业额合计超过40亿元人民币，并且其中至少两个经营者上一会计年度在中国境内的营业额均超过8亿元人民币。

营业额的计算，应当考虑银行、保险、证券、期货等特殊行业、领域的实际情况，具体办法由国务院反垄断执法机构会同国务院有关部门制定。

第四条 经营者集中未达到本规定第三条规定的申报标准，但有证据证明该经营者集中具有或者可能具有排除、限制竞争效果的，国务院反垄断执法机构可以要求经营者申报。

第五条 经营者未依照本规定第三条和第四条规定进行申报的，国务院反垄断执法机构应当依法进行调查。

第六条 国务院反垄断执法机构应当根据经济发展情况，对本规定确定的申报标准的实施情况进行评估。

第七条 本规定自公布之日起施行。

金融业经营者集中申报营业额计算办法

（中华人民共和国商务部、中国人民银行、中国银行业监督管理委员会、
中国证券监督管理委员会、中国保险监督管理委员会令2009年第10号）

第一条 根据《反垄断法》及《国务院关于经营者集中申报标准的规定》（以下简称《规定》），为明确金融业经营者集中的申报标准，制定本办法。

第二条 本办法适用于银行业金融机构、证券公司、期货公司、基金管理公司和保险公司等金融业经营者集中申报营业额的计算。

银行业金融机构包括商业银行、城市信用合作社、农村信用合作社等吸收公众存款的金融机构以及政策性银行。

对金融资产管理公司、信托公司、财务公司、金融租赁公司、汽车金融公司、货币经纪公司以及经银行业监督管理机构批准设立的其他金融机构的营业额计算办法，适用本办法对银行业金融机构的规定。

第三条 银行业金融机构的营业额要素包括以下项目：

一、利息净收入；

二、手续费及佣金净收入；

三、投资收益；

四、公允价值变动收益；

五、汇兑收益；

六、其他业务收入。

第四条 证券公司的营业额要素包括以下项目：

一、手续费及佣金净收入（包括经纪业务、资产管理业务、承销与保荐业务和财务顾问业务等）；

二、利息净收入；

三、投资收益；

四、汇兑收益；

五、其他业务收入。

第五条 期货公司的营业额要素包括以下项目：

一、手续费及佣金净收入；

二、银行存款利息净收入。

第六条 基金管理公司的营业额要素包括以下项目：

一、管理费收入；

二、手续费收入。

第七条 上述经营者集中申报营业额的计算公式为：

营业额=(营业额要素累加-营业税金及附加)×10%

第八条 保险公司集中申报营业额的计算公式为：

营业额=(保费收入-营业税金及附加)×10%

其中，保费收入=原保险合同保费收入+分入保费-分出保费

第九条 以上营业额计算办法仅限用于经营者集中申报。

第十条 本办法自发布之日起三十日后生效。

关于经营者集中申报的指导意见

（2018年9月29日修订）

依据《中华人民共和国反垄断法》（以下简称《反垄断法》）、《国务院关于经营者集中申报标准的规定》（以下简称《规定》）和《经营者集中申报办法》（以下简称《办法》）等相关法律法规，达到申报标准的经营者集中，经营者应当事先向国家市场监督管理总局申报，未申报的不得实施集中。为方便经营者申报，国家市场监督管理总局制订了相关指导意见，供经营者参考。

第一条 本指导意见所称经营者集中，是指《反垄断法》第20条所规定的下列情形：

（一）经营者合并；

（二）经营者通过取得股权或者资产的方式取得对其他经营者的控制权；

（三）经营者通过合同等方式取得对其他经营者的控制权或者能够对其他经营者施加决定性影响。

第二条 本指导意见所称申报标准，是指《规定》第三条所规定的下列标准：

（一）参与集中的所有经营者上一会计年度在全球范围内的营业额合计超过100亿元人民币，并且其中至少两个经营者上一会计年度在中国境内的营业额均超过4亿元人民币；

（二）参与集中的所有经营者上一会计年度在中国境内的营业额合计超过20亿元人民币，并且其中至少两个经营者上一会计年度在中国境内的营业额均超过4亿元人民币。

第三条 经营者集中所指的控制权，包括单独控制权和共同控制权。

判断经营者是否通过交易取得对其他经营者的控制权或者能够对其他经营者施加决定性影响（控制权和决定性影响以下统称为“控制权”），取决于大量法律和事实因素。集中协议和其他经营者的章程是重要判断依据，但不是唯一的依据。虽然从集中协议和章程中无法判断取得控制权，但由于其他股权分散等原因，实际上赋予了该经营者事实上的控制权，也属于经营者集中所指的控制权取得。判断经营者是否通过交易取得其他经营者的控制权，通常考虑包括但不限于下列因素：

（一）交易的目的和未来的计划；

（二）交易前后其他经营者的股权结构及其变化；

（三）其他经营者股东大会的表决事项及其表决机制，以及其历史出席率和表决情况；

（四）其他经营者董事会或监事会的组成及其表决机制；

（五）其他经营者高级管理人员的任免等；

(六)其他经营者股东、董事之间的关系,是否存在委托行使投票权、一致行动人等;

(七)该经营者与其他经营者是否存在重大商业关系、合作协议等。

控制权取得,可由经营者直接取得,也可通过其已控制的经营者间接取得。

第四条 对于新设合营企业,如果至少有两个经营者共同控制该合营企业,则构成经营者集中;如果仅有一个经营者单独控制该合营企业,其他的经营者没有控制权,则不构成经营者集中。

第五条 营业额包括相关经营者上一会计年度内销售产品和提供服务所获得的收入,扣除相关税金及其附加。

本指导意见第二条所称"在中国境内",是指经营者产品或服务的买方所在地在中国境内。包括经营者从中国之外的国家或地区向中国的出口,但不包括其从中国向中国之外的国家或地区出口的产品或服务。

本指导意见第二条所称"在全球范围内",包括在中国境内的营业额。

金融业营业额的计算,按照《金融业经营者集中申报营业额计算办法》执行。

第六条 参与集中的单个经营者的营业额应当为下述经营者的营业额总和:

(一)该单个经营者;

(二)第(一)项所指经营者直接或间接控制的其他经营者;

(三)直接或间接控制第(一)项所指经营者的其他经营者;

(四)第(三)项所指经营者直接或间接控制的其他经营者;

(五)第(一)至(四)项所指经营者中两个或两个以上经营者共同控制的其他经营者。

参与集中的单个经营者的营业额不包括上述(一)至(五)项所列经营者之间发生的营业额,也不包括其在上一会计年度或之前已出售或不再具有控制权的经营者的营业额。

参与集中的单个经营者之间或者参与集中的经营者和未参与集中的经营者之间有共同控制的其他经营者,参与集中的单个经营者的营业额应当包括被共同控制的经营者与第三方经营者之间的营业额,且此营业额只计算一次。

如果参与集中的单个经营者之间有共同控制的其他经营者,则参与集中的所有经营者的合计营业额不应包括被共同控制的经营者与任何一个共同控制他的参与集中的经营者,或与后者有控制关系的经营者之间发生的营业额。

如果参与集中的经营者被两个或两个以上经营者共同控制,其营业额应包括所有控制方的营业额。

第七条 在一项经营者集中包括收购一个或多个经营者的一部分时,如果卖方在交易后对被出售部分不再拥有控制权时,则对于卖方而言,只计算集中涉及部分的营业额。

上述规定主要包括两种情形:一是在出售资产的情况下,卖方对被出售的资产不再拥有控制权,则只计算该资产所产生的营业额;二是在出售目标公司全部或部分股权的情况下,卖方在交易完成后对目标公司不再拥有控制权,则只计算该目标公司的营业额。

第八条 相同经营者之间在两年内多次实施的未达申报标准的经营者集中，应当视为一次集中交易，集中发生时间从最后一次交易算起，该经营者集中的营业额应当将多次交易合并计算。经营者通过与其有控制关系的其他经营者实施的上述行为，依照本条款处理。

第九条 在反垄断局决定立案审查前，经营者可就已申报或拟申报的经营者集中，向反垄断局申请商谈。反垄断局将根据商谈申请方提供的信息，就其关心的问题提供指导意见。

商谈不是经营者集中申报的必经程序，经营者自行决定是否申请商谈。

第十条 商谈申请应当以书面方式，通过传真、邮寄等方式提交反垄断局。商谈申请须包括如下内容：

（一）交易概况、交易各方的基本信息等文件和资料；

（二）拟商谈问题；

（三）参与商谈人员的姓名、国籍、单位及职务；

（四）建议的商谈时间；

（五）联系人及其联系方式等。

第十一条 商谈涉及的交易应是真实和相对确定的，且拟商谈的问题应与拟申报或已申报集中直接有关。商谈的问题可以包括：

（一）交易是否需要申报。包括相关交易是否属于经营者集中，是否达到申报标准等；

（二）需要提交的申报文件资料。包括申报文件资料的信息种类、形式、内容和详略程度等；

（三）具体法律和事实问题。包括如何界定相关商品市场和相关地域市场、是否符合《关于经营者集中简易案件适用标准的暂行规定》等；

（四）就申报和审查程序提供指导。包括申报的时间、申报义务人、申报和审查的时限、简易案件申报程序、非简易案件申报程序、审查程序等；

（五）其他相关问题。例如交易是否存在未依法申报问题等。

第十二条 反垄断局收到商谈申请后，根据案件具体情况及拟商谈问题确定是否以及如何安排商谈。

对于商谈申请内容不完整的，反垄断局可以要求经营者提交补充资料。经营者应当在反垄断局规定的时间内补交。

第十三条 通过合并方式实施的经营者集中，由参与合并的各方经营者申报；其他方式的经营者集中，由取得控制权的经营者申报，其他经营者予以配合。

在同一案件中，有申报义务的经营者是两个或两个以上时，可以约定由其中一个经营者负责申报，也可以共同申报。约定一个经营者申报而没有申报的，其他有申报义务的经营者不因上述约定而减免其未依法申报法律责任。

申报义务人未进行集中申报的，其他参与集中的经营者可以提出申报。

第十四条 申报人应当在集中协议签署后，集中实施前向国家市场监督管理总局申报。

以公开要约方式收购上市公司的，已公告的要约收购报告书可视同为已签署的集中协议。

第十五条 申报人应在能够提交符合《反垄断法》第23条规定的申报文件、资料后提出申报。

申报人将申报文件、资料提交反垄断局，反垄断局向申报人出具《国家市场监督管理总局经营者集中材料接收单》。接收单仅表示已收到申报材料，并不表示反垄断局已立案审查。

第十六条 反垄断局应对申报人提交的文件、资料进行审核。

申报人提交的文件、资料不完备、不完整或不准确的，应当在反垄断局规定的时限内补充、修改、澄清和说明。

反垄断局审核后，认为申报文件、资料（包括补充的文件、资料）符合《反垄断法》第23条规定的，应当立案审查，并向申报人递送立案通知。

第十七条 申报人应当通过《经营者集中反垄断审查申报表》客户端申报软件，选择填报《经营者集中反垄断审查申报表》或《经营者集中简易案件反垄断审查申报表》编辑申报文件材料，该客户端申报软件可以在国家市场监督管理总局反垄断局网站下载。

第十八条 在申报后发生申报人知悉或应当知悉的重大变化，或发生应披露的新情况的，申报人应及时书面通知反垄断局。

对于申报后发生实质性变化的交易，申报人应将该交易作为一次新的集中重新申报。

第十九条 符合下列情形之一的，申报人可以书面申请撤回申报：

（一）交易不属于经营者集中的；

（二）集中未达到申报标准的；

（三）集中符合本指导意见第二十五条规定的；

（四）集中发生实质性变化，需要重新申报的；

（五）集中各方放弃交易的。

对于符合上述情形的交易，反垄断局审核后应书面同意其撤回。

第二十条 申报的文件、资料应当包括如下内容：

（一）申报书。申报书应当载明参与集中的经营者的名称、住所、经营范围、预定实施集中的日期。申报人身份证明或注册登记证明，境外申报人须提交当地有关机构出具的公证和认证文件。委托代理人申报的，应当提交经申报人签字的授权委托书；

（二）集中对相关市场竞争状况影响的说明。包括：集中交易概况；集中的动机、目的和经济合理性分析；相关市场界定；参与集中的经营者在相关市场的市场份额及其对市场的控制力；主要竞争者及其市场份额；市场集中度；市场进入；行业发展现状；集中对市场竞争结构、行业发展、技术进步、国民经济发展、消费者以及其他经营者的影响等；

（三）集中协议。包括：各种形式的集中协议文件，如协议书、合同以及相应的补充文件等；

（四）参与集中的经营者经会计师事务所审计的上一会计年度财务会计报告；

（五）反垄断局要求提交的其他文件资料。

第二十一条 除本指导意见第二十条要求提供的文件、资料外，申报人可以自愿提供有助于反垄断局对该集中进行审查和做出决定的其他文件、资料，如地方政府和主管部门等有关方面的意见，支持集中协议的各类报告，包括集中交易的可行性研究报告、尽职调查报告、行业发展研究报告、集中策划报告以及交易后前景发展预测报告等。

第二十二条 申报人提交纸质申报文件、资料的同时，应当提交内容相同的光盘电子文档。纸质申报文件、资料应合理编辑装订，以附件形式提供的文件材料，应提供附件目录，并以易于查找的方式标明每一个附件的名称及位置。电子文档应合理组织以方便查阅。

第二十三条 申报人应当提交中文撰写的文件、资料。文件、资料的原件是外文书写的，应当提交中文翻译件和外文原件。文件、资料为副本、复印件或传真件的，应当根据反垄断局的要求出示原件供验证。

相关外文文件、资料较长的，申报人可以提交中文摘要和外文原件。反垄断局可以根据工作需要要求申报人补充提交全部文件的中文翻译件。

对于申报文件、资料中的外国公司等外文专有名词，须提交中文译名。

第二十四条 申报人应当同时提交申报文件、资料的书面保密版本和公开版本，以及包括上述全部内容的电子光盘各一套。申报人应当对申报文件、资料中的商业秘密和其他需要保密的信息进行标注。

第二十五条 经营者集中有下列情形之一的，可以不向国家市场监督管理总局申报：

（一）参与集中的一个经营者拥有其他每个经营者百分之五十以上有表决权的股份或者资产的；

（二）参与集中的每个经营者百分之五十以上有表决权的股份或者资产被同一个未参与集中的经营者拥有的。

第二十六条 简易案件申报参考《关于经营者集中简易案件申报的指导意见（试行）》。

第二十七条 申报人故意隐瞒重要情况，拒绝提供相关材料、信息，或者提供虚假材料、信息的，反垄断局可以不予立案，已立案的可以撤销相关立案决定，并根据《反垄断法》第52条规定追究相关经营者或个人的法律责任。

第二十八条 经营者可以自行商谈、申报，也可以依法委托其他人代理。

经营者委托其他人代理的，应出具授权委托书。

第二十九条 经营者集中未达申报标准，经营者自愿申报的，反垄断局收到申报文件、资料后经审核认为有必要立案的，应当按照《反垄断法》的规定进行立案审查并作出决定。

在前款所述申报和立案审查期间，参与集中的经营者可以自行决定是否暂停实施其交易，并承担相应的后果。

第三十条 反垄断局对在办理经营者集中商谈和申报工作中知悉的商业秘密和其他需要保密的信息承担保密义务。

关于经营者集中申报文件资料的指导意见

（2018年9月29日修订）

为方便经营者申报，依据《中华人民共和国反垄断法》第23条，规定如下申报文件资料，供经营者申报参考。申报人可参照申报表格式（附后）制作申报文件材料。

第一条　申报书应当载明参与集中的经营者的名称、住所、经营范围、集中的性质、集中的背景、预定实施集中的日期、集中将影响的市场、集中的商业考虑、经济合理性以及集中所符合的申报标准。

申报书内容应简明，并由申报人或其委托代理人签字。申报书应附一份不包含商业秘密和国家秘密的摘要。

第二条　集中各方的基本情况，包括但不限于：企业名称、注册地、经营范围、企业形式、联系人（姓名、职务、联系方式）、最近一个会计年度的营业额（包括全球和中国境内）、公司规模及业界地位、公司设立和重要变更的历史情况等。

集中申报人应提供其身份证明或注册登记证明。若申报人为境外企业或自然人，还应提交当地相关机构出具的公证认证文件。

申报人委托他人代理申报的，应出具授权委托书，并提供其联系方式及文件送达地址。境外申报人应委托在境内有住所的代理人或文件签收人，并提供联系方式。

第三条　与集中各方存在关联关系的企业和自然人名单及简介。可以使用组织系统图或其他图表来说明上述企业和个人之间的股权结构、实际控制等关联关系。

对于从事与所申报集中相关业务的公司，应做更详细的介绍。除参照本指导意见第二条介绍关联方情况外，还应详细介绍其产品（服务）的情况。

对于在中国境内成立的公司（包括外商投资企业及其境内投资企业）、常驻代表机构、分公司和其他在中国境内登记的实体机构，应提供营业执照（如系外商投资企业，还应提交批准证书）。

第四条　集中交易概况，包括：达成集中交易的背景情况；集中的性质和方式（如资产收购、股权收购、合并、组建合营企业等）；交易标的、交易金额（如经评估或有关部门认可，应提供相应文件）、预计完成日期；集中完成后相关公司的控制和关联关系（必要时可用图表表示公司结构）；集中所涉行业和主要产品（包括其产能、产量、销量、价格、成本等情况）；集中的动机、目的或经济合理性分析；集中后的市场发展前景和发展计划。

第五条　集中对相关市场竞争状况影响的说明，包括但不限于：

1. 相关市场界定及理由,包括对产品市场和地域市场的界定。界定相关产品市场可以从产品本身的特性、价格、用途、消费者需求和偏好、需求和供应替代性等角度进行分析。界定相关地域市场可以从行业特点、产品性质、运输、关税、保险、消费习惯等角度分析。界定相关市场必要时应提供相关数据进行相应的经济学分析。

2. 相关市场基本状况,包括但不限于从市场总体规模及发展现状、主要市场竞争者及其市场份额和联系方式、市场集中度、相关市场产品进出口状况及关税、运输成本、各国价格水平等方面分析,并提供数据来源和计算依据、证明文件等。

3. 集中对市场结构的影响,包括但不限于从集中各方最近两年营业额及市场份额、集中各方经营方式等方面分析,并提供数据来源和计算依据、证明文件等。

4. 相关市场的上、下游主要企业、联系人及联系方式,其中应列明与集中各方存在上、下游交易的主要企业,并介绍与上、下游企业开展交易的基本情况。

5. 相关市场的供应结构和需求结构。

第六条 市场进入分析,包括但不限于:

1. 进入相关市场在事实和法律等方面的障碍。

2. 因知识产权而产生的限制,并说明集中各方在相关市场中作为知识产权许可人或被许可人的情况。

3. 相关产品规模经济的重要性,相关市场上竞争者的数量和规模等。

4. 潜在市场竞争和可能的市场进入。迅速进入相关市场并展开有效竞争的可能性和难易程度。

5. 列举近几年相关市场上的重大市场进入或退出情况,如有可能请提交进入或退出企业名称、联系方式等详细情况。

第七条 相关市场内经营者横向或纵向合作协议情况,例如是否存在研发、专利使用权转让、联合生产、分销、长期供应以及信息交换等方面的协议。如有可能,应提交上述协议的进一步情况。

第八条 集中对市场结构、行业发展、竞争者、上下游经营者、消费者、技术进步、经济发展和公共利益的影响。

第九条 集中可能产生的效率及相应的支持文件,应分析效率如何实现、实现时间、量化方式、消费者受益程度、不通过集中是否无法实现该效率等情况。

第十条 集中各方在相关市场以外其他市场的规模和竞争能力情况。

第十一条 集中协议,应包括与集中相关的全部交易文件及其补充文件和附件。如果集中协议为外文,应同时报送中文译本或主要部分中文摘要。

第十二条 集中各方上一会计年度经审计的财务报表。如果会计报表为外文,应同时报送中文译本或主要部分中文摘要。

第十三条 集中各方内部或外部编制的有助于评估集中的分析和报告文件等,例如集中交易的可行性研究报告、尽职调查报告、行业发展研究报告、集中策划报告以及交易后前景发展预测报告等。上述报告应一并提供编制人员和日期。

第十四条 如果集中被禁止,可能对经营者及相关市场的影响。

第十五条 相关市场的行业协会信息,包括是否存在行业协会,协会的名称、负责人以及联系方式等。还可以提供相关行业内的专家信息。

第十六条 有关方面对本次集中的意见,如地方政府和主管部门的意见、社会各界对本集中的反映和社会影响预测。可以整理汇总各方面意见并附上相关文件资料。

第十七条 本集中在其他司法管辖区的申报审查情况。

第十八条 其他需要向主管机关说明的情况。如集中涉及破产企业、国家安全、产业政策、国有资产、其他部门职能、驰名商标等问题,应就以上问题作出特别说明。

第十九条 集中各方或(和)其授权代理人签署的就申报文件资料真实性和(或)来源准确性的声明。

国家市场监督管理总局反垄断局

二〇一八年九月二十九日

关于规范经营者集中案件申报名称的指导意见

(2018年9月29日修订)

为规范经营者集中案件申报名称,国家市场监督管理总局反垄断局依据《中华人民共和国反垄断法》以及《经营者集中申报办法》、《经营者集中审查办法》等规定,制定本指导意见。

第一条 经营者在申报材料中应当使用统一的经营者集中(以下简称集中)案件名称。

集中案件名称应当反映集中的基本情况,用语符合法律规定且规范、简洁、通顺。

第二条 集中情形是经营者A(简称A,下文其他字母情况相同)和B合并的,案件名称应表述为"A与B合并案"。

第三条 集中情形是A收购B股权的,案件名称应表述为"A收购B股权案",不需要含有股权比例。

集中情形是A收购B持有的C股权的,案件名称应表述为"A收购C股权案",不需要含有B的名称和股权比例,无论交易后B是否对C具有控制权。

集中情形是A通过一个或多个子公司收购B股权的,案件名称应表述为"A收购B股权案",不需要含有子公司的名称。

增资扩股类集中属于股权收购情形,案件名称适用本条规定。

第四条 集中情形是A收购B、C等两家或两家以上公司股权的,案件名称应表述为"A收购B等n家公司股权案",n为被收购的公司数量。

第五条 集中情形是A和B收购C股权的,一般情况下案件名称应表述为"A与B收购C股权案",A和B按照收购股权比例高低排序;如果只有A通过集中取得了控制权,B并未取得控制权,则案件名称应表述为"A收购C股权案"。

集中情形是A和B等两个以上经营者收购C股权的,案件名称应表述为"A与B等经营者收购C股权案"。

集中情形是A和B通过设立特殊目的公司E收购C股权的,案件名称应表述为"A与B收购C股权案"。

第六条 集中情形是A收购B部分资产(或业务)的,案件名称应表述为"A收购B部分资产(或业务)案"。

集中情形是A收购B持有的C资产(或业务)的,案件名称应表述为"A收购C资产(或业务)案",不需要含有B的名称。

集中情形是A收购B持有的C股权和D资产(或业务)的,案件名称应表述为"A收购B

部分业务案”,不需要含有C和D的名称。

经营者通过子公司收购资产(或业务)的,案件名称中关于子公司的处理,参照本指导意见第三条第三款规定。

第七条 集中情形是A通过合同等方式取得B的控制权的,案件名称应表述为“A通过合同(或其他方式)取得B的控制权案”。

第八条 集中情形是A通过合同等方式能够对B施加决定性影响的,案件名称应表述为“A通过合同(或其他方式)对B施加决定性影响案”。

第九条 集中情形是A和B新设合营企业的,案件名称应表述为“A与B新设合营企业案”,A和B按照持有合营企业股权比例高低排序。

集中情形是A和B等两个以上经营者新设合营企业的,案件名称应表述为“A与B等经营者新设合营企业案”。

经营者通过子公司新设合营企业的,案件名称中关于子公司的处理,参照本指导意见第三条第三款规定。

第十条 集中案件名称中应当使用规范准确的经营者全称。经营者在中国市场监督管理部门登记注册的,应当使用登记注册的名称。没有在中国市场监督管理部门登记注册的境外经营者,应当使用准确汉语译名;没有准确汉语译名的,应当使用其在注册地登记注册的外文名称。

第十一条 集中案件名称中不应含有经营者集中申报、反垄断申报等词语。

第十二条 本指导意见自公布之日起施行。

经营者集中反垄断合规指引

（国市监反执二发〔2023〕74号）

第一章 总 则

第一条 目的和依据

为了引导经营者落实经营者集中反垄断合规主体责任，提高经营者集中反垄断合规意识和管理水平，促进社会主义市场经济健康发展，根据《中华人民共和国反垄断法》（以下简称反垄断法）、《国务院关于经营者集中申报标准的规定》（以下简称申报标准）、《经营者集中审查规定》等规定，制定本指引。

本指引是国务院反垄断委员会发布的《经营者反垄断合规指南》在经营者集中领域的专项指引。经营者可以根据经营规模、管理模式、集中频次、合规体系等自身情况，参照本指引建立经营者集中反垄断合规管理制度，或者将本指引有关经营者集中合规要素纳入经营者现有反垄断合规管理制度。

第二条 合规必要性

经营者集中审查是一项事前反垄断监管制度，旨在防止经营者通过经营者集中排除、限制相关市场竞争。

经营者加强经营者集中反垄断合规管理，可以帮助经营者识别、评估和管控经营者集中反垄断法律风险，避免具有或者可能具有排除、限制竞争效果的经营者集中，防范因违法实施集中承担法律责任。

第三条 适用范围

本指引适用于经营者在中国境内以及境外实施经营者集中时的反垄断合规活动。

第二章 经营者集中审查主要规定

第四条 经营者集中

经营者集中是指下列情形：经营者合并、经营者通过取得股权或者资产的方式取得对其他经营者的控制权、经营者通过合同等方式取得对其他经营者的控制权或者能够对其他经营者施加决定性影响。

对于新设合营企业，如果至少有两个经营者共同控制该合营企业，则构成经营者集中；如果仅有一个经营者单独控制该合营企业，其他经营者没有控制权，则不构成经营者集中。

第五条　经营者集中申报

经营者集中达到申报标准的，经营者应当事先向国家市场监督管理总局（以下简称市场监管总局）申报，未申报或者申报后获得批准前不得实施集中。未达到申报标准，但有证据证明该经营者集中具有或者可能具有排除、限制竞争效果的，市场监管总局可以要求经营者申报并书面通知经营者，经营者应当依法申报。

经营者集中有下列情形之一的，可以不向市场监管总局申报：

（一）参与集中的一个经营者拥有其他每个经营者50%以上有表决权的股份或者资产的；

（二）参与集中的每个经营者50%以上有表决权的股份或者资产被同一个未参与集中的经营者拥有的。

第六条　申报义务人

通过合并方式实施的经营者集中，合并各方均为申报义务人；其他情形的经营者集中，取得控制权或者能够施加决定性影响的经营者为申报义务人，其他经营者予以配合。

同一项经营者集中有多个申报义务人的，可以委托一个申报义务人申报。被委托的申报义务人未申报的，其他申报义务人不能免除申报义务。申报义务人未申报的，其他参与集中的经营者可以提出申报。

申报义务人没有依法履行申报义务，导致违法实施集中的，申报义务人承担相应法律责任。

第七条　经营者集中审查

收到经营者集中申报后，市场监管总局依法对经营者集中可能产生的竞争影响进行评估。经审查，市场监管总局对不具有排除、限制竞争效果的经营者集中依法无条件批准，对具有或者可能具有排除、限制竞争效果的经营者集中依法附加限制性条件批准或者予以禁止。

第八条　违法实施经营者集中调查

经营者集中达到申报标准，经营者未申报实施集中、申报后未经批准实施集中或者违反审查决定的，市场监管总局依法进行调查。

经营者集中未达到申报标准，但有证据证明该经营者集中具有或者可能具有排除、限制竞争效果，经营者未按照相关规定进行申报的，市场监管总局依法进行调查。

是否实施集中的判断因素主要包括是否完成经营主体登记或者权利变更登记、委派高级管理人员、实际参与经营决策和管理、与其他经营者交换敏感信息、实质性整合业务等。

第九条　法律风险和责任

经营者违反反垄断法有关经营者集中规定，可能面临以下法律风险或者承担以下法律责任：

（一）违法实施集中，且具有或者可能具有排除、限制竞争效果的，由市场监管总局依法责令停止实施集中、限期处分股份或者资产、限期转让营业以及采取其他必要措施恢复到集中前的状态，处上一年度销售额10%以下的罚款；不具有排除、限制竞争效果的，处500万元以下的罚款；

（二）对市场监管总局依法实施的审查和调查，经营者拒绝提供有关材料、信息，或者提供虚假材料、信息，或者隐匿、销毁、转移证据，或者有其他拒绝、阻碍调查行为的，由市场监管总局依法责令改正，对单位处上一年度销售额1%以下的罚款，上一年度没有销售额或者销售额难以计算的，处500万元以下的罚款；对个人处50万元以下的罚款；

（三）违法行为情节特别严重、影响特别恶劣、造成特别严重后果的，市场监管总局可以在第（一）（二）项规定罚款数额的二倍以上五倍以下确定具体罚款数额；

（四）因违法行为受到行政处罚的，按照国家有关规定记入信用记录，并向社会公示；

（五）实施垄断行为，给他人造成损失的，依法承担民事责任，损害社会公共利益的，可能面临民事公益诉讼；

（六）违法行为构成犯罪的，依法追究刑事责任。

第三章　重点合规风险

第十条　重点关注的经营者集中

建议经营者重点关注下列经营者集中，充分评估反垄断法律风险：

（一）与上一会计年度中国境内营业额超过4亿元的经营者合并；

（二）收购上一会计年度中国境内营业额超过4亿元的经营者的股权或者资产；

（三）与上一会计年度中国境内营业额超过4亿元的经营者共同收购其他经营者的股权或者资产；

（四）通过合同等方式取得上一会计年度中国境内营业额超过4亿元经营者的控制权或者能够对其施加决定性影响；

（五）与上一会计年度中国境内营业额超过4亿元的经营者新设合营企业；

（六）交易金额巨大或者可能对市场产生重大影响，受到业内广泛关注的经营者集中。

前款以及本指引第二十条第一款所称营业额4亿元标准是根据本指引发布时的申报标准所设立，后续如申报标准修改，4亿元标准相应调整。

第十一条　判断是否应当申报时的关注重点

判断一项交易是否应当申报经营者集中时，首先判断交易是否构成经营者集中，其次判断经营者集中是否达到申报标准，建议参考《经营者集中审查规定》有关控制权判断和营业额计算的规定。在判断是否应当申报时，需要重点关注以下风险：

（一）控制权认定不准确，误判交易不构成经营者集中导致未依法申报违法实施集中。

【案例】判断一项交易是否构成经营者集中，取决于经营者通过该交易是否取得对其他经营者的控制权或者能够对其他经营者施加决定性影响。收购少数股权也可能取得控制权，从而构成经营者集中。A企业收购B企业20%股权，尽管A企业不是最大股东，但A企业可以单独否决B企业的年度商业计划、财务预算、高级管理人员任免等经营管理事项，则A企业很可能取得对B企业的(共同)控制权,构成经营者集中。如果该经营者集中达到申报标准,A企业未申报,则构成未依法申报违法实施集中。

(二)营业额计算不准确,误判经营者集中未达到申报标准导致未依法申报违法实施集中。

【案例】参与集中的经营者的营业额包括该经营者以及申报时与该经营者存在直接或者间接控制关系的所有经营者的营业额总和,但是不包括上述经营者之间的营业额。作为收购方的A企业上一会计年度中国境内营业额仅为2亿元,但A企业所属的B集团上一会计年度中国境内营业额达到申报标准,在判断是否达到申报标准时应当按照B集团营业额计算。如果A企业按照营业额2亿元计算认为没有达到申报标准而未申报,可能构成未依法申报违法实施集中。

第十二条　判断何时申报时的关注重点

达到申报标准的经营者集中,经营者在签署集中协议后,实施集中前应当向市场监管总局申报,没有及时申报的,可能构成未依法申报违法实施集中。

【案例】为同一经济目的,经营者之间确定发生的分步骤实施的收购交易,如果各步交易之间相互关联、互为条件,可能构成一项经营者集中,在实施第一步前需要申报。A企业与B企业签署一份交易协议,根据该协议,A企业确定将分三步收购B企业持有的目标公司全部股权,第一次收购16%股权、第二次收购34%股权、第三次收购剩余股权,最终完成全部100%股权收购,该多步交易很可能构成一项经营者集中,如果达到申报标准,需要在实施第一步前申报,否则构成未依法申报违法实施集中。

第十三条　申报后"抢跑"

申报经营者集中后,在获得市场监管总局批准前,经营者不得实施集中,否则构成"抢跑"并承担违法实施集中法律责任。

【案例】A企业与B企业计划新设合营企业,依法进行了经营者集中申报,但在市场监管总局尚未作出经营者集中审查决定的情况下,完成了合营企业登记注册手续,构成违法实施集中。A企业与B企业承担违法实施集中的法律责任。

第十四条　对申报代理人的要求

申报人可以自行申报,也可以依法委托他人代理申报。申报人选择代理人应当严格审慎,对代理行为加强管理,并依法承担相应责任。申报代理人应当诚实守信、合规经营,不得故意隐瞒有关情况、提供虚假材料或者采取其他行为阻碍经营者集中案件审查、调查工作。

第十五条　对申报材料的要求

申报人应当对申报文件、资料的真实性、准确性、完整性负责。申报代理人负责协助申报人对申报文件、资料的真实性、准确性、完整性进行审核。

第十六条　排除、限制竞争风险

依法申报的经营者集中,如果市场监管总局审查认为该项经营者集中具有或者可能具有排除、限制竞争效果,将附加限制性条件批准或者禁止该项经营者集中。

评估经营者集中的竞争影响，可以考察相关经营者单独或者共同排除、限制竞争的能力、动机及可能性。集中涉及上下游市场或者关联市场的，可以考察相关经营者利用在一个或者多个市场的控制力，排除、限制其他市场竞争的能力、动机及可能性。

【案例】经营者可以参考市场监管总局网站发布的附条件批准/禁止经营者集中案件反垄断审查决定公告。

第十七条　违反审查决定

经营者集中被附加限制性条件批准的，经营者应当严格遵守限制性条件。经营者集中被禁止的，经营者不得实施集中。

【案例】A企业收购B企业股权经营者集中获得附加限制性条件批准。条件之一是要求A企业不得降低相关产品给予经销商的折扣，并委托监督受托人监督执行。监督受托人核查发现A企业给予经销商的折扣违反了附条件审查决定的相关要求，市场监管总局调查核实后对A企业依法作出行政处罚。

第十八条　阻碍经营者集中审查调查

配合经营者集中审查调查工作是经营者应当遵守的法律义务。经营者拒绝提供有关材料信息，或者提供虚假材料信息，或者隐匿、销毁、转移证据，或者有其他拒绝、阻碍调查行为的，将承担较为严重的法律后果。

第十九条　境外经营者集中反垄断风险

不同司法辖区有关经营者集中申报标准、程序等规定存在差异。经营者开展经营者集中业务时，建议同时关注可能涉及到的境外司法辖区的经营者集中或者并购控制反垄断监管法律规定。

有关境外经营者集中反垄断合规，经营者可以参考市场监管总局《企业境外反垄断合规指引》有关经营者集中合规内容。

第四章　合规风险管理

第二十条　合规管理制度

鼓励具有经营者集中需求的经营者建立经营者集中反垄断合规管理制度，特别是在中国境内年度营业额超过4亿元的经营者；建议中国境内年度营业额超过100亿元的经营者建立经营者集中反垄断合规管理制度。

鼓励具备条件的集团企业在母公司、子公司各层级建立经营者集中反垄断合规管理制度，或者采取有效措施将经营者集中反垄断合规管理覆盖集团各层级成员企业。

第二十一条　合规管理职责

经营者可以设立或者指定相关部门承担经营者集中反垄断合规管理职责（以下简称合规管理部门），主要履行以下职责：

（一）制定、评估、更新经营者集中反垄断合规管理制度和措施，监督制度和措施的实施；

(二)识别、评估经营者集中反垄断合规风险,及时制止、纠正不合规的经营者集中行为;

(三)向决策层或者高级管理层报告经营者集中反垄断合规情况,及时提示重大合规风险并采取应对措施;

(四)为内部相关部门及人员提供经营者集中反垄断合规建议、咨询和指导;

(五)组织开展经营者集中反垄断合规培训,提升相关人员合规意识和能力;

(六)配合人事等相关责任部门落实相关合规奖惩措施;

(七)研究跟进国内外经营者集中最新法律法规以及执法实践;

(八)指导集团内所属企业经营者集中反垄断合规管理制度建设;

(九)协调组织内部相关部门及人员配合市场监管总局经营者集中审查和调查工作;

(十)其他合规相关工作。

合规管理部门可以委托专业机构协助开展相关工作。

第二十二条　经营者集中反垄断合规负责人

鼓励达到一定规模且集中行为较为频繁的经营者设置经营者集中反垄断合规负责人(以下简称合规负责人),负责经营者集中反垄断合规事项,履行相关合规管理职责。合规负责人应当具备下列合规管理能力:

(一)掌握经营者集中反垄断相关法律法规;

(二)具备识别和防控经营者集中反垄断法律风险的专业知识;

(三)熟悉经营者内部投资并购全链条业务流程;

(四)了解经营者主营业务所在市场竞争状况;

(五)其他应当具备的合规管理能力。

经营者可以将管理层中负责合规、法务事务的高级管理人员明确为合规负责人,赋予相应职责权限,提供必要的工作条件、岗位待遇和教育培训,保障其履行经营者集中反垄断合规管理职责。

第二十三条　关键岗位人员

经营者内部与投资并购业务密切相关的投资、法务、财务等部门岗位是经营者集中反垄断合规管理的关键岗位。建议关键岗位人员做好以下工作:

(一)知悉经营者集中相关法律法规;

(二)遵守经营者集中反垄断合规管理要求;

(三)参加经营者集中反垄断合规培训;

(四)配合提供合规所需相关材料;

(五)其他合规相关工作。

第二十四条　风险识别和评估

建议经营者在投资并购决策和执行流程中嵌入经营者集中反垄断合规审核程序,识别、评估经营者集中反垄断法律风险,提早做好申报准备以及相应风险防范措施。鼓励经营者在制定投资并购计划、开展投资并购洽谈等更早阶段识别、评估可能面临的经营者集中反垄断法律风险。

第二十五条　风险应对

鼓励经营者建立经营者集中反垄断合规风险应对机制，针对不同法律风险制定对应处置措施，主要包括以下方面：

（一）发现经营者集中达到申报标准的，及时依法履行申报义务，为申报审查工作预留必要时间，确保申报前以及获得批准前不实施集中；

（二）发现拟议交易可能具有排除、限制竞争效果的，及时调整交易计划、交易结构或者采取其他必要措施减少交易可能对市场竞争产生的不利影响；

（三）申报后市场监管总局认为经营者集中具有或者可能具有排除、限制竞争效果的，经营者应当尽早提出附加限制性条件方案；

（四）发现可能构成违法实施经营者集中行为的，及时停止相关行为并与市场监管总局沟通，积极配合开展相关工作。

第五章　合规管理保障

第二十六条　合规承诺

鼓励经营者建立经营者集中反垄断合规承诺机制。合规承诺可以提高经营者决策人员、高级管理人员等对经营者集中反垄断法律风险的认识和重视程度，确保合规管理能够有效执行。

经营者决策人员、高级管理人员以及投资部门等关键岗位人员可以作出经营者集中反垄断合规承诺，或者在整体合规承诺中纳入经营者集中反垄断合规内容。经营者可以在内部人事管理制度中明确相关人员违反合规承诺的不利后果。

第二十七条　合规报告

经营者可以建立经营者集中反垄断合规报告机制，或者在整体合规报告中纳入经营者集中反垄断合规事项。合规负责人可以定期向经营者决策层或者高级管理层报告经营者集中反垄断合规情况。当出现重大合规风险时，合规负责人及时向经营者决策层或者高级管理层汇报，并提出风险应对建议。

鼓励经营者向市场监管总局、省级市场监管部门报告经营者集中反垄断合规情况及进展，包括合规管理制度建设、合规人员配备、合规审核记录、合规宣传培训、第三方评价以及近年申报和被处罚情况等。省级市场监管部门可以定期了解辖区内经营者合规管理情况，给予经营者必要支持和指导。

第二十八条　合规评价

鼓励经营者采取适当方式定期对经营者集中反垄断合规管理制度的执行效果进行评价，持续完善合规管理制度、改进合规管理体系。

经营者集中反垄断合规管理制度有效性评价可以包括以下方面：

（一）建立明确、可执行的合规管理体系和流程；

（二）配备合规负责人且职责清晰；

（三）设置明确的合规奖惩机制和举措；

（四）合规审核得到全面、充分、有效执行；

（五）有关合规有效运行的其他情况。

第二十九条　合规咨询

经营者可以建立经营者集中反垄断合规咨询机制。鼓励经营者相关人员尽早向合规管理部门或者合规负责人咨询经营者集中过程中遇到的合规问题。经营者可以向外部法律专家、专业机构等进行合规咨询，也可以就申报经营者集中等事项向市场监管总局、相关省级市场监管部门提出商谈咨询。

市场监管总局、省级市场监管部门指导经营者做好相关合规、申报等工作。

第三十条　合规培训

鼓励经营者以专家授课、印发手册等多种形式开展经营者集中合规宣传与培训，引导和督促经营者相关人员提高合规意识与能力，提升合规管理效能。

鼓励经营者对决策人员、高级管理人员进行经营者集中基础知识培训，对合规负责人、关键岗位人员进行经营者集中专业培训和考核。

市场监管总局、省级市场监管部门加强经营者集中反垄断合规宣传和培训，指导经营者做好合规管理。

第三十一条　合规奖惩

鼓励经营者建立内部经营者集中反垄断合规奖惩机制，对合规工作成效显著的合规负责人、关键岗位人员给予表彰和奖励，当经营者出现重大违法实施经营者集中行为时，对未审慎履行合规职责的合规负责人或者关键岗位人员给予必要惩戒。

第三十二条　合规激励

为鼓励经营者积极开展经营者集中反垄断合规，市场监管总局在查处违法实施集中行为时可以考虑经营者集中反垄断合规管理制度建设及实施情况。

第三十三条　发挥行业协会作用

鼓励行业协会充分发挥桥梁纽带作用，组织经营者与市场监管部门开展经营者集中审查工作交流和培训，服务经营者建立健全经营者集中反垄断合规管理制度。

第六章　附　　则

第三十四条　指引的效力

本指引仅对经营者集中反垄断合规作出一般性指导，供经营者参考，不具有强制性。经营者可以结合自身特点，细化完善内部合规管理制度，建立合规管理体系。

本指引关于经营者集中审查制度的阐释多为原则性、概括性说明，案例列举并不涵盖全部法律风险，建议经营者在参考本指引时依据经营者集中相关法律法规结合具体问题进行具体分析评估。

第三十五条　指引的解释

本指引由市场监管总局负责解释。

第六章

滥用知识产权

禁止滥用知识产权排除、限制竞争行为规定

（2023 年 6 月 25 日国家市场监督管理总局令
第 79 号公布　自 2023 年 8 月 1 日起施行）

第一条　为了预防和制止滥用知识产权排除、限制竞争行为，根据《中华人民共和国反垄断法》（以下简称反垄断法），制定本规定。

第二条　反垄断与保护知识产权具有共同的目标，即促进竞争和创新，提高经济运行效率，维护消费者利益和社会公共利益。

经营者依照有关知识产权的法律、行政法规规定行使知识产权，但不得滥用知识产权，排除、限制竞争。

第三条　本规定所称滥用知识产权排除、限制竞争行为，是指经营者违反反垄断法的规定行使知识产权，达成垄断协议，滥用市场支配地位，实施具有或者可能具有排除、限制竞争效果的经营者集中等垄断行为。

第四条　国家市场监督管理总局（以下简称市场监管总局）根据反垄断法第十三条第一款规定，负责滥用知识产权排除、限制竞争行为的反垄断统一执法工作。

市场监管总局根据反垄断法第十三条第二款规定，授权各省、自治区、直辖市市场监督管理部门（以下称省级市场监管部门）负责本行政区域内垄断协议、滥用市场支配地位等滥用知识产权排除、限制竞争行为的反垄断执法工作。

本规定所称反垄断执法机构包括市场监管总局和省级市场监管部门。

第五条　本规定所称相关市场，包括相关商品市场和相关地域市场，根据反垄断法和《国务院反垄断委员会关于相关市场界定的指南》进行界定，并考虑知识产权、创新等因素的影响。在涉及知识产权许可等反垄断执法工作中，相关商品市场可以是技术市场，也可以是含有特定

知识产权的产品市场。相关技术市场是指由行使知识产权所涉及的技术和可以相互替代的同类技术之间相互竞争所构成的市场。

第六条 经营者之间不得利用行使知识产权的方式,达成反垄断法第十七条、第十八条第一款所禁止的垄断协议。

经营者不得利用行使知识产权的方式,组织其他经营者达成垄断协议或者为其他经营者达成垄断协议提供实质性帮助。

经营者能够证明所达成的协议属于反垄断法第二十条规定情形的,不适用第一款和第二款的规定。

第七条 经营者利用行使知识产权的方式,与交易相对人达成反垄断法第十八条第一款第一项、第二项规定的协议,经营者能够证明其不具有排除、限制竞争效果的,不予禁止。

经营者利用行使知识产权的方式,与交易相对人达成协议,经营者能够证明参与协议的经营者在相关市场的市场份额低于市场监管总局规定的标准,并符合市场监管总局规定的其他条件的,不予禁止。具体标准可以参照《国务院反垄断委员会关于知识产权领域的反垄断指南》相关规定。

第八条 具有市场支配地位的经营者不得在行使知识产权的过程中滥用市场支配地位,排除、限制竞争。

市场支配地位根据反垄断法和《禁止滥用市场支配地位行为规定》的规定进行认定和推定。经营者拥有知识产权可以构成认定其具有市场支配地位的因素之一,但不能仅根据经营者拥有知识产权推定其在相关市场具有市场支配地位。

认定拥有知识产权的经营者在相关市场是否具有支配地位,还可以考虑在相关市场交易相对人转向具有替代关系的技术或者产品的可能性及转移成本、下游市场对利用知识产权所提供商品的依赖程度、交易相对人对经营者的制衡能力等因素。

第九条 具有市场支配地位的经营者不得在行使知识产权的过程中,以不公平的高价许可知识产权或者销售包含知识产权的产品,排除、限制竞争。

认定前款行为可以考虑以下因素:

(一)该项知识产权的研发成本和回收周期;

(二)该项知识产权的许可费计算方法和许可条件;

(三)该项知识产权可以比照的历史许可费或者许可费标准;

(四)经营者就该项知识产权许可所作的承诺;

(五)需要考虑的其他相关因素。

第十条 具有市场支配地位的经营者没有正当理由,不得在行使知识产权的过程中,拒绝许可其他经营者以合理条件使用该知识产权,排除、限制竞争。

认定前款行为应当同时考虑以下因素:

(一)该项知识产权在相关市场不能被合理替代,为其他经营者参与相关市场的竞争所必需；

（二）拒绝许可该知识产权将会导致相关市场的竞争或者创新受到不利影响，损害消费者利益或者社会公共利益；

（三）许可该知识产权对该经营者不会造成不合理的损害。

第十一条 具有市场支配地位的经营者没有正当理由，不得在行使知识产权的过程中，从事下列限定交易行为，排除、限制竞争：

（一）限定交易相对人只能与其进行交易；

（二）限定交易相对人只能与其指定的经营者进行交易；

（三）限定交易相对人不得与特定经营者进行交易。

第十二条 具有市场支配地位的经营者没有正当理由，不得在行使知识产权的过程中，违背所在行业或者领域交易惯例、消费习惯或者无视商品的功能，从事下列搭售行为，排除、限制竞争：

（一）在许可知识产权时强制或者变相强制被许可人购买其他不必要的产品；

（二）在许可知识产权时强制或者变相强制被许可人接受一揽子许可。

第十三条 具有市场支配地位的经营者没有正当理由，不得在行使知识产权的过程中，附加下列不合理的交易条件，排除、限制竞争：

（一）要求交易相对人将其改进的技术进行排他性或者独占性回授，或者在不提供合理对价时要求交易相对人进行相同技术领域的交叉许可；

（二）禁止交易相对人对其知识产权的有效性提出质疑；

（三）限制交易相对人在许可协议期限届满后，在不侵犯知识产权的情况下利用竞争性的技术或者产品；

（四）对交易相对人附加其他不合理的交易条件。

第十四条 具有市场支配地位的经营者没有正当理由，不得在行使知识产权的过程中，对条件相同的交易相对人实行差别待遇，排除、限制竞争。

第十五条 涉及知识产权的经营者集中达到国务院规定的申报标准的，经营者应当事先向市场监管总局申报，未申报或者申报后获得批准前不得实施集中。

第十六条 涉及知识产权的经营者集中审查应当考虑反垄断法第三十三条规定的因素和知识产权的特点。

根据涉及知识产权的经营者集中交易具体情况，附加的限制性条件可以包括以下情形：

（一）剥离知识产权或者知识产权所涉业务；

（二）保持知识产权相关业务的独立运营；

（三）以合理条件许可知识产权；

（四）其他限制性条件。

第十七条 经营者不得在行使知识产权的过程中，利用专利联营从事排除、限制竞争的行为。

专利联营的成员不得交换价格、产量、市场划分等有关竞争的敏感信息，达成反垄断法第十七条、第十八条第一款所禁止的垄断协议。但是，经营者能够证明所达成的协议符合反垄断法第十八条第二款、第三款和第二十条规定的除外。

具有市场支配地位的专利联营实体或者专利联营的成员不得利用专利联营从事下列滥用市场支配地位的行为：

（一）以不公平的高价许可联营专利；

（二）没有正当理由，限制联营成员或者被许可人的专利使用范围；

（三）没有正当理由，限制联营成员在联营之外作为独立许可人许可专利；

（四）没有正当理由，限制联营成员或者被许可人独立或者与第三方联合研发与联营专利相竞争的技术；

（五）没有正当理由，强制要求被许可人将其改进或者研发的技术排他性或者独占性地回授给专利联营实体或者专利联营的成员；

（六）没有正当理由，禁止被许可人质疑联营专利的有效性；

（七）没有正当理由，将竞争性专利强制组合许可，或者将非必要专利、已终止的专利与其他专利强制组合许可；

（八）没有正当理由，对条件相同的联营成员或者同一相关市场的被许可人在交易条件上实行差别待遇；

（九）市场监管总局认定的其他滥用市场支配地位的行为。

本规定所称专利联营，是指两个或者两个以上经营者将各自的专利共同许可给联营成员或者第三方。专利联营各方通常委托联营成员或者独立第三方对联营进行管理。联营具体方式包括达成协议、设立公司或者其他实体等。

第十八条 经营者没有正当理由，不得在行使知识产权的过程中，利用标准的制定和实施达成下列垄断协议：

（一）与具有竞争关系的经营者联合排斥特定经营者参与标准制定，或者排斥特定经营者的相关标准技术方案；

（二）与具有竞争关系的经营者联合排斥其他特定经营者实施相关标准；

（三）与具有竞争关系的经营者约定不实施其他竞争性标准；

（四）市场监管总局认定的其他垄断协议。

第十九条 具有市场支配地位的经营者不得在标准的制定和实施过程中从事下列行为，排除、限制竞争：

（一）在参与标准制定过程中，未按照标准制定组织规定及时充分披露其权利信息，或者明确放弃其权利，但是在标准涉及该专利后却向标准实施者主张该专利权；

（二）在其专利成为标准必要专利后，违反公平、合理、无歧视原则，以不公平的高价许可，没有正当理由拒绝许可、搭售商品或者附加其他不合理的交易条件、实行差别待遇等；

（三）在标准必要专利许可过程中，违反公平、合理、无歧视原则，未经善意谈判，请求法院或者其他相关部门作出禁止使用相关知识产权的判决、裁定或者决定等，迫使被许可方接受不公平的高价或者其他不合理的交易条件；

（四）市场监管总局认定的其他滥用市场支配地位的行为。

本规定所称标准必要专利，是指实施该项标准所必不可少的专利。

第二十条 认定本规定第十条至第十四条、第十七条至第十九条所称的“正当理由”，可以考虑以下因素：

（一）有利于鼓励创新和促进市场公平竞争；

（二）为行使或者保护知识产权所必需；

（三）为满足产品安全、技术效果、产品性能等所必需；

（四）为交易相对人实际需求且符合正当的行业惯例和交易习惯；

（五）其他能够证明行为具有正当性的因素。

第二十一条 经营者在行使著作权以及与著作权有关的权利时，不得从事反垄断法和本规定禁止的垄断行为。

第二十二条 分析认定经营者涉嫌滥用知识产权排除、限制竞争行为，可以采取以下步骤：

（一）确定经营者行使知识产权行为的性质和表现形式；

（二）确定行使知识产权的经营者之间相互关系的性质；

（三）界定行使知识产权所涉及的相关市场；

（四）认定行使知识产权的经营者的市场地位；

（五）分析经营者行使知识产权的行为对相关市场竞争的影响。

确定经营者之间相互关系的性质需要考虑行使知识产权行为本身的特点。在涉及知识产权许可的情况下，原本具有竞争关系的经营者之间在许可协议中是交易关系，而在许可人和被许可人都利用该知识产权生产产品的市场上则又是竞争关系。但是，如果经营者之间在订立许可协议时不存在竞争关系，在协议订立之后才产生竞争关系的，则仍然不视为竞争者之间的协议，除非原协议发生实质性的变更。

第二十三条 分析认定经营者行使知识产权的行为对相关市场竞争的影响，应当考虑下列因素：

（一）经营者与交易相对人的市场地位；

（二）相关市场的市场集中度；

（三）进入相关市场的难易程度；

（四）产业惯例与产业的发展阶段；

（五）在产量、区域、消费者等方面进行限制的时间和效力范围；

（六）对促进创新和技术推广的影响；

（七）经营者的创新能力和技术变化的速度；

（八）与认定行使知识产权的行为对相关市场竞争影响有关的其他因素。

第二十四条 反垄断执法机构对滥用知识产权排除、限制竞争行为进行调查、处罚时，依照反垄断法和《禁止垄断协议规定》《禁止滥用市场支配地位行为规定》《经营者集中审查规定》规定的程序执行。

第二十五条 经营者违反反垄断法和本规定，达成并实施垄断协议的，由反垄断执法机构责令停止违法行为，没收违法所得，并处上一年度销售额百分之一以上百分之十以下的罚款，上一年度没有销售额的，处五百万元以下的罚款；尚未实施所达成的垄断协议的，可以处三百万元以下的罚款。经营者的法定代表人、主要负责人和直接责任人员对达成垄断协议负有个人责任的，可以处一百万元以下的罚款。

经营者组织其他经营者达成垄断协议或者为其他经营者达成垄断协议提供实质性帮助的，适用前款规定。

第二十六条 经营者违反反垄断法和本规定，滥用市场支配地位的，由反垄断执法机构责令停止违法行为，没收违法所得，并处上一年度销售额百分之一以上百分之十以下的罚款。

第二十七条 经营者违法实施涉及知识产权的集中，且具有或者可能具有排除、限制竞争效果的，由市场监管总局责令停止实施集中、限期处分股份或者资产、限期转让营业以及采取其他必要措施恢复到集中前的状态，处上一年度销售额百分之十以下的罚款；不具有排除、限制竞争效果的，处五百万元以下的罚款。

第二十八条 对本规定第二十五条、第二十六条、第二十七条规定的罚款，反垄断执法机构确定具体罚款数额时，应当考虑违法行为的性质、程度、持续时间和消除违法行为后果的情况等因素。

第二十九条 违反反垄断法规定，情节特别严重、影响特别恶劣、造成特别严重后果的，市场监管总局可以在反垄断法第五十六条、第五十七条、第五十八条、第六十二条规定的罚款数额的二倍以上五倍以下确定具体罚款数额。

第三十条 反垄断执法机构工作人员滥用职权、玩忽职守、徇私舞弊或者泄露执法过程中知悉的商业秘密、个人隐私和个人信息的，依照有关规定处理。

第三十一条 反垄断执法机构在调查期间发现的公职人员涉嫌职务违法、职务犯罪问题线索，应当及时移交纪检监察机关。

第三十二条 本规定对滥用知识产权排除、限制竞争行为未作规定的，依照反垄断法和《禁止垄断协议规定》《禁止滥用市场支配地位行为规定》《经营者集中审查规定》处理。

第三十三条 本规定自2023年8月1日起施行。2015年4月7日原国家工商行政管理总局令第74号公布的《关于禁止滥用知识产权排除、限制竞争行为的规定》同时废止。

国务院反垄断委员会关于知识产权领域的反垄断指南

（2019 年 1 月 4 日）

第一章 总　　则

第一条　指南的目的和依据

反垄断与保护知识产权具有共同的目标，即保护竞争和激励创新，提高经济运行效率，维护消费者利益和社会公共利益。根据《中华人民共和国反垄断法》（下称《反垄断法》），经营者依照有关知识产权的法律、行政法规规定行使知识产权的行为，不适用《反垄断法》；但是，经营者滥用知识产权，排除、限制竞争的行为，适用《反垄断法》。

经营者滥用知识产权，排除、限制竞争的行为不是一种独立的垄断行为。经营者在行使知识产权或者从事相关行为时，达成或者实施垄断协议，滥用市场支配地位，或者实施具有或者可能具有排除、限制竞争效果的经营者集中，可能构成滥用知识产权排除、限制竞争的行为。为对滥用知识产权行为适用《反垄断法》提供指引，提高反垄断执法工作的透明度，根据《反垄断法》、《国务院反垄断委员会关于相关市场界定的指南》（下称《关于相关市场界定的指南》）等法律规定，制定本指南。

第二条　分析原则

分析经营者是否滥用知识产权排除、限制竞争，遵循以下基本原则：

（一）采用与其他财产性权利相同的规制标准，遵循《反垄断法》相关规定；

（二）考虑知识产权的特点；

（三）不因经营者拥有知识产权而推定其在相关市场具有市场支配地位；

（四）根据个案情况考虑相关行为对效率和创新的积极影响。

第三条　分析思路

分析经营者是否滥用知识产权排除、限制竞争，通常遵循以下思路：

（一）分析行为的特征和表现形式

经营者滥用知识产权，排除、限制竞争的行为，可能是行使知识产权的行为，也可能是与行使知识产权相关的行为。通常根据经营者行为的特征和表现形式，分析可能构成的垄断行为。

（二）界定相关市场

界定相关市场，通常遵循相关市场界定的基本依据和一般方法，同时考虑知识产权的特殊性。

（三）分析行为对市场竞争产生的排除、限制影响

分析行为对市场竞争产生的排除、限制影响，通常需要结合市场竞争状况，对具体行为进行分析。

（四）分析行为对创新和效率的积极影响

经营者行为对创新和效率可能产生积极影响，包括促进技术的传播利用、提高资源的利用效率等。分析上述积极影响，需考虑其是否满足本指南第六条规定的条件。

第四条　相关市场

知识产权既可以直接作为交易的标的，也可以被用于提供商品或者服务（以下统称商品）。通常情况下，需依据《关于相关市场界定的指南》界定相关市场。如果仅界定相关商品市场难以全面评估行为的竞争影响，可能需要界定相关技术市场。根据个案情况，还可以考虑行为对创新、研发等因素的影响。

相关技术市场是指由需求者认为具有较为紧密替代关系的一组或者一类技术所构成的市场。界定相关技术市场可以考虑以下因素：技术的属性、用途、许可费、兼容程度、所涉知识产权的期限、需求者转向其他具有替代关系技术的可能性及成本等。通常情况下，如果利用不同技术能够提供具有替代关系的商品，这些技术可能具有替代关系。在考虑一项技术与知识产权所涉技术是否具有替代关系时，不仅要考虑该技术目前的应用领域，还需考虑其潜在的应用领域。

界定相关市场，需界定相关地域市场并考虑知识产权的地域性。当相关交易涉及多个国家和地区时，还需考虑交易条件对相关地域市场界定的影响。

第五条　分析排除、限制竞争影响的考虑因素

（一）评估市场的竞争状况，可以考虑以下因素：行业特点与行业发展状况；主要竞争者及其市场份额；市场集中度；市场进入的难易程度；交易相对人的市场地位及对相关知识产权的依赖程度；相关技术更新、发展趋势及研发情况等。

计算经营者在相关技术市场的市场份额，可根据个案情况，考虑利用该技术生产的商品在相关市场的份额、该技术的许可费收入占相关技术市场总许可费收入的比重、具有替代关系技术的数量等。

（二）对具体行为进行分析，可以考虑以下因素：经营者之间的竞争关系；经营者的市场份额及其对市场的控制力；行为对产量、区域、消费者等方面产生限制的时间、范围和程度；行为设置或者提高市场进入壁垒的可能性；行为对技术创新、传播和发展的阻碍；行为对行业发展的阻碍；行为对潜在竞争的影响等。

判断经营者之间的竞争关系，根据个案情况，可以考虑在没有该行为的情况下，经营者是否具有实际或者潜在的竞争关系。

第六条　竞争积极影响需要满足的条件

通常情况下，经营者行为对创新和效率的积极影响需同时满足下列条件：

（一）该行为与促进创新、提高效率具有因果关系；

（二）相对于其他促进创新、提高效率的行为，在经营者合理商业选择范围内，该行为对市场竞争产生的排除、限制影响更小；

（三）该行为不会排除、严重限制市场竞争；

（四）该行为不会严重阻碍其他经营者的创新；

（五）消费者能够分享促进创新、提高效率所产生的利益。

第二章　可能排除、限制竞争的知识产权协议

涉及知识产权的协议，特别是联合研发、交叉许可等，通常具有激励创新、促进竞争的效果，不同的协议类型产生的积极影响有所不同。但是，涉及知识产权的协议也可能对市场竞争产生排除、限制影响，适用《反垄断法》第二章规定。

第七条　联合研发

联合研发是指经营者共同研发技术、产品等，及利用研发成果的行为。联合研发通常可以节约研发成本，提高研发效率，但是也可能对市场竞争产生排除、限制影响，分析时可以考虑以下因素：

（一）是否限制经营者在与联合研发无关的领域独立或者与第三方合作进行研发；

（二）是否限制经营者在联合研发完成后进行后续研发；

（三）是否限定经营者在与联合研发无关的领域研发的新技术或者新产品所涉知识产权的归属和行使。

第八条　交叉许可

交叉许可是指经营者将各自拥有的知识产权相互许可使用。交叉许可通常可以降低知识产权许可成本，促进知识产权实施，但是也可能对市场竞争产生排除、限制影响，分析时可以考虑以下因素：

（一）是否为排他性许可；

（二）是否构成第三方进入市场的壁垒；

（三）是否排除、限制下游市场的竞争；

（四）是否提高了相关商品的成本。

第九条　排他性回授和独占性回授

回授是指被许可人将其利用被许可的知识产权所作的改进，或者通过使用被许可的知识产权所获得的新成果授权给许可人。回授通常可以推动对新成果的投资和运用，但是排他性回授和独占性回授可能降低被许可人的创新动力，对市场竞争产生排除、限制影响。

如果仅有许可人或者其指定的第三方和被许可人有权实施回授的改进或者新成果，这种回授是排他性的。如果仅有许可人或者其指定的第三方有权实施回授的改进或者新成果，这种回授是独占性的。通常情况下，独占性回授比排他性回授排除、限制竞争的可能性更大。分

析排他性回授和独占性回授对市场竞争产生的排除、限制影响时可以考虑以下因素：

（一）许可人是否就回授提供实质性的对价；

（二）许可人与被许可人在交叉许可中是否相互要求独占性回授或者排他性回授；

（三）回授是否导致改进或者新成果向单一经营者集中，使其获得或者增强市场控制力；

（四）回授是否影响被许可人进行改进的积极性。

如果许可人要求被许可人将上述改进或者新成果转让给许可人，或者其指定的第三方，分析该行为是否排除、限制竞争，同样考虑上述因素。

第十条　不质疑条款

不质疑条款是指在与知识产权许可相关的协议中，许可人要求被许可人不得对其知识产权有效性提出异议的一类条款。分析不质疑条款对市场竞争产生的排除、限制影响，可以考虑以下因素：

（一）许可人是否要求所有的被许可人不质疑其知识产权的有效性；

（二）不质疑条款涉及的知识产权许可是否有偿；

（三）不质疑条款涉及的知识产权是否可能构成下游市场的进入壁垒；

（四）不质疑条款涉及的知识产权是否阻碍其他竞争性知识产权的实施；

（五）不质疑条款涉及的知识产权许可是否具有排他性；

（六）被许可人质疑许可人知识产权的有效性是否可能因此遭受重大损失。

第十一条　标准制定

本指南所称标准制定，是指经营者共同制定或参与制定在一定范围内统一实施的涉及知识产权的标准。标准制定有助于实现不同产品之间的通用性，降低成本，提高效率，保证产品质量。但是，具有竞争关系的经营者共同参与标准制定可能排除、限制竞争，具体分析时可以考虑以下因素：

（一）是否没有正当理由，排除其他特定经营者；

（二）是否没有正当理由，排斥特定经营者的相关方案；

（三）是否约定不实施其他竞争性标准；

（四）对行使标准中所包含的知识产权是否有必要、合理的约束机制。

第十二条　其他限制

经营者许可知识产权，还可能涉及下列限制：

（一）限制知识产权的使用领域；

（二）限制利用知识产权提供的商品的销售或传播渠道、范围或者对象；

（三）限制经营者利用知识产权提供的商品数量；

（四）限制经营者使用具有竞争关系的技术或者提供具有竞争关系的商品。

上述限制通常具有商业合理性，能够提高效率，促进知识产权实施，但是也可能对市场竞争产生排除、限制影响，分析时可以考虑以下因素：

（一）限制的内容、程度及实施方式；

（二）利用知识产权提供的商品的特点；

（三）限制与知识产权许可条件的关系；

（四）是否包含多项限制；

（五）如果其他经营者拥有的知识产权涉及具有替代关系的技术，其他经营者是否实施相同或者类似的限制。

第十三条　安全港规则

为了提高执法效率，给市场主体提供明确的预期，设立安全港规则。安全港规则是指，如果经营者符合下列条件之一，通常不将其达成的涉及知识产权的协议认定为《反垄断法》第十三条第一款第六项和第十四条第三项规定的垄断协议，但是有相反的证据证明该协议对市场竞争产生排除、限制影响的除外。

（一）具有竞争关系的经营者在相关市场的市场份额合计不超过20%；

（二）经营者与交易相对人在受到涉及知识产权的协议影响的任一相关市场上的市场份额均不超过30%；

（三）如果经营者在相关市场的份额难以获得，或者市场份额不能准确反映经营者的市场地位，但在相关市场上除协议各方控制的技术外，存在四个或者四个以上能够以合理成本得到的由其他经营者独立控制的具有替代关系的技术。

第三章　涉及知识产权的滥用市场支配地位行为

认定涉及知识产权的滥用市场支配地位行为，适用《反垄断法》第三章规定。通常情况下，首先界定相关市场，认定经营者在相关市场是否具有市场支配地位，再根据个案情况，具体分析行为是否构成滥用知识产权，排除、限制竞争的行为。

第十四条　知识产权与市场支配地位的认定

经营者拥有知识产权，并不意味着其必然具有市场支配地位。认定拥有知识产权的经营者在相关市场上是否具有支配地位，应依据《反垄断法》第十八条、第十九条规定的认定或者推定经营者具有市场支配地位的因素和情形进行分析，结合知识产权的特点，还可具体考虑以下因素：

（一）交易相对人转向具有替代关系的技术或者商品等的可能性及转换成本；

（二）下游市场对利用知识产权所提供的商品的依赖程度；

（三）交易相对人对经营者的制衡能力。

第十五条　以不公平的高价许可知识产权

具有市场支配地位的经营者，可能滥用其市场支配地位，以不公平的高价许可知识产权，排除、限制竞争。分析其是否构成滥用市场支配地位行为，可以考虑以下因素：

（一）许可费的计算方法，及知识产权对相关商品价值的贡献；

（二）经营者对知识产权许可作出的承诺；

（三）知识产权的许可历史或者可比照的许可费标准；

（四）导致不公平高价的许可条件，包括超出知识产权的地域范围或者覆盖的商品范围收取许可费等；

（五）在一揽子许可时是否就过期或者无效的知识产权收取许可费。

分析经营者是否以不公平的高价许可标准必要专利，还可考虑符合相关标准的商品所承担的整体许可费情况及其对相关产业正常发展的影响。

第十六条　拒绝许可知识产权

拒绝许可是经营者行使知识产权的一种表现形式，一般情况下，经营者不承担与竞争对手或者交易相对人进行交易的义务。但是，具有市场支配地位的经营者，没有正当理由拒绝许可知识产权，可能构成滥用市场支配地位行为，排除、限制竞争。具体分析时，可以考虑以下因素：

（一）经营者对该知识产权许可做出的承诺；

（二）其他经营者进入相关市场是否必须获得该知识产权的许可；

（三）拒绝许可相关知识产权对市场竞争和经营者进行创新的影响及程度；

（四）被拒绝方是否缺乏支付合理许可费的意愿和能力等；

（五）经营者是否曾对被拒绝方提出过合理要约；

（六）拒绝许可相关知识产权是否会损害消费者利益或者社会公共利益。

第十七条　涉及知识产权的搭售

涉及知识产权的搭售，是指知识产权的许可、转让，以经营者接受其他知识产权的许可、转让，或者接受其他商品为条件。知识产权的一揽子许可也可能是搭售的一种形式。具有市场支配地位的经营者，没有正当理由，可能通过上述搭售行为，排除、限制竞争。

分析涉及知识产权的搭售是否构成滥用市场支配地位行为，可以考虑以下因素：

（一）是否违背交易相对人意愿；

（二）是否符合交易惯例或者消费习惯；

（三）是否无视相关知识产权或者商品的性质差异及相互关系；

（四）是否具有合理性和必要性，如为实现技术兼容、产品安全、产品性能等所必不可少的措施等；

（五）是否排除、限制其他经营者的交易机会；

（六）是否限制消费者的选择权。

第十八条　涉及知识产权的附加不合理交易条件

具有市场支配地位的经营者，没有正当理由，在涉及知识产权的交易中附加下列交易条件，可能产生排除、限制竞争效果：

（一）要求进行独占性回授或者排他性回授；

（二）禁止交易相对人对其知识产权的有效性提出质疑，或者禁止交易相对人对其提起知识产权侵权诉讼；

（三）限制交易相对人实施自有知识产权，限制交易相对人利用或者研发具有竞争关系的技术或者商品；

（四）对期限届满或者被宣告无效的知识产权主张权利；

（五）在不提供合理对价的情况下要求交易相对人与其进行交叉许可；

（六）迫使或者禁止交易相对人与第三方进行交易，或者限制交易相对人与第三方进行交易的条件。

第十九条　涉及知识产权的差别待遇

在涉及知识产权的交易中，具有市场支配地位的经营者，没有正当理由，可能对条件实质相同的交易相对人实施不同的许可条件，排除、限制竞争。分析经营者实行的差别待遇是否构成滥用市场支配地位行为，可以考虑以下因素：

（一）交易相对人的条件是否实质相同，包括相关知识产权的使用范围、不同交易相对人利用相关知识产权提供的商品是否存在替代关系等；

（二）许可条件是否实质不同，包括许可数量、地域和期限等。除分析许可协议条款外，还需综合考虑许可人和被许可人之间达成的其他商业安排对许可条件的影响；

（三）该差别待遇是否对被许可人参与市场竞争产生显著不利影响。

第四章　涉及知识产权的经营者集中

涉及知识产权的经营者集中有一定特殊性，主要体现在构成经营者集中的情形、审查的考虑因素和附加限制性条件等方面。审查涉及知识产权的经营者集中，适用《反垄断法》第四章规定。

第二十条　涉及知识产权的交易可能构成经营者集中的情形

经营者通过涉及知识产权的交易取得对其他经营者的控制权或者能够对其他经营者施加决定性影响，可能构成经营者集中。其中，分析知识产权转让或许可构成经营者集中情形时，可以考虑以下因素：

（一）知识产权是否构成独立业务；

（二）知识产权在上一会计年度是否产生了独立且可计算的营业额；

（三）知识产权许可的方式和期限。

第二十一条　涉及知识产权的经营者集中审查

如果涉及知识产权的安排是集中交易的实质性组成部分或者对交易目的的实现具有重要意义，在经营者集中审查过程中，考虑《反垄断法》第二十七条规定的因素，同时考虑知识产权的特点。

第二十二条　涉及知识产权的限制性条件类型

涉及知识产权的限制性条件包括结构性条件、行为性条件和综合性条件。附加涉及知识产权的限制性条件，通常根据个案情况，针对经营者集中具有或可能具有的排除、限制竞争效果，对限制性条件建议进行评估后确定。

第二十三条　涉及知识产权的结构性条件

经营者可以提出剥离知识产权或者知识产权所涉业务的限制性条件建议。经营者通常需确保知识产权受让方拥有必要的资源、能力并有意愿通过使用被剥离的知识产权或者从事所涉业务参与市场竞争。剥离应有效、可行、及时，以避免市场的竞争状况受到影响。

第二十四条　涉及知识产权的行为性条件

涉及知识产权的行为性条件根据个案情况确定，限制性条件建议可能涉及以下内容：

（一）知识产权许可；

（二）保持知识产权相关业务的独立运营，相关业务应具备在一定期间内进行有效竞争的条件；

（三）对知识产权许可条件进行约束，包括要求经营者在实施专利许可时遵守公平、合理、无歧视义务，不进行搭售等，经营者通常需通过具体安排确保其遵守该义务；

（四）收取合理的许可使用费，经营者通常应详细说明许可费率的计算方法、许可费的支付方式、公平的谈判条件和机会等。

第二十五条　涉及知识产权的综合性条件

经营者可将结构性条件和行为性条件相结合，提出涉及知识产权的综合性限制性条件建议。

第五章　涉及知识产权的其他情形

一些涉及知识产权的情形可能构成不同类型的垄断行为，也可能涉及特定主体，可根据个案情况进行分析，适用《反垄断法》的相关规定。

第二十六条　专利联营

专利联营，是指两个或者两个以上经营者将各自的专利共同许可给联营成员或者第三方。专利联营各方通常委托联营成员或者独立第三方对联营进行管理。联营具体方式包括达成协议，设立公司或者其他实体等。

专利联营一般可以降低交易成本，提高许可效率，具有促进竞争的效果。但是，专利联营也可能排除、限制竞争，具体分析时可以考虑以下因素：

（一）经营者在相关市场的市场份额及其对市场的控制力；

（二）联营中的专利是否涉及具有替代关系的技术；

（三）是否限制联营成员单独对外许可专利或研发技术；

（四）经营者是否通过联营交换商品价格、产量等信息；

(五)经营者是否通过联营进行交叉许可、独占性回授或者排他性回授、订立不质疑条款及实施其他限制等;

(六)经营者是否通过联营以不公平高价许可专利、搭售、附加不合理交易条件或者实行差别待遇等。

第二十七条　标准必要专利涉及的特殊问题

标准必要专利是指实施某项标准必不可少的专利。认定拥有标准必要专利的经营者是否具有市场支配地位,应依据本指南第十四条进行分析,同时还可以考虑以下因素:

(一)标准的市场价值、应用范围和程度;

(二)是否存在具有替代关系的标准或者技术,包括使用具有替代关系标准或者技术的可能性和转换成本;

(三)行业对相关标准的依赖程度;

(四)相关标准的演进情况与兼容性;

(五)纳入标准的相关技术被替换的可能性。

拥有市场支配地位的标准必要专利权人通过请求法院或者相关部门作出或者颁发禁止使用相关知识产权的判决、裁定或者决定,迫使被许可人接受其提出的不公平高价许可费或者其他不合理的许可条件,可能排除、限制竞争。具体分析时,可以考虑以下因素:

(一)谈判双方在谈判过程中的行为表现及其体现出的真实意愿;

(二)相关标准必要专利所负担的有关承诺;

(三)谈判双方在谈判过程中所提出的许可条件;

(四)请求法院或者相关部门作出或者颁发禁止使用相关知识产权的判决、裁定或者决定对许可谈判的影响;

(五)请求法院或者相关部门作出或者颁发禁止使用相关知识产权的判决、裁定或者决定对下游市场竞争和消费者利益的影响。

第二十八条　著作权集体管理

著作权集体管理通常有利于单个著作权人权利的行使,降低个人维权以及用户获得授权的成本,促进作品的传播和著作权保护。但是,著作权集体管理组织在开展活动过程中,有可能滥用知识产权,排除、限制竞争。具体分析时,可以根据行为的特征和表现形式,认定可能构成的垄断行为并分析相关因素。

第七章

专门领域反垄断

国务院反垄断反不正当竞争委员会
关于行业协会的反垄断指南

（2024年1月10日国务院反垄断反不正当竞争委员会印发）

第一条　目的和依据

为了预防和制止行业协会从事《中华人民共和国反垄断法》（以下简称《反垄断法》）禁止的行为，发挥行业协会在促进行业规范健康持续发展、维护市场竞争秩序等方面的积极作用，引导行业协会加强反垄断合规建设，根据《反垄断法》等法律规定，制定本指南。

第二条　基本概念

本指南所称行业协会，是指由同行业经济组织和个人组成，行使行业服务和自律管理职能的社会团体法人。

行业协会主要由具有竞争关系的经营者组成，也可能包括上下游经营者，或者具有其他业务联系的经营者。

第三条　总体要求

行业协会应当加强行业自律，引导本行业的经营者依法竞争，合规经营，维护市场竞争秩序。

行业协会不得违反《反垄断法》的规定，从事排除、限制竞争行为。

第四条　禁止组织从事垄断协议的一般规定

组织本行业的经营者从事垄断协议，是行业协会违反《反垄断法》的主要表现形式。行业协会不得违反《反垄断法》第二十一条的规定，组织本行业的经营者从事垄断协议行为。

前款所称从事，包括垄断协议的达成和实施。

第五条　垄断协议的形式

垄断协议是指排除、限制竞争的协议、决定或者其他协同行为。

协议、决定可以是书面、口头等形式。

其他协同行为是指经营者虽未明确订立协议或者决定,但实质上存在协调一致的行为,有关经营者基于独立意思表示所作出的价格跟随等平行行为除外。

第六条　横向垄断协议

行业协会不得组织本行业具有竞争关系的经营者达成《反垄断法》第十七条禁止的下列垄断协议:

(一)固定或者变更商品或者服务(以下统称商品)价格。行业协会不得以价格自律、行业整顿、维护市场秩序等名义为本行业的经营者设定商品价格或者限制其自主定价权,也不得组织本行业的经营者固定或者变更价格水平、价格变动幅度、利润水平或者折扣、手续费等其他费用,约定采用据以计算价格的标准公式、算法、平台规则等。

(二)限制商品的生产数量或者销售数量。行业协会不得对本行业的经营者作出减产、停产、设定生产配额或者比例、限量供应、停止销售等关于商品生产数量或者销售数量的决定,也不得组织本行业的经营者通过限制产量、固定产量、停止生产等方式限制商品的生产数量,通过限制商品投放量等方式限制商品的销售数量等。

(三)分割销售市场或者原材料采购市场。行业协会不得组织本行业的经营者划分商品的销售地域、销售对象、市场份额、销售收入、销售利润或者销售商品的种类、数量、时间,也不得组织本行业的经营者划分原材料的采购区域、供应商、种类、数量、时间等。

(四)限制购买新技术、新设备或者限制开发新技术、新产品。行业协会不得组织本行业的经营者限制购买、使用、租赁、投资、研发新技术、新工艺、新设备、新产品,或者拒绝使用新技术、新工艺、新设备、新产品等。

(五)联合抵制交易。行业协会不得组织本行业的经营者联合拒绝向特定经营者供应或者销售商品、联合拒绝采购或者销售特定经营者的商品,或者联合限定特定经营者不得与其具有竞争关系的经营者进行交易等。

(六)国务院反垄断执法机构认定的其他垄断协议。

第七条　纵向垄断协议

行业协会不得组织本行业的经营者与交易相对人达成《反垄断法》第十八条禁止的下列垄断协议:

(一)固定向第三人转售商品的价格。行业协会不得组织本行业的经营者固定向第三人转售商品的价格水平、价格变动幅度、利润水平或者折扣、手续费等其他费用。

(二)限定向第三人转售商品的最低价格。行业协会不得组织本行业的经营者限定向第三人转售商品的最低价格,或者通过限定价格变动幅度、利润水平或者折扣、手续费等其他费用限定向第三人转售商品的最低价格等。

(三)国务院反垄断执法机构认定的其他垄断协议。

对于前款第一项和第二项规定的协议,行业协会或者经营者能够证明协议不具有排除、限制竞争效果的，不予禁止。

经营者能够证明其在相关市场的市场份额低于国务院反垄断执法机构规定的标准，并符合国务院反垄断执法机构规定的其他条件的，不予禁止。

第八条　组织达成垄断协议的情形

行业协会不得通过下列行为组织本行业的经营者达成垄断协议：

（一）制定、发布含有排除、限制竞争内容的行业协会章程、规则、决定、通知、意见、标准、自律公约等；

（二）通过会议、邮件、电话、函件、即时通讯工具等，召集、组织、推动经营者以书面、口头等形式达成含有排除、限制竞争内容的协议、决议、纪要、备忘录等；

（三）通过会议、邮件、电话、函件、即时通讯工具等，召集、组织、推动经营者虽未订立协议或者决定，但达成排除、限制竞争的协调一致行为；

（四）其他组织经营者达成垄断协议的行为。

第九条　组织实施垄断协议的情形

行业协会不得通过下列行为组织本行业的经营者实施垄断协议：

（一）采取设置入会要求、没收保证金、设定违约金、限制会员权益、取消会员资格、通报批评、联合抵制、暂停经营活动等惩戒措施，强迫经营者实施垄断协议；

（二）采取将垄断协议实施情况与会员奖优评先挂钩等激励措施，引导经营者实施垄断协议；

（三）行业协会自身或者通过第三方机构对经营者实施垄断协议情况进行监督监测；

（四）采取搭建平台、设立专班、建立协调机制等保障措施，为经营者实施垄断协议提供便利性条件；

（五）其他组织经营者实施垄断协议的行为。

第十条　高风险行为

行业协会应当避免从事下列可能为本行业经营者达成、实施垄断协议提供便利性条件的行为：

（一）推动本行业的经营者交换、讨论竞争性敏感信息或者通报竞争性敏感信息；

（二）发布行业内指导价、基准价、参考价、推荐价、预测价等，或者制定供本行业经营者参考的价格计算公式，引导本行业的经营者协调商品价格；

（三）发布不实或者夸大的成本趋势、供求状况等市场行情信息，引导本行业的经营者协调商品价格。

前款所称竞争性敏感信息，是指商品的成本、价格、折扣、数量、质量、营业额、利润或者利润率以及经营者的研发、投资、生产、营销计划、客户名单、未来经营策略等与市场竞争密切相关的信息，但已公开披露或者可以通过公开渠道获取的信息除外。

第十一条　垄断协议豁免

行业协会组织本行业的经营者达成的垄断协议，符合《反垄断法》第二十条规定的情形和条件的，不予禁止。

行业协会可以就垄断协议是否符合《反垄断法》第二十条规定的情形和条件，为本行业的经营者提供指导，并支持本行业的经营者向反垄断执法机构提出豁免申请。

第十二条　行业协会的经营者身份

行业协会从事商品生产、经营或者提供服务，属于《反垄断法》第十五条规定的经营者时，不得违反《反垄断法》规定，从事垄断协议、滥用市场支配地位行为以及违法实施经营者集中。

第十三条　滥用行政权力排除、限制竞争

经法律、法规授权具有管理公共事务职能的行业协会不得违反《反垄断法》第五章的规定，滥用行政权力实施限定交易、通过签订合作协议或备忘录等方式妨碍经营者进入相关市场或对经营者实行不平等待遇、妨碍商品自由流通、排除或限制经营者参加招投标等经营活动、限制或强制经营者设立分支机构、强制经营者从事垄断行为、制定含有排除限制竞争内容的规定等排除、限制竞争行为。

第十四条　协助行政机关滥用行政权力排除、限制竞争

行业协会不得基于行政机关的要求、委托，或者通过与行政机关联合制定发布规定、办法、决定、公告、通知、意见、函件、会议纪要，签订合作协议、备忘录等方式，协助行政机关实施滥用行政权力排除、限制竞争行为。

第十五条　公平竞争审查

经法律、法规授权具有管理公共事务职能的行业协会制定涉及经营主体经济活动的规范性文件、其他政策性文件以及"一事一议"形式的具体政策措施时，应当按照《反垄断法》及相关规定的要求进行公平竞争审查，评估对市场竞争的影响，防止排除、限制竞争。

第十六条　自律合规倡导

行业协会应当借助连接政府与经营主体的独特优势，发挥提供服务、反映诉求、规范行为等职能，促进行业规范健康持续发展。

鼓励和支持行业协会充分发挥自律职能，加强自身反垄断合规建设，采取行业规则、公约以及市场自治规则等方式，指导、帮助会员建立健全反垄断合规管理制度，尽早识别、防范反垄断合规风险。

第十七条　内部合规管理

行业协会应当加强内部合规管理，避免从事或者被会员控制利用从事违反《反垄断法》的行为，破坏市场竞争秩序。鼓励行业协会建立有效的反垄断合规管理制度，或者在现有合规管理制度中加强反垄断合规管理，采取包括但不限于以下措施：

（一）制定反垄断合规行为准则；

（二）建立反垄断合规承诺机制；

（三）设置反垄断合规部门或者人员；

（四）建立反垄断合规奖惩制度；

（五）加强反垄断合规培训。

第十八条　合规风险识别与控制

行业协会可以根据法律规定、行业特征、市场情况等识别现实和潜在的反垄断合规风险，并采取相应的预防措施。

鼓励行业协会制修订行业协会章程、规则、决定、通知、意见、标准、自律公约等时，对是否涉嫌违反《反垄断法》及相关规定进行审查。涉嫌违反上述法律规定的，不予发布或者调整至符合要求后发布。

鼓励行业协会建立反垄断合规举报机制，为协会工作人员、会员等举报涉嫌违反《反垄断法》的行为提供便利，并承诺为举报人的信息保密、不因举报行为采取任何对其不利的措施。

第十九条　加强沟通

鼓励行业协会主动与反垄断执法机构沟通，提供行业市场竞争状况、经营者情况等材料，提出加强和改进反垄断执法的意见建议。

反垄断执法机构及其工作人员对执法过程中知悉的商业秘密、个人隐私和个人信息，依法负有保密义务。

第二十条　加强合规指导

行业协会可以通过以下方式，预防和制止会员从事违反《反垄断法》的行为：

（一）指导会员加强反垄断合规管理；

（二）对会员开展反垄断合规培训，提示会员不得以行业协会为平台或者媒介从事垄断行为；

（三）发现会员涉嫌从事垄断协议等违法行为时，采取告诫、通报、取消会员资格等措施进行教育惩戒；

（四）其他指导会员加强反垄断合规的措施。

发生前款第三项情形的，鼓励行业协会及时向反垄断执法机构举报，或者指导会员尽早向反垄断执法机构报告从事垄断协议的有关情况并提供重要证据，同时提醒会员停止涉嫌违法行为并配合调查。对符合宽大适用条件的经营者，反垄断执法机构可以依法减轻或者免除处罚。

第二十一条　配合调查

行业协会发现自身行为涉嫌违反《反垄断法》规定的，或者已被反垄断执法机构依法立案或者启动调查程序的，应当立即停止相关行为，主动向反垄断执法机构报告有关情况，并配合反垄断执法机构的后续调查，不得拒绝、阻碍反垄断执法机构的调查。

第二十二条　配合约谈

行业协会及其会员涉嫌违反《反垄断法》规定的，反垄断执法机构可以对其法定代表人或者负责人进行约谈。行业协会及其会员应当按照反垄断执法机构的要求予以整改，提出消除行为后果的具体措施、履行时限等，并提交书面报告。

反垄断执法机构可以将约谈情况通报行业管理部门、社会团体登记管理机关，也可以根据需要邀请上述部门共同实施约谈。

第二十三条 法律责任

行业协会从事或者组织本行业的经营者从事垄断行为，行业协会和经营者应当依据《反垄断法》的规定分别承担相应的法律责任。

反垄断执法机构确定行业协会和经营者的法律责任时，应当考虑违法行为的性质、程度、持续时间、消除违法行为后果的情况、行业协会发挥的作用、经营者发挥的作用、垄断协议实施的情况等因素。

行业协会具有主动消除或者减轻违法行为危害后果、配合反垄断执法机构查处垄断行为有立功表现等情形的，反垄断执法机构应当依法从轻或者减轻处罚。

行业协会具有胁迫会员达成垄断协议、阻止会员退出垄断协议、一年内因同一性质违法行为受过行政处罚等情形的，反垄断执法机构可以依法从重处罚。

第二十四条 信用惩戒

对因违反《反垄断法》被列入活动异常名录和严重违法失信名单的行业协会，反垄断执法机构可以将其作为重点监管对象。

第二十五条 加强部门协调

反垄断执法机构与社会团体登记管理机关、行业管理部门等加强沟通协调，推进竞争监管和市场准入、行业监管等更加紧密衔接，由监管执法的个案对接转向深层次制度对接，提高监管执法效能，形成协同规制合力。

第二十六条 指南的解释

本指南由国务院反垄断反不正当竞争委员会办公室解释，自发布之日起施行。

国务院反垄断委员会关于汽车业的反垄断指南

（2019 年 1 月 4 日）

第一章 总 则

第一条 指南的目的和依据

汽车业是国民经济的重要支柱产业，在促进经济增长、技术创新、就业与社会发展等方面发挥着重要作用。公平竞争是发挥市场配置资源的决定性作用、促进汽车业健康发展、维护消费者利益和社会公共利益的重要保障。为预防和制止汽车业垄断行为，降低行政执法和经营者合规成本，推进科学、有效的反垄断监管，根据《中华人民共和国反垄断法》（下称《反垄断法》）、《国务院反垄断委员会关于相关市场界定的指南》（下称《关于相关市场界定的指南》）、《关于经营者集中申报标准的规定》等法律规定，制定本指南。

第二条 相关概念

（一）汽车，是指由动力驱动、具有四个或四个以上车轮的非轨道承载的车辆，主要用于载运人员和/或货物、牵引载运人员和/或货物的车辆、特殊用途，分为乘用车和商用车两大类。乘用车和商用车的进一步分类，参见国家相关标准（GB/T3730.1《汽车和挂车类型的术语和定义》）。

（二）新能源汽车，是指采用新型动力系统，完全或主要依靠新型能源驱动的汽车，主要包括纯电动汽车、插电式混合动力（含增程式）汽车及燃料电池汽车等。

（三）二手车，是指从办理完注册登记手续至达到国家强制报废标准之前进行交易并转移所有权的汽车。

（四）汽车供应商，是指为经销商提供汽车资源的经营者，包括：汽车制造商、接受汽车制造商转让销售环节权益并进行分销的经营者、从境外进口汽车的经营者。

（五）配件供应商，是指生产或提供汽车初装零部件和售后配件的经营者。

（六）汽车经销商，是指从事汽车经销与服务的经营者。在实务中，汽车经销商可以同时承担汽车维修商的角色，但汽车销售和售后服务环节也可以相互分离。

（七）售后服务商是指提供汽车维护、修理等服务的经营者。

（八）最终用户，就汽车而言，是指汽车所有人和其他对汽车拥有合法使用权的人（如汽车承租人）。就汽车售后配件及用品而言，包括：1. 购买该等产品的机动车所有人和其他对汽车拥有合法使用权的人；2. 将该等产品用于维修而非转售目的的售后服务商。

(九)汽车配件,按用途、品牌、供应渠道与质量等标准分类,包括初装零部件、双标件、售后配件、原厂配件、同质配件等。

初装零部件,是指用于生产组装新车的零部件。

双标件,是指同时标有汽车制造商和配件制造商商标、标识和零件代码的初装零部件和售后配件。

售后配件,是指安装于汽车、用来替换该汽车初装零部件的产品,包括汽车所必需的润滑剂等,但不包括燃料。

原厂配件,是指汽车供应商或者汽车供应商指定的第三方所提供的,使用汽车供应商品牌或汽车供应商指定品牌,按照汽车初装零部件规格和产品标准制造的售后配件。

同质配件,又称质量相当配件,是指质量不低于汽车初装零部件的售后配件,但不包括原厂配件。

(十)维修技术信息,是指汽车在使用过程中,为维持或恢复汽车出厂时的技术状况和工作能力,延长汽车使用寿命,确保汽车符合安全、环保使用要求所进行的汽车诊断、检测与维修作业必需的技术信息资料的总称。

第三条　相关市场

汽车业产业链长,上中下游业务类型多样,界定相关商品市场和地域市场应遵循《反垄断法》和《关于相关市场界定的指南》所确定的一般原则和方法,同时考虑汽车业的特点,结合个案具体分析。

(一)相关商品市场

汽车业相关商品市场界定的基本方法是替代性分析,在个案中界定相关商品市场时,可以基于商品的特征、用途、价格等因素进行需求替代分析,必要时进行供给替代分析。比如,汽车经销由批发和零售两个环节构成,批发由汽车供应商面向经销商,零售由经销商面向最终用户。根据个案具体情形,可能需要将汽车批发和零售分别界定为细分的相关商品市场;汽车经销市场还可以从需求替代和供给替代的角度进一步细分。汽车售后市场可以分为售后配件经销市场和售后维修保养市场,也可以根据替代性分析进一步界定。

(二)相关地域市场

汽车业相关地域市场界定的基本方法同样是替代性分析,以下以乘用车为例进行分析:

从供给替代的角度看,乘用车制造市场很大程度上是全球化的。但从需求替代的角度看,各国竞争环境(技术和贸易壁垒、机动车税费、经销体系、价格、竞争者市场渗透度等)存在显著差异,因此乘用车制造市场可以界定为国别市场。

对于乘用车经销市场,一般来说汽车供应商在全国范围内开展批发业务,因此可以将乘用车批发的地域市场界定为国别市场。在零售层面,由于汽车牌照、汽车通行、售后服务、保修条款等种种限制,并考虑到选购汽车的时间、交通等成本因素,最终用户未必能够去外地购车,乘用车零售市场可以界定为省级或地区性市场。

(三)相关市场界定在各类垄断案件中的作用

由于案件性质与评估路径的差异,不同类型垄断案件中相关市场界定的作用不尽相同。垄断协议和滥用市场支配地位案件均关注已发生的限制竞争行为。当竞争者之间达成固定价格、分割市场、限制产量等横向垄断协议,实务中通常没有必要明确界定相关市场,但对于滥用市场支配地位案件,相关市场界定通常是认定滥用支配地位行为的第一步。

此外,应认识到相关市场界定在横向协议和纵向协议竞争评估中的作用。当根据《反垄断法》第十五条主张协议不适用第十三条或第十四条的规定时,经营者需要证明其协议符合第十五条规定的条件。除"为保障对外贸易和对外经济合作中的正当利益的"等情形,"证明所达成的协议不会严重限制相关市场的竞争"是第十五条规定的条件之一,相关市场界定因而成为经营者证明其协议符合法定豁免的必要步骤。

第二章 垄断协议

《反垄断法》第十三条禁止横向垄断协议,第十四条禁止纵向垄断协议,第十五条规定了垄断协议的豁免情形和条件。根据《反垄断法》第十五条,经营者主张协议不适用《反垄断法》第十三条或第十四条,首先需要证明协议属于第十五条第一款列出的情形之一;其次,除"为保障对外贸易和对外经济合作中的正当利益的"和"法律和国务院规定的其他情形",经营者还应当证明协议不会严重限制相关市场的竞争,并且能够使消费者分享由此产生的利益。

为证明协议不会严重限制相关市场的竞争,经营者可以评估其在相关市场的市场力量。评估经营者的市场力量,可以参考《反垄断法》第十八条所列举的各项因素。

评估一项协议是否能够使消费者分享由此产生的利益,可以从价格降低、质量提高、技术创新、技术升级、产品和服务的更多选择等角度加以考察。

第四条 豁免

(一)推定豁免

为降低行政执法成本和经营者合规成本,本指南列出了不具有显著市场力量的经营者设置的纵向地域限制和客户限制若干情形,可以推定适用《反垄断法》第十五条的规定。执法实践和理论研究证明,该等情形通常能够提高经销服务质量、增进经销效率、增强中小经销商经营效率和竞争力,一般不会严重限制相关市场的竞争,并且能够使消费者分享由此产生的利益,因而符合《反垄断法》第十五条规定的条件。

评估经营者是否具有显著市场力量,设置一个固定的市场份额标准并不必然具有合理性与科学性。但是,以纵向协议的竞争评估为例,执法实践和理论研究表明,在相关市场占有30%以下市场份额的经营者有可能被推定为不具有显著市场力量。

但是,市场份额标准不应被僵化运用。根据个案具体情形,如果有证据能够证明经营者的行为不符合《反垄断法》第十五条规定,国务院反垄断执法机构(下称执法机构)仍然可以对相关行为适用《反垄断法》第十四条。

（二）个案豁免

除本指南列出的可以推定适用《反垄断法》第十五条的情形之外，经营者如果主张其协议可以适用《反垄断法》第十五条，需要根据个案具体情形证明其协议符合《反垄断法》第十五条的法定条件，判断其协议能否被个案豁免。

第五条　汽车业横向垄断协议

（一）某些类型的横向协议，如研究与开发协议、专业化协议、技术标准化协议、联合生产协议、联合采购协议等，通常能够增进效率和促进竞争，有利于增加消费者福利。比如新能源汽车研发与生产过程中的横向协议，可以使经营者分担投资风险、提高效率、促进社会公共利益。因此，达成前述能够增进效率和促进竞争的横向协议的汽车业经营者，可以根据《反垄断法》第十五条证明其协议不适用《反垄断法》第十三条规定。

（二）关于横向垄断协议的竞争分析，汽车业与其他行业并无显著差别，因此本指南不再进一步细化。关于汽车业横向垄断协议的反垄断规制，由执法机构根据《反垄断法》等相关法律规定依法处理。

第六条　汽车业纵向垄断协议

分析和评估纵向垄断协议，需要首先判断一项协议是否构成《反垄断法》第十四条所禁止的协议。其次，评估该协议能否根据《反垄断法》第十五条适用推定豁免。如果该协议不能被推定豁免，则需要评估该协议能否被个案豁免。

（一）协议的形式

纵向垄断协议可以表现为直接限制，比如合同条款规定经销商的转售价格；也可以表现为间接限制，比如固定经销商的利润率和折扣水平，通过实施价格监测对不遵守建议价的经销商取消返利、拒绝供货或提前解除授权协议等。

在中国汽车市场上，纵向垄断协议可能体现在经销商协议，也可能通过商务政策、通函、资讯、通知等形式达成。通常情形下，单个经营者实施纵向垄断协议会限制品牌内竞争，损害消费者利益。特别是当相关市场上多数甚至全部经营者均采用相似纵向垄断协议，各类纵向限制形成网络，全面覆盖相关市场，品牌间竞争将被明显削弱。相似纵向协议导致的累积效果能够显著限制相关市场的竞争，使相关产品和服务在竞争水平之上定价，最终导致消费者福利损失。

（二）固定转售价和限定最低转售价

《反垄断法》第十四条明确禁止固定转售价和限定最低转售价。转售价格限制的负面效应主要表现在维持高价、促进横向共谋、削弱品牌间竞争和品牌内竞争、排斥竞争者等方面。

当然，如果经营者能够证明该等价格限制不会严重限制相关市场竞争，并且能够使消费者分享由此产生的利益，经营者可以根据《反垄断法》第十五条规定对固定转售价和限定最低转售价主张个案豁免。

在实务中，汽车业经营者基于《反垄断法》第十五条主张个案豁免的转售价格限制的常见情形包括：

1. 新能源汽车的短期转售价格限制。为节约能源、保护环境、避免“服务搭便车”，新能源汽车的短期（现阶段为9个月以内，从汽车供应商就具体车型发出第一张批售发票之日起算，并可以根据新能源汽车产业和技术发展对豁免期进行调整）的固定转售价和限定最低转售价对于激励经销商努力推广新能源产品，加大销售力度，扩大市场对新产品的需求是必要的，进而能够促进新产品成功上市，给予消费者更多选择。

2. 仅承担中间商角色的经销商销售中的转售价格限制。仅承担中间商角色的经销商销售是指汽车供应商与特定第三人或特定终端客户（如：汽车供应商和经销商的员工、大客户、广告及赞助对象等）直接协商达成销售价，仅通过经销商完成交车、收款、开票等交易环节的销售。在该等交易中，经销商仅承担中间商的角色协助完成交易，与一般意义的经销商有所不同。

3. 政府采购中的转售价格限制。在实务中，政府采购项目通常要求参加联合投标的汽车供应商与其经销商协调后提供一致或固定的零售价格报价。对于全国范围的采购项目，政府采购部门有时与汽车供应商直接接洽，汽车供应商没有销售资质的，需要与特定经销商就零售价格达成一致，以实现对政府采购的报价。与仅承担中间商角色的经销商销售类似，政府采购中的经销商如果仅协助完成交易，则与一般意义的经销商有所不同。

4. 汽车供应商电商销售中的转售价格限制。电商销售中的定价行为适用《反垄断法》等法律规定。但是，实务中存在汽车供应商通过电商平台在一定时期以统一价格销售汽车，与不特定的最终用户直接达成交易，仅通过经销商完成交车、收款、开票等交易环节的销售。在此种情况下，经销商如果仅协助完成交易，则与一般意义的经销商有所不同。

（三）建议价、指导价和限定最高价

汽车供应商对经销商和维修商设置转售汽车与汽车售后配件及用品的建议价、指导价或最高价，以及对经销商和维修商设置售后服务工时费的建议价、指导价或最高价，如果由于协议一方的压力或激励，建议价、指导价或最高价被多数或全部经销商所执行，在实质效果上等同于固定转售价或限定最低转售价时，根据个案具体情形，该等行为有可能被认定为固定转售价或限定最低转售价。

（四）地域限制和客户限制

地域限制是指供应商承诺在特定经销区域对一个或若干经销商供货，经销商承诺不向其他经销区域销售。客户限制是指供应商限定经销商只能将商品售予或不得售予特定客户。

地域限制和客户限制可能削弱品牌内竞争、分割市场、形成价格歧视。有效实施的地域限制和客户限制导致其他经销商难以获得供货，阻碍更有效率的新型经销模式的推广，使商品和服务价格维持在高位。但是，有时地域限制和客户限制也能够提高经销效率，比如，在经销商需要为保护和建立品牌形象进行特定投资时，地域限制能产生显著的效率。

1. 不具有显著市场力量的汽车业经营者设置的具有经济效率和正当化理由的地域限制和客户限制，通常能够符合《反垄断法》第十五条的规定，可以推定适用《反垄断法》第十五条。

前述情形主要包括：

(1)约定经销商仅在其营业场所进行经销活动，但不限制该经销商的被动销售，也不限制授权经销商之间交叉供货。

被动销售，是指经销商未主动营销，但应个别客户的要求，向该客户交付商品或服务。比如，甲地消费者到乙地购车的行为即为乙地经销商的被动销售。

相对于传统销售方式，电商销售面向更广大、更多样的客户。如果一个客户浏览经销商网站或第三方网站并联络该经销商，且该联络产生了一笔销售交易，这笔销售将被视为被动销售。对于经销商通过其自有或第三方网站向不特定受众发出的信息，如果客户主动选择接受(如：在线订阅经销商的推广信息)并主动接洽经销商而产生一笔销售交易，该交易将被视为经销商的被动销售。但是，如果经销商向特定受众发出广告或促销信息，则该等行为将构成主动销售。

(2)限制经销商对汽车供应商为另一经销商保留的独占地域或专有客户进行主动销售。

(3)限制批发商直接向最终用户进行销售。

(4)为避免配件被客户用于生产与汽车供应商相同的产品，限制经销商向该类客户销售配件。

2. 通常能够限制竞争、导致高价并减少消费者选择的地域限制和客户限制，不能推定适用《反垄断法》第十五条的规定，包括但不限于：

(1)限制经销商的被动销售；

(2)限制经销商之间交叉供货；

(3)限制经销商和维修商向最终用户销售汽车维修服务所需配件。

(五)通过质量担保条款对售后维修服务和配件流通施加间接的纵向限制

对在质量担保范围内的维修保养工作和替换配件，汽车供应商通常要求汽车最终用户到授权维修网络使用原厂配件完成维修保养工作。但是，如果汽车供应商与汽车经销商、汽车维修商达成协议，通过质量担保条款对售后服务和售后配件流通间接施加不合理的纵向限制，能够排斥独立维修商，减少配件供应和经销渠道，最终提高汽车维修保养服务的价格。

上述不合理的纵向限制情形包括但不限于：

1. 汽车供应商以汽车最终用户将不在质量担保范围的维修保养工作全部交由授权维修网络完成，作为汽车供应商履行质量担保责任的条件；

2. 对不在质量担保范围的配件，汽车供应商要求汽车经销商、汽车维修商使用原厂配件作为其履行质量担保责任的条件；

3. 汽车供应商没有正当理由，限制其维修网络对平行进口车提供售后维修保养服务。

(六)有关经销商和维修商销售与服务能力的其他纵向限制

汽车供应商通过协议和商务政策等实施的下述纵向限制，有可能不当限制经销商和维修商的销售与服务能力，如果导致排除、限制竞争效果，提高汽车经销和维修渠道的价格，损害消费者利益,则相关协议和商务政策可能被认定为《反垄断法》所规制的纵向垄断协议。

1. 汽车供应商向经销商或维修商强制搭售其未订购的汽车、售后配件、精品、耗材、修理工具、检测仪器等,有可能导致搭卖品的排他购买义务,因而排除、限制搭卖品市场的竞争。

2. 汽车供应商强制经销商或维修商接受不合理的汽车或售后配件销售目标、库存品种和数量。

供应商和经销商之间可以通过平等协商约定合同产品的销售目标、库存品种和数量。但是,供应商单方制定并强制经销商接受不合理的销售目标、库存品种和数量,有可能导致经销商承担合同产品的排他购买义务,因而排除、限制相关市场的竞争。

3. 汽车供应商强制要求经销商承担以汽车供应商名义开展的广告、车展等宣传推广费用,或强制限定经销商自担费用开展广告宣传的特定方式和特定媒体。

汽车供应商通常与经销商约定参与共同推广和营销活动并要求经销商分摊合理费用。此外,为确保品牌推广的整体效果,汽车供应商通常为经销商设置遴选媒体的合理的质量型标准。但是,强制要求经销商承担以汽车供应商名义开展的宣传推广费用,或强制限定经销商自担费用开展广告宣传的特定方式和特定媒体,有可能限制经销商自主决定推广和营销活动的能力,间接增加经销和售后渠道的成本,最终增加消费者的负担。

4. 汽车供应商强制要求经销商和维修商只能使用特定有偿设计单位或建筑单位的服务,或强制要求经销商和维修商所需建筑材料、通用设备、信息管理系统和办公设施等只能使用特定品牌、供应商和供应渠道。

为保证品牌形象,汽车供应商通常会通过协议或商务政策对经销商和维修商经营场所的设计、装饰、办公设施等约定或规定质量型标准。此外,基于知识产权保护的考虑,汽车供应商通常指定其汽车品牌标识的采购渠道。但是,限定经营场所的设计、办公设施等只能使用特定第三方品牌、供应商和供应渠道对于保证汽车品牌形象通常并非必要,可能排除、限制相关市场的竞争,间接增加经销和售后渠道的成本。

5. 汽车供应商限制经销商经营其他供应商的商品。

汽车供应商可以对经销商营销本企业的商品进行必要的约定或提出必要的服务标准,并给予相关培训和指导。但如果汽车供应商限制经销商代理其他供应商的商品,或限制经销商在经营场所销售其他企业或品牌商品(可以要求为本企业品牌汽车设立单独展区),可能导致市场中新进入的或原来的竞争者无法找到可替代的良好流通渠道,使得经销商承担合同产品的排他购买义务,从而排除、限制相关市场的竞争。

6. 汽车供应商因经销商或维修商从事促进竞争的行为而拒绝供货或提前解除经销协议。

当经销商或维修商从事了促进竞争的行为,如拒绝执行汽车供应商设置的最低转售价、从汽车供应商以外的渠道购进原厂配件和同质配件用于售后维修等,汽车供应商不得拒绝向经销商供货或提前解除经销协议。

第三章 滥用市场支配地位

《反垄断法》第十七条禁止滥用市场支配地位行为。目前,我国新车销售市场竞争较为激烈,但汽车售后市场由于存在锁定效应和兼容性问题,可能限制、削弱售后市场的有效竞争,损害消费者利益。在个案中界定汽车售后市场,汽车品牌是需要考虑的一个重要因素。因此,根据《反垄断法》第十七条对市场支配地位的定义,以及第十八条关于认定经营者具有市场支配地位应当依据的因素,在新车销售市场上不具有支配地位的汽车供应商,在其品牌汽车售后市场上可能被认定为具有支配地位。

对于未达到《反垄断法》第十九条规定的市场支配地位推定标准的经营者,其在售后配件的生产、供应与流通以及维修技术信息、测试仪器和维修工具的供应过程中实施的纵向限制,根据《反垄断法》第十四条与第十五条进行评估。

第七条　售后配件的生产

除根据代工协议生产的配件以外,在其品牌汽车售后市场上具有支配地位的汽车制造商没有正当理由,不应限制为初装汽车配套的配件供应商生产双标件。即汽车制造商不应禁止为其提供初装零部件的配件供应商在相关初装零部件上加贴自有商标、标识和零件代码。双标件旨在提高消费者和维修商辨识同质配件的能力,促进汽车售后市场有效竞争。

关于代工协议的认定,参见本指南第十一条。

第八条　售后配件的供应与流通

在汽车售后市场上具有支配地位的汽车供应商没有正当理由,不应限制售后配件的供应与流通,包括:

(一)限制经销商和维修商外采售后配件,即限制经销商和维修商购买同质配件或从其他渠道购买原厂配件(包括平行进口配件)。

不具有市场支配地位的供应商对其经销渠道设置一定期限的排他采购义务,能够提高经销网络的质量标准,有助于建立和保持品牌形象,提高品牌对最终消费者的吸引力,提升销售量。但是,如果相关市场存在显著的进入或扩张壁垒,排他采购义务有可能封锁竞争性供应商,削弱创新激励机制,提高经销渠道的商品价格,限制消费者的选择。

在实务中,在其品牌汽车售后市场上具有支配地位的汽车供应商,对经销商规定不合理的配件销售数量目标、库存品种和数量,通常能够实质限制经销商和维修商外采配件。

但是,汽车供应商可以依法要求其授权体系成员仅使用原厂配件和同质配件,该授权体系成员应当依法保证消费者的知情权和配件可追溯性。汽车供应商可以依法要求,仅当消费者知情并明确选择且保证配件可追溯性的条件下,授权体系成员才可以在维修工作中使用再制造件和回用件。

再制造件,是指旧汽车零部件经过再制造技术、工艺生产后,性能和质量达到原型新品要求的零部件。

回用件,是指从报废汽车上拆解或维修车辆上替换的能够继续使用的零部件。

(二)限制配件供应商、经销商和维修商外销售后配件,包括:

1. 除根据代工协议生产的配件以外,要求配件全部“返厂”,即限制配件供应商向售后渠道以自有品牌供应配件;

2. 限制经销商之间、维修商之间、以及经销商和维修商之间交叉供应售后配件;

3. 限制经销商和维修商向最终用户销售汽车维修服务所需配件。

第九条　维修技术信息、测试仪器和维修工具的可获得性

汽车售后维修通常需要由具备相应资质的技工基于特定品牌汽车的技术信息而完成。汽车供应商通常是其品牌汽车全部维修技术信息的唯一供应源。如果维修商不能获得检测、维修汽车以及替换汽车配件所必需的技术信息,提供的维修保养服务可能导致危险驾驶、高排放和空气污染等风险;同时,维修商市场地位受挤压,导致维修渠道减少、汽车维修保养价格升高、消费者选择受限。

汽车售后市场有效竞争需要保障售后维修技术信息的可获得性,同时保障测试仪器和维修工具的可获得性。因此,在其品牌汽车售后市场上具有支配地位的汽车供应商,无正当理由,不应限制维修技术信息、测试仪器和维修工具的可获得性,包括:

(一)限制维修商获取特定品牌汽车维修技术信息的权利和渠道;

(二)限制测试仪器、维修工具或其他设备供应商向经销商和维修商销售有关测试仪器、维修工具或其他设备;

(三)对维修技术信息设置过高市场价格,限制维修技术信息有效公开,制约汽车维修商获取有关技术信息。

第四章　经营者集中

对于经营者集中的竞争分析,汽车业与其他行业并无显著差别。关于汽车业经营者集中的反垄断审查,由执法机构依据《反垄断法》、《关于经营者集中申报标准的规定》等法律规定依法处理。

第五章　滥用行政权力排除、限制竞争

《反垄断法》禁止行政机关和法律、法规授权的具有管理公共事务职能的组织滥用行政权力排除、限制竞争。滥用行政权力排除、限制汽车业市场竞争的行为,由执法机构依据《反垄断法》及相关规定依法处理。

第十条　汽车业的滥用行政权力排除、限制竞争行为

汽车交易中的滥用行政权力排除、限制竞争行为,阻碍汽车市场健康发展,损害消费者利益。比如,二手车交易中的滥用行政权力排除、限制竞争行为,不利于绿色循环消费和汽车市场可持续发展,还限制了汽车所有人的物权处置权益,延长消费者换车周期,间接影响新车销

售市场。

行政机关和法律、法规授权的具有管理汽车流通事务职能的组织，不应违反《反垄断法》第五章规定实施排除、限制竞争的行为，包括但不限于：

（一）制定含有限制汽车销售和汽车自由流通等内容的规定；

（二）通过设定具有排除、限制竞争效果的开业条件或资质要求，限制或者变相限制经营者经营汽车业务；

（三）限定或者变相限定单位或者个人购买、租用、使用其指定的经营者提供的汽车交易系统、设施和经营场所；

（四）二手车限迁行为，即对外地二手车迁入设定高于本地在用车辆标准的限制行为；

（五）限制或变相限制二手车交易地点，即要求二手车必须在车辆注册登记所在地交易；

（六）限制二手车交易必须由二手车交易市场开具发票；

（七）限制或变相限制外地生产的汽车（如新能源汽车）进入本地市场，限制或变相限制消费者购买外地及某一类汽车（如新能源汽车）。

第六章　附　　则

第十一条　配件代工协议

代工协议，实务中又称委托加工协议、代加工合同、承揽合同、贴牌加工合同，是指委托方与被委托方约定由委托方提供必需的技术、设备，由被委托方为委托方代为生产产品、提供服务或完成相关工作等的协议。

如果配件制造商使用汽车制造商的知识产权，根据汽车制造商的要求加工汽车配件，汽车制造商和配件制造商之间是委托加工关系，达成的是代工协议。代工协议与使用自有知识产权的配件制造商和汽车制造商之间形成的配件供应协议存在显著区别。

一项协议是否构成真实代工协议，需要进行个案评估，通过评估协议实质内容之后加以认定，而不能仅仅根据协议的形式直接认定。简言之，如果汽车制造商（委托方）所提供的技术、设备是配件制造商（被委托方）根据汽车制造商的要求，在合理条件下生产合同产品或提供合同服务所必需的，则配件制造商的身份是“代工厂”，不被视为市场上的独立配件供应商。

但是，当汽车制造商向配件制造商提供工具、知识产权或专有技术时，如果该配件制造商已拥有可自主使用的该等工具、知识产权或专有技术，或者能够以合理条件获得该等工具、知识产权或专有技术，该等情形下汽车制造商的技术和设备并非配件制造商履行协议所必需的。比如，如果汽车制造商仅提供了合同产品一般的描述性信息，但限制配件制造商向售后市场以自有品牌供应配件，汽车制造商实质上剥夺了配件制造商在协议相关领域拓展业务的可能性，排除、限制相关市场的竞争，可能导致高价，减少了消费者的选择。

评估“生产合同产品或提供合同服务所必需的技术或设备”可以考虑的具体因素包括但不限于：

(一)委托方拥有或有权处置的知识产权,包括:发明专利、实用新型专利、外观设计专利或其他知识产权;

(二)委托方拥有或有权处置的生产工艺等专有技术;

(三)委托方准备的与其提供的信息配套使用的研究报告、方案等文件。

国务院反垄断委员会关于平台经济领域的反垄断指南

（2021年2月7日国务院反垄断委员会印发　国反垄发〔2021〕1号）

第一章　总　　则

第一条　指南的目的和依据

为了预防和制止平台经济领域垄断行为，保护市场公平竞争，促进平台经济规范有序创新健康发展，维护消费者利益和社会公共利益，根据《中华人民共和国反垄断法》（以下简称《反垄断法》）等法律规定，制定本指南。

第二条　相关概念

（一）平台，本指南所称平台为互联网平台，是指通过网络信息技术，使相互依赖的双边或者多边主体在特定载体提供的规则下交互，以此共同创造价值的商业组织形态。

（二）平台经营者，是指向自然人、法人及其他市场主体提供经营场所、交易撮合、信息交流等互联网平台服务的经营者。

（三）平台内经营者，是指在互联网平台内提供商品或者服务（以下统称商品）的经营者。

平台经营者在运营平台的同时，也可能直接通过平台提供商品。

（四）平台经济领域经营者，包括平台经营者、平台内经营者以及其他参与平台经济的经营者。

第三条　基本原则

反垄断执法机构对平台经济领域开展反垄断监管应当坚持以下原则：

（一）保护市场公平竞争。坚持对市场主体一视同仁、平等对待，着力预防和制止垄断行为，完善平台企业垄断认定的法律规范，保护平台经济领域公平竞争，防止资本无序扩张，支持平台企业创新发展，增强国际竞争力。

（二）依法科学高效监管。《反垄断法》及有关配套法规、规章、指南确定的基本制度、规制原则和分析框架适用于平台经济领域所有市场主体。反垄断执法机构将根据平台经济的发展状况、发展规律和自身特点，结合案件具体情况，强化竞争分析和法律论证，不断加强和改进反垄断监管，增强反垄断执法的针对性和科学性。

（三）激发创新创造活力。营造竞争有序开放包容发展环境，降低市场进入壁垒，引导和激励平台经营者将更多资源用于技术革新、质量改进、服务提升和模式创新，防止和制止排除、限制竞争行为抑制平台经济创新发展和经济活力，有效激发全社会创新创造动力，构筑经济社会发展新优势和新动能。

（四）维护各方合法利益。平台经济发展涉及多方主体。反垄断监管在保护平台经济领域公平竞争，充分发挥平台经济推动资源配置优化、技术进步、效率提升的同时，着力维护平台内经营者、消费者和从业人员等各方主体的合法权益，加强反垄断执法与行业监管统筹协调，使全社会共享平台技术进步和经济发展成果，实现平台经济整体生态和谐共生和健康发展。

第四条　相关市场界定

平台经济业务类型复杂、竞争动态多变，界定平台经济领域相关商品市场和相关地域市场需要遵循《反垄断法》和《国务院反垄断委员会关于相关市场界定的指南》所确定的一般原则，同时考虑平台经济的特点，结合个案进行具体分析。

（一）相关商品市场

平台经济领域相关商品市场界定的基本方法是替代性分析。在个案中界定相关商品市场时，可以基于平台功能、商业模式、应用场景、用户群体、多边市场、线下交易等因素进行需求替代分析；当供给替代对经营者行为产生的竞争约束类似于需求替代时，可以基于市场进入、技术壁垒、网络效应、锁定效应、转移成本、跨界竞争等因素考虑供给替代分析。具体而言，可以根据平台一边的商品界定相关商品市场；也可以根据平台所涉及的多边商品，分别界定多个相关商品市场，并考虑各相关商品市场之间的相互关系和影响。当该平台存在的跨平台网络效应能够给平台经营者施加足够的竞争约束时，可以根据该平台整体界定相关商品市场。

（二）相关地域市场

平台经济领域相关地域市场界定同样采用需求替代和供给替代分析。在个案中界定相关地域市场时，可以综合评估考虑多数用户选择商品的实际区域、用户的语言偏好和消费习惯、相关法律法规的规定、不同区域竞争约束程度、线上线下融合等因素。

根据平台特点，相关地域市场通常界定为中国市场或者特定区域市场，根据个案情况也可以界定为全球市场。

（三）相关市场界定在各类垄断案件中的作用

坚持个案分析原则，不同类型垄断案件对于相关市场界定的实际需求不同。

调查平台经济领域垄断协议、滥用市场支配地位案件和开展经营者集中反垄断审查，通常需要界定相关市场。

第二章　垄断协议

《反垄断法》禁止经营者达成、实施垄断协议。认定平台经济领域的垄断协议，适用《反垄断法》第二章和《禁止垄断协议暂行规定》。对《反垄断法》第十三条、第十四条明确列举的垄断协议，依法予以禁止；对符合《反垄断法》第十五条规定条件的垄断协议，依法予以豁免。

根据《反垄断法》第十三条第（六）项和第十四条第（三）项认定相关行为是否构成垄断协议时，可以考虑平台相关市场竞争状况、平台经营者及平台内经营者的市场力量、对其他经营者进入相关市场的阻碍程度、对创新的影响等因素。

第五条　垄断协议的形式

平台经济领域垄断协议是指经营者排除、限制竞争的协议、决定或者其他协同行为。协议、决定可以是书面、口头等形式。其他协同行为是指经营者虽未明确订立协议或者决定,但通过数据、算法、平台规则或者其他方式实质上存在协调一致的行为,有关经营者基于独立意思表示所作出的价格跟随等平行行为除外。

第六条　横向垄断协议

具有竞争关系的平台经济领域经营者可能通过下列方式达成固定价格、分割市场、限制产(销)量、限制新技术(产品)、联合抵制交易等横向垄断协议:

(一)利用平台收集并且交换价格、销量、成本、客户等敏感信息;

(二)利用技术手段进行意思联络;

(三)利用数据、算法、平台规则等实现协调一致行为;

(四)其他有助于实现协同的方式。

本指南所称价格,包括但不限于商品价格以及经营者收取的佣金、手续费、会员费、推广费等服务收费。

第七条　纵向垄断协议

平台经济领域经营者与交易相对人可能通过下列方式达成固定转售价格、限定最低转售价格等纵向垄断协议:

(一)利用技术手段对价格进行自动化设定;

(二)利用平台规则对价格进行统一;

(三)利用数据和算法对价格进行直接或者间接限定;

(四)利用技术手段、平台规则、数据和算法等方式限定其他交易条件,排除、限制市场竞争。

平台经营者要求平台内经营者在商品价格、数量等方面向其提供等于或者优于其他竞争性平台的交易条件的行为可能构成垄断协议,也可能构成滥用市场支配地位行为。

分析上述行为是否构成《反垄断法》第十四条第(三)项规定的纵向垄断协议,可以综合考虑平台经营者的市场力量、相关市场竞争状况、对其他经营者进入相关市场的阻碍程度、对消费者利益和创新的影响等因素。

第八条　轴辐协议

具有竞争关系的平台内经营者可能借助与平台经营者之间的纵向关系,或者由平台经营者组织、协调,达成具有横向垄断协议效果的轴辐协议。分析该协议是否属于《反垄断法》第十三条、第十四条规制的垄断协议,可以考虑具有竞争关系的平台内经营者之间是否利用技术手段、平台规则、数据和算法等方式,达成、实施垄断协议,排除、限制相关市场竞争。

第九条　协同行为的认定

认定平台经济领域协同行为,可以通过直接证据判定是否存在协同行为的事实。如果直接证据较难获取,可以根据《禁止垄断协议暂行规定》第六条规定,按照逻辑一致的间接证据,认定经营者对相关信息的知悉状况,判定经营者之间是否存在协同行为。经营者可以提供相反证据证明其不存在协同行为。

第十条　宽大制度

反垄断执法机构鼓励参与横向垄断协议的平台经济领域经营者主动报告横向垄断协议有关情况并提供重要证据,同时停止涉嫌违法行为并配合调查。对符合宽大适用条件的经营者,反垄断执法机构可以减轻或者免除处罚。

经营者申请宽大的具体标准和程序等,适用《禁止垄断协议暂行规定》和《国务院反垄断委员会横向垄断协议案件宽大制度适用指南》。

第三章　滥用市场支配地位

《反垄断法》禁止具有市场支配地位的经营者从事滥用市场支配地位行为。认定平台经济领域的滥用市场支配地位行为,适用《反垄断法》第三章和《禁止滥用市场支配地位行为暂行规定》。通常情况下,首先界定相关市场,分析经营者在相关市场是否具有支配地位,再根据个案情况具体分析是否构成滥用市场支配地位行为。

第十一条　市场支配地位的认定

反垄断执法机构依据《反垄断法》第十八条、第十九条规定,认定或者推定经营者具有市场支配地位。结合平台经济的特点,可以具体考虑以下因素:

(一)经营者的市场份额以及相关市场竞争状况。确定平台经济领域经营者市场份额,可以考虑交易金额、交易数量、销售额、活跃用户数、点击量、使用时长或者其他指标在相关市场所占比重,同时考虑该市场份额持续的时间。

分析相关市场竞争状况,可以考虑相关平台市场的发展状况、现有竞争者数量和市场份额、平台竞争特点、平台差异程度、规模经济、潜在竞争者情况、创新和技术变化等。

(二)经营者控制市场的能力。可以考虑该经营者控制上下游市场或者其他关联市场的能力,阻碍、影响其他经营者进入相关市场的能力,相关平台经营模式、网络效应,以及影响或者决定价格、流量或者其他交易条件的能力等。

(三)经营者的财力和技术条件。可以考虑该经营者的投资者情况、资产规模、资本来源、盈利能力、融资能力、技术创新和应用能力、拥有的知识产权、掌握和处理相关数据的能力,以及该财力和技术条件能够以何种程度促进该经营者业务扩张或者巩固、维持市场地位等。

(四)其他经营者对该经营者在交易上的依赖程度。可以考虑其他经营者与该经营者的交易关系、交易量、交易持续时间,锁定效应、用户黏性,以及其他经营者转向其他平台的可能性及转换成本等。

(五)其他经营者进入相关市场的难易程度。可以考虑市场准入、平台规模效应、资金投入规模、技术壁垒、用户多栖性、用户转换成本、数据获取的难易程度、用户习惯等。

（六）其他因素。可以考虑基于平台经济特点认定经营者具有市场支配地位的其他因素。

第十二条　不公平价格行为

具有市场支配地位的平台经济领域经营者，可能滥用市场支配地位，以不公平的高价销售商品或者以不公平的低价购买商品。分析是否构成不公平价格行为，可以考虑以下因素：

（一）该价格是否明显高于或者明显低于其他同类业务经营者在相同或者相似市场条件下同种商品或者可比较商品的价格；

（二）该价格是否明显高于或者明显低于该平台经济领域经营者在其他相同或者相似市场条件下同种商品或者可比较商品的价格；

（三）在成本基本稳定的情况下，该平台经济领域经营者是否超过正常幅度提高销售价格或者降低购买价格；

（四）该平台经济领域经营者销售商品提价幅度是否明显高于成本增长幅度，或者采购商品降价幅度是否明显低于成本降低幅度。

认定市场条件相同或者相似，一般可以考虑平台类型、经营模式、交易环节、成本结构、交易具体情况等因素。

第十三条　低于成本销售

具有市场支配地位的平台经济领域经营者，可能滥用市场支配地位，没有正当理由，以低于成本的价格销售商品，排除、限制市场竞争。

分析是否构成低于成本销售，一般重点考虑平台经济领域经营者是否以低于成本的价格排挤具有竞争关系的其他经营者，以及是否可能在将其他经营者排挤出市场后，提高价格获取不当利益、损害市场公平竞争和消费者合法权益等情况。

在计算成本时，一般需要综合考虑平台涉及多边市场中各相关市场之间的成本关联情况。

平台经济领域经营者低于成本销售可能具有以下正当理由：

（一）在合理期限内为发展平台内其他业务；

（二）在合理期限内为促进新商品进入市场；

（三）在合理期限内为吸引新用户；

（四）在合理期限内开展促销活动；

（五）能够证明行为具有正当性的其他理由。

第十四条　拒绝交易

具有市场支配地位的平台经济领域经营者，可能滥用其市场支配地位，无正当理由拒绝与交易相对人进行交易，排除、限制市场竞争。分析是否构成拒绝交易，可以考虑以下因素：

（一）停止、拖延、中断与交易相对人的现有交易；

（二）拒绝与交易相对人开展新的交易；

（三）实质性削减与交易相对人的现有交易数量；

（四）在平台规则、算法、技术、流量分配等方面设置不合理的限制和障碍，使交易相对人难以开展交易；

（五）控制平台经济领域必需设施的经营者拒绝与交易相对人以合理条件进行交易。

认定相关平台是否构成必需设施，一般需要综合考虑该平台占有数据情况、其他平台的可替代性、是否存在潜在可用平台、发展竞争性平台的可行性、交易相对人对该平台的依赖程度、开放平台对该平台经营者可能造成的影响等因素。

平台经济领域经营者拒绝交易可能具有以下正当理由：

（一）因不可抗力等客观原因无法进行交易；

（二）因交易相对人原因，影响交易安全；

（三）与交易相对人交易将使平台经济领域经营者利益发生不当减损；

（四）交易相对人明确表示或者实际不遵守公平、合理、无歧视的平台规则；

（五）能够证明行为具有正当性的其他理由。

第十五条　限定交易

具有市场支配地位的平台经济领域经营者，可能滥用市场支配地位，无正当理由对交易相对人进行限定交易，排除、限制市场竞争。分析是否构成限定交易行为，可以考虑以下因素：

（一）要求平台内经营者在竞争性平台间进行“二选一”，或者限定交易相对人与其进行独家交易的其他行为；

（二）限定交易相对人只能与其指定的经营者进行交易，或者通过其指定渠道等限定方式进行交易；

（三）限定交易相对人不得与特定经营者进行交易。

上述限定可能通过书面协议的方式实现，也可能通过电话、口头方式与交易相对人商定的方式实现，还可能通过平台规则、数据、算法、技术等方面的实际设置限制或者障碍的方式实现。

分析是否构成限定交易，可以重点考虑以下两种情形：一是平台经营者通过屏蔽店铺、搜索降权、流量限制、技术障碍、扣取保证金等惩罚性措施实施的限制，因对市场竞争和消费者利益产生直接损害，一般可以认定构成限定交易行为。二是平台经营者通过补贴、折扣、优惠、流量资源支持等激励性方式实施的限制，可能对平台内经营者、消费者利益和社会整体福利具有一定积极效果，但如果有证据证明对市场竞争产生明显的排除、限制影响，也可能被认定构成限定交易行为。

平台经济领域经营者限定交易可能具有以下正当理由：

（一）为保护交易相对人和消费者利益所必须；

（二）为保护知识产权、商业机密或者数据安全所必须；

（三）为保护针对交易进行的特定资源投入所必须；

（四）为维护合理的经营模式所必须；

（五）能够证明行为具有正当性的其他理由。

第十六条　搭售或者附加不合理交易条件

具有市场支配地位的平台经济领域经营者,可能滥用市场支配地位,无正当理由实施搭售或者附加不合理交易条件,排除、限制市场竞争。分析是否构成搭售或者附加不合理交易条件,可以考虑以下因素:

(一)利用格式条款、弹窗、操作必经步骤等交易相对人无法选择、更改、拒绝的方式,将不同商品进行捆绑销售;

(二)以搜索降权、流量限制、技术障碍等惩罚性措施,强制交易相对人接受其他商品;

(三)对交易条件和方式、服务提供方式、付款方式和手段、售后保障等附加不合理限制;

(四)在交易价格之外额外收取不合理费用;

(五)强制收集非必要用户信息或者附加与交易标的无关的交易条件、交易流程、服务项目。

平台经济领域经营者实施搭售可能具有以下正当理由:

(一)符合正当的行业惯例和交易习惯;

(二)为保护交易相对人和消费者利益所必须;

(三)为提升商品使用价值或者效率所必须;

(四)能够证明行为具有正当性的其他理由。

第十七条　差别待遇

具有市场支配地位的平台经济领域经营者,可能滥用市场支配地位,无正当理由对交易条件相同的交易相对人实施差别待遇,排除、限制市场竞争。分析是否构成差别待遇,可以考虑以下因素:

(一)基于大数据和算法,根据交易相对人的支付能力、消费偏好、使用习惯等,实行差异性交易价格或者其他交易条件;

(二)实行差异性标准、规则、算法;

(三)实行差异性付款条件和交易方式。

条件相同是指交易相对人之间在交易安全、交易成本、信用状况、所处交易环节、交易持续时间等方面不存在实质性影响交易的差别。平台在交易中获取的交易相对人的隐私信息、交易历史、个体偏好、消费习惯等方面存在的差异不影响认定交易相对人条件相同。

平台经济领域经营者实施差别待遇行为可能具有以下正当理由:

(一)根据交易相对人实际需求且符合正当的交易习惯和行业惯例,实行不同交易条件;

(二)针对新用户在合理期限内开展的优惠活动;

(三)基于平台公平、合理、无歧视的规则实施的随机性交易;

(四)能够证明行为具有正当性的其他理由。

第四章　经营者集中

《反垄断法》禁止经营者实施具有或者可能具有排除、限制竞争效果的集中。国务院反垄断执法机构依据《反垄断法》《国务院关于经营者集中申报标准的规定》和《经营者集中审查暂行规定》，对平台经济领域的经营者集中进行审查，并对违法实施的经营者集中进行调查处理。

第十八条　申报标准

在平台经济领域，经营者的营业额包括其销售商品和提供服务所获得的收入。根据行业惯例、收费方式、商业模式、平台经营者的作用等不同，营业额的计算可能有所区别。对于仅提供信息匹配、收取佣金等服务费的平台经营者，可以按照平台所收取的服务费及平台其他收入计算营业额；平台经营者具体参与平台一侧市场竞争或者发挥主导作用的，还可以计算平台所涉交易金额。

经营者集中达到国务院规定的申报标准的，经营者应当事先向国务院反垄断执法机构申报，未申报的不得实施集中。涉及协议控制架构的经营者集中，属于经营者集中反垄断审查范围。

第十九条　国务院反垄断执法机构主动调查

根据《国务院关于经营者集中申报标准的规定》第四条，经营者集中未达到申报标准，但按照规定程序收集的事实和证据表明该经营者集中具有或者可能具有排除、限制竞争效果的，国务院反垄断执法机构应当依法进行调查。

经营者可以就未达到申报标准的经营者集中主动向国务院反垄断执法机构申报。

国务院反垄断执法机构高度关注参与集中的一方经营者为初创企业或者新兴平台、参与集中的经营者因采取免费或者低价模式导致营业额较低、相关市场集中度较高、参与竞争者数量较少等类型的平台经济领域的经营者集中，对未达到申报标准但具有或者可能具有排除、限制竞争效果的，国务院反垄断执法机构将依法进行调查处理。

第二十条　考量因素

国务院反垄断执法机构将依据《反垄断法》第二十七条和《经营者集中审查暂行规定》第三章有关规定，评估平台经济领域经营者集中的竞争影响。结合平台经济的特点，可以具体考虑以下因素：

（一）经营者在相关市场的市场份额。计算市场份额，除以营业额为指标外，还可以考虑采用交易金额、交易数量、活跃用户数、点击量、使用时长或者其他指标在相关市场所占比重，并可以视情况对较长时间段内的市场份额进行综合评估，判断其动态变化趋势。

（二）经营者对市场的控制力。可以考虑经营者是否对关键性、稀缺性资源拥有独占权利以及该独占权利持续时间，平台用户黏性、多栖性，经营者掌握和处理数据的能力，对数据接口的控制能力，向其他市场渗透或者扩展的能力，经营者的盈利能力及利润率水平，技术创新的频率和速度、商品的生命周期、是否存在或者可能出现颠覆性创新等。

（三）相关市场的集中度。可以考虑相关平台市场的发展状况、现有竞争者数量和市场份额等。

（四）经营者集中对市场进入的影响。可以考虑市场准入情况，经营者获得技术、知识产权、数据、渠道、用户等必要资源和必需设施的难度，进入相关市场需要的资金投入规模，用户在费用、数据迁移、谈判、学习、搜索等各方面的转换成本，并考虑进入的可能性、及时性和充分性。

（五）经营者集中对技术进步的影响。可以考虑现有市场竞争者在技术和商业模式等创新方面的竞争，对经营者创新动机和能力的影响，对初创企业、新兴平台的收购是否会影响创新。

（六）经营者集中对消费者的影响。可以考虑集中后经营者是否有能力和动机以提高商品价格、降低商品质量、减少商品多样性、损害消费者选择能力和范围、区别对待不同消费者群体、不恰当使用消费者数据等方式损害消费者利益。

（七）国务院反垄断执法机构认为应当考虑的影响市场竞争的其他因素。包括对其他经营者的影响、对国民经济发展的影响等。

对涉及双边或者多边平台的经营者集中，可能需要综合考虑平台的双边或者多边业务，以及经营者从事的其他业务，并对直接和间接网络外部性进行评估。

第二十一条　救济措施

对于具有或者可能具有排除、限制竞争效果的经营者集中，国务院反垄断执法机构应当根据《反垄断法》第二十八条规定作出决定。对不予禁止的经营者集中，国务院反垄断执法机构可以决定附加以下类型的限制性条件：

（一）剥离有形资产，剥离知识产权、技术、数据等无形资产或者剥离相关权益等结构性条件；

（二）开放网络、数据或者平台等基础设施、许可关键技术、终止排他性协议、修改平台规则或者算法、承诺兼容或者不降低互操作性水平等行为性条件；

（三）结构性条件和行为性条件相结合的综合性条件。

第五章　滥用行政权力排除、限制竞争

《反垄断法》禁止行政机关和法律、法规授权的具有管理公共事务职能的组织滥用行政权力排除、限制竞争。对于平台经济领域的滥用行政权力排除、限制竞争行为，反垄断执法机构依法进行调查，并提出处理建议。

第二十二条　滥用行政权力排除、限制竞争行为表现

行政机关和法律、法规授权的具有管理公共事务职能的组织从事下列行为，排除、限制平台经济领域市场竞争，可能构成滥用行政权力排除、限制竞争行为：

（一）限定或者变相限定单位或者个人经营、购买、使用其指定的平台经济领域经营者提供的商品，或者其他经营者提供的与平台服务相关的商品；

（二）对外地平台经济领域经营者设定歧视性标准、实行歧视性政策，采取专门针对外地平台经济领域经营者的行政许可、备案，或者通过软件、互联网设置屏蔽等手段，阻碍、限制外地平台经济领域经营者进入本地市场，妨碍商品在地区之间的自由流通；

（三）以设定歧视性资质要求、评标评审标准或者不依法发布信息等方式，排斥或者限制外地平台经济领域经营者参加本地的招标采购活动；

（四）对外地平台经济领域经营者实行歧视性待遇，排斥、限制或者强制外地经营者在本地投资或者设立分支机构；

（五）强制或者变相强制平台经济领域经营者从事《反垄断法》规定的垄断行为；

（六）行政机关以规定、办法、决定、公告、通知、意见、会议纪要等形式，制定、发布含有排除、限制竞争内容的市场准入、产业发展、招商引资、招标投标、政府采购、经营行为规范、资质标准等涉及平台经济领域市场主体经济活动的规章、规范性文件和其他政策性文件以及"一事一议"形式的具体政策措施。

第二十三条　公平竞争审查

行政机关和法律、法规授权的具有管理公共事务职能的组织制定涉及平台经济领域市场主体经济活动的规章、规范性文件、其他政策性文件以及"一事一议"形式的具体政策措施，应当按照国家有关规定进行公平竞争审查。

第六章　附　　则

第二十四条　指南的解释

本指南由国务院反垄断委员会解释，自发布之日起实施。

国务院反垄断委员会关于原料药领域的反垄断指南

（2021年11月15日国务院反垄断委员会印发　国反垄发〔2021〕3号）

第一章　总　　则

第一条　目的和依据

为了预防和制止原料药领域垄断行为，进一步明确市场竞争规则，维护原料药领域市场竞争秩序，保护消费者利益和社会公共利益，根据《中华人民共和国反垄断法》（以下简称《反垄断法》）等法律规定，制定本指南。

第二条　相关概念

（一）原料药，是指符合药品管理相关法律法规要求、用于生产各类药品的原材料，是药品中的有效成份。本指南所称原料药包括化学原料药、中药材。

（二）药品，是指用于预防、诊断、治疗人的疾病，有目的地调节人的生理机能并规定有适应症或者功能主治、用法和用量的物质，包括中药、化学药和生物制品等。

（三）原料药经营者，是指经相关监督管理部门批准，从事原料药生产、经营的各类企业。

（四）原料药生产企业，是指经相关监督管理部门批准，采用化学合成、动植物提取、生物技术等方式生产并销售原料药的企业。

（五）原料药经销企业，是指经相关监督管理部门批准，不生产原料药，仅从事原料药经营销售的企业。

（六）药品生产企业，是指经相关监督管理部门批准，取得药品生产许可证，生产、销售药品的企业。

（七）药品经销企业，是指经相关监督管理部门批准，取得药品经营许可证，从事药品经营销售业务的企业。

第三条　基本原则

反垄断执法机构对原料药领域开展反垄断监管坚持以下原则：

（一）保护市场公平竞争。坚持对市场主体一视同仁、平等对待，依法加强规范和监管，着力预防和制止原料药领域垄断行为，保护市场公平竞争，维护良好竞争秩序，支持原料药经营者创新发展，增强国际竞争力。

（二）依法科学高效监管。《反垄断法》及有关配套法规、规章、指南确定的基本制度、规制原则和分析框架适用于原料药领域市场主体。反垄断执法机构根据原料药领域案件具体情况，强化竞争分析和法律论证，不断加强和改进反垄断监管，增强反垄断执法的针对性和科学性。

（三）注重保护消费者利益。反垄断执法机构严厉打击各种类型的原料药垄断行为，促进企业提高运营效率，维护市场竞争价格，引导和鼓励原料药经营者将更多资源用于工艺改进、质量和效率提升，促进原料药有效供给和药品稳定供应，保护消费者利益。

（四）持续强化法律威慑。反垄断执法机构持续加大原料药领域执法力度，对明知有关行为违反《反垄断法》故意实施或者采取措施规避调查的，依法从严从重作出处理，强化法律威慑，有效遏制原料药领域垄断行为，着力增进民生福祉。

第四条　相关市场界定

原料药产业链涵盖生产、运输、经销等环节，涉及业务类型多样，界定相关商品市场和地域市场需要遵循《反垄断法》和《国务院反垄断委员会关于相关市场界定的指南》确定的一般原则，同时考虑原料药行业特点，结合个案进行具体分析。

（一）相关商品市场

原料药领域相关商品市场界定的基本方法是替代性分析。在个案中界定相关市场时，可以基于原料药的产品特性、质量标准、用途、价格等因素进行需求替代分析。必要时，可以同时基于市场进入、生产能力、生产设施改造、技术壁垒等因素进行供给替代分析。

根据具体情形，可能需要将相关商品市场进一步细分为原料药生产市场和原料药经销市场。

由于原料药对于生产药品具有特殊作用，一种原料药一般构成单独的相关商品市场，并可能根据具体情况作进一步细分。如不同品种原料药之间具有替代关系，可能根据具体情况认定多个品种原料药构成同一相关商品市场。

（二）相关地域市场

原料药领域相关地域市场界定采用需求替代和供给替代分析。不同国家关于原料药生产、经销的相关资质和监管标准不同。在中国生产、经销原料药，原料药经营者应当按照核准的工艺组织生产，严格遵守药品生产质量管理规范和药品经营质量管理规范，确保生产和经营过程符合法定要求；进口原料药需获得中国相关监督管理部门批准。因此，生产、经销原料药的相关地域市场一般界定为中国市场。

根据不同原料药运输的特点和成本，特定品种原料药的地域市场可能界定为一定的地域范围。

第二章　垄断协议

《反垄断法》禁止经营者达成、实施垄断协议。认定原料药领域的垄断协议，适用《反垄断法》第三章和《禁止垄断协议暂行规定》。对《反垄断法》第十三条、第十四条明确列举的垄断协议，依法予以禁止；对符合《反垄断法》第十五条规定条件的垄断协议，依法予以豁免。

第五条　垄断协议的形式

原料药领域垄断协议是指经营者排除、限制竞争的协议、决定或者其他协同行为。协议、决定可以是书面、口头等形式。其他协同行为是指经营者虽未明确订立协议或者决定,但通过其他方式实质上存在协调一致的行为,有关经营者基于独立意思表示所作出的价格跟随等平行行为除外。

第六条　横向垄断协议

禁止具有竞争关系的原料药经营者达成《反垄断法》第十三条规定的横向垄断协议。原料药经营者下列行为,一般会构成《反垄断法》第十三条禁止的垄断协议行为:

(一)原料药生产企业与具有竞争关系的其他经营者通过联合生产协议、联合采购协议、联合销售协议、联合投标协议等方式商定原料药生产数量、销售数量、销售价格、销售对象、销售区域等;

(二)原料药生产企业通过第三方(如原料药经销企业、下游药品生产企业)及展销会、行业会议等沟通协调原料药销售价格、产能产量、产销计划等敏感信息;

(三)原料药生产企业与具有竞争关系的其他原料药经营者达成不生产或者不销售原料药、其他原料药经营者给予补偿的协议;

(四)原料药经销企业与具有竞争关系的其他原料药经营者就采购数量、采购对象、销售价格、销售数量、销售对象等进行沟通协调。

原料药领域与其他领域和行业横向垄断协议在竞争分析方面并无显著差别,本指南不再进一步细化。

第七条　纵向垄断协议

禁止原料药经营者与交易相对人达成《反垄断法》第十四条规定的纵向垄断协议。原料药经营者下列行为,一般会构成《反垄断法》第十四条禁止的垄断协议行为:

(一)通过合同协议、口头约定、书面函件、电子邮件、调价通知等形式对原料药经销企业、药品生产企业等实施直接固定转售价格和限定最低转售价格(以下简称转售价格限制);

(二)采取固定经销企业利润、折扣和返点等手段对原料药经销企业、药品生产企业等实施变相转售价格限制;

以提供返利、优先供货、提供支持等奖励措施,或者以取消返利、减少折扣甚至拒绝供货或者解除协议等惩罚措施相威胁,对原料药经销企业、药品生产企业进行转售价格限制,一般会认为是实施纵向垄断协议而设置的监督和惩罚措施。

原料药经营者实施地域限制或者客户限制,可能构成《反垄断法》第十四条禁止的垄断协议行为。其中,地域限制是指原料药经营者限定交易相对人只在特定经销区域对下游一个或者若干个原料药经销企业供货,下游原料药经销企业不向其他经销区域销售;客户限制是指原料药经营者限定交易相对人只能将原料药销售给或者不得销售给特定的原料药经销企业、药品生产企业。地域限制和客户限制可能导致市场分割、价格歧视,削弱原料药市场竞争,也可能导致其他原料药经销企业或者药品生产企业难以获得相关产品供应,使原料药和药品价格维持在高位。

通常情形下,单个原料药经营者实施纵向垄断协议会限制品牌内竞争,损害原料药经销企业、药品生产企业利益。特别是如果相关市场上多个甚至全部经营者均采用相似纵向垄断协议,原料药市场竞争将被明显削弱,损害原料药经销企业、药品生产企业利益,使原料药及相关药品的价格明显高于竞争水平,损害原料药及相关药品市场竞争。

第八条 协同行为的认定

认定原料药领域协同行为,可以通过直接证据判定是否存在协同行为的实施。如果直接证据较难获取,可以根据《禁止垄断协议暂行规定》第六条规定,按照逻辑一致的间接证据,认定经营者对相关信息的知悉情况,判定经营者之间是否存在协同行为。经营者可以提供相反证据证明不存在协同行为。

第九条 轴辐协议

经营者不得组织原料药经营者达成垄断协议或者为其达成垄断协议提供实质性帮助。

具有竞争关系的原料药经营者可能借助与其他经营者之间的纵向关系,或者由其他经营者组织、协调,达成具有横向垄断协议效果的轴辐协议。分析该协议是否属于《反垄断法》第十三条规制的垄断协议,主要考虑原料药经营者是否应知或者明知其他经营者与同一原料药经销企业签订相同、相似或者具有相互配合关系的协议。

第十条 豁免

原料药经营者如果主张其协议可以适用《反垄断法》第十五条,需要提交其协议符合《反垄断法》第十五条规定法定条件的证据。反垄断执法机构根据个案具体情况依法作出判定。

第十一条 宽大制度

反垄断执法机构鼓励参与横向垄断协议的原料药领域经营者主动报告横向垄断协议有关情况并提供重要证据,同时停止涉嫌违法行为并配合调查。对符合宽大适用条件的经营者,反垄断执法机构可以减轻或者免除处罚。

经营者申请宽大的具体标准和程序等,适用《禁止垄断协议暂行规定》和《国务院反垄断委员会横向垄断协议案件宽大制度适用指南》。

第十二条 行业协会

行业协会不得组织原料药经营者达成垄断协议,也不得为原料药经营者达成垄断协议提供便利条件。

第三章 滥用市场支配地位

《反垄断法》禁止具有市场支配地位的经营者从事滥用市场支配地位,排除、限制竞争的行为。认定原料药领域的滥用市场支配地位行为,适用《反垄断法》第三章和《禁止滥用市场支配地位行为暂行规定》。通常情况下,首先需要界定相关市场,分析经营者在相关市场是否具有市场支配地位,再根据个案情况具体分析是否构成滥用市场支配地位行为。

第十三条　市场支配地位的认定

认定原料药经营者在相关市场上是否具有支配地位,应依据《反垄断法》第十八条、第十九条规定的认定或者推定经营者具有市场支配地位的因素和情形进行分析。结合原料药行业的特点,可以具体考虑以下因素:

(一)原料药经营者的市场份额;

(二)相关市场竞争状况;

(三)原料药经营者的实际产能和产量;

(四)原料药经营者控制原料药销售市场或者采购市场的能力;

(五)原料药经营者的财力和技术条件;

(六)交易相对人对原料药经营者的依赖程度;

(七)现实和潜在交易相对人的数量,以及交易相对人对原料药经营者的制衡能力;

(八)其他原料药经营者进入相关市场的难易程度。

评估原料药经销企业市场份额时,可以考虑其销售额、销售量、库存量,以及该经销企业控制生产企业销售量的比例等因素。在有证据证明原料药经营者对其他经营者进行实际控制时,一般将该原料药经营者与被实际控制经营者的市场份额合并计算。

第十四条　常见的滥用市场支配地位行为

从执法实践看,原料药领域常见的滥用市场支配地位行为包括以不公平的高价销售原料药、拒绝与交易相对人交易、限定交易相对人只能与其交易、搭售商品或者在交易时附加不合理交易条件、对条件相同的交易相对人实行差别待遇等。

第十五条　不公平高价

具有市场支配地位的原料药经营者,滥用其市场支配地位,以不公平的高价销售原料药,不仅排除、限制市场竞争,推高原料药及相关药品市场价格,损害交易相对人合法权益和消费者利益,而且造成国家医保基金浪费。分析是否构成上述行为,可以考虑以下因素:

(一)销售价格明显高于其他经营者在相同或者相似市场条件下销售同种原料药或者可比较原料药的价格,以及相关期间的成本变化;

(二)销售价格明显高于同一经营者在其他相同或者相似市场条件区域销售原料药的价格;

(三)在市场环境稳定、成本(进价)未受显著影响的情况下,超过合理幅度提高原料药销售价格;

(四)在成本(进价)增长的情况下,销售原料药的提价幅度明显高于成本增长幅度;

(五)通过其他经营者以流转过票等方式,高价销售原料药。

第十六条　拒绝交易

具有市场支配地位的原料药经营者,滥用其市场支配地位,没有正当理由拒绝销售原料

药,排除、限制市场竞争,影响药品正常供应,损害交易相对人合法权益和消费者利益。分析是否构成上述行为,可以考虑以下因素:

(一)没有正当理由,在与交易相对人开展交易过程中,实质性削减与交易相对人的现有销售数量或者拖延、中断与交易相对人的现有交易;

(二)没有正当理由,拒绝与交易相对人开展新的交易;

(三)没有正当理由,将原料药包销后,拒绝与交易相对人交易;

(四)没有正当理由,设置限制性条件,变相导致交易相对人难以与其进行交易。

第十七条　限定交易

具有市场支配地位的原料药经营者,滥用其市场支配地位,没有正当理由限定交易相对人只能与其进行交易或者只能与其指定的经营者进行交易,排除、限制市场竞争,影响药品正常供应,损害交易相对人合法权益和消费者利益。分析是否构成上述行为,可以考虑以下因素:

(一)没有正当理由,限定交易相对人只能向其购买或者销售原料药,不得与其他经营者进行交易;

(二)没有正当理由,限定交易相对人只能向其指定的经营者购买或者销售原料药;

(三)没有正当理由,限定交易相对人不得与特定的经营者进行原料药交易。

第十八条　搭售

具有市场支配地位的原料药经营者,滥用其市场支配地位,没有正当理由搭售商品,排除、限制市场竞争,损害交易相对人合法权益和消费者利益。分析是否构成上述行为,可以考虑以下因素:

(一)搭售其他原料药;

(二)搭售药用辅料、包材、医疗器械等;

(三)搭售药品;

(四)搭售其他商品。

第十九条　附加不合理交易条件

具有市场支配地位的原料药经营者,滥用其市场支配地位,在涉及原料药的交易中附加不合理交易条件,排除、限制市场竞争,损害交易相对人合法权益和消费者利益。分析是否构成上述行为,可以考虑以下因素:

(一)要求药品生产企业将全部或者部分药品交由其销售;

(二)要求药品生产企业按照指定的交易对象、价格、数量等条件销售药品;

(三)要求药品生产企业或者经销企业提供药品收入分成;

(四)要求提供不合理的保证金,或者在原料药价款之外附加其他不合理费用;

(五)对原料药销售的合同期限、支付方式、运输及交付方式等附加不合理的限制;

(六)对原料药或者药品的销售地域、销售对象等附加不合理限制;

(七)附加与交易标的无关的其他不合理交易条件。

第二十条　差别待遇

具有市场支配地位的原料药经营者,滥用其市场支配地位,没有正当理由对条件实质相同的交易相对人实施不同的交易条件,排除、限制竞争,损害交易相对人合法权益和消费者利益。分析是否构成上述行为,在同等交易条件下,可以考虑以下因素:

(一)原料药的交易价格或者给予的折扣明显不同;

(二)原料药的品质、等级等明显不同;

(三)原料药交易的付款方式、交付方式等其他影响交易相对人参与市场竞争的条件明显不同。

第二十一条　其他滥用市场支配地位行为

原料药领域经营者实施以不公平的低价购买商品、以低于成本的价格销售商品以及国务院反垄断执法机构认定的其他滥用市场支配地位行为的,依据《反垄断法》第三章和《禁止滥用市场支配地位行为暂行规定》分析。

第二十二条　共同滥用市场支配地位

两个以上的原料药经营者分工负责、相互配合实施本章规定的垄断行为,可能构成共同滥用市场支配地位行为。认定两个以上的原料药经营者具有市场支配地位,还应当考虑市场结构、相关市场透明度、相关商品同质化程度、经营者行为一致性等因素。

第四章　经营者集中

《反垄断法》禁止经营者实施具有或者可能具有排除、限制竞争效果的经营者集中。原料药行业经营者集中的反垄断审查与其他行业并无显著差别,达到《国务院关于经营者集中申报标准的规定》(以下简称《规定》)中申报标准的经营者集中,应当事先向国务院反垄断执法机构申报,未依法申报的不得实施集中。国务院反垄断执法机构依据《反垄断法》《规定》和《经营者集中审查暂行规定》,对原料药领域的经营者集中进行审查,并对违法实施的经营者集中进行调查处理。

第二十三条　未达申报标准的经营者集中

由于部分原料药品种市场规模相对较小,经营者年度营业额可能没有达到《规定》中的申报标准。但当该品种原料药经营者数量较少,在相关市场的市场份额和市场集中度较高时,经营者实施的集中具有或者可能具有排除、限制竞争的效果,参与集中的经营者可以主动申报。

原料药领域的经营者集中未达到《规定》的申报标准,但有证据表明该经营者集中具有或者可能具有排除、限制竞争效果的,国务院反垄断执法机构应当依法进行调查。

第二十四条　经营者与执法机构的商谈

对于可能符合本指南第二十三条情形的经营者集中,鼓励原料药经营者在实施集中前,尽早就相关问题与反垄断执法机构进行商谈。

第五章 滥用行政权力排除、限制竞争

《反垄断法》禁止行政机关和法律法规授权的具有管理公共事务职能的组织滥用行政权力排除、限制竞争。滥用行政权力排除、限制原料药市场竞争的行为，由反垄断执法机构依据《反垄断法》等相关法律、法规处理。

第二十五条 滥用行政权力限定交易或者限制商品自由流通行为

行政机关和法律法规授权的具有管理公共事务职能的组织从事下列行为，排除、限制原料药市场竞争，属于《反垄断法》所禁止的行为：

（一）限定或者变相限定单位或者个人经营、购买、使用其指定的经营者提供的原料药；

（二）对外地原料药经营者设定歧视性标准、政策，采取歧视性技术措施，或者采用专门针对外地原料药经营者的行政许可、备案、关卡、屏蔽手段等，限制外地原料药经营者进入本地市场，妨碍外地原料药在本地自由流通；

（三）以设定歧视性资质要求、评审标准或者不依法发布信息等方式，排斥或者限制外地原料药经营者参加本地的招标投标活动；

（四）采取与本地原料药经营者不平等待遇等方式，排斥或者限制外地原料药经营者在本地投资或者设立分支机构。

第二十六条 滥用行政权力强制经营者从事垄断行为

行政机关和法律、法规授权的具有管理公共事务职能的组织强制或者变相强制原料药经营者从事垄断行为，属于《反垄断法》所禁止的行为。

第二十七条 公平竞争审查

行政机关和法律、法规授权的具有管理公共事务职能的组织制定市场准入和退出、产业发展、招商引资、招标投标、政府采购、经营行为规范、资质标准等涉及原料药领域市场主体经济活动的规章、规范性文件、其他政策性文件以及“一事一议”形式的具体政策措施，应当按照国务院的规定进行公平竞争审查。

第六章 附 则

第二十八条 适用范围

生产原料药和药用辅料所需的上游化工原料、医药中间体等适用本指南。

第二十九条 指南的解释

本指南由国务院反垄断委员会解释，自发布之日起施行。

第八章

反垄断诉讼

最高人民法院关于审理因垄断行为引发的民事纠纷案件应用法律若干问题的规定

(2012 年 1 月 30 日由最高人民法院审判委员会第 1539 次会议通过
根据 2020 年 12 月 23 日最高人民法院审判委员会第 1823 次会议通过的
《最高人民法院关于修改〈最高人民法院关于审理侵犯专利权纠纷案件
应用法律若干问题的解释(二)〉等十八件知识产权类司法解释的决定》修正)

为正确审理因垄断行为引发的民事纠纷案件,制止垄断行为,保护和促进市场公平竞争,维护消费者利益和社会公共利益,根据《中华人民共和国民法典》《中华人民共和国反垄断法》和《中华人民共和国民事诉讼法》等法律的相关规定,制定本规定。

第一条 本规定所称因垄断行为引发的民事纠纷案件(以下简称垄断民事纠纷案件),是指因垄断行为受到损失以及因合同内容、行业协会的章程等违反反垄断法而发生争议的自然人、法人或者非法人组织,向人民法院提起的民事诉讼案件。

第二条 原告直接向人民法院提起民事诉讼,或者在反垄断执法机构认定构成垄断行为的处理决定发生法律效力后向人民法院提起民事诉讼,并符合法律规定的其他受理条件的,人民法院应当受理。

第三条 第一审垄断民事纠纷案件,由知识产权法院,省、自治区、直辖市人民政府所在地的市、计划单列市中级人民法院以及最高人民法院指定的中级人民法院管辖。

第四条 垄断民事纠纷案件的地域管辖,根据案件具体情况,依照民事诉讼法及相关司法解释有关侵权纠纷、合同纠纷等的管辖规定确定。

第五条 民事纠纷案件立案时的案由并非垄断纠纷,被告以原告实施了垄断行为为由提出抗辩或者反诉且有证据支持,或者案件需要依据反垄断法作出裁判,但受诉人民法院没有垄断民事纠纷案件管辖权的，应当将案件移送有管辖权的人民法院。

第六条 两个或者两个以上原告因同一垄断行为向有管辖权的同一法院分别提起诉讼的，人民法院可以合并审理。

两个或者两个以上原告因同一垄断行为向有管辖权的不同法院分别提起诉讼的，后立案的法院在得知有关法院先立案的情况后，应当在七日内裁定将案件移送先立案的法院；受移送的法院可以合并审理。被告应当在答辩阶段主动向受诉人民法院提供其因同一行为在其他法院涉诉的相关信息。

第七条 被诉垄断行为属于反垄断法第十三条第一款第一项至第五项规定的垄断协议的，被告应对该协议不具有排除、限制竞争的效果承担举证责任。

第八条 被诉垄断行为属于反垄断法第十七条第一款规定的滥用市场支配地位的，原告应当对被告在相关市场内具有支配地位和其滥用市场支配地位承担举证责任。

被告以其行为具有正当性为由进行抗辩的，应当承担举证责任。

第九条 被诉垄断行为属于公用企业或者其他依法具有独占地位的经营者滥用市场支配地位的，人民法院可以根据市场结构和竞争状况的具体情况，认定被告在相关市场内具有支配地位，但有相反证据足以推翻的除外。

第十条 原告可以以被告对外发布的信息作为证明其具有市场支配地位的证据。被告对外发布的信息能够证明其在相关市场内具有支配地位的，人民法院可以据此作出认定，但有相反证据足以推翻的除外。

第十一条 证据涉及国家秘密、商业秘密、个人隐私或者其他依法应当保密的内容的，人民法院可以依职权或者当事人的申请采取不公开开庭、限制或者禁止复制、仅对代理律师展示、责令签署保密承诺书等保护措施。

第十二条 当事人可以向人民法院申请一至二名具有相应专门知识的人员出庭，就案件的专门性问题进行说明。

第十三条 当事人可以向人民法院申请委托专业机构或者专业人员就案件的专门性问题作出市场调查或者经济分析报告。经人民法院同意，双方当事人可以协商确定专业机构或者专业人员；协商不成的，由人民法院指定。

人民法院可以参照民事诉讼法及相关司法解释有关鉴定意见的规定，对前款规定的市场调查或者经济分析报告进行审查判断。

第十四条 被告实施垄断行为，给原告造成损失的，根据原告的诉讼请求和查明的事实，人民法院可以依法判令被告承担停止侵害、赔偿损失等民事责任。

根据原告的请求，人民法院可以将原告因调查、制止垄断行为所支付的合理开支计入损失赔偿范围。

第十五条 被诉合同内容、行业协会的章程等违反反垄断法或者其他法律、行政法规的强制性规定的，人民法院应当依法认定其无效。但是，该强制性规定不导致该民事法律行为无效的除外。

第十六条 因垄断行为产生的损害赔偿请求权诉讼时效期间，从原告知道或者应当知道权益受到损害以及义务人之日起计算。

原告向反垄断执法机构举报被诉垄断行为的，诉讼时效从其举报之日起中断。反垄断执法机构决定不立案、撤销案件或者决定终止调查的，诉讼时效期间从原告知道或者应当知道不立案、撤销案件或者终止调查之日起重新计算。反垄断执法机构调查后认定构成垄断行为的，诉讼时效期间从原告知道或者应当知道反垄断执法机构认定构成垄断行为的处理决定发生法律效力之日起重新计算。

原告知道或者应当知道权益受到损害以及义务人之日起超过三年，如果起诉时被诉垄断行为仍然持续，被告提出诉讼时效抗辩的，损害赔偿应当自原告向人民法院起诉之日起向前推算三年计算。自权利受到损害之日起超过二十年的，人民法院不予保护，有特殊情况的，人民法院可以根据权利人的申请决定延长。

附录　实务指引

企业反垄断合规管理手册(参考指引)

一、反垄断合规总则

(一)反垄断合规管理的目的

随着经济全球化和数字经济发展,国家高度重视竞争监管,强化公平竞争政策基础地位、不断深化公平竞争政策的实施,健全公平竞争制度、加强重点行业反垄断监管执法。建立健全企业反垄断合规管理体系,有助于实现降低反垄断合规风险、营造公平竞争的良好生态。引导全体成员在工作中落实公平竞争要求,营造竞争合规文化,形成反垄断合规意识。

(二)反垄断合规管理的适用范围与规则选择

1. 反垄断合规管理的适用范围

适用于中国境内市场主体,企业、公司等,包括管理人员、全体员工、对外派驻成员。

2. 本合规管理与其他规则的选择适用

如法律法规、监管规定、行业准则和企业章程、规章制度以及国际条约等规则要求更加严格的,则优先适用该规则。

(三)什么是公平竞争

1. 公平竞争的含义

公平竞争是指市场经济中不同经营者之间为了追逐有限的经济目标而进行的一切符合法律和道德准则的活动的总称。

2. 公平竞争的价值

公平竞争可以有效地配置资源,形成有序的市场运行状态。公平竞争是经济高质量发展、提升社会福利的重要条件,是市场经济的基本原则,是市场机制高效运行的重要基础。

3. 公平竞争的条件

要实现公平竞争:一是竞争机会均等;二是竞争条件平等;三是竞争规则统一。

(四)垄断的类型

垄断是指经营者违反法律规定,在特定市场内滥用市场支配地位,或者与其他经营者合谋,限制或排斥竞争的行为。垄断行为的实施者通常是在相关行业领域具有竞争优势地位的经营者,通过表面上平等、自愿的交易形式,造成相关领域无竞争或竞争程度较低的后果。垄断主要有以下类型:

1. 垄断协议

2. 滥用市场支配地位

3. 违法实施经营者集中

4. 参与行政垄断

(五)尊重利益相关方的利益与要求

利益相关方,是与公司有利害关系的主体,包括公司的股东、债权人、供应商、客户、经销商、政府、竞争对手、消费者、社区以及公司成员等。关注公司的利益相关方并尊重其利益,是公司合规治理过程中的重要组成部分。反垄断合规,不仅要求公司成员维护公司的利益,更需要公司成员关注并维护利益相关方的合法权益及要求。

1. 竞争对手

一个企业对待竞争对手的态度,往往体现企业的格局。对于公司而言,竞争对手并非公司成长、发展、壮大道路上的绊脚石,相反,因竞争对手的存在,公司才会为了在市场竞争中获取重要的竞争优势,将更多的注意力转移至自身的发展上。

公司成员在商业竞争的环境中,应当避免利用公司在市场中的地位优势或市场份额占比优势打压竞争对手,限制其竞争力,避免诋毁、损害竞争对手的商誉。此外,公司成员应当尊重和维护竞争对手提供的优质产品和服务,不得有任何混淆或抄袭行为,避免恶意侵犯竞争对手的合法利益。

2. 商业合作伙伴

对公司而言,商业合作伙伴包括公司的供应商、客户、经销商等一系列与公司在商业交往中密切合作的主体。商业合作伙伴的存在以及他们对公司日常经营活动的协助与支持,是公司发展的动力。

无论商业合作伙伴与公司之间是否存在竞争关系,公司成员都应当关注并保护商业合作伙伴的合法权益,包括商业合作伙伴与公司合作过程中可能产生的经济利益、商誉以及商业秘密。公司成员应避免要求或给予商业贿赂以诱使商业合作伙伴协助公司从事垄断行为,不可利用公司的优势地位对其提出不合法、不合理的商业要求。

3. 消费者

消费者,即为公司产品或服务的最终接收方,对公司而言,消费者的满意程度即为公司产品的重要价值所在。在公平竞争的合规要求中,对消费者权益的关注与保护也是重要的维度,应确保消费者享有充分的知情权与选择权。

公司成员在商业竞争中,应当关注并考量消费者的合法权益,避免随意搭售商品,避免虚假宣传,公司成员应确保消费供给与品质保证同行。

4. 政府监管部门

在市场竞争中，公司还应尊重和服从政府监管部门的相关要求。无论是在经营者集中申报，抑或反垄断审查过程中，公司成员均应履行相关审批手续，积极配合并及时提供相关资料，维护政府监管部门的权威性，协助监管部门履行工作职责。

（六）反垄断合规管理的规范依据

1. 法律法规

《反垄断法》《公司法》《禁止垄断协议规定》《禁止滥用市场支配地位行为规定》《禁止滥用知识产权排除、限制竞争行为规定》《经营者集中审查规定》《公平竞争审查制度实施细则》《国务院关于促进市场公平竞争维护市场正常秩序的若干意见》《国务院关于经营者集中申报标准的规定》《经营者反垄断合规指南》《企业境外反垄断合规指引》《互联网平台企业反垄断合规管理规范》等。

2. 国际规则

公平竞争已经成为国际共识，为此，各国际组织出台了大量的合规规则，包括但不限于《中美反托拉斯和反垄断合作谅解备忘录》、欧盟委员会发布的《合规事项——企业如何更好地遵守欧盟竞争规则》、《经合组织：国有企业公司治理指引》。

3. 境外法规

世界各国对于反垄断合规均有大量立法，比较知名的包括德国《反限制竞争法》、美国《反托拉斯法》、美国联邦委员会和司法部联合发布的《经营者之间合作的反垄断指南》、英国竞争与市场管理局发布的《企业如何遵守竞争法指南》、《欧盟运行条约》第 101 条到第 109 条、欧盟《数字市场法》《数字服务法》等。

（七）违反反垄断法的损害后果

1. 对公司的损害

公司成员如违反《反垄断法》，可能给公司造成直接、间接的经济和非经济性损害。这些损害包括但不限于财产损失，对业务发展的负面影响，产品或者服务的品质下降，对公司与供应商、客户和合作伙伴之间的关系产生负面影响，对公司的经营管理秩序造成负面影响，对公司的对外形象造成负面影响，使公司受到民事诉讼、行政处罚甚至刑事责任追究。

2. 对个人的损害

公司成员如违反《反垄断法》，除对公司产生损害外，对其自身也将产生重要的影响，包括但不限于造成个人直接或间接经济损失，使个人面临公司规章制度的惩处、党纪的处分，影响个人职业生涯的发展，造成个人声誉损失。在更严重的情况下，可使个人受到民事诉讼、行政处罚甚至刑事责任追究。

（八）公司对于违反《反垄断法》的态度

公司对一切违反公平竞争要求的行为都是零容忍的，不区分违规人员是管理层、经营层人员还是普通员工，只要成员违反《反垄断法》，公司都将依法依规处理。如涉嫌违反《刑法》《行政处罚法》《治安管理处罚法》等法律法规的，公司将依法移交司法机关、行政机关等相关部门处理。尚未达到违规程度，但违反公司制度的，公司将依照公司规章制度、劳动纪律给予相应处理，损害公司利益造成公司损失的，公司将依法追究其民事责任。

二、识别与避免垄断行为

(一)识别与避免形成垄断协议

1. 垄断协议的表现形式

(1)横向垄断协议

指具有竞争关系的经营者之间达成诸如固定或者变更商品价格，限制商品的生产数量或者销售数量，分割销售市场或者原材料采购市场，限制购买新技术、新设备或者限制开发新技术、新产品、联合抵制交易等情形的协议。

典型案例

陕西省水泥协会及13家水泥企业横向垄断案

监管部门从多个途径收到反映陕西省水泥协会组织企业联合涨价的举报。涉案的共有五个水泥品牌及其相关的13家企业，在该区域互为具有竞争关系的经营者。上述企业负责人在陕西省水泥协会组织或自发组织的行业会议、聚会、微信聊天等活动中，至少四次商议水泥产品的销售价格，并就统一上调水泥销售价格的时间和幅度达成一致。涉案企业在上调水泥价格前多次与具有竞争关系的经营者进行商议沟通，并且统一实施了上调价格的行为，人为干预市场竞争机制发挥资源配置和调节价格的作用，违反了《反垄断法》的相关规定。最终监管部门决定给予13家企业年度销售额3%的罚款，13家企业累计被罚约4.51亿元人民币，并责令陕西省水泥协会停止违法行为，并处罚款500,000元。

(2)纵向垄断协议

指经营者与交易相对人达成诸如固定向第三人转售商品的价格、限定向第三人转售商品的最低价格等情形的协议。

典型案例

芝麻街英语纵向垄断案

凯瑞教育是美国芝麻街英语的被许可人，拥有该品牌在中国的专有使用权和分许可权。2014年至2021年，凯瑞教育与交易相对人通过签署合作协议、发布规章制度、下发区域定价及优惠方案、统一客服答复等方式达成并实施固定课程价格的垄断协议。2022年7月，经北京市市场监督管理局认定，凯瑞教育的行为违反了《反垄断法》第18条“禁止经营者与交易相对人达成下列垄断协议：(一)固定向第三人转售商品的价格”的规定，处2020年度销售额3%的罚款。

2. 可能导致垄断协议产生的行为

(1)与竞争对手讨论固定或变更价格、成本,限制数量、库存量、交易条件、交易对象,分割销售市场、原材料采购市场,限制新技术新产品等与竞争有关的敏感信息;

(2)与其他企业及其成员口头或书面约定共同对特定企业进行联合抵制,如拒绝供货、拒绝购买等;

(3)在与具有竞争关系的企业签订协议前,或者参与行业协会组织的会议前,要求主办方透露相关议程及内容;

(4)通过非公开渠道获取竞争对手的价格信息;

(5)固定交易相对人向第三人转售商品的价格,或限定交易相对人向第三人转售商品的最低价格;

(6)以折让、回馈或者成本分摊等方式要求经销商固定转售价格,以胁迫、利诱、延迟或取消供货等方式迫使经销商维持转售价格;

(7)与他人签订具有长期(五年或更长时间)排他性条款的协议,包含排他性条款的知识产权许可协议、涉及标准化的协议、涉及联合销售或购买的协议;

(8)组织、协调具有竞争关系的经营者、合作方等,达成具有横向垄断协议效果的轴辐协议;

(9)组织帮助达成垄断协议规制,即禁止组织经营者达成垄断协议或者为此提供实质性帮助。

3. 垄断协议豁免制度

如果经营者能够证明其所达成的协议属于如下法定情形的,且不会严重限制相关市场的竞争并能够使消费者分享利益的,则不适用横向垄断协议、纵向垄断协议禁止性规定:

(1)为改进技术、研究开发新产品的;

(2)为提高产品质量、降低成本、增进效率,统一产品规格、标准或者实行专业化分工的;

(3)为提高中小经营者经营效率,增强中小经营者竞争力的;

(4)为实现节约能源、保护环境、救灾救助等社会公共利益的;

(5)因经济不景气,为缓解销售量严重下降或者生产明显过剩的;

(6)为保障对外贸易和对外经济合作中的正当利益的。

典型案例

"驾校联营"垄断协议无效案

台州市15家驾培单位于2018年9月27日共同组建浙东公司,股东由台州市路桥区全区15家驾校组成,每家驾校各出资1000元,各占浙东公司6.66%的股份。全体驾校成员签署联营协议及自律公约,约定驾校统一收费,各驾校的教练员进出机制需双方新老校长一致同意。其中2家起诉确认联营协议及《路桥区驾校自律公约》无效。其余13家答辩联营协议有利于降低成本、增进效率、提高中小经营者经营效率以及保护消费者利益,符合《反垄断法》第20条规定的豁免情形。

经营者需要提供证据证明其作为中小企业相对于某些大企业处于弱势，在竞争中处于不利地位，其签订垄断协议增强了中小企业的竞争力，提高了中小企业的经营效率；同时，该经营者也应当举证证明消费者从中受益的情况。最终，法院判决确认联营协议及自律公约全部无效。

4. 纵向垄断协议的抗辩与安全港制度

(1) 经营者能够证明不具有排除、限制竞争效果的，不予禁止。

(2) 经营者能够证明其在相关市场的市场份额低于国务院反垄断执法机构规定的标准，并符合国务院反垄断执法机构规定的其他条件的，不予禁止。

(二) 避免滥用公司的市场支配地位

认定经营者具有市场支配地位的因素

(1) 该经营者在相关市场的市场份额，以及相关市场的竞争状况。

一个经营者在相关市场的市场份额达到 1/2 的、两个经营者在相关市场的市场份额合计达到 2/3 的或三个经营者在相关市场的市场份额合计达到 3/4 的，可以推定经营者具有市场支配地位的情形。

合计计算的情形中，有的经营者市场份额不足 1/10 的，不应当推定该经营者具有市场支配地位。被推定具有市场支配地位的经营者，有证据证明不具有市场支配地位的，不应当认定其具有市场支配地位。

(2) 该经营者控制销售市场或者原材料采购市场的能力。

(3) 该经营者的财力和技术条件。

(4) 其他经营者对该经营者在交易上的依赖程度。

(5) 其他经营者进入相关市场的难易程度。

(6) 可能构成滥用市场支配地位的情形。

(7) 以不公平的高价销售商品或者以不公平的低价购买商品的行为。

(8) 利用市场支配地位任意制定过高或过低的商品价格，尤其要避免短期内大幅度提价或降价的行为。

(9) 实施掠夺性定价，无正当理由以低于成本的价格销售商品，从而排挤竞争者。

(10) 无正当理由拒绝交易，在销售原材料时以包销或者独家销售下游企业生产的成品为条件变相拒绝交易，凭借原材料市场的支配地位与下游企业达成、实施固定成品价格。

(11) 无正当理由限制交易相对人只能与公司进行交易或只能与公司指定的经营者进行交易。

(12) 无正当理由实施搭售政策，在搭售时不允许交易相对人分别购买单项商品，或交易时附加其他不合理的交易条件。

(13) 无正当理由，对条件相同的交易相对人在交易价格等交易条件上实行差别待遇。

（14）向交易相对人提供忠诚折扣，以奖励其特定形式的购买行为。

（15）利用数据和算法、技术以及平台规则等从事前款规定的滥用市场支配地位的行为。

典型案例

万邦德制药集团浙江医药销售有限公司滥用市场支配地位案

2015～2017年国内获得盐酸溴己新原料药GMP认证、拥有生产批文的有6家企业。经向该6家企业调查核实并统计，2015～2017年度当事人占中国盐酸溴己新原料药市场份额为90.99%、95.38%、98.57%。当事人是下游相关药品生产厂商采购盐酸溴己新原料药的最主要对象。当事人附加不合理交易条件，要求药品生产企业将生产的注射用盐酸溴己新药品全部交由当事人销售。当事人最终被没收违法所得232,205.11元，并处2019年度销售额3%的罚款2,241,753.58元，共计罚没款2,473,958.69元。

（三）主动申报经营者集中

1. 经营者集中申报标准

（1）参与集中的所有经营者上一会计年度在全球范围内的营业额合计超过120亿元人民币，并且其中至少两个经营者上一会计年度在中国境内的营业额均超过8亿元人民币；

（2）参与集中的所有经营者上一会计年度在中国境内的营业额合计超过40亿元人民币，并且其中至少两个经营者上一会计年度在中国境内的营业额均超过8亿元人民币。

营业额的计算，应当考虑银行、保险、证券、期货等特殊行业、领域的实际情况，具体办法由国务院反垄断执法机构会同国务院有关部门制定。

典型案例

阿里投资收购百世集团股权案

2017年9月19日，阿里投资认购百世集团新发股份10,000,000股，交易后阿里投资及其关联方合计持有百世集团27%的股份，对应46.2%的投票权，取得共同控制权，属于《反垄断法》第25条规定的经营者集中。

2016年阿里投资的全球营业额与中国境内营业额、百世集团的全球和中国境内营业额均达到《国务院关于经营者集中申报标准的规定》第3条规定的申报标准，属于应当申报的情形。《反垄断法》第26条第1款规定，“经营者集中达到国务院规定的申报标准的，经营者应当事先向国务院反垄断执法机构申报，未申报的不得实施集中”。2017年9月22日，双方交易完成交割，在此之前未向有关部门申报，违反《反垄断法》第26条，构成未依法申报违法实施的经营者集中。

2. 简易申报的条件

（1）在同一相关市场，参与集中的经营者所占的市场份额之和小于15%；在上下游市场，参与集中的经营者所占的市场份额均小于25%；不在同一相关市场也不存在上下游关系的参与集中的经营者，在与交易有关的每个市场所占的市场份额均小于25%。

（2）参与集中的经营者在中国境外设立合营企业，合营企业不在中国境内从事经济活动。

(3)参与集中的经营者收购境外企业股权或者资产,该境外企业不在中国境内从事经济活动。

(4)由两个以上经营者共同控制的合营企业,通过集中被其中一个或者一个以上经营者控制。

三、反垄断合规重点领域和环节

根据企业具体情况,确定反垄断合规重点领域和重点环节。在此,以国有企业或公用企业为例。

(一)重点领域

1. 国有企业

在能源、交通、电信、油气产业和金融业等领域,国有企业占据重要的市场份额。由于国家作为股东的特殊地位以及其享有的权力,在市场竞争环境中处于优势地位。因此,国有企业及其成员应当更关注反垄断合规要求。谨慎利用国企优势地位,避免构成滥用市场支配地位。在市场竞争的过程中,国有企业还应当维护国家形象,不得抹黑国家形象,造成国有资产的流失。

2. 公用企业

供水、供电、供热、供气、有线电视等公用事业企业因其自然垄断性质,以及其服务带有的不可替代性、无可选择性、公益性等特点,用户对其具有很强的甚至是完全的依赖性,往往容易被推定具有市场支配地位,被提起反垄断审查的法律风险较高。因此,公用事业企业及其成员应当尤其注意,避免限定交易或拒绝交易、附加不合理交易条件及避免强制交易或搭售。

(二)重点环节

1. 避免限定交易或拒绝交易

例如,限定各种建设工程的施工单位和限定工程的施工材料、设备等,拒绝与特定市场主体之间的交易。

2. 避免附加不合理交易条件

例如,在销售活动中应避免施加不合理交易条件,尊重交易相对人的选择权。

3. 避免强制交易或搭售

例如,避免以设置服务障碍、强迫、推荐、差别待遇等方式,或以商品质量、技术需求为借口,强迫市场主体购买其搭售或指定的商品,以获取高额的利润。

避免搭售,应当允许消费者单独购买搭售的商品。

典型案例

云梦县燃气公司强制搭售燃气险案

2021年3月31日，湖北省孝感市云梦县消费者夏先生投诉称，其在申报天然气安装时，燃气公司工作人员强制要求消费者先购买燃气险300元，否则不予安装燃气设备。夏先生被迫交费后，燃气公司还不给开具发票或收据。接到投诉后，云梦县消费者委员会约谈燃气公司，指出安装天然气设备是其应尽义务，是否购买燃气险应由消费者自主选择，燃气公司无权强制要求。经调解，燃气公司退还消费者燃气险费用，并对强制捆绑搭售问题进行了整改。

四、反垄断合规理念

（一）谨记违反反垄断合规的后果

1. 对违反上述规定但并未导致实际损失的，公司将警示谈话、通报批评；

2. 对违反上述规定造成公司轻微损失的，公司将予以警告处分；

3. 对公司造成严重损失的，公司将予以记过、降职（降级）处分；

4. 公司将对因违反反垄断合规的行为而获得的财产性利益依法予以追缴，对非财产性利益，按规定由相关部门予以纠正；

5. 公司将对违规成员视情形可同时采取取消晋级、晋职、评优资格等措施，情节严重的，给予撤职、解除劳动合同等处理；

6. 对因违反反垄断合规的行为而造成公司损失的，除给予成员相应处分外，公司将依法追究其民事赔偿责任；

7. 对因违反反垄断合规的行为而涉嫌犯罪的，公司将移交司法机关及监察机关处理。

（二）提高反垄断合规关注的方法

1. 识别

判断是否是违反反垄断合规的行为时，

（1）熟悉本指引，理解本指引中的反垄断合规行为要求；

（2）熟悉公司有关反垄断合规的规章制度；

（3）积极参加公司有关反垄断合规培训课程。

任何有关是否违反反垄断合规要求的问题，都可以向公司的合规管理部门咨询。

2. 披露和申报

（1）自身存在违规行为时，应当向公司合规管理部门披露和申报；

（2）在发现其他成员有违反反垄断合规要求的行为时，及时向公司合规管理部门披露和举报；

（3）如遇商业合作伙伴向公司提出讨论价格、成本、数量、库存量、交易条件、交易对象、销售市场、限制新技术新产品等与竞争有关的敏感信息时，及时向公司合规管理部门披露；

(4)禁止销毁与违规行为有关的任何文档和证据材料,并遵循公司的相关制度做好文档管理工作;

(5)遵守法律法规、公司制度中的披露和申报要求。

五、反垄断合规履职

(一)高风险人员的履职

1. 企业员工风险评级

(1)垄断行为高度风险人员包括:高级管理人员,销售和营销部门人员,采购部门人员,经常参与行业协会会议的人员,经常与同行竞争者交往的人员,负责商品价格制定的人员,从具有竞争关系的企业跳槽并从事相同工作的人员;

(2)垄断行为中度风险人员包括:与竞争对手或交易相对人不经常接触的管理人员,企业财务、通信等相关部门人员,从具有竞争关系的企业跳槽但尚未被确定为高度风险的员工;

(3)垄断行为低度风险人员包括:一般工人和后勤人员,与竞争对手不涉及往来的人力资源部门人员、行政部门人员、一线零售部门人员等。

2. 高风险人员的合规履职要求

高风险人员在遵守一般岗位的合规要求,负责本岗位垄断行为的识别、评估和防控,监督、发现、报告上下游岗位及部门的不正当竞争、垄断风险之外,还须:

(1)充分、完整地了解公司的合规目的;

(2)主动学习与反垄断有关的法律法规,包括党纪规则、境外法律法规、国际组织规则等,积极参加反垄断合规培训;

(3)熟悉并遵守公司的合规要求,包括公司颁布的《合规管理办法》、与公平竞争有关的规章制度,以及合规指引等文件;

(4)提升合规技能,包括风险识别、流程管理、违规判断等,在发生违规行为时,采取积极应对措施;

(5)宣传贯彻合规理念,及时提示合规义务,引导公司成员依法合规;

(6)披露与报告合规风险、违规行为,自行纠查合规风险,配合实施合规调查;

(7)依照规定搜集、整理、存档有关反垄断合规履职或违规的文件和资料;

(8)提出预防反垄断合规风险的合理化建议。

(二)管理者的职责

公司的管理者应当根据反垄断合规指引,在履行合规义务的过程中发挥表率作用,做好反垄断合规指引的宣传工作,在职责范围内做好反垄断合规管理工作,负责本部门范围内反垄断违规行为的识别、披露和申报。

（三）职能部门的职责

1. 反垄断合规负责人

公司合规负责人是企业反垄断合规管理工作具体实施的负责人和监督者，统筹组织协调公司合规事务管理和风险防范的各项工作。建议由公司董事长或总经理担任公司合规负责人。反垄断合规负责人履行以下职责：

（1）贯彻执行企业决策层和高级管理层对反垄断合规管理的各项要求，全面负责企业反垄断合规管理工作；

（2）协调反垄断合规管理与企业各项业务之间的关系，监督反垄断合规管理执行情况，及时解决合规管理中出现的重大问题；

（3）领导反垄断合规管理部门，加强反垄断合规管理队伍建设，做好反垄断合规专员的选聘培养，监督反垄断合规管理部门认真有效地开展工作。

2. 反垄断合规管理部门

集体公司可以设置合规管理部门（或反垄断合规管理部门），负责公司的合规管理和合规风险防范工作的具体事务，指导、检查和监督所属企业的合规事务管理和合规风险；各所属公司法律事务归口管理部门或人员负责公司合规管理牵头工作，依照公司合规要求，落实本公司合规管理和合规风险防范工作的具体事务，指导、检查和监督下属企业的合规事务管理和合规风险。合规管理部门履行以下具体职责：

（1）持续关注国内和业务所涉国家（地区）反垄断法的发展动态，及时提供反垄断合规建议；

（2）制定企业内部反垄断合规体系，并推动其贯彻实施；

（3）审核评估企业经营管理和业务行为（包括与供应商、代理商、经销商等外部企业的业务往来和与消费者的交易往来）的合规性，并制定应对措施；

（4）组织或协助业务部门、人事部门开展反垄断合规教育培训，并向业务部门和员工提供反垄断合规咨询；

（5）建立反垄断合规汇报和记录台账，对反垄断合规举报制定调查方案并开展调查；

（6）推动将反垄断合规责任纳入企业岗位职责和员工绩效考核评价体系，建立反垄断合规绩效指标，监控和衡量反垄断合规绩效，识别改进需求。

3. 公司内部审计机构、纪检监察机构等管理部门配合、支持公司合规管理牵头部门的指导、检查和监督工作，并负责本领域的日常合规管理工作。

4. 公司业务部门是合规执行部门，在其业务职责范围内执行公司的合规要求，配合合规管理牵头部门及内部审计机构、纪检监察机构等部门的管理工作，并指导、管理、监督下属企业业务部门的合规执行工作。

5. 反垄断合规管理协调

（1）反垄断合规管理部门与各职能部门加强合作：

①反垄断合规管理部门应加强与业务部门的分工协作。相关业务部门应主动进行日常反垄断合规管理工作,识别业务范围内的合规要求,制定并落实业务管理制度和风险防范措施,配合反垄断合规管理部门进行合规审查、风险评估和违规调查、整改工作。

②反垄断合规管理部门应与其他具有合规管理职能的监督部门(如审计部门、监察部门等)建立明确的合作和信息交流机制,加强协调配合。

(2)各职能部门配合合规管理牵头部门开展:

①接受合规管理咨询,处理成员反馈的信息,并形成合规咨询档案;

②审查和评估违反反垄断法的行为给公司造成的后果;

③向其他职能部门寻求指导和配合;

④做出务实的决定来解决反垄断违规行为,以尽量减少对企业的风险;

⑤将最终决定及处理过程传达给成员并持续督导,以确保成员理解并遵守。

经营者集中反垄断审查申报表

申报编号：

经营者集中反垄断审查申报表

填报时间：　　年　　月　　日

□保密版　□非保密版①(选择请用☑替换□)

申报人应确保申报书、申报书的附件以及申报人在申报过程中提供的所有信息在其所知范围内是真实、完整和准确的,复印件与原件完全一致,不得提供任何虚假材料和误导性信息。申报人隐瞒重要情况、提供虚假材料或误导性信息的,应当承担相应的法律责任。
1. 交易名称
2. 交易性质(可多选)

① 非保密版应当提供的信息包括但不限于：参与集中经营者的中文名称、注册地/自然人国籍、成立时间、上市情况(包括是否上市及上市时间和地点)、主要业务、全球及中国境内营业额、在中国境内的关联实体情况,参与集中经营者的最终控制人的上述信息;交易概况,包括交易名称、交易类型、交易过程、交易金额,交易所涉及的行业、产品和地域等,本项交易在其他司法辖区的申报情况、进展情况,交易动机和经济合理性;相关产品和地域市场界定的原因及结论;相关市场竞争情况说明、参与集中的经营者及主要竞争者在相关市场内的市场份额,市场进入情况。上述信息中,营业额、交易金额和市场份额等数据可以区间形式提供,其中营业额和交易金额的区间幅度不应超过10%,市场份额的区间幅度不应超过5%。

续表

□新设合并 □吸收合并 □股权收购 　　□现金收购 　　□公开要约收购 　　　　□未获目标公司董事会或管理层支持的要约收购 　　□换股 　　□其他(具体说明:____________________) □资产收购 □合营企业 □通过合同等方式取得控制权或者能够施加决定性影响(具体说明:____________________)
3. 申报依据
□达到《国务院关于经营者集中申报标准的规定》规定的申报标准 　　□参与集中的所有经营者上一会计年度在全球范围内营业额合计超过100亿元人民币,并且其中至少两个经营者上一会计年度在中国境内的营业额均超过4亿元人民币 　　□参与集中的所有经营者上一会计年度在中国境内的营业额合计超过20亿元人民币,并且其中至少两个经营者上一会计年度在中国境内的营业额均超过4亿元人民币 □未达申报标准自愿申报
4. 参与集中的经营者①
包括:(1)　　　(2)　　　(3)……[请列举,详细情况在下栏填写]
4.1[请填写参与集中的经营者名称/姓名]

① 需根据经营者集中的具体情形界定参与集中的经营者。一般而言,在经营者合并的情况下,无论是吸收合并还是新设合并,合并各方均为参与集中的经营者。在经营者通过取得股权或者资产的方式取得对其他经营者的控制权的情况下,取得控制权的经营者和目标经营者为参与集中的经营者;在经营者通过合同等方式取得对其他经营者的控制权或者能够对其他经营者施加决定性影响的情况下,取得控制权或能够施加决定性影响的经营者和目标经营者为参与集中的经营者。如集中后两个以上经营者对目标经营者有控制权或者能够施加决定性影响,则上述两个以上经营者均为参与集中的经营者。尽管有上述说明,在新设合营企业的情况下,合营企业的共同控制方均为参与集中的经营者,合营企业本身不是参与集中的经营者。在既存企业的基础上通过交易形成合营企业的,如既存企业本身为合营企业,既存企业和交易后所有对其有控制权或者能够施加决定性影响的经营者均为参与集中的经营者。如既存企业在交易前由一个经营者单独控制,交易后所有有控制权或者能够施加决定性影响的经营者为参与集中的经营者;如交易前的单独控制方交易后仍拥有控制权或者能够施加决定性影响,既存企业不是参与集中的经营者;交易前单独控制方交易后不再拥有控制权或者能够施加决定性影响的,既存企业是参与集中的经营者。

续表

<table>
<tr><td>4.1.1 是否是申报人①</td><td colspan="4">□是(身份证明或注册登记证明、公证认证文件等,见附件[　　])
□否</td></tr>
<tr><td rowspan="2">4.1.2 联系地址</td><td>地址</td><td colspan="3"></td></tr>
<tr><td>邮编</td><td></td><td>网址</td><td></td></tr>
<tr><td rowspan="3">4.1.3 经营者内部的联系人</td><td>姓名</td><td></td><td>部门</td><td></td></tr>
<tr><td>职务</td><td></td><td>电子邮件</td><td></td></tr>
<tr><td>手机及固定电话号码</td><td></td><td>传真号码</td><td></td></tr>
<tr><td rowspan="5">4.1.4 代理人(或代理律师)</td><td colspan="4">□有　□无</td></tr>
<tr><td>姓名</td><td></td><td>单位</td><td></td></tr>
<tr><td>职务</td><td></td><td>联系地址</td><td></td></tr>
<tr><td>手机及固定电话号码</td><td></td><td>电子邮件</td><td></td></tr>
<tr><td>传真号码</td><td></td><td>授权委托书原件</td><td>见附件[　　]</td></tr>
<tr><td>4.1.5 在交易中的地位(可多选)</td><td colspan="4">□合并方
□收购方
□被收购方
□股权出让方
□被收购方的原有股东(股权出让方除外)
□合营方
□其他(具体说明:____________)</td></tr>
<tr><td>4.1.6 设立时间</td><td colspan="4"></td></tr>
<tr><td>4.1.7 注册地/住所</td><td>注册地/国籍(自然人)</td><td></td><td>住所</td><td></td></tr>
</table>

① 通过合并方式实施的经营者集中,由参与合并的各方经营者申报;其他方式的经营者集中,由取得控制权或能够施加决定性影响的经营者申报,其他经营者予以配合。申报义务人未进行集中申报的,其他参与集中的经营者可以提出申报。直接参与交易的经营者是收购或投资工具的,不宜作为申报人。

续表

<table>
<tr><td>4.1.8 组织形式</td><td colspan="2">□有限责任公司
□股份有限公司(非上市公司)
□上市公司(上市时间、交易所、股票代码:__________)
□股份有限公司
□其他(具体说明:__________)
□合伙企业
□自然人①
□其他(具体说明:__________)</td></tr>
<tr><td rowspan="3">4.1.9 上一会计年度营业额②</td><td>年度</td><td>[ ]年度
□日历年度 □财务年度(起止日期:__________)</td></tr>
<tr><td>中国境内</td><td>人民币[ ]亿元
(原计价币种及金额:[ ]亿元[币种__________])
(汇率③:__________)</td></tr>
<tr><td>全球</td><td>人民币[ ]亿元
(原计价币种及金额:[ ]亿元[币种__________])
(汇率:__________)</td></tr>
<tr><td>4.1.10 设立和重要变更的历史情况</td><td colspan="2"></td></tr>
<tr><td rowspan="2">4.1.11 主要业务④</td><td>全球范围</td><td></td></tr>
<tr><td>中国境内</td><td></td></tr>
</table>

① 如选择本项,则不填写第4.1.6、4.1.10、4.1.12、4.1.13项。

② 如申报时上一会计年度的财务报表尚未完成审计,请提供上一会计年度未经审计的营业额、最近会计年度经审计的营业额及经审计的财务报表,并请在申报后及时提供上一会计年度经审计的财务报表。

③ 请注明适用的汇率及汇率的来源和计算方法。通常情况下,将以外币计算的营业额换算为人民币时宜适用中国人民银行公布的相应会计年度的汇率中间价平均值。下同。

④ 请详细介绍参与集中的经营者与本项集中相关的业务,并简要介绍该经营者的其他主要业务。

续表

<table>
<tr><td rowspan="3">4.1.12 股权结构</td><td>股东名称及持股比例①</td><td colspan="3"></td></tr>
<tr><td>股权结构图</td><td colspan="3">见附件[　　]</td></tr>
<tr><td>是否有最终控制人</td><td colspan="3">□有　□无②</td></tr>
<tr><td rowspan="7">4.1.13 最终控制人(如有)</td><td>名称/姓名</td><td colspan="3"></td></tr>
<tr><td>成立时间③</td><td colspan="3"></td></tr>
<tr><td>注册地/国籍(自然人)</td><td></td><td>住所</td><td></td></tr>
<tr><td>组织形式</td><td colspan="3">□有限责任公司
□股份有限公司(非上市公司)
□上市公司(上市时间、交易所、股票代码:______)
　□股份有限公司
　□其他(具体说明:______)
□合伙企业
□自然人
□其他(具体说明:______)</td></tr>
<tr><td>主要业务(包括整个集团)</td><td colspan="3"></td></tr>
<tr><td>与参与集中的经营者之间的关系</td><td colspan="3"></td></tr>
<tr><td>股权结构图</td><td colspan="3">见附件[　　]</td></tr>
</table>

① 如经营者股权结构非常分散,请提供主要股东及持股比例,并说明选择理由。非有限责任公司或股份有限公司的,提供经营者权益持有者名称及持有权益的比例、安排或约定。

② 若答案为否,则不填写第4.1.13项。

③ 最终控制人属于自然人的,不填此项。

续表

<table>
<tr><td rowspan="4">4.1.14 关联实体①</td><td rowspan="2">境外关联实体②</td><td colspan="2">名称及股权结构见附件[ ]③</td></tr>
<tr><td>从事与本项集中相关业务的关联企业详细介绍④</td><td></td></tr>
<tr><td rowspan="2">中国境内关联实体</td><td colspan="2">基本信息(名称、注册地、主要业务、股权结构)见附件[ ]⑤
营业执照、外商投资企业批准证书复印件见附件[ ]</td></tr>
<tr><td>从事与本项集中相关业务的关联企业详细介绍⑥</td><td></td></tr>
<tr><td>4.1.15 经营者及关联实体过去三年在相关市场的经营者集中情况</td><td colspan="3"></td></tr>
</table>

① 一个经营者的关联实体包括该经营者直接或间接控制的所有经营者、该经营者的最终控制人以及最终控制人直接或间接控制的所有经营者等。

② 对于境外关联实体,请至少提供以下两种实体的名称和基本信息:一是与参与集中的经营者有共同或单独控制关系的实体,包括直接的和间接的;二是在本项集中的相关市场从事经营的实体。

③ 请以表格形式提供。

④ 对于关联企业中从事与本项交易相同或相关业务的企业,请着重对其产品和服务进行详细描述。

⑤ 请以表格形式提供。

⑥ 对于关联企业中从事与本项交易相关业务的企业,请着重对其产品和服务进行详细描述。

续表

<table>
<tr><td rowspan="5">4.1.16 相关文件</td><td>上一会计年度经审计的财务报表</td><td colspan="3">见附件[ ]</td></tr>
<tr><td>上一会计年度年报①</td><td colspan="3">□有(见附件[ ])
□无</td></tr>
<tr><td rowspan="3">*研究、分析和报告</td><td>交易方内部编制的研究、分析和报告②</td><td colspan="2">□有(见附件[ ])
□无</td></tr>
<tr><td rowspan="2">第三方编制的研究、分析和报告</td><td>专为本交易③</td><td>□有(见附件[ ])
□无</td></tr>
<tr><td>非专为本交易④</td><td>□有(见附件[ ])
□无</td></tr>
<tr><td colspan="5">5. 参与交易的其他经营者⑤</td></tr>
<tr><td colspan="5">包括:(1) (2)……[请列举,详细情况在下栏填写]</td></tr>
<tr><td colspan="5">5.1[请填写参与交易的其他经营者的名称/姓名]</td></tr>
</table>

<table>
<tr><td rowspan="2">5.1.1 联系地址</td><td>地址</td><td colspan="3"></td></tr>
<tr><td>邮编</td><td></td><td>网址</td><td></td></tr>
<tr><td rowspan="3">5.1.2 联系人</td><td>姓名</td><td></td><td>单位</td><td></td></tr>
<tr><td>职务</td><td></td><td>电子邮件</td><td></td></tr>
<tr><td>电话</td><td></td><td>传真</td><td></td></tr>
</table>

---

① 如年度报告为外文,请同时报送中文译本或主要部分中文摘要(如无现成的中文译本)。

② 请提供由交易方及其最终控制人的董事、监事和高管(或行使类似职能的机构或个人)提供或为其提供的,评估或者分析本次集中的所有研究、分析或报告,包括市场份额、竞争条件、实际或潜在的竞争对手、集中的合理性、销售增长或者扩展进入其他产品或地域市场的潜力、总体市场状况、集中带来的协同效应和效率等。此类文件包括但不限于董事会会议记录、公司发展战略等。请注明此类文件的制作时间,制作人姓名、单位、职务及联系方式(原文件中如没有注明)。

③ 请提供第三方为评估或分析本次集中而制作的相关文件。

④ 请提供第三方并非为本次集中专门制作但与本次集中所涉及行业或市场相关的文件,如行业发展研究报告等。

⑤ 本项填写参与交易但不属于参与集中经营者的相关方信息。

续表

<table>
<tr><td>5.1.3 在交易中的地位</td><td colspan="4">□股权出让方
□资产出让方
□被收购方
□无控制权或决定性影响的合营方
□其他(具体说明:____________________)</td></tr>
<tr><td rowspan="3">5.1.4 基本信息</td><td>成立时间①</td><td colspan="3"></td></tr>
<tr><td>注册地/国籍(自然人)</td><td></td><td>住所</td><td></td></tr>
<tr><td>组织形式</td><td colspan="3">□有限责任公司
□股份有限公司(非上市公司)
□上市公司(上市时间、交易所、股票代码:____________________)
　　□股份有限公司
　　□其他(具体说明:____________________)
□合伙企业
□自然人
□其他(具体说明:____________________)</td></tr>
<tr><td>5.1.5 主要业务</td><td colspan="4"></td></tr>
<tr><td colspan="5">6. 集中交易概况</td></tr>
</table>

① 参与交易的其他经营者是自然人的,可不填写此项。

续表

<table>
<tr><td rowspan="4">6.1 集中协议</td><td>形式①</td><td colspan="4">□正式协议/合同/公司章程
□公开要约
□非正式或初步协议(如正式协议、合同或公司章程的草案/框架协议/备忘录/意向书等,在下栏说明不能提供正式协议的理由)
□无交易文件(在下栏说明不能提供集中协议的理由)</td></tr>
<tr><td>理由</td><td colspan="4"></td></tr>
<tr><td>名称②</td><td colspan="2"></td><td>签署时间③</td><td></td></tr>
<tr><td>协议方④</td><td colspan="2"></td><td>文本⑤</td><td>见附件[ ]</td></tr>
<tr><td rowspan="5">6.2 交易金额⑥</td><td colspan="2">现金</td><td></td><td rowspan="4">折合人民币</td><td></td></tr>
<tr><td colspan="2">股份数目及估值</td><td></td><td></td></tr>
<tr><td colspan="2">资产类别及估值</td><td></td><td></td></tr>
<tr><td colspan="2">其他权益及估值</td><td></td><td></td></tr>
<tr><td colspan="2">汇率</td><td></td><td>合计</td><td></td></tr>
<tr><td>6.3 交易的描述⑦</td><td colspan="5"></td></tr>
<tr><td>6.4 交易前后股权和控制权结构⑧</td><td colspan="5">交易前后的股权结构图见附件[ ]</td></tr>
</table>

① 经营者申报时应提供经正式签署的集中协议;经营者能够提供充分证据证明因交易的特殊安排、其他法律法规规章或政策的强制性要求、其他司法辖区的强制性规定或其他合理的理由,申报时无法提供经正式签署的集中协议,或者在集中协议签署后申报将无法遵守《反垄断法》第25条、第26条关于审查期限的规定的,可以在集中协议签署前向国家市场监督管理总局申报,但应当提供相关材料如备忘录或框架协议、集中协议草稿、公开要约等,同时提供交易的主要条款和条件,以确保交易的确定性。上述材料应包括经营者集中审查所需的信息。无论审查是否结束,一旦签署集中协议,申报方都应不加拖延向国家市场监督管理总局提供集中协议,并说明集中协议与原申报材料的异同;如果申报后经营者集中的内容发生足以影响国家市场监督管理总局审查和决定的重大变化的,申报人应及时通知国家市场监督管理总局,并更新申报内容或重新申报。

② 如有多份文件,请分别填写。

③ 如为要约收购,则填写发出正式要约的时间。

④ 如为要约收购,则填写要约方的名称。

⑤ 请同时提供目标公司/合营企业经签署的股东协议、章程(如有),以及交易各方之间及与目标公司/合营企业间的非竞争协议或条款等(如有)。如为要约收购,则提供要约文件。

⑥ 请提供交易总价值,包括现金、股权、资产和其他对价。以非现金作为对价的,请提供其评估价值。以其他币种计价的,请列明币种、汇率并转换为人民币。

⑦ 请描述交易,包括交易架构、交易各方的名称、交易标的和交易各方的对价、交易各关键步骤及时间点、交易进展情况和预计完成时间等。

⑧ 请对交易前后的股权结构进行描述,并对交易前后的控制权结构、控制权变化进行说明并分析,并请以附件的形式提供交易前后的股权结构图。

续表

<table>
<tr><td>6.5 预计交割时间及特殊时限要求(如有,并解释)</td><td colspan="2"></td></tr>
<tr><td>6.6 交易的背景、动机、经济合理性</td><td colspan="2"></td></tr>
<tr><td>6.7 市场发展计划</td><td colspan="2"></td></tr>
<tr><td rowspan="6">6.8 合营企业①</td><td>名称②</td><td></td></tr>
<tr><td>注册地/住所</td><td>□境内 □境外(具体:______________________)</td></tr>
<tr><td>合营各方拟/已投入的资金、资产和业务等资源③</td><td></td></tr>
<tr><td>合营各方持有合营企业的主要权利和权益</td><td></td></tr>
<tr><td>合营企业主营业务、运作方式、经营区域、与合营各方及其关联方的业务关系</td><td></td></tr>
<tr><td>合营各方及关联方之间的其他协议或安排</td><td></td></tr>
</table>

① 如果交易导致形成合营企业(包括新设合营企业及在既存企业基础上通过交易形成合营企业),请填写此项。

② 如为新设合营企业,在此填写拟使用的名称。

③ 请详细说明各合营方投入或承诺的投资资本。如涉及投入资产和业务,请说明其具体范围、内容、价值和上一会计年度的营业额,并说明集中后合营各方是否将继续从事上述业务。涉及不同合营方的,请分别列明。

续表

<table>
<tr><td colspan="6">7. 集中对相关市场竞争状况的影响</td></tr>
<tr><td rowspan="12">7.1 集中各方的业务关系</td><td rowspan="4">横向重叠</td><td colspan="4">□有 □无</td></tr>
<tr><td>中国国家统计局代码②</td><td colspan="2">产品或服务描述③</td><td>经营者④</td></tr>
<tr><td></td><td colspan="2"></td><td></td></tr>
<tr><td></td><td colspan="2"></td><td></td></tr>
<tr><td rowspan="4">纵向关系</td><td colspan="4">□有 □无</td></tr>
<tr><td>中国国家统计局代码</td><td colspan="2">产品或服务描述</td><td>经营者</td></tr>
<tr><td></td><td colspan="2"></td><td></td></tr>
<tr><td></td><td colspan="2"></td><td></td></tr>
<tr><td rowspan="4">相邻市场①</td><td colspan="4">□有 □无</td></tr>
<tr><td>中国国家统计局代码</td><td colspan="2">产品或服务描述</td><td>经营者</td></tr>
<tr><td></td><td colspan="2"></td><td></td></tr>
<tr><td></td><td colspan="2"></td><td></td></tr>
<tr><td rowspan="2">7.2 相关市场界定及理由⑤</td><td>产品市场</td><td>理由</td><td>地域市场</td><td colspan="2">理由</td></tr>
<tr><td>(1)
……</td><td></td><td></td><td colspan="2"></td></tr>
</table>

① 指具有互补性,或者具有相同客户群和相同最终用途的一系列产品。

② 请填写中国国家统计局公布的产品所属最细分类的代码。

③ 请描述相关产品或服务并简介经营者从事相关业务情况,包括具体经营主体、客户范围和业务模式等。请按中国国家统计局产品分类代码逐项填写,不同经营者分别填写。

④ 请注明从事相关业务的参与集中的经营者。

⑤ 请按照《国务院反垄断委员会关于相关市场界定的指南》的规定,从需求替代和供给替代两个方面界定相关产品市场和地域市场,并说明详细理由(请尽量以数据和事实作为支持,并注明所引用数据和事实的来源,如数据系申报人估算,请注明计算的方法和依据)。

续表

<table>
<tr><td rowspan="2">7.3 集中对市场竞争的影响①</td><td>集中各方及主要竞争者市场份额</td><td colspan="9"></td></tr>
<tr><td>具体分析</td><td colspan="9">市场评估的依据及相关文件见附件[　　]</td></tr>
<tr><td>7.4 主要竞争者相关信息②</td><td colspan="10">见附件[　　]</td></tr>
<tr><td colspan="11">8. 相关市场的供应和需求结构</td></tr>
<tr><td rowspan="5">*8.1 供应结构</td><td rowspan="4">集中各方在每一相关市场的主要供应商③</td><td colspan="9">[　　]市场</td></tr>
<tr><td colspan="9">[参与集中的经营者名称]的主要供应商:</td></tr>
<tr><td>排名</td><td>供应商名称</td><td>采购的产品名称</td><td>采购数量</td><td>采购数量占比</td><td>采购金额</td><td>采购金额占比</td><td>联系人</td><td>联系方式</td></tr>
<tr><td></td><td></td><td></td><td></td><td></td><td></td><td></td><td></td><td></td></tr>
<tr><td>相关市场的供应结构</td><td colspan="9"></td></tr>
</table>

① 包括但不限于:根据销售量和销售额计算的市场总体规模,市场发展现状,集中各方及主要竞争对手的销售额、销售量、市场份额,交易前后的 HHI/CRn 指数及二者的差额(交易后 HHI/CRn 指数的增量)。请说明集中对市场结构、行业发展、竞争者、上下游经营者、消费者、技术进步、经济发展和公共利益的影响。如申报人无法提供 HHI 指数,请说明理由。请注明每一项数据的来源、计算方法和依据,以附件形式提供能够证明数据来源的文件,并在本栏中注明附件的编号。

② 请以表格形式提供。包括名称、联系人、联系方式(地址、电话、传真),如主要竞争者为外国企业,请同时提供其中国分支机构的联系方式(如有)。

③ 请就本交易涉及的每一相关市场,以表格的形式分别提供集中各方主要供应商(通常指前五家主要供应商)的信息,包括排名、供应商名称、采购的产品种类和名称、采购数量、采购数量占比、采购金额、采购金额占比、联系人、联系方式等。请提供独立供应商(与该经营者没有关联关系的供应商)的上述信息。

续表

<table>
<tr><td rowspan="4">8. 2 需求结构</td><td rowspan="3">集中各方在每一相关市场的主要客户①</td><td colspan="8">[　　]市场</td></tr>
<tr><td colspan="8">[参与集中的经营者名称]的主要客户:</td></tr>
<tr><td>排名</td><td>客户名称</td><td>* 销量</td><td>* 销量占比</td><td>* 销售金额</td><td>* 销售金额占比</td><td>联系人</td><td>联系方式</td></tr>
<tr><td>相关市场的需求结构</td><td colspan="8"></td></tr>
</table>

<table>
<tr><td colspan="6">* 9. 市场进入</td></tr>
<tr><td rowspan="4">* 9. 1 过去五年的市场进入情况②</td><td colspan="5">□有　□无</td></tr>
<tr><td colspan="5">详细信息:</td></tr>
<tr><td>名称</td><td>进入时间</td><td>市场份额</td><td>联系人</td><td>联系方式</td></tr>
<tr><td>(1)
……</td><td></td><td></td><td></td><td></td></tr>
<tr><td rowspan="4">* 9. 2 潜在的进入者③</td><td colspan="5">□有　□无</td></tr>
<tr><td colspan="5">详细信息:</td></tr>
<tr><td>名称</td><td>联系人</td><td>联系方式</td><td>可能的进入时间</td><td>理由</td></tr>
<tr><td></td><td></td><td></td><td></td><td></td></tr>
</table>

① 请就本交易涉及的每一相关市场,以表格的形式分别提供集中各方主要客户(通常指前五家主要客户)的信息,包括排名、客户名称、销售数量、销售数量占比、销售金额、销售金额占比、联系人、联系方式等。请提供独立客户(与该经营者没有关联关系的客户)的上述信息。

② 请说明过去五年中是否有经营者明显已经进入了相关市场。如有,请提供在此期间内进入市场的经营者名称、进入时间、市场份额、联系人及联系方式。如没有,请分析原因。如集中的任何一方在此期间内进入相关市场,请分析其遇到的市场壁垒。如五年以上或不到五年为更有意义的时间区间,可采用并说明理由。

③ 请说明是否存在可能进入相关市场的潜在进入者。如有,请提供潜在进入者的名称、联系人、联系方式,并分析可能的进入时间,说明可能发生此种进入的理由。

续表

*9.3 进入市场的难易程度	进入的总成本①	
	法律或政策上的限制	
	因知识产权而产生的限制	
	产品生产和经销的规模经济的重要性	
	原材料和基础设施等可用性	

*10. 横向或纵向合作协议②
□有 □无 详细信息：
*11. 集中可能产生的效率
*12. 集中是否涉及破产企业或濒临破产企业
□是（详细说明：____________________） □否
13. 相关市场行业协会信息

编号	名称	地址	联系人	电话号码	传真号码	网址

① 包括但不限于研发、生产、建立经销系统、推销、广告宣传、服务等所需的时间和费用成本。

② 请提供参与集中的经营者在相关市场内参与的主要横向或纵向合作协议，例如研发、许可协议、联合生产、分销、长期供应以及信息交换等方面的协议，并请说明上述协议在全球范围内被调查的情况，可以以附件形式提供相关的协议文本或证明材料等。

续表

14. 交易是否需要中国政府其他部门(包括国家市场监督管理总局其他司局)审批	
□是(详细说明①:____________________) □否	
*15. 有关方面对本次集中的意见②	
□有 □无 □不了解 详细信息: 有关方面的意见见附件[ ]	
16. 本项交易的合规性及集中各方在中国境内的合规性③	
16.1 本项交易的合规性	
16.2 集中各方主体资格及业务的合规性	
17. 交易是否需要在其他国家/地区申报	
□是(说明需要申报的司法辖区、已申报/拟申报时间及审查进度等:____________________) □否	
18. 其他需要说明的情况	
□有 □无 详细信息:	
19. 申报人承诺④	

---

① 请说明需要经过哪些审批、目前的报批/审批进度,并以附件形式提供相关部门的审批意见(如有)。

② 请介绍有关方面(包括但不限于主管部门、地方政府、行业协会、竞争者、上游企业、客户、媒体、公众等)对本项交易的意见。

③ 请说明本项交易是否符合中国法律、法规、规章及相关规定、政策,并请确认集中各方及其关联企业在中国是否存在既往的涉及实体设立、经营管理、外资审批和行业准入监管等方面的未决问题和合规性问题。

④ 另有承诺或声明的,可以附件形式提供。如申报人以附件形式另行提供承诺函,其承诺的范围和强度实质上不应弱于第19项的申报人承诺格式文本。

续表

申报人在此承诺,就其所知,本申报书、申报书的附件以及申报人在申报过程中提供的任何文件和信息都是真实、完整和准确的,复印件与原件一致,不存在任何虚假陈述或误导性信息。申报人承担违反上述承诺的相关法律责任。 申报人(盖章): 姓名(签字): 职位:

附件目录

编号	附件名称	所属条目

主要参考文献

（一）著作

1. 孙晋、李胜利：《竞争法原论》，法律出版社 2020 年版。

2. 董笃笃：《竞争法总论：历史与规范融合的视角》，法律出版社 2022 年版。

3. 万江：《中国反垄断法：理论、实践与国际比较》（第 3 版），法律出版社 2021 年版。

4. 王先林主编：《最新反垄断法条文对照与重点解读》，法律出版社 2022 年版。

5. 刘继峰等：《中华人民共和国反垄断法理解与适用》，中国法制出版社 2022 年版。

6. 宁立志主编：《〈中华人民共和国反垄断法〉释评》，法律出版社 2023 年版。

7. 漆多俊主编：《经济法学》（第 4 版），高等教育出版社 2019 年版。

8. 尚明主编：《主要国家（地区）反垄断法律汇编》，法律出版社 2004 年版。

9. 王晓晔：《王晓晔论反垄断法》，社会科学文献出版社 2010 年版。

10. 王晓晔主编：《反垄断法的相关市场界定及其技术方法》，法律出版社 2019 年版。

11. 曹建明主编、最高人民法院民事案件案由规定课题组编著：《最高人民法院民事案件案由规定理解与适用》，人民法院出版社 2011 年版。

12. 袁日新：《经营者集中救济法律制度研究》，法律出版社 2017 年版。

13. 邓志松：《论行政垄断成因、特点及法律规制》，法律出版社 2017 年版。

14. 王永强：《电信行业垄断的法律规制》，武汉大学出版社 2017 年版。

15. 李虹：《相关市场理论与实践——反垄断中相关市场界定的经济学分析》，商务印书馆 2011 年版。

16. 黄坤、王磊:《相关市场界定:方法与应用》,社会科学文献出版社2022年版。

17. 史际春等:《反垄断法理解与适用》,中国法制出版社2007年版。

18. 邱本:《市场竞争法论》,中国人民大学出版社2004年版。

19. 时建中、焦海涛、戴龙编:《反垄断行政执法典型案例分析与解读(2008—2018)》,中国政法大学出版社2018年版。

20. 孙晋:《反垄断法——制度与原理》,武汉大学出版社2010年版。

21. 陈瑞华:《企业合规基本理论》,法律出版社2020年版。

22. [英]亚当·斯密:《国富论》,高格译,中国华侨出版社2018年版。

23. [美]约瑟夫·熊彼特:《经济发展理论》,何畏、易家详等译,商务印书馆1990年版(2022年重印)。

(二)论文

1. 单飞跃、刘思萱:《竞争诉讼机制研究——经济法的程序价值视角》,载《现代法学》2001年第5期。

2. 吴宏伟:《论竞争法的基本原则》,载《法学家》2001年第2期。

3. 周建军:《美国反垄断政策的百年变迁:基于并购重组的考察》,载《美国研究》2022年第3期。

4. 陆介雄:《论市场管理法》,载《法学家》1999年第3期。

5. 江山:《美国数字市场反垄断监管的方法与观念反思》,载《国际经济评论》2021年第6期。

6. 张钦昱:《数字经济反垄断规制的嬗变——"守门人"制度的突破》,载《社会科学》2021年第10期。

7. 凌尧帆、胡晓琪、喻玲:《互不挖角协议的垄断风险与管理:以企业反垄断合规为视角》,载《中国人力资源开发》2021年第12期。

8. 王先林:《论我国垄断协议规制制度的实施与完善——以〈反垄断法〉修订为视角》,载《安徽大学学报(哲学社会科学版)》2020年第1期。

9. 吴玉岭、赵耀:《论美国反垄断法的豁免制度及其适用限制》,载《南京社会科学》2005年第1期。

10. 游钰:《反垄断宽恕政策的理论分析与实证考察》,载《法律科学(西北政法大学学报)》2008年第4期。

11. 韩伟:《论纵向垄断协议规制的完善路径》,载《价格理论与实践》2013 年第 4 期。

12. 兰磊:《转售价格维持违法推定之批判》,载《清华法学》2016 年第 2 期。

13. 戴龙:《论组织帮助型垄断协议的规制——兼议我国〈反垄断法〉的修订》,载《法学评论》2021 年第 1 期。

14. 钟原:《大数据时代垄断协议规制的法律困境及其类型化解决思路》,载《天府新论》2018 年第 2 期。

15. 李国海、王伊宁:《我国反垄断法安全港规则的构建》,载《吉首大学学报(社会科学版)》2022 年第 2 期。

16. 司越洋:《数字经济的反垄断趋势分析——基于〈平台经济领域反垄断指南〉的解读》,载《法制博览》2022 年第 26 期。

17. 林秀芹:《论数字经济反垄断的范式转变——以欧盟〈数字市场法〉为镜鉴》,载《知识产权》2022 年第 7 期。

18. 杨东:《论反垄断法的重构:应对数字经济的挑战》,载《中国法学》2020 年第 3 期。

19. 郝俊淇:《从传统经济到数字经济:差别待遇反垄断规则的改进》,载《中国市场监管研究》2022 年第 3 期。

20. 董红霞:《混合经营者集中反垄断审查竞争评估框架——"反垄断"大讲堂之三》,载《中国市场监管研究》2019 年第 7 期。

21. 韩伟:《美国〈横向合并指南〉的最新修订及启示》,载《现代法学》2011 年第 3 期。

22. 陈栋:《破除行政权力垄断,摆正政府市场角色——谈新反垄断法关于反行政垄断的修订内容》,载《法庭内外》2022 年第 8 期。

23. 孙晋:《新时代确立竞争政策基础性地位的现实意义及其法律实现——兼议〈反垄断法〉的修改》,载《政法论坛》2019 年第 2 期。

24. 王贵:《论我国公平竞争审查制度构建的基准与进路》,载《政治与法律》2017 年第 11 期。

25. 汪改丽:《对公平竞争审查"内部审查制"的思考》,载《广西政法管理干部学院学报》2016 年第 5 期。

26. 易宪容、陈颖颖、于伟:《平台经济的实质及运作机制研究》,载《江苏社会科学》2020 年第 6 期。

27. 孙晋:《数字平台的反垄断监管》,载《中国社会科学》2021 年第 5 期。

28. 陈兵:《数字经济下相关市场界定面临的挑战及方法改进》,载《中国流通经济》2021 年第 2 期。

29. 丁庭威:《互联网平台滥用市场支配地位规制路径新探——以双边市场下相关市场界定为分析视角》,载《科技与法律(中英文)》2021 年第 2 期。

30. 仲春:《数字经济平台相关市场界定研究》,载《法治研究》2023 年第 2 期。

31. 陈兵:《平台经济领域相关市场界定方法审视——以〈国务院反垄断委员会关于平台经济领域的反垄断指南〉第 4 条为中心的解读》,载《法治研究》2021 年第 2 期。

32. 李青:《论滥用市场支配地位行为的垄断违法判定——以经济标准为中心》,载《邵阳学院学报》2022 年第 3 期。

33. 李鑫:《平台企业滥用市场支配地位的结构性救济》,载《安徽大学学报(哲学社会科学版)》2023 年第 1 期。

34. 詹馥静:《数字市场中的单方排他性和剥削性行为——中国的视角》,载《竞争政策研究》2019 年第 5 期。

35. 江雨洋:《试论 19 世纪末美国标准石油公司的垄断特点及影响》,载《淮北职业技术学院学报》2020 年第 6 期。

36. 陈永伟:《美国众议院〈数字市场竞争状况调查报告〉介评》,载《竞争政策研究》2020 年第 5 期。

37. 刘戒骄:《数据垄断形成机制与监管分析》,载《北京工业大学学报(社会科学版)》2023 年第 1 期。

38. 郝俊淇:《论我国垄断协议类型序列的立法完善》,载《中国政法大学学报》2022 年第 1 期。

39. 汪林茜:《数字经济时代平台力量的反垄断法规制研究》,载《产业创新研究》2023 年第 5 期。

40. 肖海军、罗迎:《数字经济时代平台企业混合合并的反垄断规制》,载《甘肃社会科学》2023 年第 2 期。

41. 王晓晔:《数字经济监管是否应当引入欧盟模式》,载《上海法治报》2023 年 11 月 17 日,B07 版。

42. 林子樱、韩立新:《数字经济下平台竞争对反垄断规制的挑战》,载《中国流通经济》2021 年第 2 期。

43. 金善明:《中国平台经济反垄断监管的挑战及其应对》,载《国际经济评论》2022 年第 3 期。

44. 黄爱科:《数字经济反垄断的国际经验与启示》,载《价格理论与实践》2023 年第 2 期。

45. 王旭烨、刘冰冰、刘戒骄:《我国数字经济规范发展研究》,载《区域经济评论》2023 年第 3 期。

(三)标准

1. 中国标准化协会《经营者公平竞争合规管理体系建设》(T/CAS 600—2022)。

2. 浙江省级地方标准《互联网平台企业竞争合规管理规范》(DB33/T 2511—2022)。